***ACCESO GRATIS** a la Lectura en la Nube*

Para visualizar el libro electrónico en la nube de lectura envíe junto a su nombre y apellidos una fotografía del código de barras situado en la contraportada del libro y otra del ticket de compra a la dirección:

ebooktirant@tirant.com

En un máximo de 72 horas laborables le enviaremos el código de acceso con sus instrucciones.

FISCALIDAD
Y MOVILIDAD SOSTENIBLE
EN LAS CIUDADES

Procedimiento de selección de originales, ver página web:
www.tirant.net/index.php/editorial/procedimiento-de-seleccion-de-originales

FISCALIDAD Y MOVILIDAD SOSTENIBLE EN LAS CIUDADES

Mª Luisa González-Cuéllar Serrano
Enrique Ortiz Calle
Directores

tirant lo blanch
Valencia, 2025

En caso de erratas y actualizaciones, la Editorial Tirant lo Blanch publicará la pertinente corrección en la página web www.tirant.com.

La presente obra ha sido sometida a la revisión de pares ciegos según el protocolo de publicación de la editorial a efectos de ofrecer el rigor y calidad correspondiente tanto en su contenido como en su forma, aplicándose los criterios específicos aprobados por la Comisión Nacional E 016 (BOE num. 286, de 26 de noviembre de 2016).

EDITA: TIRANT LO BLANCH
C/ Artes Gráficas, 14 - 46010 - Valencia
TELFS.: 96/361 00 48 - 50
FAX: 96/369 41 51
Email: tlb@tirant.com
www.tirant.com
Librería virtual: www.tirant.es
DEPÓSITO LEGAL: V-1841-2025
ISBN: 979-13-7010-071-1

Si tiene alguna queja o sugerencia, envíenos un mail a: *atencioncliente@tirant.com*. En caso de no ser atendida su sugerencia, por favor, lea en *www.tirant.net/index.php/empresa/politicas-de-empresa* nuestro procedimiento de quejas.

Responsabilidad Social Corporativa: http://www.tirant.net/Docs/RSCTirant.pdf

Autores

Horacio Corti

Laura Baamonde Gómez

Francisco Adame Martínez

Maite Maurenza

Manuel Lucas Durán

Marina Serrat Romaní

Enrique Ortiz Calle

Miguel Alonso Gil

Julia María Díaz Calvarro

Juan Manuel Álvarez Echagüe

Manuel Torrallardona

Índice

Abreviaturas

ACARA: Asociación de Concesionarios de Automotores de la República Argentina

ADEFA: Asociación Argentina de Fabricantes de Automotores

ALS: Area Licensing Scheme

BEV: Battery Electric Vehicle

BOE: Boletín Oficial del Estado

CC: Congestion Charge

CCAA: Comunidades Autónomas

CCLL: Corporaciones Locales

CDUM: Centro de Distribución Urbana de Mercancías

CE: Constitución española

CEPAL: Comisión Económica para América Latina y el Caribe

CH4: Metano

CNMC: Comisión Nacional de los Mercados y la Competencia

CO: Monóxido de carbono

CO2: Dióxido de carbono

CSJN: Corte Suprema de Justicia de la Nación (Argentina)

CV: Consulta Vinculante

DGT: Dirección General de Tributos

DIDH: Derecho Internacional de los Derechos Humanos

ERP: Electronic Road Pricing

ETD: Energy Taxation Directive

FCHV: Fuel Cell Electric Vehicle

FEMP: Federación Española de Municipios y Provincias

GEI: Gases de Efecto Invernadero

IAE: Impuesto de Actividades Económicas

IBI: Impuesto sobre Bienes Inmuebles

ICIO: Impuesto sobre Construcciones, Instalaciones y Obras

IDEA: Instituto para la Diversificación y Ahorro de la Energía

IEDMT: Impuesto Especial sobre Determinados Medios de Transporte

IGIC: Impuesto General Indirecto Canario

IIEE: Impuestos Especiales

ILADT: Instituto Latinoamericano de Derecho Tributario

IRPF: Impuesto sobre la Renta de las Personas Físicas

IS: Impuesto sobre Sociedades

ITP: Impuesto de Transmisiones Patrimoniales

IVA: Impuesto sobre el Valor Añadido

IVTM: Impuesto sobre Vehículos de Tracción Mecánica

LEC: Low Emissions Zone

LIIEE: Ley 38/1992, de 28 de diciembre, de Impuestos Especiales

LIRPF: Ley 35/2006, de 28 de noviembre, del Impuesto sobre la Renta de las personas Físicas

LIS: Ley 27/2014, de 27 de noviembre, del Impuesto sobre Sociedades

LITP: Real Decreto Legislativo 1/1993, de 24 de septiembre, por el que se aprueba el texto refundido de la Ley del Impuesto sobre Transmisiones Patrimoniales y Actos Jurídicos Documentados

LIVA: Ley 37/1992, de 28 de diciembre, del Impuesto sobre el Valor Añadido

LSPU: Ley 43/2010, de 30 de diciembre, del Servicio Postal Universal

NOX: Óxido de nitrógeno

NO2: Dióxido de nitrógeno

OCDE: Organización para la Cooperación y el Desarrollo Económico

ODS: Objetivos de Desarrollo Sostenible

ONU: Organización de Naciones Unidas

PHEV: Plug-in Electric Vehicle

PIDESC: Pacto Internacional de Derechos Económicos, Sociales y Culturales

RED: Renewable Energy Directive

REEV: Range Extended Electric Vehicle

RPS: Road Pricing Scheme

SO2: Dióxido de azufre

STC: Sentencia del Tribunal Constitucional

STEDH: Sentencia del Tribunal Europeo de Derechos Humanos

STJUE: Sentencia del Tribunal de Justicia de la Unión Europea

STS: Sentencia del Tribunal Supremo

STSJ: Sentencia del Tribunal superior de Justicia

TC: Tribunal Constitucional

TEDH: Tribunal Europeo de Derechos Humanos

TJUE: Tribunal de Justicia de la Unión Europea

TRLRHL: Real decreto Legislativo 2/2004, de 5 de marzo, por el que se aprueba el texto refundido de la Ley Reguladora de las Haciendas Locales

TS: Tribunal Supremo

TSJ: Tribunal Superior de Justicia

UE: Unión Europea

ULEZ: Ultra-Low Emissions Zone

Presentación[1]

Mª LUISA GONZÁLEZ-CUÉLLAR SERRANO
ENRIQUE ORTIZ CALLE

Existe un consenso amplio entre los operadores jurídicos y la comunidad científica acerca de que la fiscalidad está llamada a cumplir un papel fundamental en la consecución de una movilidad sostenible que contribuya eficazmente a una transición energética justa.

De ahí que el libro que tenemos la satisfacción de presentar, que es resultado de la Jornada celebrada en la Universidad Carlos III de Madrid el 26 de octubre de 2023 en el marco del Proyecto de Investigación "La función de la fiscalidad en la consecución del Objetivo de Desarrollo Sostenible 11: ciudades y comunidades sostenibles" (PID: 2020-114723-RB100), no pueda ser más oportuno.

Resulta imprescindible que desde las instancias nacionales e internacionales se adopten, con carácter de urgencia, las medidas necesarias para alcanzar una movilidad compatible con la transición ecológica, de forma que constituyan una palanca eficaz en la lucha contra el cambio climático cuyas consecuencias ya resultan palpables y son innegables a la vista de las evidencias concluyentes resultantes de los estudios científicos.

---

1 Este libro es fruto de la Jornada *La función de la fiscalidad en la consecución de una movilidad sostenible en las ciudades* (Madrid, 26 de octubre de 2023), dentro del Proyecto "La función de la fiscalidad en la consecución del objetivo de desarrollo sostenible 11: ciudades y comunidades sostenibles", Código PID2020-114723RB-I00, financiado por el Ministerio de Ciencia e Innovación-Agencia Estatal de Investigación, Proyectos de I+D+i Retos Investigación, 2021-2024.

Antes de analizar las medidas fiscales, es necesario considerar la perspectiva constitucional de los grandes retos planteados. Este es precisamente el propósito del trabajo de la Profesora Laura BAAMONDE. Pues la "movilidad sostenible" tiene una relevancia constitucional incuestionable. Su integración en los más amplios debates sobre el "desarrollo sostenible" -en su triple dimensión: económico, medioambiental y social- y el "derecho a la ciudad" requieren de su estudio desde los parámetros del Derecho Constitucional. Además de constituir -por su vínculo con la accesibilidad universal, la calidad de vida, y, en general el goce de los derechos- una extraordinaria palanca en términos de democratización y transformación social.

Esta Profesora destaca la importancia actual de la noción de "desarrollo sostenible" y su conexión con la necesaria redefinición de la frontera entre democracia y mercado. Pues la sostenibilidad como principio fundamental del Derecho Internacional, similar a otros principios constitucionales o estructurales, sólo se conseguirá en el momento en que, en su caso, haya normas limitadoras de la libertad económica, de alcance internacional, en aras a la sostenibilidad". Más concretamente, y por lo que respecta al "derecho a la ciudad", baste recordar las palabras de Lefebvre en sus conclusiones, su 5ª Tesis sobre la ciudad:

> *"La realización de la sociedad urbana reclama una planificación orientada hacia las necesidades sociales, las de la sociedad urbana. Necesita una ciencia de la ciudad (de las relaciones y correlaciones en la vida urbana). Estas condiciones, aunque necesarias, no bastan. Se hace igualmente indispensable una fuerza social y política capaz de poner en marcha estos medios (que sólo son medios)".* (1969, p. 166).

Si descendemos al terreno fiscal, como certeramente se advierte en el "Libro Blanco sobre la Reforma Tributaria" elaborado a instancias de la Secretaría de Estado de Hacienda en 2022, el sector del transporte contribuye a los principales problemas medioambientales en nuestro país, en la medida en que es el principal causante de las emisiones de gases de efecto invernadero y de los episodios recurrentes de contaminación local en muchas ciudades. Partiendo de estas premisas, se hace "*necesario extender e intensificar la tributación correctora vigente sobre vehículos y combustibles, promoviendo aquellos modos de transporte más favorables en términos medioambientales y fomentando el desarrollo y la adopción de alternativas tecnológicas limpias*".

El Libro que presentamos cuenta con la valiosa participación del Profesor ADAME, uno de los autores del citado "Libro Blanco", que nos ofrece no sólo una panorámica precisa de las propuestas contenidas en el mismo, sino interesantes reflexiones surgidas a partir de las mismas; unas propuestas que, como indica este autor, pretenden ofrecer soluciones realistas para que los responsables políticos puedan decidir. En todo caso, cualquier medida que se implemente debería, por un lado, apostar por una minimización de costes de la política ambiental y, en segundo término, fomentar el cambio tecnológico y un cambio modal; y todo esto en el marco de la compleja regulación derivada de la organización territorial española con tres niveles de Hacienda y procurando cumplir las exigencias derivadas del Derecho de la Unión Europea y del paquete *Fit for 55*, que establece importantes compromisos a cumplir por los Estados miembros.

Como no podía ser de otra manera, esta monografía presta la atención debida la nueva normativa aprobada por el Consejo en octubre de 2023, (conocida como *RED III*-Directiva (UE) 2023/2413) que aumenta el compromiso de los Estados miembros para 2030 respecto de la cuota de energía del consumo final bruto procedente de fuentes renovables de un 32 % a un 42,5 %. El plazo para transponer la Directiva *RED III* por parte de los Estados miembros finalizará el 21 de mayo de 2025. Así, en la contribución de Maite MAURENZA se analiza con detalle el tratamiento de los combustibles renovables, pues la nueva norma incorpora novedades relevantes en relación con los de origen no biológico que son aquellos que se producen a partir de fuentes de energía renovables distintas de la biomasa, como es el hidrógeno renovable, introduciendo un nuevo objetivo de al menos un 42 % en 2030, y 60 % a más tardar en 2035 de utilización de éste en la industria. Y si el empleo de los nuevos combustibles renovables en el transporte es una exigencia impuesta por la Unión Europea a todos los Estados miembros, siendo necesario alcanzar los objetivos de utilización previstos en la Directiva de energías renovables como medio para contribuir al objetivo de neutralidad climática fijado para el año 2050, su tratamiento fiscal debe acompasarse a la nueva realidad.

En línea con las reflexiones que hace el Profesor Manuel LUCAS en esta obra colectiva, el uso de biocarburantes debe ser favorecido fiscalmente. Téngase en cuenta que en la actualidad la inmensa mayoría del tráfico rodado de las ciudades funciona con motores de combustión de hidrocarburos fósiles (esencialmente gasóleos y gasolinas), de manera que un mayor uso de biocarburantes implicaría una reducción notable de la emisión de gases de efecto invernadero y una mayor protección del medio natural urbano. En este sentido, y al estar armonizados los Impuestos Especiales y el IVA por la Unión Europea, la normativa actual permite una reducción de la imposición sobre los hidrocarburos en relación con los biocarburantes y podría también aprobarse a nivel europeo un tipo de IVA reducido para tales combustibles ecológicos que permitiera a España fijar en relación con los mismos un tipo reducido del 10% o superreducido del 4%. Sin embargo, habida cuenta de que la imposición sobre hidrocarburos supone, prácticamente, la mitad del precio de venta al público de los mismos, constituiría un incentivo fiscal suficiente la reducción de los impuestos que gravan los carburantes en función de la proporción de fluido ecológico que contengan. De este modo, como bien apunta el citado Profesor, "*se incentivaría la utilización de mezclas entre tales combustibles y productos derivados del refino del petróleo, siendo así que cuanto mayor fuera la proporción de biocarburantes más se reduciría el precio del combustible y, por ende, mayor sería el interés del público en su adquisición*".

En cualquier caso, las Haciendas Locales no puedan quedar, una vez más, marginadas de este proceso de cambio y transformación. El Impuesto sobre Vehículos de Tracción Mecánica (IVTM) debe ser reformado. La sugerencia que hace el Profesor Miguel ALONSO en la obra que presentamos no debería caer en saco roto, apostando por una reforma del IVTM conforme al modelo alemán. De hecho, este Profesor recuerda que ya la Comisión para el Estudio y Propuesta de Medidas para la Reforma de la Financiación de las Haciendas Locales, que elaboró en el año 2002 el informe que anticipó la reforma de la Ley reguladora de las Haciendas Locales operada por la Ley 51/2002, de 27 de diciembre, puso de manifiesto que para que cualquier incentivo ambiental fuese eficaz sería necesario elevar significativamente la cuota del tributo para los vehículos más contaminantes, con una cuota que debería determinarse esencialmente en función de las características ambientales del vehículo, constituyendo el ordenamiento alemán un buen ejemplo en este sentido. La doctrina también ha considerado el Impuesto alemán sobre Vehículos de Motor (*kraftfahrzeugsteuer)* como uno de los modelos a seguir en la medida que su normativa se adapta a las disposiciones comunitarias, al tomar como base de su regulación gran parte de su contenido.

No podía faltar en este trabajo un estudio sobre las experiencias de Derecho Comparado en el establecimiento de peajes urbanos, para hacer frente a los problemas de congestión y contaminación. Es el caso bien conocido de ciudades como Londres, Estocolmo o Singapur. El trabajo de la Profesora Marina SERRAT debería cuanto menos hacer reflexionar a las autoridades políticas con competencia para adoptar decisiones en esta materia. Todas las ciudades analizadas partían de un trasfondo común: vías urbanas colapsadas en determinadas horas del día y tasas elevadas de contaminación aérea y acústica. Ambos factores desencadenaban por una parte problemas de salud en la población y por otra los atascos producen pérdidas económicas indirectas. Este no es un problema ajeno a ciudades españolas con gran volumen de tráfico rodado.

Destaca la Profesora SERRAT que en todos los casos analizados la aplicación de un peaje o tasa a la congestión ha dado resultados que han sido muy positivos en cuanto a la reducción del número de vehículos que circulan por las zonas acordonadas, mejorando sustancialmente los niveles de congestión de las vías, especialmente en horas punta y contribuyendo la reducción de los niveles de contaminación acústica, así como a una mejora de la calidad del aire, aunque en algunos modelos más que en otros. Con todo, la exacción de este tipo de tributos, si bien se ha mostrado eficaz para reducir el volumen de vehículos privados y, de este modo, facilitar la fluidez del tráfico y reducir la contaminación acústica, por si sola no constituye el instrumento más eficaz para mejorar la calidad del aire de las zonas donde se aplican, siendo el modelo londinense un ejemplo claro. Para también lograr este segundo objetivo la introducción de un peaje a la congestión o un peaje para vehículos contaminantes tiene que ir acompañado de políticas públicas que incentiven el transporte de los pasajeros en vehículos que utilicen energía verde entre otras medidas.

De esta manera se pone de manifiesto la necesidad de armonizar las políticas ambientales, energéticas, de transporte y fiscales, que no son ni pueden ser consideradas compartimentos estancos porque la realidad a la que se aplican las normas tampoco lo es.

Estas y otras interesantes aportaciones se recogen en este libro que pretende, en definitiva, contribuir al debate y, por qué no, al avance en el conocimiento sobre la función de la fiscalidad para contribuir a una movilidad sostenible en la configuración de un conjunto de políticas públicas coordinadas de transición energética.

I.
EL DERECHO A LA CIUDAD A TRAVÉS DE UN TRANSPORTE SOSTENIBLE

1. El derecho social a la movilidad sustentable: sobre libertades, servicios públicos, ciudades y desarrollo

HORACIO CORTI
Universidad de Buenos Aires

SUMARIO: 1. EL DERECHO A LA MOVILIDAD EN LOS ORDENAMIENTOS POSITIVOS. 1.1. LA CONSAGRACIÓN CONSTITUCIONAL: EL CASO MEXICANO. 1.2. UN PROYECTO DE LEY: EL CASO ESPAÑOL. 1.3. LA PRESENCIA *IN NUCE* EN EL ORDENAMIENTO: EL CASO ARGENTINO. 2. DE LAS LIBERTADES AL DERECHO DE LOS USUARIOS. 3. EL DERECHO A LA CIUDAD. 4.- EL DERECHO AL DESARROLLO SOSTENIBLE. 5.- LA MOVILIDAD SUSTENTABLE COMO DERECHO SOCIAL. 5.1. UNA REFLEXIÓN SOBRE SU HISTORIA Y ESTRUCTURA. 5.2. EL CONTENIDO DEL DERECHO SOCIAL A UNA MOVILIDAD SUSTENTABLE. 6. LA SIGNIFICACIÓN DE LOS "PRINCIPIOS DE DERECHOS HUMANOS EN LA POLÍTICA FISCAL".

En el presente trabajo intentaré realizar una apretada síntesis de la posibilidad de abordar a la "movilidad sustentable" como objeto (contenido) de un derecho social.

Procederé del siguiente modo.

Preliminarmente mostraré algunas situaciones en los ordenamientos jurídicos contemporáneos, que revelan diferentes grados de positivización. Ello nos permitirá darle encarnadura a nuestro itinerario; también ponernos en contacto con una caracterización del derecho (apartado 1).

A continuación haré una reseña de las diferentes técnicas jurídicas que la práctica política ha generado con respecto a los desplazamientos físicos, territoriales, de bienes y personas. De dicho entramado surgirá la figura del derecho de los usuarios de los servicios públicos, entre ellos el de transporte (apartado 2).

Para ver cómo dicho derecho pasa a ser el núcleo de un derecho a la movilidad sustentable creo que es preciso tomar en cuenta la incidencia del devenir de otros dos derechos: el derecho a la ciudad (apartado 3) y el derecho al desarrollo, hoy calificado doblemente como desarrollo humano y desarrollo sustentable (apartado 4).

Más tarde haré una reflexión sobre la movilidad en cuanto derecho social (apartado 5).

En fin, vicio de profesor de derecho financiero y tributario, mencionaré la significación de los Principios de Derechos Humanos en la Política Fiscal (apartado 6), incidencia del DIDH, que es una de las tantas vías que nos está conduciendo a reformular nuestra comprensión del derecho constitucional financiero y tributario.

1. EL DERECHO A LA MOVILIDAD EN LOS ORDENAMIENTOS POSITIVOS

1.1. La consagración constitucional: el caso mexicano

De acuerdo a una modificación realizada en 2020 la Constitución Política de los Estados Unidos Mexicanos contiene hoy la siguiente cláusula: "toda persona tiene derecho a la movilidad en condiciones de seguridad vial, accesibilidad, eficiencia, sostenibilidad, calidad, inclusión e igualdad" (artículo 4, párrafo 17)[2].

---

2 Correlativamente se incorporaron referencias a la movilidad en el artículo 73 sobre las facultades del Congreso y en el artículo 115 sobre las facultades de los municipios.

Además de las modificaciones indicadas en la nota al pie, se incorporó una cláusula transitoria que establece la obligación de dictar una ley general en materia de movilidad y seguridad vial, directiva que se cumplió en 2022[3].

El primer objetivo de la ley consiste en "sentar las bases para la política de movilidad y seguridad vial, bajo un enfoque sistémico y de sistemas seguros, a través del sistema nacional de movilidad y seguridad vial y la información proporcionada por el sistema de información territorial y urbano para priorizar el desplazamiento de las personas, particularmente de los grupos en situación de vulnerabilidad, así como bienes y mercancías, con base en la jerarquía de la movilidad señalada en la ley, que disminuya los impactos negativos sociales, de desigualdad, económicos, a la salud, y al medio ambiente, con el fin de reducir muertes y lesiones graves ocasionadas por siniestros viales para lo cual se debe preservar el orden y seguridad vial" (artículo 1 punto 1).

Este es complementado por otros objetivos, entre ellos vincular la política de movilidad con un enfoque integral de ordenamiento territorial y desarrollo urbano (punto 6), priorizar los modos de transporte con menor costo ambiental y social (punto 8), reducir las muertes y lesiones (punto 9) y promover que las decisiones se basen en evidencia científica y territorial (punto 10).

Por su parte, en su artículo 4, la ley enuncia una serie de "principios de movilidad y seguridad vial": accesibilidad, calidad, confiabilidad, diseño universal, eficiencia, equidad, habitabilidad, inclusión e igualdad, movilidad activa, multimodalidad, participación, perspectiva de género, progresividad, resiliencia, seguridad, seguridad vehicular, sostenibilidad, transparencia y rendición de cuentas, transversalidad y uso prioritario de la vía

---

3 Ley General de Movilidad y Seguridad Vial, publicada en el Diario Oficial de la Federación el 17 de mayo de 2022. Texto vigente: última reforma publicada DOF 29/12/2023.

o del servicio. Remitimos a los lectores al texto de ley, que sería excesivo citar aquí en su totalidad.

Otro aspecto a destacar es la enunciación de una "jerarquía de la movilidad". De acuerdo al artículo 6: "la planeación, diseño e implementación de las políticas públicas, planes y programas en materia de movilidad deberán favorecer en todo momento a la persona, los grupos en situación de vulnerabilidad y sus necesidades, garantizando la prioridad en el uso y disposición de las vías, de acuerdo con la siguiente jerarquía de la movilidad: 1) personas peatonas, con un enfoque equitativo y diferenciado en razón de género y personas con discapacidad y movilidad limitada; 2) personas ciclistas y personas usuarias de vehículos no motorizados; 3) personas usuarias y prestadoras de servicio de transporte público de pasajeros, con un enfoque equitativo pero diferenciado; 4) personas prestadoras de servicio de transporte y distribución de bienes y mercancías; 5) personas usuarias de vehículos motorizados particulares".

1.2. Un proyecto de ley: el caso español

En otras experiencias jurídico-políticas comparadas existen procesos legislativos en curso. Al momento de escribir este texto se encuentra en discusión en España un proyecto de ley de movilidad sostenible que ha sido presentado al Congreso de los Diputados, donde es reconocido como un "nuevo derecho".

La exposición de motivos hace referencia a un informe del Parlamento Europeo de 2014 que ya consideraba a la movilidad como un derecho[4]. También destaca su vinculación con la protección del ambiente, con referencias a la *Agenda 2030*, el *Pacto Verde Europeo* presentado por la Comisión Europea en 2019, la *Estrategia de Movi-*

---

[4] Parlamento Europeo, *Informe sobre movilidad urbana sostenible*, 2014/2242 (INI).

lidad Inteligente y Sostenible Europea presentada en 2020, y el *Plan de Recuperación, Transformación y Resiliencia* aprobado por la referida Comisión en 2021[5]. En cuanto al derecho nacional se hace referencia a la ley 7/2021 de cambio climático y transición energética.

Remito a los lectores esta vez al texto del proyecto, sumamente detallado. Sólo destaco lo expuesto en el artículo 4.1., en tanto ahí se reconoce el derecho a la movilidad y se da una definición de su contenido, entendido como el derecho "a disfrutar de un sistema de movilidad sostenible y justo en los términos establecidos por la ley, que permita el libre ejercicio de sus derechos y libertades constitucionales, favorezca la realización de sus actividades personales, empresariales y comerciales y atienda las necesidades de las personas menos favorecidas y de las zonas afectadas por procesos de despoblación, y en particular preste especial atención a los supuestos de movilidad cotidiana".

1.3. La presencia in nuce en el ordenamiento: el caso argentino

En tercer lugar, quisiera destacar, también brevemente, la situación jurídica argentina donde el derecho a la movilidad sostenible se encuentra en germen en el propio ordenamiento, más allá de que sea designado como tal.

---

5 ONU, A/RES/70/1, Resolución aprobada por la Asamblea General el 25 de septiembre de 2015: *Transformar nuestro mundo: la Agenda 2030 para el Desarrollo Sostenible,* 21 de octubre de 2015. Comisión Europea, COM/2019/640 final, *Pacto Verde Europeo («European Green Deal»),* Bruselas, 11 de diciembre de 2019. Comisión Europea, COM/2020/789 final, *Estrategia de movilidad sostenible e inteligente: encauzar el transporte europeo de cara al futuro,* Bruselas, 09 de diciembre de 2020. Comisión Europea, *Plan de Recuperación, transformación y resiliencia,* 16 de junio de 2021, disponible en Plan de Recuperación, Transformación y Resiliencia (consultado el 26/7/2024).

Resulta revelador, al respecto, el *Plan Nacional de Transporte Sostenible*, creado con la finalidad de "impulsar la transición y eficiencia energética en el transporte para alcanzar una movilidad sostenible, que aumente la capacidad de adaptación al cambio climático, incorporando criterios de sostenibilidad y resiliencia, para aprovechar las posibilidades energéticas que presenta cada zona de nuestro país y en consideración a las posibilidades efectivas de los recursos disponibles, atendiendo a las ventajas comparativas de cada modo en un esquema de intermodalidad funcional" (artículo 1, resolución 635/2022 Ministerio de Transporte).

Tal como surge tanto del plan como de su fundamentación el énfasis está puesto en la conversión social (en sus múltiples dimensiones) que es necesaria para transformar al actual paradigma del sistema de transporte en otro basado en la movilidad sostenible. Se destaca que "particularmente en materia de movilidad… la forma en que las personas, materias primas y productos se trasladan desde un lugar a otro, se encuentra entre las causas más importantes de emisiones de gases con efecto invernadero y, por lo tanto, del cambio climático; al tiempo que conforma una de las aristas de los modelos socioeconómicos que resultan ser más vulnerables y reciben mayores daños provenientes de las mutaciones en el clima" (anexo, conforme redacción de la resolución 668/2022 Ministerio de Transporte).

Entre los principios enunciados destaco dos, los más significativos para el curso de nuestra argumentación: justicia ambiental (entendida como "garantizar equidad, trabajar en disminuir los perjuicios ambientales que sufren en forma directa o indirecta los sectores vulnerables y las comunidades minoritarias, fomentando la resiliencia en sus respectivos territorios. La justicia ambiental incluye el reconocimiento, la participación y funcionamiento, tanto en el plano individual como en el comunitario de la defensa de nuestro medio ambiente para las generaciones actuales y futuras preservando la calidad de vida de las personas") y género y equidad intergeneracional ("se promoverá la participación activa en los procesos de consulta, ejecución y toma de decisiones en todos los aspectos relacionados al transporte sostenible, desde un enfoque intergeneracional con perspectiva de género y de diversidad").

Finalmente, entre los objetivos específicos del Plan se encuentran los siguientes: "construir un sistema de movilidad sostenible, inteligente y resiliente para las generaciones futuras, promoviendo el desarrollo federal; promover el transporte sostenible y seguro, con perspectiva intergeneracional, de género y diversidades que promueva su participación activa; disminuir las emisiones de gases de efecto invernadero (GEI) y su efecto local; estimular la aplicación de buenas prácticas, estrategias y la implementación de tecnologías para una movilidad eficiente con el fin de mejorar el consumo energético del sector en todo el territorio nacional; garantizar la seguridad energética en el sector transporte a través de su planificación y fomento de matrices energéticas sostenibles; concientizar a los usuarios y usuarias de la importancia del transporte sostenible y en su capacidad para contribuir a reducir la huella ambiental; impulsar la sustitución de importaciones; fortalecer la industria nacional; posicionar al país como proveedor de combustibles alternativos y nuevas tecnologías; contribuir a la reducción de la contaminación acústica en áreas urbanas y de internaciones asociadas a enfermedades respiratorias (reducción del gasto sanitario) preservando la salud; fomentar la creación de incentivos económicos adecuados para impulsar la transición hacia la movilidad de cero emisiones".

Por su parte, en la "Guía para la Planificación de la Movilidad Urbana Sostenible en la Argentina" se destaca el cambio de paradigma que va del "transporte" a la "movilidad". Según el enfoque del transporte el foco "está puesto en los viajes realizados y centrado en las dimensiones materiales tales como: la oferta de infraestructuras, modos y servicios de transporte. Para esta perspectiva los problemas suelen centrarse en la atención de la congestión vehicular". En cambio, el enfoque basado en la movilidad, "se refiere a los desplazamientos de las personas, incorporando aspectos no materializables. La movilidad se concibe como una actividad en el territorio que toma en cuenta la conjugación tanto de deseos y necesidades de desplazamiento de las personas y de las capacidades de satisfacerlos".

2. DE LAS LIBERTADES AL DERECHO DE LOS USUARIOS

Los derechos, así como las diferentes técnicas jurídicas, surgen y se desenvuelven a fin de dar respuesta a los plurales desafíos que presenta la vida social. Dichos desafíos son múltiples: progreso tecnológico, resguardo de la vida, defensa de libertades, conflictos sociales, protección de necesidades, procesos colectivos como la urbanización, crisis climática, para mencionar algunos ejemplos que encontraremos en nuestro camino.

La expresión "derecho a la movilidad sostenible" es relativamente reciente. Sin embargo, con otros vocabularios, en el contexto de otras tramas conceptuales, en ocasión de afrontarse una diversidad de desafíos, diferentes aristas de la problemática involucrada en la citada expresión ya se encuentran presentes, y abordadas, en la experiencia jurídica comparada desde antiguo.

No es, claro está, que "no hay nada nuevo bajo el sol", según conocida expresión bíblica. Hay ciertamente novedades. Pero también una historia, procesos de creación, adaptación, desenvolvimiento y sedimentación de técnicas e instituciones jurídicas. El derecho es una construcción colectiva (a la vez cooperativa y conflictiva), de larga duración en su aspecto temporal. Recordemos, más allá de la visión filosófica subyacente, la imagen de la construcción de una catedral sobre la cual insistía Carlos Nino. Sólo retengo una de las significaciones que revela una catedral como obra humana: su realización por varias generaciones, dada la envergadura del emprendimiento[6].

---

6 La más sencilla y elocuente valoración de las catedrales la encontramos en una película de Orson Welles: "F for Fake", conocida en español como "Fraude" o "Verdades y Mentiras".

De ahí la necesidad de mantener siempre alerta la conciencia histórica, así como una visión abierta hacia el conjunto de la práctica, más allá de la pluralidad de ramas o sectores jurídicos, que es fundamental distinguir (por una diversidad de razones teórico-prácticas), pero que no tienen que llevar a visiones unilaterales.

Quisiera mostrar, a partir de indicaciones sumarias requeridas de mayor estudio, cómo se ha construido el núcleo alrededor del cual se ha formado el derecho social a la movilidad sostenible. En definitiva, proponemos explorar una hipótesis. Luego, como dijimos, nos enfocaremos en la doble vertiente de los derechos a la ciudad y al desarrollo.

En la tradición constitucional de nuestra cultura política la cuestión de la movilidad ha sido aprehendida a través de una pluralidad de disposiciones.

En primer lugar, indico brevemente algunos aspectos del texto histórico constitucional argentino (1853), en estos puntos aún vigente, que puede servir de ejemplo de otras experiencias, en general análogas, al menos en el ámbito de la tradición occidental.

Aquellas cláusulas se movieron por dos andariveles.

Por un lado el reconocimiento de un derecho que protege la libertad de desplazamientos tanto en el interior del propio territorio como respecto de las entradas y salidas. Así, de acuerdo al clásico artículo 14, todos los habitantes de la Nación gozan del derecho "de entrar, permanecer, transitar y salir del territorio argentino".

De forma análoga, la mencionada Constitución Política de los Estados Unidos Mexicanos consagra el derecho "para entrar en la República, salir de ella, viajar por su territorio y mudar de residencia, sin necesidad de carta de seguridad, pasaporte, salvoconducto u otros requisitos semejantes" (artículo 11, primer párrafo).

Este derecho también ha sido reconocido, en el siglo pasado, por el derecho internacional de los derechos humanos.

Así, para dar sólo un ejemplo, de acuerdo al *Pacto de los Derechos Civiles y Políticos*, "toda persona que se halle legalmente en el territorio de un Estado tendrá derecho a circular libremente por él y a escoger libremente en él su residencia" y, complementariamente, "toda persona tendrá derecho a salir libremente de cualquier país, incluso el propio" (artículo 12, puntos 1 y 2). Mientras que el punto 3 regula las restricciones, el punto 4 dispone que "nadie podrá ser arbitrariamente privado del derecho a entrar en su propio país"[7].

Referencias análogas pueden encontrarse en los instrumentos internacionales de derechos humanos, tanto declaraciones como convenciones, y, a la vez, tanto universales como regionales.

Por otro lado, el texto constitucional argentino contiene una variedad de cláusulas sobre el transporte de bienes y su circulación económica, con especial referencia a la prohibición de aduanas interiores (artículo 9), de derechos de circulación en el interior de la República (artículo 10) y de derechos de tránsito (artículo 11 y artículo 12, referido en particular a los buques)[8].

Ambas instituciones (libertad de tránsito de personas y bienes) surgieron como respuesta a restricciones referidas a los desplazamientos de personas (pensemos en las diversas limitaciones características de la sociabilidad feudal) y de bienes económicos. Pero también están estrechamente conectadas, en la historia

---

7 El artículo 12 del Pacto sobre la libertad de circulación ha sido interpretado mediante el Comentario General 27 del Comité de Derechos Humanos (CCPR/C/21/Rev.1/Add.9) de 1999.

8 En cambio, el texto constitucional reconoce las aduanas nacionales (artículo 9) así como la potestad de establecer derechos de importación y exportación (sucesivas regulaciones en los textos, de 1853 a 1994, siempre inciso 1 del artículo que enumera las atribuciones del Congreso). Se ha considerado legítimo, por su parte, que dichos derechos pueden cumplir de forma directa con finalidades constitucionalmente justificadas, así, por ejemplo, la protección de la industria nacional o la regulación de los precios internos.

jurídico-político argentina, con la necesidad de integrar un territorio y consolidar la soberanía estatal[9].

Ahora bien, la práctica jurídica clásica no sólo abordó el asunto por la vía constitucional de las libertades de tránsito y circulación, también movilizó, de forma progresiva, las diferentes técnicas típicas del derecho administrativo, a fin de proteger y realizar el interés público. Menciono algunos ejemplos, que nos permitirán enhebrar una historia.

a) El dominio público y la obra pública

El Código Civil, dictado en el siglo XIX, al enumerar los bienes que conforman el dominio público mencionaba "las calles, plazas, caminos, canales, puentes y cualquier otra obra pública construida para utilidad o comodidad común" (artículo 2340,

---

9 De ahí, entre otras consecuencias, la inserción en la Constitución de la llamada "cláusula de los códigos", por la cual se le atribuye al Congreso la potestad de dictar una serie de códigos llamados "de fondo" (civil, comercial, penal, etc.). Innovación con respecto a la forma federal estadounidense tomada como modelo, justamente con la intención de unificar el país. La creación de un único país para un único pueblo, según señaló la Corte Suprema argentina en un clásico pronunciamiento, siempre citado por dos de nuestros maestros, José Casás y Enrique Bulit (CSJN, "Bressani, Carlos H. y otros c/ Prov. de Mendoza", 2 de junio de 1937, Fallos: 178:9). Otra disposición constitucional relevante, ésta sí heredera del texto estadounidense, es la llamada "cláusula comercial". Ella ha incidido en materia de transporte interjurisdiccional y, además, ha generado una diversidad de debates de carácter tributario. Para una lectura clásica ver Juan González Calderón, *Derecho Constitucional Argentino*, Buenos Aires, Lajouane, 1926, tomo III, capítulo XXI, "Poder para reglar el comercio exterior e interprovincial", páginas 115 a 148. Sobre su incidencia en materia tributaria, los también ya clásicos ensayos de Enrique Bulit Goñi compilados en *Constitución Nacional y Tributación Local*, Buenos Aires, Ad Hoc, 2009, tomo II, "Cláusula comercial", páginas 1145-1397.

De las cosas consideradas en relación con las personas), redacción que perdura en el texto actual (Código Civil y Comercial de la Nación, artículo 235, Bienes con relación a las personas).

Este punto es de enorme importancia. Para valorar la situación, por vía del contraste, pongamos el foco en lo que actualmente sucede en la "ciudad digital", donde los navegadores por los cuales se "circula" son habitualmente de carácter privado (de ahí que sean estos mismos actores quienes con mayor inmediatez pueden aprovechar la acumulación de grandes datos)[10].

Complementariamente, las administraciones, de manera directa o por medio de diversas formas contractuales, llevan a cabo obras públicas[11]. De esa forma han construido una red extensa e intensa de calles, avenidas, rutas, autovías, autopistas, canales, puentes, túneles, vías férreas, red a su vez conectada a una serie de puntos de encuentro y conexión como plazas públicas, parques, puertos, terminales de ómnibus, aeropuertos, estaciones de ferrocarril, puestos fronterizos, etc. Redes y puntos de conexión que permiten, entre otras finalidades, integrar los territorios nacionales, asegurar las fronteras y, de esa forma, consolidar la soberanía estatal[12].

---

10 Empleamos la expresión "ciudad digital" en la investigación que realizamos junto a Margarita Gutman, cuyos resultados fueron publicados en la Revista Institucional de la Defensa Pública de la CABA, *Territorios emergentes: vulnerabilidad urbana y espacio público digital. Ciudad Autónoma de Buenos Aires (2016-2018)*, Año 10, Número 20, marzo de 2020, Buenos Aires, Argentina.

11 En 1869 la ley 325 crea la Oficina de Ingenieros, primer órgano público con funciones relativas a las obras públicas. Posteriormente se dictaron diversas leyes sobre la cuestión (ley 757, ley 428 de Contabilidad Nacional y ley 775 de Obras Públicas Nacionales, esta última de 1876). Ver un relato sintético en Juan Fernando Segovia, "Constitución y ley ordinaria en la Argentina (1862-1880)" en *Revista Cruz del Sur* n° 8, noviembre de 2014.

12 Me referí a la significación política de las redes materiales (que también son redes simbólicas) en un reciente ensayo: Corti, Horacio,

A través de las obras públicas, que generan bienes del dominio público, el Estado se apropia materialmente del territorio, fundamentalmente, como dijimos, por medio de redes y puntos de conexión. Apropiación, integración y consolidación de un territorio que deviene genuinamente nacional. Tal es la base del ordenamiento jurídico territorial, de la construcción de un espacio público común a todos y, en definitiva, de la expresión espacial de la Nación.

La institución del dominio público pone de manifiesto, ya tempranamente, que la concreción efectiva de las posibilidades abstractas (las libertades de tránsito y circulación económica) requiere de una actividad pública, continua y diversa, que se manifiesta por medio del despliegue de las técnicas administrativas que estamos relevando. El dominio público se vincula con la obra pública y detrás de ésta hallamos la trama institucional de la organización administrativa con sus tareas cotidianas de gestión.

Señalo un punto, muchas veces no suficientemente valorado (en parte, al menos, como consecuencia de la difusión de prejuicios anti-estatales): el ejercicio concreto y efectivo de libertades como las mencionadas requieren de un adecuado funcionamiento de la maquinaria administrativa del Estado, así como de la movilización de sus técnicas, tal el caso del dominio público y la obra pública[13].

Los derechos requieren estatalidad. Así como, ya ésta organizada y en funcionamiento, defenderse de su arbitrariedad.

"El fenómeno financiero público: conversando con Dino Jarach", en *Revista Constitución Financiera en la jurisprudencia de la Corte Suprema–Precedentes año 2020,* Tomo V, Año 5, abril de 2024.

13 En un último punto mencionaremos cómo esto impacta, luego, en materia financiera. Dicho rápidamente: la efectividad de los derechos requiere de organización y acción pública y ésta, a su vez, de la asignación de recursos financieros.

b) El poder de policía

Esta potestad se ha ejercido principalmente por medio de las legislaciones llamadas "de tránsito", que han sido una de las respuestas a los efectos del progreso tecnológico, en particular por la invención, y rápida difusión, de vehículos motorizados[14]. Pero también a los efectos del proceso de urbanización. Dichas nuevas realidades, características de las tendencias modernizadoras, generaron la necesidad de organizar un sistema (un ordenamiento) de tránsito, donde, entre otras cuestiones, se plasman reglas de coordinación (muchas de ellas expresadas por medio de una señalética, es decir: símbolos ubicados en el espacio público), condiciones para otorgamiento de licencias o se tienen en cuenta los riesgos, así los vinculados a accidentes.

En Argentina se dictó en 1936 un Reglamento General de Tránsito en los Caminos Nacionales, luego se creó la Dirección Nacional de Vialidad (ley 11.658) y más tarde una nueva regulación, el Reglamento general de tránsito para los caminos y calles de la República Argentina (ley 13.893 de 1949)[15].

Actualmente, se encuentra vigente la ley 24.449, dictada en 1994, que se refiere al "uso de la vía pública" con respecto "a la circulación de personas, animales y vehículos terrestres en la vía pública, y a las actividades vinculadas con el transporte, los

---

[14] Distinguimos aquí, como en otras ocasiones, "poder" (que refiere un hecho y una relación social) de "potestad" (que designa la forma que vehiculiza jurídicamente el poder). Podemos distinguir así el "poder financiero" (un dato, un rasgo que caracteriza al poder político colectivo y que hace a la definición del concepto moderno de soberanía) de las "potestades financieras" (la conversión de aquel poder en una técnica jurídica estatal de carácter constitucional).

[15] Ver: Carla del Cueto, "Ordenar el tránsito. Leyes y regulaciones de tránsito en la República Argentina 1936-1994", *Pasado Abierto,* Revista del CEHis n° 8, Mar del Plata, julio-diciembre 2018.

vehículos, las personas, las concesiones viales, la estructura vial y el medio ambiente, en cuanto fueren con causa del tránsito".

En este régimen jurídico se regula, entre otras cuestiones, la educación vial del usuario, licencias, estructura vial, señalamientos, planificación urbana, publicidad en la vía pública, vehículos, circulación, velocidad, accidentes, ilícitos y sanciones (régimen de faltas).

c) El servicio público

La técnica administrativa del servicio público se encuentra profundamente arraigada en nuestra tradición jurídica, en particular en materia de comunicaciones[16].

Cabe mencionar, al respecto, la significación que ha tenido el Correo, cuya historia se remonta a la época colonial[17]. Será en 1769 cuando se instale un servicio en Buenos Aires (Real Renta de Correos de Buenos Aires), a cargo de Domingo de Basavilbaso y Lapresa.

---

16 Sobre dicha tradición ver el ya clásico texto de Jorge Luis Salomoni, *Teoría General de los Servicios Públicos*, Buenos Aires, Ad Hoc, 1999. En la misma línea pueden verse los textos de Juan González Mora.

17 El Correo Mayor de Indias y de las Islas y de la Tierra Firme del Mar Océano fue creado en 1514 por Real Cédula, ver: *Cedulario Indiano recopilado por Diego de Encinas, reproducción facsímil de la edición de 1596, con estudio e índices de Alfonso García Gallo*, Madrid, Ediciones Cultura Hispánica, 1945, Libro Segundo, páginas 301-308 "Correo Mayor de Indias". Por su parte, en el libro IX, título VI de las Leyes de Indias encontramos diversas regulaciones ("Del correo mayor de la casa de contratación"), conforme *Recopilación de las leyes de los Reinos de Indias mandada imprimir y publicar por la majestad católica del Rey Don Carlos II, Nuestro Señor*, Madrid, 1841, Boix Editor, páginas 190-194. En cuanto a las regulaciones argentinas del siglo XIX ver una síntesis en: Herminio Quirós y Rafael Emiliani, *Derecho Administrativo*, Buenos Aires, Valerio Abeledo, 1914, tomo I, capítulo XII, páginas 275-295.

Ya colapsado el imperio hispánico, Bernardino Rivadavia, en 1826, organiza la Dirección General de Correos, Postas y Caminos[18].

Estamos, claro, ante una de las más significativas redes de comunicación, que perdura hasta el día de hoy.

La significación de esta institución la revela su presencia en el texto histórico de nuestra Constitución. Así, el artículo 4 (que postula la "cláusula financiera") dispone que los fondos del Tesoro estará formado, entre otros recursos, "por la renta de Correos", mientras que entre las atribuciones del Congreso Federal se incluye "arreglar y establecer las postas y correos generales de la Confederación" (artículo 64 inciso 13). Con la reforma de 1860, esta última disposición estará redactada en los siguientes términos: "arreglar y establecer las postas y correos generales de la Nación" (artículo 67 inciso 14). Luego se dictaron las leyes 750 1/2, referida a la instalación del telégrafo (1875), y 816, que estableció el régimen de correos (1876).

Sólo menciono de paso la importancia que ha tenido en nuestra historia el servicio público del ferrocarril, cuya historia, incluso sintética, excede este ensayo[19].

Sin perjuicio de tal bagaje histórico, en 1937 se creó la Comisión Nacional de Transporte (con miembros de diferentes órganos públicos vinculados al transporte y por representantes de las empresas) para regular el "servicio público de transporte automotor por caminos" (ley 12.346).

Más modernamente, en 1994, se estableció que "constituyen servicios públicos de pasajeros urbano o suburbano, todos aquellos

---

18 Ramón de Castro Estévez, *Historia de las Comunicaciones Argentinas. Manual de la "Historia de Correos y Telégrafos de la República Argentina"*, Buenos Aires, Ministerio de Comunicaciones, 1972.

19 Hice una breve mención en Corti, Horacio, *Derecho Constitucional Presupuestario,* Capítulo IV, "La forma federal", punto XI, págs. 155 y ss., 1ª edición, Lexis Nexis, Buenos Aires, 2007.

que tengan por objeto satisfacer con continuidad, regularidad, generalidad, obligatoriedad y uniformidad, en igualdad de condiciones para todos los usuarios, las necesidades comunitarias de carácter general en materia de transporte" (artículo 7, decreto 656/94).

Entre las pautas generales que debe seguir la autoridad de aplicación se menciona "prever la protección del medio ambiente limitando el impacto negativo que sobre el mismo produce el funcionamiento de los vehículos automotores" (artículo 20 inciso g, cláusula correlativa a la protección del ambiente contenida en la ley de tránsito, ya citada, dictada el mismo año).

Los servicios públicos ponen de manifiesto la existencia de necesidades que es preciso satisfacer y que, por ende, invocan la presencia del interés público y ponen en funcionamiento la maquinaria administrativa de los estados. En su construcción como técnica jurídica, si bien han sido predominantes una serie de deberes (las condiciones que debe reunir la prestación del servicio para ser válida), se ha ido abriendo paso el reconocimiento del término correlativo: los derechos de los usuarios.

Esto último ha ocurrido por diversas vías, dos de las cuales quisiera destacar aquí.

En primer lugar, por medio del reconocimiento *general* de los derechos de los usuarios. Su máxima concreción se ha producido con la reforma constitucional de 1994, que en su capítulo de nuevos derechos y garantías incluyó la cláusula siguiente, de profundas derivaciones: "Los consumidores y usuarios de bienes y servicios tienen derecho, en la relación de consumo, a la protección de su salud, seguridad e intereses económicos; a una información adecuada y veraz; a la libertad de elección, y a condiciones de trato equitativo y digno. Las autoridades proveerán a la protección de esos derechos, a la educación para el consumo, a la defensa de la competencia contra toda forma de distorsión de los mercados, al control de los monopolios naturales y legales, al de la calidad y eficiencia de los servicios públicos, y a la constitución de asociaciones de consumidores y de usuarios. La legislación establecerá procedimientos eficaces para la prevención y solución de conflictos, y los marcos regulatorios de servicios públicos de competencia nacional, previendo la necesaria participación de las asociaciones de consumidores y usuarios y de las provincias interesadas, en los organismos de control".

Esta cláusula, rica en consecuencias como dijimos, reconoce, por un lado, la significación de los servicios públicos y, por otro, la existencia de derechos atribuidos a sus usuarios. La Corte Suprema, al interpretarla, ha señalado, entre otras cuestiones, que "las actividades o servicios esenciales para la sociedad, reservados a la titularidad pública mediante la calificación de servicio público, son aquellos cuyas prestaciones se consideran vitales e indispensables para el conjunto de las ciudadanos, con el fin de asegurar su prestación. Se trata de sectores y actividades esenciales para la comunidad pues en ellos los ciudadanos satisfacen el contenido sustancial de los derechos y libertades constitucionalmente protegidos" (considerando 30, segundo párrafo, voto de la mayoría).

A lo dicho agregó que "el Estado debe velar por la continuidad, universalidad y accesibilidad de los servicios públicos, ponderando la realidad económico-social concreta de los afectados por la decisión tarifaria con especial atención a los sectores más vulnerables, y evitando, de esa forma, el perjuicio social provocado por la exclusión de numerosos usuarios de dichos servicios esenciales como consecuencia de una tarifa que, por su elevada cuantía, pudiera calificarse de 'confiscatoria', en tanto detraiga de manera irrazonable una proporción excesiva de los ingresos del grupo familiar a considerar" (considerando 33, primer párrafo)[20].

Por otra parte, la conversión de aquellas "necesidades" en genuinos "derechos subjetivos" pasa, además de por la vía genérica

---

[20] CSJN, "Centro de Estudios para la Promoción de la Igualdad y la Solidaridad y Otros c/ Ministerio de Energía y Minería s/ amparo colectivo", sentencia del 18 de agosto de 2016, Fallos: 339:1077.

de los derechos de los usuarios, por medio de la explicitación de derechos referidos a cada uno de los servicios públicos *en particular*.

Esto sucede, por ejemplo, por medio de la constitucionalización de una pluralidad de instrumentos de derechos humanos que postulan, entre otros, el derecho al agua. Sobre el punto el Comité DESC ha dictado una observación general dedicada específicamente a este derecho[21].

Con respecto a la "movilidad sostenible" ocurre un fenómeno semejante pues, por un lado, los derechos de los usuarios de servicios públicos incluyen, claro, a los usuarios de los servicios públicos de transporte y, por otro, se viene gestando, en la práctica jurídica comparada, y también argentina, una explicitación y particularización análoga con respecto al derecho al transporte entendido, ahora con mayor hondura, como derecho a la movilidad.

En cuanto a la interpretación del artículo 42, CN respecto del servicio público de transporte, la Corte Suprema, entre otras cuestiones, ha destacado que "el trato digno al pasajero transportado significa que se deben adoptar medidas para que sea atendido como una persona humana con dignidad, contemplando la situación de quienes tienen capacidades diferentes, o son menores, o no tienen la instrucción necesaria para comprender el funcionamiento de lo que se le ofrece. Ello incluye la adopción de medidas para que

---

21 ONU, Comité DESC, E/C.12/2002/11, Observación General Nº 15, *El derecho al agua (artículos 11 y 12 del Pacto Internacional de Derechos Económicos, Sociales y Culturales)*, 20 de enero de 2003. Con una diversidad de instituciones públicas, universitarias y no gubernamentales hemos realizado una investigación colaborativa sobre el derecho al agua. Sus resultados pueden consultarse en Revista Institucional de la Defensa Pública de la CABA, *Derecho al Agua*, Año 11, Número 25, marzo de 2021, Buenos Aires, Argentina. En nuestra función judicial nos referimos al derecho al agua en la sentencia dictada en CCAyT Sala I, "Asociación Civil por la Igualdad y la Justicia c/ GCBA s/ amparo (art. 14 CCABA)" Expte. 20898/0, sentencia del 24/07/2007.

el pasajero no descienda empujado por una marea humana con riesgo de su integridad física y que para que viaje de un modo razonablemente cómodo" (considerando 10, segundo párrafo)[22].

d) La empresa pública

Llevar adelante emprendimientos económico-sociales ha sido un dato común de los estados modernos. Ciertamente, dicha actividad también ha sido cuestionada por razones diversas (técnicas, filosófico-políticas, etc.). En la experiencia comparada del siglo XX ha sido habitual, al menos hasta el cambio de rumbo de mediados de los años '70, la utilización de diversas técnicas jurídicas para proveer de forma directa bienes y servicios de interés público, así los de transporte. Varias son las designaciones (empresa pública, sociedad del Estado) así como sus integraciones (totalmente públicas, empresas de economía mixta o de participación estatal mayoritaria).

La justificación de este accionar público se encuentra en la confianza otorgada a la gestión colectiva para realizar el interés general y así producir bienes y servicios teniendo en cuenta tanto la eficiencia como la igualdad.

Por esta vía de gestión administrativa directa se han prestado diferentes tipos de servicio de transporte: terrestres, marítimo o aéreos, generando, a la vez, otros emprendimientos colaterales de producción directa, tal el caso de los astilleros o la industria del ferrocarril. Hay que tener en cuenta, además, que durante la mayor parte del siglo XX los estados, en mayor o menor medida, tenían a su cargo las diferentes formas de producción de energía (eléctrica, nuclear, etc.), incluido el petróleo y sus derivados.

---

22 CSJN, "Ledesma, María Leonor c/ Metrovías SA", sentencia del 22 de abril de 2008, Fallos: 331:819.

Como aludimos más arriba, ello fue así hasta la oleada, iniciada en los años '70 y continuada, con diversas peripecias, hasta hoy, de políticas de desregulación, liberalización, privatización y retraimiento estatal[23]. Dichas políticas, en conjunción, entre otras tantas técnicas jurídicas, con las zonas de libre comercio, los tratados de protección recíproca de inversiones, las zonas francas, los territorios de baja tributación y baja regulación, la primacía de las formas contractuales sobre su sustancia (por ejemplo en materia societaria), el arbitraje internacional, los privilegios tributarios, la prórroga de jurisdicción en materia de deudas soberanas, la autorregulación, las condicionalidades exigidas por los organismos multilaterales de crédito, los precios de transferencia, el predominio de la tributación regresiva y la huida hacia el derecho privado por parte del derecho administrativo, conforman un denso régimen jurídico que le da sustancia al concepto político de "gobernanza", hoy en boga, que pretende idealmente sustituir al de "gobierno", al que le es inherente la idea de conducción o dirección.

e) Los subsidios

Otra técnica administrativa habitualmente usada en la materia es el otorgamiento de subsidios, sea a la oferta (empresas de transporte) o a la demanda (usuario).

Así, por ejemplo, en nuestra legislación, las autoridades administrativas se encuentran facultadas para "suscribir acuerdos anuales con las empresas comercializadoras de gasoil a precio diferencial para empresas de transporte público de pasajeros", que luego deben ser incluidos en las previsiones presupuestarias de cada ejercicio (decreto 1123/2017).

---

23 Salvo en lo referente, en general, a las actividades vinculadas a la administración de la violencia.

De acuerdo a los fundamentos de otro régimen, con el objeto de tutelar a "los grupos de afinidad más vulnerables" y "de brindar acceso al servicio público de transporte de pasajeros por automotor a toda la población en general" se le atribuyó a los estados provinciales el carácter de beneficiarios de un fideicomiso a fin de que aquellos a sus vez subsidien, vía transferencias, la actividad de las empresas prestatarias de transporte que actúan en su territorio (resolución 1113/2018 MTR)[24].

Los subsidios a la demanda, por su parte, se concretan mediante el establecimiento de tarifas sociales para los servicios públicos de transporte. Así, pueden acceder a dicha tarifa, entre otros, los beneficiarios de la Asignación Universal por Hijo, el personal de trabajo doméstico, los veteranos de guerra o los beneficiarios de pensiones no contributivas. Esto encuentra justificación en la finalidad de "promover el acceso al transporte público" de forma universal en todo el territorio, es decir "garantizar y priorizar la seguridad y asequibilidad del transporte público en el país mediante un Sistema de Tarifa Social Federal". También se prioriza "la situación de vulnerabilidad de los sectores más desprotegidos" así como "la inclusión y equidad social". El sistema procura "implementar políticas de movilidad sustentable en términos económicos para garantizar la movilidad de la población y el acceso al trabajo, educación, entre otros" (resolución 384/2021 MTR).

Acá ya estamos en el borde del derecho a la movilidad sustentable donde se reconoce, por un lado, el carácter particularizado del derecho a la movilidad y, por otro, la exigencia de hacer que el sistema que lo regula sea sustentable.

No nos adelantemos.

---

24 Dejo de lado otras técnicas administrativas también usadas por los estados, tal como surge del régimen aquí comentado con el caso de los fideicomisos (por ejemplo conformados por lo recaudado por ciertos tributos con asignación específica).

De la descripción anterior se desprende el abordaje múltiple que la práctica jurídica le ha otorgado al desafío del transporte y, según el vocabulario actual, de la movilidad.

Hemos visto, en primer lugar, que las constituciones clásicas protegen, mediante el otorgamiento de derechos subjetivos, las libertades de transitar por el territorio (incluyendo salir y entrar en él), así como la de efectuar la circulación económica de los bienes. Se trata de libertades entendidas como posibilidades de hacer y elegir, preferencias que podrán llevarse a la práctica de acuerdo a los recursos que cada uno disponga.

No sólo. Pues la puesta en práctica de esas libertades también requiere condiciones materiales de carácter colectivo: las obras públicas que dan lugar a los bienes del dominio público (redes a través de las cuales se produce el desplazamiento físico de personas y bienes).

El progreso técnico incrementa los desafíos colectivos, que generan, como respuesta, ordenamientos de regulación del tránsito vehicular, bajo la idea de seguridad vial.

La necesidad de ejercer el derecho a desplazarse libremente (para trabajar, encontrarse con la familia, realizar actividades culturales o de esparcimiento, asistir a establecimientos educativos o sanitarios, etc.) y las dificultades y obstáculos materiales para hacerlo (fruto del doble proceso de urbanización y desigual distribución de la riqueza) generan un desafío al que ha pretendido dar respuesta, entre otras, la técnica administrativa del servicio público.

A las reglas de tránsito se le fueron añadiendo las relativas a la regulación del servicio público de pasajeros, basada en una serie de condiciones generales que deben reunirse (continuidad, universalidad, etc.).

También se ponen en práctica empresas públicas, que gestionan de manera directa actividades de transporte, por ejemplo ferroviario. Para salvar la brecha entre posibilidad y ejercicio efectivo del derecho las administraciones han acudido complementariamente a la técnica del subsidio y la tarifa social.

De todo ese entramado, como forma de dar respuesta a los desafíos que la vida colectiva reclama, ha surgido la figura del "usuario del servicio público en general" y del "usuario servicio del transporte en particular".

De aquí nuestra hipótesis: *el derecho de los usuarios de los servicios públicos de transporte, que complementa las libertades de circulación, es el núcleo a partir del cual se configura, por vía de profundización y extensión, el derecho a la movilidad sustentable.*

Entre un concepto (derecho de los usuarios) y otro (derecho a la movilidad) encontramos la incidencia e intersección de dos vertientes de la práctica jurídica contemporánea referida a dos derechos: el derecho a la ciudad y el derecho al desarrollo sustentable. El entramado constitucional y administrativo que genera el derecho de los usuarios de los servicios públicos es el que viene profundizando su alcance al confluir con las prácticas jurídicas basadas en derechos (y reformulaciones de derechos).

En este punto, como sabemos, hay un intenso diálogo entre las fuentes nacionales e internacionales.

3. EL DERECHO A LA CIUDAD

Este derecho se viene abriendo camino desde hace ya más de medio siglo. Como todos los derechos éste tiene una historia cultural y política que precede a la consagración positiva en los ordenamientos. Hay una tendencia, en los medios jurídicos, a privilegiar la problemática de la "fundamentación" de los derechos por sobre la de su "proveniencia" histórico-social, como si descubrir o construir una justificación racional fuese suficiente para extraer de allí su realidad[25]. Extremo idealismo, nunca afirmado como tal, pero veladamente presente.

---

25 El punto fue destacado por Eugenio Bulygin en "Sobre el status ontológico de los derechos humanos", ensayo incluido en Carlos

Sin embargo, los derechos surgen de prácticas sociales, de acciones colectivas que, en determinado momento, inciden a su vez en la práctica específicamente jurídica.

A ello se suma que los reclamos políticos se enuncian en términos de derechos, ya sea que el objeto de la exigencia colectiva sea el cumplimiento efectivo de un derecho nominalmente consagrado por el ordenamiento (salario justo, alimentación adecuada, etc.), ya sea que el objeto de la exigencia sea un derecho enunciado de forma política, que busca la forma de ingresar al derecho positivo.

La expresión "derecho a la ciudad" ha surgido en los ámbitos académicos europeos, en particular en Francia, para expandirse luego a otras prácticas, por ejemplo de gestión. Al cruzar el Atlántico la idea prendió en los movimientos sociales latinoamericanos y, por esa vía, en la red de movimientos globales[26].

Alchourrón y Eugenio Bulygin, *Análisis lógico y derecho*, Centro de Estudios Constitucionales, Madrid, 1991.

26 Narré dicha historia en un ensayo de próxima publicación: CORTI, Horacio, "Aventuras del derecho a la ciudad", en *Derechos y ciudades en movimiento perfiles comparativos entre Italia y la Argentina*, Consiglio Nazionale delle Ricerche, Italia, 2024 (en prensa). A ella me remito para evitar repeticiones innecesarias. Vengo trabajando e investigando sobre el derecho a la ciudad desde hace ya varios años. Sólo indico algunas referencias. En ocasión de la conferencia internacional Hábitat III en Quito, realizada por ONU Hábitat, publicamos la Revista Institucional de la Defensa Pública de la CABA, *Derecho a la Ciudad. Sin justicia social urbana no hay ciudadanía*, Año 6, número 10, septiembre de 2016, Buenos Aires, Argentina. Desde la mencionada institución propusimos unos *Principios sobre Acceso a la Justicia Social Urbana*, en "Documento preliminar del MPD de la CABA: Defensa Pública y Justicia Social Urbana", disponible en la citada Revista, páginas 11 y ss. Más tarde tuve el privilegio de compartir una publicación con Jordi Borja (Corti, Horacio y Borja, Jordi (Coords). *Derecho a la ciudad: conquista política y renovación jurídica*, Colección Derecho a la Ciudad, Editorial Jusbaires, Ciudad Autónoma de Buenos Aires, 2018). A estos

Esta actividad política viene incidiendo en los diferentes ordenamientos jurídicos nacionales, con recepciones de diverso alcance: constitucional, legal o reglamentario.

Menciono, entre otras tantas experiencias, la constitucionalización del derecho que se produjo en Ecuador, gracias a su proceso de reforma. De acuerdo al artículo 31 de la Constitución, "las personas tienen derecho al disfrute pleno de la ciudad y de sus espacios públicos, bajo los principios de sustentabilidad, justicia social, respeto a las diferentes culturas urbanas y equilibrio entre lo urbano y lo rural. El ejercicio del derecho a la ciudad se basa en la gestión democrática de ésta, en la función social y ambiental de la propiedad y de la ciudad, y en el ejercicio pleno de la ciudadanía".

En otros ordenamientos jurídicos puede estar implícito en los textos constitucionales (en tanto conjunción de otros derechos expresos), tornándose explícito a nivel legal. Ese puede ser el caso del régimen jurídico de la Ciudad Autónoma de Buenos Aires, donde, si bien no está mencionado en su Constitución, sus notas están presentes al considerar de forma conjunta las cláusulas referidas al ambiente y al hábitat (artículos 26 a 31).

En dicho texto también se prevé el dictado de un *Plan Urbano Ambiental* que debe votarse con una mayoría especial, constituyendo la ley marco a la que debe ajustarse la regulación urbanística (artículo 29).

Dicho Plan se encuentra actualmente plasmado en la ley 2930, cuyo objetivo es el de "constituirse en el soporte del proceso de

---

textos siguió una investigación colaborativa con múltiples instituciones e investigadores, que dio lugar a una serie de tres libros: Corti, Horacio (Coord.) *Justicia social urbana*, Colección Derecho a la Ciudad, Editorial Jusbaires, 2019; Corti, Horacio (Coord.), *Nuevas perspectivas del derecho a la ciudad*, Ciudad Autónoma de Buenos Aires, Editorial Jusbaires, 2019; y Corti, Horacio (Coord.) *Política fiscal y derecho a la ciudad*, Colección Derecho a la Ciudad, Editorial Jusbaires, Ciudad Autónoma de Buenos Aires, 2019.

planeamiento y gestión de la ciudad, como política de Estado, a partir de la materialización de consensos sociales sobre los rasgos más significativos de la ciudad deseada y la transformación de la ciudad real, tal que dé respuesta acabada al *derecho a la ciudad para todos sus habitantes*" (artículo 3).

Quisiera destacar los rasgos que debe reunir la ciudad, que incluyen referencias tanto al transporte como a la dimensión de la sustentabilidad: "1) *Ciudad Integrada:* En cuanto a la vinculación de todas sus zonas entre sí y, en especial, de la zona sur con el resto de la ciudad, de la ciudad con los ríos que la rodean y de la ciudad con el Conurbano con el que constituye una Área Metropolitana; 2) *Ciudad Policéntrica:* En cuanto a consolidar la jerarquía de su gran Área Central y, simultáneamente, promover una red de centros secundarios, así como de centros comunales y barriales con identidad y pujanza propia; 3) *Ciudad Plural:* En cuanto a que sea un espacio de vida para todos los sectores sociales, ofreciendo en especial un hábitat digno para los grupos de menor capacidad económica, así como un hábitat accesible para las personas con capacidades diferenciales; 4) *Ciudad Saludable:* En cuanto a las condiciones de habitabilidad que garanticen la calidad ambiental y la sostenibilidad, a partir del uso de tecnologías apropiadas en las actividades productivas y en los sistemas de transporte, de provisión adecuada de infraestructura de saneamiento, de la prevención de inundaciones y de la resolución de la gestión de los residuos [y] 5) *Ciudad Diversa:* En cuanto a mantener su pluralidad de actividades (residenciales, productivas, culturales) y su pluralidad de formas residenciales (distintas densidades, distintas morfologías), compatibilizando los requerimientos de calidad ambiental de cada una de ellas y enriqueciéndolas con su mutua convivencia" (artículo 4).

Paralelamente, el derecho a la ciudad también se fue abriendo paso en los foros de la sociedad internacional, así como en el derecho internacional de los derechos humanos.

Sólo dos menciones significativas.

En primer lugar, el derecho a la ciudad encontró un lugar en el documento aprobado en la conferencia Hábitat III, la *Nueva Agenda Urbana*, con referencias a la movilidad sostenible (punto 11, sobre derecho a la ciudad; punto 50, sobre la movilidad sostenible)[27].

Dichas referencias se encuentran luego desarrolladas, entre otros documentos, en el *Plan de Acción Regional para la implementación de la Nueva Agenda Urbana en América Latina y el Caribe 2016-2036*[28].

Allí pueden verse el punto II.C. "Funciones de la Ciudad" (donde se expone el contenido del derecho a la ciudad y, en esa senda, se mencionan sus funciones) y el principio 3 (sostenibilidad ambiental urbana), uno de cuyos aspectos consiste en la "movilidad urbana segura, asequible y sostenible con sistemas eficientes de transporte público, e infraestructura y redes para ciclistas y peatones que promuevan una mejor salud ciudadana y calidad medioambiental"). Ambas cuestiones, luego, son desarrolladas en el cuerpo del documento.

En segundo lugar, ya en el ámbito específico del sistema internacional de derechos humanos, el derecho a la ciudad aparece como una continuidad natural de la interpretación que se viene haciendo del derecho a la vivienda, postulado en el PIDESC[29].

---

27 ONU, A/RES/71/256*, *Nueva Agenda Urbana*, 25 de enero de 2017.

28 CEPAL, ONU-Hábitat y MINURVI, LC/TS.2017/77/Rev.2, *Plan de Acción Regional para la implementación de la Nueva Agenda Urbana en América Latina y el Caribe 2016-2036*, febrero de 2018.

29 También vengo investigando sobre el derecho a la vivienda desde hace algunos años. Remito, entre otros textos, al proyecto de investigación en su momento realizado en conjunción con colegas de la Universidad París 1, Panthéon Sorbonne, cuyos resultados pueden verse en Revista Institucional de la Defensa Pública de la CABA, *Derecho a la vivienda en Argentina y Francia*, Año 8, Número 16, octubre de 2018, Buenos Aires, Argentina. He tomado al derecho a la vivienda como ejemplo al momento de reflexionar sobre la relación entre derechos humanos y gasto público en: Corti, Horacio, *Derecho Constitucional Presupuestario*, Ed. Lexis Nexis, Buenos Aires, Argentina, 2007. Por

Recordemos la interpretación dada ya hace varios años (1991) en la observación general n° 4 del Comité DESC[30]. Allí se afirma, entre otras cuestiones, que el derecho a la vivienda no se debe interpretar en un sentido restrictivo y que el concepto de vivienda adecuada "significa disponer de un lugar donde poderse aislar si se desea, espacio adecuado, seguridad adecuada, iluminación y ventilación adecuada, una infraestructura básica adecuada y una situación adecuada en relación el trabajo y los servicios básicos, todo ello a un costo razonable" (parágrafo 7).

Es decir, el derecho a la vivienda contiene el derecho a una serie de servicios públicos, entre ellos los referidos a la conectividad espacial, transporte y movilidad, requeridos para poder ejercer otros derechos (a la educación, a la salud, culturales, etc.).

4. EL DERECHO AL DESARROLLO SUSTENTABLE

La segunda vertiente jurídica que ha propulsado la modulación (profundización y extensión) del derecho de los usuarios de los servicios públicos de transporte en términos de movilidad sustentable es la protagonizada por el derecho al desarrollo.

Este derecho tiene una compleja historia en la sociedad internacional, que si bien está presente en documentos fundantes (como las cartas de la ONU y la OEA) tiene uno de sus focos

---

otra parte, remito también a una recopilación de sentencias de la justicia de la Ciudad de Buenos Aires: Corti, Horacio (coord.) *Derecho a la vivienda: síntesis de jurisprudencia*, Consejo de la Magistratura de la Ciudad Autónoma de Buenos Aires, Editorial Jusbaires, 2017.

30 ONU, E/1991/23, Comité DESC, Observación General N° 4: *El derecho a una vivienda adecuada (párrafo 1 del artículo 11 del Pacto)*, 13 de diciembre de 1991.

genéticos en el proceso de descolonización, posterior al fin de la segunda gran guerra[31].

Entre otros documentos relevantes cabe mencionar:

a) la resolución AG 1803 de 1962 (*Soberanía permanente sobre recursos naturales*) donde se afirma que "el derecho de los pueblos y de las naciones a la soberanía permanente sobre sus riquezas y recursos naturales debe ejercerse en interés del desarrollo nacional y del bienestar del pueblo del respectivo Estado";

b) la resolución AG 2626 (*Estrategia Internacional de Desarrollo para el segundo decenio de las Naciones Unidas para el Desarrollo*) de 1970;

c) la resolución AG 3281 de 1974 (*Carta de Derechos y Deberes económicos de los Estados*) donde el desarrollo es enmarcado en una serie de principios, derechos y deberes, entre ellos que "todo Estado tiene el derecho soberano e inalienable de elegir su sistema económico, así como su sistema político, social y cultural, de acuerdo a la voluntad de su pueblo, sin injerencia, coacción ni amenaza externa de ninguna clase" (artículo 1) y que "todo Estado tiene la responsabilidad primordial de promover el desarrollo económico, social y cultural de su pueblo. A este efecto, cada Estado tiene el derecho y la responsabilidad de elegir sus objetivos y medios de desarrollo, de movilizar y utilizar cabalmente sus recursos, de llevar a cabo reformas económicas y so-

---

31 Dicho proceso no ha sido completo, claro, como lo muestra, entre otras situaciones, la de las islas Malvinas. Ver, en lo esencial, la resolución AG 1514 (XV) de 1960; el alegato del embajador José María Ruda, de 1964, ante el Comité Especial encargado de examinar la situación con respecto a la aplicación de la Independencia a los países y pueblos coloniales; las resoluciones AG 2065 (XX) de 1965, AG 3160 (XXVIII) de 1973 y AG 31/49 de 1976, entre otras, y la cláusula transitoria primera de la Constitución Nacional, luego de la reforma de 1994.

ciales progresivas y de asegurar la plena participación de sus pueblos en el proceso y los beneficios del desarrollo. Todos los Estados tienen el deber, individual y colectivamente, de cooperar a fin de eliminar los obstáculos que entorpecen esa movilización y utilización" (artículo 7);

c) la resolución AG 3201 (*Declaración sobre el establecimiento de un nuevo orden económico internacional*), también de 1974, donde se postula que dicho orden debe respetar una serie de principios, entre ellos "la plena y efectiva participación, sobre una base de igualdad, de todos los países en la solución de los problemas económicos mundiales en beneficio común de todos los países, teniendo presente la necesidad de lograr el desarrollo acelerado de todos los países en desarrollo y prestando al mismo tiempo particular atención a la adopción de medidas especiales en favor de los países en desarrollo menos adelantados, sin litoral e insulares, así como los países en desarrollo más gravemente afectados por las crisis económicas y los desastres naturales sin perder de vista los intereses de los demás países en desarrollo" (punto 4c);

d) la resolución AG 3202 (*Programa de acción sobre el establecimiento de un nuevo orden económico internacional*), que especifica los términos de la resolución antes mencionada;

e) la resolución AG 3362 de 1975 (*Desarrollo y cooperación económica internacional*);

f) la resolución 34/150 de 1979 (*Consolidación y desarrollo progresivo de los principios y normas del derecho económico internacional relativos en especial a los aspectos jurídicos del nuevo orden económico internacional*).

Esta serie de documentos dan lugar, en la década siguiente (1986), al dictado de la resolución 41/128 que establece la *Declaración sobre el derecho al desarrollo*, síntesis del recorrido institucional precedente. Remitimos a su texto, del que sólo recordamos su artículo 1, punto 1, en cuanto dispone que "el derecho al desarrollo es un derecho humano inalienable en virtud del cual todo ser humano y todos los pueblos están facultados para participar en un desarrollo económico, social, cultural y político en el que puedan realizarse plenamente los derechos humanos y libertades fundamentales, a contribuir a ese desarrollo y a disfrutar de él". El punto 2 del mismo artículo, por su parte, vincula la declaración con las convenciones fundamentales de derechos humanos: "El derecho humano al desarrollo implica también la plena realización del derecho de los pueblos a la libre determinación, que incluye, con sujeción a las disposiciones pertinentes de ambos Pactos internacionales de derechos humanos, el ejercicio de su derecho inalienable a la plena soberanía sobre todas sus riquezas y recursos naturales".

Paralelamente, en esos mismos años comienza a cobrar centralidad en la sociedad internacional la problemática ambiental, que al entroncarse con el anterior proceso dará lugar a la idea de "desarrollo sustentable". Dado la profundidad de esta vertiente sólo menciono algunos hitos relevantes:

a) la resolución AG 1346 (*Cuestión de convocatoria de una conferencia internacional sobre los problemas del medio humano*), de 1968, señala que "para un buen desarrollo económico y social es de importancia esencial prestar la debida atención a los problemas del medio humano";

b) la *Declaración de la Conferencia de las Naciones Unidas sobre el medio humano* (A/CONF.48/14/Rev.1) o *Declaración de Estocolmo,* de 1972, donde se enuncian una serie de principios sobre el ambiente. La lectura de dichos principios muestra la continuidad de vocabulario con los documentos antes reseñados sobre el derecho al desarrollo. Así, por ejemplo, el principio 8 postula que "el desarrollo económico y social es indispensable para asegurar al hombre un ambiente de vida y trabajo favorable y crear en la Tierra las condiciones necesarias para mejorar la calidad de vida", el principio 11 hace referencia a la situación de los países en desarrollo y el 13 a la importancia de la planificación para el desarrollo. También en dicha ocasión se aprobó un *Plan de acción para el medio humano*;

c) en 1987, al año siguiente del dictado de la *Declaración sobre el Derecho al Desarrollo*, se produce el *Informe de la Comisión Mundial sobre el Medio Ambiente y Desarrollo*, "Nuestro futuro común", conocido como informe Brundtland (A/42/427). De este extenso informe, clave en la narración que estamos esbozando y punto de partida de la idea de sostenibilidad, quisiera mencionar aquí el punto 27: "Está en manos de la humanidad hacer que el desarrollo sea sostenible, duradero, o sea, asegurar que satisfaga las necesidades del presente sin comprometer la capacidad de las futuras generaciones para satisfacer las propias. El concepto de desarrollo duradero implica límites –no límites absolutos, sino limitaciones que imponen a los recursos del medio ambiente el estado actual de la tecnología y de la organización social, la capacidad de la biósfera de absorber los efectos de las actividades humanas. Pero tanto la tecnología como la organización social pueden ser ordenadas y mejoradas de manera que abran el camino de una nueva era de crecimiento económico. La Comisión cree que ya no es inevitable la pobreza general. La pobreza es no sólo un mal en sí misma. El desarrollo duradero exige que se satisfagan las necesidades básicas de todos y que se extienda a todos la oportunidad de colmar sus aspiraciones a una vida mejor. Un mundo donde la pobreza es endémica estará siempre propenso a ser víctima de la catástrofe ecológica o de otro tipo".

d) los diferentes documentos aprobados en la Cumbre de la Tierra realizada en Río de Janeiro en 1992 (Conferencia de las Naciones Unidas sobre el medio ambiente y el desarrollo), con motivo del 20 aniversario de la Conferencia de Estocolmo (A/CONF.151/26/Rev.1). Allí se aprobó la *Declaración de Río*. De acuerdo a su principio 3 "el derecho al desarrollo debe ejercerse de forma tal que responda equitativamente a las necesidades del desarrollo y ambientales de las generaciones presentes y futuras", aspecto nuclear de la definición de "sustentabilidad" o "sostenibilidad". El término aparece en el principio siguiente, el 4, que dispone que "a fin de alcanzar el desarrollo sostenible, la protección del medio ambiente deberá constituir parte integrante del proceso de desarrollo y no podrá considerarse en forma aislada". El principio 6 se refiere a los países en desarrollo, el 7 explicita el principio de solidaridad y el 15 el principio de precaución, entre otros tantos aspectos. Paralelamente se aprobaron el *Programa 21*, la *Convención Marco sobre el Cambio Climático*, el *Convenio sobre la Diversidad Biológica* y la *Declaración sobre el desarrollo sostenible de los bosques*[32].

A partir de dicha declaración se fueron desarrollando de forma periódica sucesivas conferencias sobre medio ambiente y desarrollo sostenible. La historia es bastante conocida y no es necesario reiterarla. Baste señalar la realización en el año 2000 de la Cumbre del Milenio en Nueva York, que aprobó la *Declaración del Milenio*, donde se establecieron los Objetivos de Desarrollo del Milenio, entre ellos "garantizar la sostenibilidad del medio ambiente" (A/RES/55/2); en el 2002 la Cumbre Mundial sobre el Desarrollo Sostenible en Johannesburgo, que aprobó una *Declaración sobre el Desarrollo Sostenible* y un *Plan de Aplicación de las decisiones de la cumbre mundial sobre el desarrollo sostenible* (A/CONF.199/20*) y en 2005, 2008 y 2010, las cumbres mundiales de Nueva York.

En la conferencia de 2012 realizada en Río de Janeiro (a veinte años de la Cumbre de la Tierra) se inicia el proceso para postular un conjunto de Objetivos de Desarrollo Sustentable, llegando así a la cumbre de 2015, Nueva York, donde se aprueba la *Agenda 2030* (A/RES/70/1).

---

32 Argentina incorporó a su derecho interno la Convención Marco de las Naciones Unidas sobre Cambio Climático, mediante ley 24.259 y el Convenio sobre la Diversidad Biológica, por ley 24.375.

Ese mismo año, en el marco de la Conferencia de París sobre Cambio Climático, se aprobará también el *Acuerdo de París* (COP21) y en 1997 el *Protocolo de Kyoto*[33].

Entre tantos aspectos posibles para destacar de la *Agenda 2030* recordemos que en el marco del objetivo 11 (lograr que las ciudades y los asentamientos humanos sean inclusivos, seguros, resilientes y sostenibles) se prevé "de aquí a 2030, proporcionar acceso a sistemas de transporte seguros, asequibles, accesibles y sostenibles para todos y mejorar la seguridad vial, en particular mediante la aplicación del transporte público, prestando especial atención a las necesidades de las personas en situación de vulnerabilidad, las mujeres, los niños, las personas con discapacidad y las personas de edad" (punto 11.2.)[34].

Ciertamente, junto a la práctica del derecho internacional es preciso considerar las desenvueltas en los ámbitos nacionales, tanto al nivel constitucional como legal y reglamentario, sobre el ambiente.

Así, en Argentina, la reforma constitucional de 1994, ya mencionada, también asumió el desafío, de forma análoga a otras experiencias jurídicas comparadas. De acuerdo a su texto "todos los habitantes gozan de un derecho a una ambiente sano, equilibrado, apto para el desarrollo humano y para que las actividades productivas satisfagan las necesidades presentes sin comprometer

---

33 El Acuerdo de París fue aprobado por ley 27.270 y el Protocolo de Kyoto de la Convención Marco de las Naciones Unidas sobre el Cambio Climático por ley 25.438.

34 Sobre los ODS remito a los trabajos de Karina Larrañaga: Larrañaga, Karina M, "Los objetivos de desarrollo sostenible y su vinculación con el sistema de derechos humanos", publicado en LA LEY 2019-A, AR/DOC/2712/2018, Suplemento Administrativo, febrero de 2019; y Larrañaga, Karina M, "Cambio climático, desarrollo sostenible y ODS en el contexto de los Principios de Derechos Humanos y Política Fiscal", en *Revista Debates de Derecho Tributario y Financiero, Principios de Derechos Humanos y Política Fiscal,* Tomo I, Año IV, N° 10, abril de 2024.

las de las generaciones futuras; y tienen el deber de preservarlo. El daño ambiental generará prioritariamente la obligación de recomponer" (artículo 41, CN, primer párrafo).

Se aprecia que aun cuando no figure la palabra "sustentabilidad" o alguna variante (sustentable, sostenible, etc.) el concepto se encuentra presente en la redacción del texto.

El punto queda sin embargo explicitado en la Ley General del Ambiente posteriormente dictada, que "establece los presupuestos mínimos para el logro de una gestión sustentable y adecuada del ambiente, la preservación y protección de la diversidad biológica y la implementación del desarrollo sustentable" (ley 25.675, artículo 1).

La referencia a la sustentabilidad recorre el conjunto del texto de la ley. Así, por ejemplo, entre los objetivos del régimen se encuentra el de "promover el uso racional y sustentable de los recursos naturales" (artículo 2.d.) y entre los principios que deben guiar su interpretación y aplicación se postula el de sustentabilidad. Según éste, "el desarrollo económico y social y el aprovechamiento de los recursos naturales deberán realizarse a través de una gestión apropiada del ambiente, de manera tal que no comprometa las posibilidades de las generaciones presentes y futuras" (artículo 4)[35].

Ahora bien, la antes referida cláusula constitucional introduce otro concepto afín: el desarrollo humano. El concepto también se encuentra presente en otro tramo del texto constitucional, allí cuando se enumeran las atribuciones del Congreso. Según lo dispone el artículo 75, inciso 19 (que plasma, de acuerdo al vocabulario constitucional argentino, una nueva "cláusula del

---

35 Complementan a este régimen, entre otras, la ley 27.520, de "Presupuestos mínimos de adaptación y mitigación al cambio climático global" y la ley 27.621, "Para la implementación de la educación ambiental integral" (que incluye una "Estrategia Nacional para la Sustentabilidad en las Universidades Argentinas", conforme artículo 2).

progreso o de la prosperidad", que complementa la tradicional contenida en el actual inciso 18 del mismo artículo) le corresponde al poder legislativo federal "proveer lo conducente al desarrollo humano" y "al progreso económico con justicia social".

Es habitual referir que el enfoque basado en el desarrollo humano tiene su punto de partida en la *Declaración de Cocoyoc* de 1974, organizada por el Programa de Naciones Unidas para el Medio Ambiente (PNUMA) y la Conferencia de Naciones Unidas sobre Comercio y Desarrollo (UNCTAD). De acuerdo a su punto 1 ("objetivos del desarrollo"): "nuestra preocupación primordial consiste en definir de nueva cuenta los propósitos globales del desarrollo. No debe tratarse del desarrollo de los objetos sino del desarrollo del hombre. Los seres humanos tienen como necesidades básicas, el alimento, la vivienda, el vestido, la salud y la educación. Cualquier proceso de crecimiento que no lleve a la plena satisfacción de estas necesidades, o peor aún, que obstruya cualquiera de ellas, es en realidad una parodia de la idea del desarrollo"[36].

---

[36] Dejo para otra oportunidad continuar con la historia del concepto de desarrollo humano, que contiene una diversidad de derivaciones, entre ellas la creación del Programa de las Naciones Unidas para el Desarrollo, que ha venido generando investigaciones, reportes y propuesto definiciones e indicadores. Para un análisis sobre la convergencia de las perspectivas, ver, entre otros: Esteban Picazzo Palencia y otros, "La teoría del desarrollo humano y sustentable: hacia el reforzamiento de la salud como un derecho y libertad universal", *Estudios Sociales* vol. 19 n° 37 enero / junio 2011 (en particular punto 3 "Desarrollo humano y desarrollo sustentable: hacia la convergencia"). De alguna manera el concepto de "desarrollo humano" puede verse como una variación del concepto de "desarrollo" expresado en la terminología del DIDH, al que luego se le añade el predicado "sostenible", como énfasis que destaca el desafío ambiental.

5. LA MOVILIDAD SUSTENTABLE COMO DERECHO SOCIAL

5.1. Una reflexión sobre su historia y estructura

En los puntos anteriores he bosquejado una serie de historias jurídicas, que atraviesan lo doméstico (nacional) y lo internacional, diferentes ramas del derecho (internacional, constitucional, administrativo, etc.) así como muy diversos grados de concreción positiva (declaraciones, convenciones, constituciones, leyes, reglamentaciones). El relato tiene innumerables huecos y omisiones. Sin embargo, creo que contiene suficientes elementos para darle verosimilitud a nuestra hipótesis, según la cual es en el contexto de esta pluralidad narrativa que emerge, en su especificidad, un derecho a la movilidad sustentable.

El núcleo, como dijimos, lo encontramos en el "derecho de los usuarios del servicio público de transporte", que garantiza las condiciones materiales para poder ejercer la "libertad de tránsito" y que es a la vez modulado por el desenvolvimiento de una serie de derechos, también de diferente alcance y, claro, de diferente grado de positivización: derecho a la vivienda, derecho a la ciudad, derecho al desarrollo y derecho al ambiente. Espero que las indicaciones aquí esbozadas puedan dar lugar a un programa de investigación que justifique dicha hipótesis con estudios de mayor profundidad.

Quisiera complementar lo dicho con una reflexión sobre el derecho a la movilidad sustentable en su calidad de "derecho social". Me motiva lo siguiente.

Es habitual considerar que los derechos sociales tienen características (por su estructura normativa, su eventual "naturaleza", sus propiedades singulares, su congénita indeterminación) que los diferencian de los demás derechos. No sólo se diferencian, pues por aquellas antedichas razones no tienen el grado de precisión suficiente para ser operativos, aplicables o directamente "jurídicos". Como si tuvieran imperfecciones congénitas (imposibles de eliminar).

Por tal razón se los puede considerar con menor valor o, incluso, como falsos derechos o, de acuerdo a una proposición más enfática, "derechos en el papel". Es decir, por más que se los llame "derechos" tienen en su diseño características que les impiden convertirse en tales. Más aún, la constitucionalización de "falsos derechos" bajo la forma de "genuinos derechos" devalúa a estos, ya que las dificultades que revelan los primeros se transmiten a los segundos. De ahí también el reclamo político de volver a declaraciones cortas, como las que encontramos en los siglos XVIII y XIX (como si estas, por lo demás, sólo consagraran la libertad y la propiedad).

Esas estrategias argumentativas muchas veces convergen con relatos sobre su historia, donde son considerados derechos relativamente recientes, surgidos al mundo durante el siglo XX, como un efecto jurídico irracional derivado de la inserción política de las clases subalternas (pasaje de la república aristocrática del siglo XIX a la democracia de masas del siglo XX).

Creo que ambas perspectivas son infundadas. Ciertamente, resulta políticamente legítimo trabajar en contra de los derechos sociales a fin de que sean eliminados de los ordenamientos jurídicos, tanto a nivel internacional como nacional-constitucional. Sobre la base de razones políticas se puede, claro está, considerarlos innecesarios, injustos o cualquier otro predicado negativo. Mi argumento apunta, en cambio, no a las eventuales razones políticas, sino a supuestas razones basadas en su estructura normativa profunda. Es decir: creo que se hacen pasar por "razones teóricas" posiciones que no revelan más que "razones políticas".

Ahora bien, tales argumentaciones son enormemente abstractas, ya que no son fieles a los derechos positivos. Si simplemente tomamos nota del derecho positivo podemos advertir que los llamados derechos sociales (o de acuerdo al sintagma internacional: económicos, sociales y culturales) no tienen mayores diferencias cuando se los compara con los derechos "clásicos", civiles o políticos.

Ante todo, cabe señalar que los llamados derechos sociales son, al igual que los "clásicos", de carácter complejo. Es decir, bajo la designación de "un" derecho se presenta un "conjunto" de derechos vinculados a un bien o a una situación. Por tanto es preciso hacer una descomposición analítica para identificar todos los derechos (o sub-derechos) que engloba o comprende cada uno de ellos.

Así, por ejemplo, puede distinguirse el derecho de los trabajadores "a fundar sindicatos", el de los sindicatos "a formar federaciones" y de "funcionar sin obstáculos", el de huelga, etc. Lo mismo sucede con cada derecho consagrado en el PIDESC.

Voy al punto de mi argumento: los derechos tienen el grado de precisión que le otorga el legislador (local, nacional o internacional) al momento de redactar el texto que jurídicamente lo consagra. Cualquier derecho, más allá de cómo se lo califique (civil o social), puede estar redactado de forma precisa o imprecisa. La cuestión depende de las condiciones políticas vinculadas a su génesis. El punto es empírico, no conceptual, lógico o semántico.

Esto significa que nada impide redactar con precisión un derecho social. Y, *prima facie*, no hay en los bienes que se pretende proteger (sean libertades, estados o necesidades) nada conceptual que obstaculice la tarea de protegerlos por medio de la técnica de los derechos subjetivos. En todo caso, su protección impulsará la emergencia y difusión de mecanismos procesales adecuados a sus características "sociales": ampliación de la legitimación procesal (a asociaciones civiles representativas o defensoras de derechos, a toda persona); actuación judicial de defensorías públicas (que prestan servicios de asistencia jurídica gratuita a personas y colectivos sin recursos suficientes) o de defensorías del pueblo (con capacidad de representar a colectivos sociales); litigio colectivo o "estructural"; mesas de trabajo o "de diálogo"; audiencias públicas; amigos de la corte y/o la colaboración técnica de universidades públicas; sentencias que condenan a los gobiernos a la presentación de un plan (a controlar durante la ejecución), etc.

Por ejemplo, el artículo 13 del PIDESC "reconoce el derecho de toda persona a la educación". Aquí está claro el sujeto pasivo (toda persona) así como el activo (los Estados parte que suscriben el pacto). También el pacto explicita las características de las obligaciones correlativas de los estados en su cláusula de la implementación, de enorme impacto en nuestra materia financiera y tributaria (artículo 2.1).

En cuanto al contenido del derecho, es decir su alcance normativo o, dicho de otra forma, el significado que cabe otorgarle al término "educación", el pacto incluye diversas precisiones. El propio punto 1 del artículo 13 incluye un desarrollo sobre la finalidad que debe tener la educación. Pero luego aporta mayores detalles.

Por ejemplo, de acuerdo al punto 2.a. "la enseñanza primaria debe ser obligatoria y asequible a todos gratuitamente".

El texto resulta lo suficientemente claro y preciso en cuanto al alcance del derecho a la educación en ese punto: a) hay un derecho a la educación primaria y b) dicha educación debe ser accesible a todos, bajo la forma de la gratuidad. A la vez que es un derecho la educación primaria también es una obligación. Por cierto, puede debatirse el alcance del predicado "primaria", pero aquí el texto está suponiendo una distinción usual en la experiencia comparada, según la cual la educación se divide en etapas.

Se observa que el texto no presenta mayores complejidades que las que son habituales a la hora de hacer la interpretación de la libertad de prensa o del derecho de propiedad.

Luego dispone que la enseñanza secundaria "debe ser generalizada y accesible a todos, por cuantos medios sean apropiados, y en particular por la implantación progresiva de la enseñanza gratuita". Una cláusula semejante encontramos con respecto a la "educación superior".

Lo mismo sucede con cada uno de los derechos. La diferencia no es de estructura o de naturaleza, sino, simplemente, de redacción (y esta depende de las condiciones, fuerzas y negociaciones políticas involucradas en su génesis).

Por ende, el desafío (político) que proponen los derechos sociales, además de la propia acción colectiva que resulta necesaria (organización, petición, movilización, difusión), consiste en imaginar con la mayor precisión sus contenidos para poder redactar, también con la mayor claridad posible, los textos (jurídicos) que le otorgan positividad. Por cierto, también juega aquí el trabajo del legislador ordinario, quien, al reglamentar los derechos, explicita con precisión su alcance por medio de un régimen jurídico, tal como sucede, por lo demás, con cualquier otro tipo de derecho, más allá de su categorización.

Si comparamos los dos pactos constitutivos del derecho internacional de los derechos humanos la única diferencia actual (luego de la creación del Comité DESC y de la posibilidad de hacer reclamaciones) la encontramos en las sendas cláusulas de la implementación, no en la redacción de cada uno de los derechos respectivos (diferencia que los diferentes órganos del sistema tienden a diluir por medio de su interpretación)[37].

En cuanto a la dimensión histórica del asunto creo que es preciso poner en entredicho la difundida visión que ordena la cronología en términos de generaciones de derechos, como si de forma sucesiva e independiente los de la primera generación protegieran la libertad, los de la segunda la igualdad o los de la tercera la solidaridad. Este esquema (que temporaliza la consigna simbólica de la Francia revolucionaria: libertad, igualdad y fraternidad) es más lo que confunde que lo que aclara.

La razón es la siguiente. En el momento constitutivo de la modernidad política (el proceso histórico que va de la Declaración de la Independencia y el dictado de la Constitución de los Estados Unidos a las declaraciones de independencia -y constituciones- de

---

37 Me referí a esta diferencia en Corti, Horacio, "La política fiscal en el derecho internacional de los derechos humanos: presupuestos públicos, tributos y los máximos recursos disponibles" en *Financiar la Constitución*, Eudeba, 2020. También disponible en *Revista Institucional de la Defensa Pública de la CABA, Política Fiscal y Derechos Humanos*, Año 9, Número 17, febrero de 2019.

las naciones latinoamericanas, pasando por el proceso revolucionario francés, con impactos que van, vía invasiones napoleónicas, de Buenos Aires a Moscú) hay una multiplicidad de reclamos políticos que se expresan en el lenguaje de los derechos.

Dichos reclamos hacen referencia tanto a sujetos colectivos como individuales y, a la vez, a bienes y problemas que se refieren a los contenidos de todos los derechos, hoy distinguidos en civiles, políticos, económicos, sociales y culturales.

En esos reclamos, a su vez, se encuentran conectados desafíos vinculados a todos aquellos derechos. Quiero decir: en ese momento histórico (la "larga transición" del siglo XVIII al XIX) se puso en discusión un conjunto interconectado de problemas relacionados con todos los derechos. Claro, hubo vencedores y perdedores, reclamos que lograron consagrarse en el derecho positivo de forma perdurable, exigencias que aparecieron fugazmente y otras, en fin, que fueron derrotadas en sus pretensiones, aunque no definitivamente, como lo muestra, sin entrar al siglo XX, la historia decimonónica (recordemos las discusiones sobre el trabajo como objeto de derechos en los acontecimientos revolucionarios de 1848 en Francia)[38].

Algunos ejemplos. En la Declaración contenida en la Constitución francesa de 1793 se establece que "la educación es una necesidad de todos". A ello se agrega que "la sociedad debe promover con todas sus fuerzas el progreso de la razón pública, y hacer que la educación esté al alcance de todos los ciudadanos" (artículo 22). Por su parte, el artículo precedente, el 21, dispone que "la asistencia pública es una deuda sagrada". Y se añade: "La sociedad debe dar sustento a los ciudadanos desamparados, ya sea proporcionándole trabajo o asegurando los medios de existencia a quienes no pueden trabajar".

---

38 Pablo Scotto, *Los orígenes del derecho al trabajo en Francia (1789 – 1848)*, Centro de Estudios Políticos y Constitucionales, Madrid, 2021.

Por cierto, proposiciones lacónicas. Pero tal es en definitiva el estilo en el que están redactadas las declaraciones. Vemos, así, varios derechos sociales ya presentes en los debates político-constitucionales de fines del siglo XVIII[39].

Pero la cuestión es más profunda. Lo revela el ejemplo del devenir de los derechos políticos. Se supone que estamos ante un derecho de primera generación, que sale a la luz en esta época. Sin embargo, la concreción de ese derecho puso en el centro de la escena la cuestión social o las diferencias en cuanto a los estatus sociales y económicos. De ahí el debate en torno a si el voto debía ser universal o, en cambio, restringido (censitario). En este último caso, el voto sólo lo merece quien tiene instrucción y un indicador de ésta lo da cierto nivel en el acceso a recursos económicos, es decir, cierta cantidad de bienes disponibles en propiedad (a su vez revelada por su estatus como contribuyente). Pensemos en el tortuoso camino (no siempre pacífico) que hubo que recorrer para llegar a un voto universal. Paralelamente, en aquellos sistemas políticos donde ese voto universal sí fue reconocido se llegó a un mismo resultado restrictivo por medios institucionales formales (colegios electorales, carácter facultativo del voto, inserción de un senado, etc.) o por vías informales (fraude, voto cantado, etc.). De una u otra forma los derechos políticos fueron un privilegio, que se demoró años, o décadas, en eliminar. Más aún, pensemos en los derechos políticos de las mujeres, sólo reconocidos ya entrado el siglo XX. Por tanto, el debate sobre un "derecho político" no es independiente de la cuestión de la "igualdad económico-social", de la "igualdad de género" (recordemos la Declaración propuesta por Olympe de Gouges, así como el destino de ésta) o de la "igualdad racial" (pensemos en los efectos que los sucesos ocurridos en Francia

---

39 Ver, entre otros: Florence Gauthier, *Triomphe et mort de la révolution des droits de l'homme et du citoyen*, París, Éditions Syllepse, 2014.

tuvieron en sus colonias americanas, tal el caso de Santo Domingo, hoy Haití, así como las reacciones suscitadas).

Quiero decir: en la historia política moderna las cuestiones que en las clasificaciones generacionales de derechos aparecen deslindadas se encuentran íntimamente unidas y no podemos comprender los debates sin reconocer dicha unidad.

En todo caso, si queremos encontrar algún dato significativo para una periodización, tal vez el elemento de innovación puede encontrarse justamente en uno de los puntos que nos han convocado aquí: el derecho al ambiente. Es con los derechos ambientales que, quizás, se abre un período diferenciable, más allá de la continuidad histórica que hemos puesto de manifiesto en los apartados anteriores[40].

Agrego una última reflexión. En muchas ocasiones se estudian los derechos sociales desgajados de los ordenamientos jurídicos positivos y de sus diferentes instituciones y técnicas, como si se tratase de un injerto, de algo que fue agregado en algún momento a constituciones y convenciones internacionales, pero que, de alguna forma, carece de anclaje en la historia y tradición jurídica de cada sociedad (o, peor aún, que no son posibles de compatibilizar con el derecho previamente existente). Sin em-

---

40 El punto en cuestión (histórico y conceptual) se refiere al grado de radicalidad que tiene el desafío ambiental y su incidencia en la práctica del derecho. Ver, entre otros, el sugerente ensayo de José Said, "Del contrato social al contrato natural: reflexiones sobre la base del derecho público" en Meryem Deffairi y Horacio Corti (directores de la investigación), *La justicia ambiental urbana. Un diálogo entre Argentina y Francia,* Revista Institucional de la Defensa Pública n° 28, 2021, páginas 28-52. Según señalamos en la presentación "con la expresión justicia social urbana apuntamos a la intersección de las problemáticas ambiental y urbana desde la óptica de la justicia". Sobre la problemática abordada aquí puede verse, en la referida publicación, el ensayo de Roxanne Chaplain, "Le droit à la mobilité active, reflet des lacunes du droit de l'environnement", páginas 127-137, con especial referencia al derecho francés.

bargo, como ya indicamos, ellos están inscriptos en el corazón de la historia política y jurídica de la modernidad occidental.

Aquí quisiera destacar un segundo aspecto, vinculado al curso argumental de nuestro razonamiento sobre el derecho a la movilidad sustentable: los derechos sociales son un emergente de un conjunto extensísimo de instituciones que forman parte de la práctica jurídica comparada moderna y contemporánea. En nuestro texto mencionamos una serie de técnicas administrativas: dominio público; obra pública; poder de policía; servicio público; empresa pública; subsidios y tarifas sociales.

Pero si vamos más allá, por ejemplo a nuestra disciplina (derecho financiero y tributario), encontramos el concepto de capacidad contributiva; la progresividad del conjunto del sistema tributario y financiero; los tributos progresivos; los impuestos a las grandes fortunas o a los consumos suntuarios; las exenciones para proteger situaciones de desigualdad; el gasto social; el mínimo no imponible en los impuestos a la renta personal.

Podemos seguir la enumeración recorriendo transversalmente los ordenamientos: las convenciones colectivas de trabajo; el derecho del trabajo organizado alrededor de la protección del trabajador; la escuela pública; el hospital público; la seguridad social pública, universal y solidaria; la interpretación más favorable a la parte débil de una relación jurídica; las discriminaciones positivas; la nulidad de las cláusulas contractuales abusivas, etc. También cabe incluir en esta serie a las innovaciones procesales antes mencionadas.

A través de estas técnicas, instituciones, mecanismos o principios (administrativos; financiero-tributarios; laborales; previsionales; civiles y comerciales; procesales, etc.) los derechos sociales adquieren vías de consagración e implementación.

Si nos preguntamos cuál es el hilo rojo que los enhebra, creo que nuestra mirada se posa en una idea central, que justamente surge en ese momento de génesis de nuestra modernidad política: *la afirmación política de la igualdad.*

Ya no se trata de un valor sin incidencia en la vida política (como fue habitual en la historia occidental, donde la afirmación abstracta de la igualdad podía convivir naturalmente con situaciones de esclavitud, servidumbre, segregación, opresión o infravaloración), sino de una idea políticamente activa, vector de un proceso continuo de democratización, con vocación de inscribirse en los ordenamientos jurídicos y de transformar las relaciones sociales, en la medida en que estas se basan (y a la vez reproducen) situaciones injustificadas de jerarquía y desigualdad[41].

Es preciso, entonces, enfatizar la continuidad entre: a) el denso entramado de instituciones y técnicas, muchas de ellas de larga data en cuanto a su positivización jurídica y dispersas en todo el ordenamiento, que materializan la igualdad (desde el servicio público al convenio colectivo, de la seguridad social universal al impuesto progresivo), y b) el conjunto de los derechos económicos, sociales y culturales.

De ahí, a fin de cuentas, nuestra estrategia argumentativa de contextualizar en un horizonte más dilatado el derecho que nos convoca.

---

41 Esa afirmación filosófico-política ha encontrado una explicitación jurídica a mediados del siglo XX en el texto de la Constitución de la República de Italia, en su artículo 3 (conocida como la cláusula Lelio Basso) según el cual "corresponde a la República suprimir los obstáculos de orden económico y social que, limitando de hecho la libertad y la igualdad de los ciudadanos, impiden el pleno desarrollo de la persona humana y la participación efectiva de todos los trabajadores en la organización política, económica y social del País" (párrafo segundo del artículo). Como es sabido, este texto influyó en posteriores procesos constituyentes, que incluso fueron ampliando y precisando su significado. Sobre la vinculación de los artículos 1 y 3 de la Constitución (y su crítica situación contemporánea), ver el ensayo de Zagrebelsky, Gustavo, *Fondata sul lavoro. La solitudine dell'articolo 1*, Torino, Giulio Einaudi Editore, 2013.

5.2. El contenido del derecho social a una movilidad sustentable

Podemos preguntarnos: ¿cuál es el contenido del derecho a la movilidad sustentable?

Parece razonable la enunciación que efectúa el texto constitucional mexicano al que nos referimos en un inicio.

Ante todo, la referencia a la "movilidad" importa poner en un primer plano la situación de la persona, tal como sucede con la libertad de desplazarse por el territorio. Es una dimensión que incluye al transporte pero que la excede. De ahí la máxima: del transporte a la movilidad.

Para desplazarse se requiere de un sistema complejo, que contiene medios de transporte, pero también redes para desplazarse: calles, avenidas; sitios de conexión, como estaciones de todo tipo; conjuntos de señales e indicaciones. Dicho sistema se encuentra organizado y/o regulado y/o gestionado por instituciones administrativas: poder de policía, dominio público, servicios públicos, eventualmente empresas públicas.

El derecho a la movilidad requiere de toda una trama regulativa y organizativa puesta a disposición de forma estatal, sin perjuicio de todas las iniciativas privadas que, claro, puedan ser insertadas en dicha trama.

El referido sistema, luego, debe responder a una serie de condiciones, que son las enunciadas en el texto constitucional: seguridad vial, accesibilidad, eficiencia, sostenibilidad, calidad, inclusión e igualdad.

De tal manera, el derecho a la movilidad puede traducirse como un derecho a acceder de forma efectiva, en igualdad de condiciones y sin segregaciones, a un sistema institucional complejo seguro, eficiente, de calidad y, finalmente, sostenible. Si subsumimos la eficiencia en la calidad el sistema debe ser seguro, de calidad y sustentable.

En la expresión "en condiciones de igualdad", por su parte, se encuentran comprendidas todas las exigencias que derivan de los derechos de los diferentes colectivos que, por diferentes razones, son contemplados y protegidos por el ordenamiento: niñas, niños y adolescentes; personas con discapacidad; personas con padecimientos mentales; personas mayores; poblaciones indígenas; mujeres y colectivos de la diversidad, etc.

También dicha expresión alude a las diferencias económico-sociales, que no deben ser un obstáculo para el goce real del derecho en la vida social, punto también enfatizado en la referencia al acceso efectivo.

En cuanto a la sostenibilidad, la ley mexicana da la siguiente definición, que está en línea con el conjunto de referencias efectuadas hasta aquí: "satisfacer las necesidades de movilidad procurando los menores impactos negativos en el medio ambiente y la calidad de vida de las personas, garantizando un beneficio continuo para las generaciones actuales y futuras".

6. LA SIGNIFICACIÓN DE LOS "PRINCIPIOS DE DERECHOS HUMANOS EN LA POLÍTICA FISCAL"

Finalmente, quisiera compartir con los lectores una referencia al derecho financiero y tributario, en vinculación con el derecho internacional de los derechos humanos y el derecho a la movilidad sostenible[42].

---

42 La relación entre derecho financiero y tributario y DIDH es desde hace años otra de mis líneas de investigación. Remito, entre otros textos, a las siguientes publicaciones: Corti, Horacio, "Ley de presupuesto y Derechos Fundamentales: los fundamentos de un nuevo paradigma jurídico-financiero" en *Revista Jurídica de Buenos Aires, El derecho constitucional presupuestario en el derecho comparado,* Buenos Aires, 2010; Revista Institucional de la Defensa Pública de la CABA, *Derechos Humanos y restricciones financieras,* Año 7, Número 11, junio de 2017, Buenos Aires, Argentina; y Revista Institucional de la Defensa

Recientemente, junto a otros colegas de nuestra región, convocados por un conjunto de organizaciones no gubernamentales, redactamos una serie de Principios que sintetizan la doctrina que sobre el derecho financiero y tributario viene construyéndose en la práctica del sistema universal del derecho internacional de derechos humanos. Sobre la base de dicha experiencia, muy profunda, elaboramos principios y directrices acordes a la tradición constitucional latinoamericana, afines a los enfoques económicos propios de la región y con el objeto de ser un insumo relevante tanto para los derechos nacionales como para la tarea de los órganos del sistema interamericano de derechos humanos[43].

Con respecto a este último aspecto destaco que la Comisión Interamericana ya ha realizado varias audiencias temáticas sobre la problemática ("derechos humanos y política fiscal")[44]. También se le ha presentado el texto de los Principios. Todo ello en convergencia con el propio impulso de la Comisión, que en sucesivos documentos e informes viene incorporando a sus argumentos y descripciones la dimensión financiera y tributaria de los derechos consagrados en el Pacto, en particular luego de

---

Pública de la CABA, *Política Fiscal y Derechos Humanos*, Año 9, Número 17, febrero de 2019, Buenos Aires, Argentina.

43 Los principios pueden consultarse en: https://www.derechosypoliticafiscal.org/es/. En el marco de un proyecto colectivo de investigación y de las actividades del Centro de Estudios de Derecho Financiero y Derecho Tributario de nuestra Facultad de Derecho (Universidad de Buenos Aires), publicamos un número doble comentando los principios: Revista Debates de Derecho Tributario y Financiero, *Principios de Derechos Humanos y Política Fiscal*, Año IV, N° 10, abril de 2024, Buenos Aires, Argentina. Allí podrá encontrarse un relato de la génesis de los principios (expuesto por una de las coordinadoras del proyecto, María Emilia Mamberti) así como un diálogo con Magdalena Sepúlveda, quien formó parte del Comité de expertos y expertas.

44 Cabe aclarar que el término "fiscal" es considerado aquí como equivalente a "financiero", es decir, se refiere a la totalidad del fenómeno financiero público y, por ende, al conjunto del derecho financiero y tributario.

la creación de la relatoría dedicada a los derechos económicos, sociales, culturales y ambientales (REDESCA).

La idea central de los Principios se encuentra enunciada en su preámbulo. De acuerdo a su punto 1 "todos los derechos humanos precisan de recursos para su realización. La garantía de los derechos requiere de Estados con instituciones sólidas que movilicen, asignen y empleen suficientes recursos públicos de forma transparente, participativa y responsable".

En este breve párrafo se encuentran concentrados diversos conceptos. Me detengo en uno, que relaciono con el objeto de este ensayo. La proposición del preámbulo muestra un hecho que es decisivo: cada uno de los derechos, en el caso: el derecho a la movilidad sustentable, "precisa de recursos para su realización".

En nuestro proyecto metodológico de reformulación de los fundamentos del derecho financiero y tributario para captar lo involucrado en la cláusula "precisa de recursos" hemos propuesto la categoría de "dependencia causal". Esto es: hay una "dependencia causal" *cuando una institución jurídica requiere de recursos financieros para devenir efectiva en la vida social.*

Una rápida ojeada por los ordenamientos jurídicos positivos muestra que todos los derechos dependen causalmente de recursos. Más que una diferencia "ontológica" o de "naturaleza" entre los derechos, hay una diferencia de grado: los diferentes derechos varían en su grado de dependencia causal. Dicho rápidamente: varían en su costo. Pero todos, en mayor o menor medida, dependen causalmente de la asignación de recursos financieros como condición de realización práctica[45]. Aquí se ancla el principio de

---

[45] A partir del concepto de "dependencia causal" puede construirse el de "dependencia jurídica". Este concepto capta lo siguiente: la decisión de un legislador (o de cualquier otro operador jurídico) de tener en cuenta, al momento de crear (o aplicar o interpretar) un régimen jurídico, la dependencia causal, para modular de esa

suficiencia financiera, según el cual deben obtenerse y asignarse recursos financieros suficientes para que los órganos públicos puedan cumplir con los cometidos que el propio ordenamiento jurídico les impone (exigencia de racionalidad pragmática inherente a la completa estructuración jurídica del Estado –Estado de Derecho–).

La significación de esta categoría (dependencia causal) se nos reveló ante la posibilidad de generalizarla. Ello en diferentes niveles de análisis. Menciono dos.

Primero al nivel constitucional. Según nuestra propuesta las propias constituciones modernas y contemporáneas dependen causalmente del funcionamiento de las instituciones público-financieras para su realización práctica. Por ende, estamos ante una de las "relaciones" claves que podemos identificar entre la constitución financiera (el conjunto de las instituciones y elementos financieros contenidos en las constituciones) y el resto de las instituciones constitucionales (fines generales, derechos y garantías, diseño institucional)[46].

---

forma el derecho, la obligación o la institución que está en vías de crear, interpretar o aplicar. Un ejemplo de dependencia jurídica lo encontramos en la cláusula de implementación del PIDESC.

46 Fuimos desarrollando el concepto de "dependencia causal" en sucesivos ensayos. Ver, entre otros: a) el ya citado Corti, Horacio, "La política fiscal en el derecho internacional de los derechos humanos (...)"; b) Corti, Horacio, "Teoría General de la Constitución Financiera. Notas sobre la metodología del derecho financiero" en *Revista Constitución Financiera en la jurisprudencia de la Corte Suprema, Precedentes 2017*, Observatorio de Derecho Financiero, Tomo II, Año 2, marzo de 2021; c) Corti, Horacio, "El derecho tributario sustantivo en contexto: un abordaje constitucional" en *Revista Debates de Derecho Tributario y Financiero, Nuevas dimensiones del Derecho Tributario Sustantivo*, Año III, N° 7, junio 2023; y d) Corti, Horacio "El Derecho Financiero y Tributario: fundamento constitucional, implementación administrativa y protección penal" en *Revista Debates de Derecho Tributario y Financiero, Derecho Penal Tributario*, Año IV, N° 11, junio de 2024, Buenos Aires, Argentina. Este desarrollo está enmarcado en un programa de investigación teórica que venimos denominando "teoría general de la constitución financiera".

Segundo, al nivel de la teoría general del derecho, en la medida en que podemos afirmar que los ordenamientos jurídicos estatizados dependen causalmente de recursos financieros para ser efectivos. Para expresar el asunto en el marco clásico de la teoría pura desarrollada por Hans Kelsen: los ordenamientos jurídicos estatizados tienen una conexión necesaria tanto con la Coerción (centralizada) como con la Hacienda. O dicho en el punto de intersección Kelsen / Weber: si un sistema jurídico positivo eficaz y legítimo presupone el monopolio de la fuerza física entonces también presupone una hacienda pública.

Volviendo a nuestro tema: la efectividad del derecho a la movilidad sustentable depende causalmente de la asignación de recursos financieros o, con más precisión, del regular funcionamiento de los elementos e instituciones que componen las constituciones financieras.

Ahora bien, la idea de sustentabilidad no sólo permite adjetivar (incidir mediante un predicado) el derecho a la movilidad, también impacta en el propio derecho financiero y tributario o, de acuerdo al léxico de los Principios, en la política fiscal.

De acuerdo al Principio 4, "los Estados deben asegurar que su política fiscal sea ambientalmente sostenible".

Esta proposición se encuentra explicitada por medio de cuatro sub-principios. Menciono el primero y remito a los lectores al documento, que también incluye una serie de directrices, tales como promover la sostenibilidad ambiental a través de la política fiscal; asegurar la coordinación de políticas e incorporar transversalmente la perspectiva ambiental; utilizar de forma eficaz los impuestos y otros instrumentos fiscales verdes; captar y gestionar recursos para superar la dependencia del sector extractivo; y acelerar la transición a una economía más sostenible mediante el desmonte balanceado de subsidios a actividades contaminantes.

Según el aludido primer sub-principio, los estados deben "movilizar el máximo de los recursos disponibles para un desarrollo sostenible y basado en los derechos humanos, así como para el cumplimiento de sus obligaciones en relación con el disfrute de un medio ambiente sin riesgos, limpio, saludable y sostenible. La falta de adopción de medidas razonables para movilizar recursos disponibles para prevenir los daños previsibles a los derechos humanos causados por el cambio climático y la pérdida de la biodiversidad infringe esta obligación. La movilización de recursos para abordar el cambio climático debe complementar y no comprometer otros esfuerzos de los gobiernos para lograr la plena realización de todos los derechos humanos para todas las personas, incluido el derecho al desarrollo".

Por cierto, tienen incidencia en la problemática aquí tratada no sólo el principio, sub-principios y directrices centrados específicamente en el desarrollo sostenible. Así, por ejemplo, el principio 2 dispone que "las obligaciones de respetar, proteger y garantizar los derechos exigen un rol activo y un fortalecimiento del Estado, y limitan la discrecionalidad estatal en materia fiscal". Entre las directrices, que llevan los principios a un mayor grado de concreción, se incluye la de "proveer servicios públicos para garantizar derechos", proposición que ratifica nuestra perspectiva que postula una continuidad histórico, política y jurídica entre técnicas jurídicas clásicas (así las técnicas administrativas, entre ellas el servicio público) y la perspectiva de derechos humanos (o, si se quiere, los derechos económicos, sociales y culturales).

Dejo esta coda sobre los Principios. Para concluir, quisiera destacar un punto a la vez interesante y complejo: la extensión en el uso jurídico del término "sustentabilidad"[47].

---

47 La literatura sobre la sostenibilidad es más que abundante. De ese cúmulo destaco aquí las reflexiones realizadas por Gilberto Gallopín, "Sostenibilidad y desarrollo sostenible: un enfoque sistémico", CEPAL, División de Desarrollo Sostenible y Asentamientos Humanos, Santiago de Chile, 2003.

En nuestra exposición el término "sustentabilidad" tiene que ver con procesos (desarrollo) o sistemas (de movilidad) a fin de que no perturben (faz negativa: no contaminen) o mejoren (faz positiva: mitiguen efectos ya producidos) las condiciones ambientales de la vida humana, de forma tal que puedan satisfacerse, en condiciones de igualdad, tanto las necesidades presentes como las necesidades de las generaciones futuras.

En la medida en que las referidas "necesidades" están protegidas en los ordenamientos jurídicos contemporáneos por medio de "derechos subjetivos", podemos sustituir una expresión por otra. Es decir: deben respetarse, protegerse y garantizarse tanto los derechos de la generación presente como los de las generaciones futuras.

La sustentabilidad pone de manifiesto una manera específica por la que deben desenvolverse las relaciones con el ambiente (que también implican, dado el carácter colectivo de nuestra vida, relaciones sociales), donde juegan un rol clave las ideas, complementarias, de igualdad y de solidaridad (entre otros, en su aspecto intergeneracional).

Ahora bien, en los textos jurídicos contemporáneos parece haber un uso más dilatado del término "sustentabilidad", que excede la problemática ambiental. El asunto es de interés para nuestra disciplina en la medida en que aquél viene siendo usado de diferentes maneras en nuestra práctica.

Doy un ejemplo, que creo es revelador. En 2015 la Asamblea General de la ONU aprobó una serie de *Principios Básicos de los Procesos de Reestructuración de la Deuda Soberana* (A/RES/69/319)[48].

Allí encontramos el principio de sostenibilidad, según el cual "las reestructuraciones de la deuda soberana deben realizarse de manera oportuna y eficiente y crear una situación de

---

[48] Los principios fueron declarados de orden público por medio de la ley 27.207.

endeudamiento estable en el Estado deudor, preservando desde el inicio los derechos de los acreedores y a la vez promoviendo el crecimiento económico sostenido e inclusivo y el desarrollo sostenible, minimizando los costos económicos y sociales, garantizando la estabilidad del sistema financiero internacional y respetando los derechos humanos”[49].

El concepto tiene significados aún más extendidos, así cuando, por ejemplo, se afirma (ya sin ninguna referencia a la problemática ambiental o, incluso, a los derechos humanos) que “la sostenibilidad de las finanzas públicas, también denominada sostenibilidad presupuestaria, es la capacidad de un gobierno para mantener a largo plazo sus actuales políticas de gasto y tributarias, así como

---

[49] Sobre la problemática de la sostenibilidad y las renegociaciones de deudas soberanas, remito a los trabajos que viene realizando Francisco Ferrer: a) Ferrer, Francisco, “Setenta veces siete: deudas insostenibles, excluidos y casa común” en *Revista Institucional de la Defensa Pública de la CABA, Defensa y cuidado de la común,* Año 9, Número 18, mayo de 2019; b) Ferrer, Francisco. “Derechos humanos y sostenibilidad de deuda. Meditaciones hipocondríacas, desesperadas, sutilmente liberadoras” en *Revista Institucional de la Defensa Pública de la CABA, Finanzas Públicas y Derechos Humanos,* Año 10, Número 21, junio de 2020; y c) Ferrer, Francisco, “La deuda pública en la trama de los Principios de Derechos Humanos en la Política Fiscal” en *Revista Debates de Derecho Tributario y Financiero, Principios de Derechos Humanos y Política Fiscal,* Tomo I, Año IV, N° 10, abril de 2024. En cuanto a las reglas fiscales, remito a los que también viene publicando Diego Freedman: Freedman, Diego, “Breve crónica de las reglas fiscales en la Argentina” en *Revista Institucional de la Defensa Pública de la Ciudad Autónoma de Buenos Aires, Finanzas Públicas y Derechos Humanos,* Año 10, Número 21, junio de 2020; y Villena, César y Freedman, Diego, “El derecho de acceso a la información pública y la transparencia como garantía de una política financiera respetuosa de los derechos humanos”, en *Revista Debates de Derecho Tributario y Financiero, Principios de Derechos Humanos y Política Fiscal,* Tomo I, Año IV, N° 10, abril de 2024.

otras políticas relacionadas, sin que su solvencia se vea amenazada ni incumpla ninguna de sus obligaciones o gastos comprometidos"[50].

Es decir, el concepto se vincula al espacio conceptual que contiene las reglas fiscales, el concepto de "estabilidad presupuestaria", los principios consagrados en el *Fiscal Compact* y, en fin, una serie variada de técnicas (estándares genéricos, reglas cuantitativas, mecanismos procedimentales) utilizadas para regular (limitar) el gasto público y la deuda soberana de los estados.

Sé que es una problemática afín, aunque diferente. Creo, sin embargo, que la utilización de un mismo concepto es un acicate para la clarificación conceptual y la reflexión teórica, máxime si dichos conceptos son incorporados a los ordenamientos jurídicos, para cuya interpretación rige, de forma universal, la exigencia de una lectura armónica y sistemática de sus términos y cláusulas.

---

50 La referencia surge de un documento del Semestre Europeo: Comisión Europea, "Sostenibilidad de las Finanzas Públicas", 2017. Disponible en: https://commission.europa.eu/document/ download/ 05ef323b-3f1e-4a8b-b939-1ca052b0de4a_es?filename=european-semester_thematic-factsheet_public-finance-sustainability_es.pdf (consultado el 25/7/2024).

2. *Desafíos constitucionales de la movilidad sostenible*

LAURA BAAMONDE GÓMEZ
Universidad Carlos III de Madrid

SUMARIO- 1. INTRODUCCIÓN: LA MOVILIDAD SOSTENIBLE COMO CUESTIÓN CONSTITUCIONALMENTE RELEVANTE. 2. DESAFÍOS INSTITUCIONALES DE LA MOVILIDAD SOSTENIBLE: DEFINICIÓN DEL INTERÉS GENERAL, ENFOQUE INTEGRADO, PARTICIPACIÓN EN LA REGULACIÓN Y EVALUACIÓN DE LOS IMPACTOS. 3. DESAFÍOS SUSTANTIVOS DE LA MOVILIDAD SOSTENIBLE: DIMENSIÓN SOCIAL Y TRANSFORMADORA, ARTICULACIÓN COMO DERECHO SUBJETIVO Y EFECTIVA PROTECCIÓN. 4. CONCLUSIONES. BIBLIOGRAFÍA.

1. INTRODUCCIÓN: LA MOVILIDAD SOSTENIBLE COMO CUESTIÓN CONSTITUCIONALMENTE RELEVANTE

El interés por la "movilidad", como concepto más amplio que el tradicional del transporte, ha aumentado de manera significativa en los últimos años, normalmente adjetivado con las notas "urbana" y "sostenible".

Así pues, la movilidad urbana sostenible constituye por sí misma una categoría, una preocupación en términos de políticas públicas y articulación jurídica, dentro de los grandes debates del "derecho a la ciudad" y el "desarrollo sostenible", en los que se enmarca.

La doctrina especializada sitúa el origen del "derecho a la ciudad"[51] en la obra de *La droit à la ville* de Henri Lefebvre de 1968, quien ya advirtió que éste:

> *no puede concebirse como un simple derecho de visita o retorno hacia las ciudades tradicionales. Sólo puede formularse como derecho a la vida urbana, transformadora, renovada* (1969, p. 138).
>
> *El derecho a la ciudad se manifiesta como forma superior de los derechos: el derecho a la libertad, a la individualización en la socialización, al hábitat y al habitar. El derecho a la obra (a la actividad participante) y el derecho a la apropiación (muy diferente del derecho a la propiedad) están imbricados en el derecho a la ciudad* (*idem*, p. 159).

En la actualidad, el "derecho a la ciudad" "integra el conjunto de derechos civiles, políticos, sociales, culturales, económicos que se ejercen, o que se deberían ejercer, en el marco de la ciudad". Es un concepto complejo, que integra muchos derechos, pero que aporta un potencial digno de ser resaltado, al constituir una "clave interpretativa crítica de la ciudad y de la urbanización, y además es una base teórica para elaborar estrategias y desarrollar procesos sociopolíticos transformadores de las sociedades urbanas" (Borja, 2018, pp. 18-19).

El marco internacional de referencia en relación con la ciudad viene dado, por: con alcance global, la Nueva Agenda Urbana (Declaración de Quito sobre Ciudades y Asentamientos Humanos Sostenibles para Todos, en el marco de la Conferencia de las Naciones Unidas sobre la Vivienda y el Desarrollo Urbano Sostenible, Hábitat III, de octubre de 2016); y por lo que respecta de manera más específica a la Unión Europea, la Agenda Urba-

---

[51] Para conocer con más detalle el sustrato teórico de la construcción del "derecho a la ciudad", léase Lora-Tamayo Vallvé, M. (2019, pp. 67-91).

na[52] (dentro del llamado "Acervo Urbano" o *Urban Acquis*, cuyos principales hitos han sido: la Carta de Leipzig (2007), la Declaración de Marsella (2008), la Declaración de Toledo (2010), la Declaración de Riga (2015) y más recientemente, el Pacto de Ámsterdam (2016) y la Declaración de Bucarest (2019)).

En cuanto a la noción de "desarrollo sostenible", su consolidación como principio fundamental en el orden internacional se data con ocasión del denominado "Informe Brundtland" (Informe de la Comisión Mundial sobre el Medio Ambiente y el Desarrollo, "Nuestro futuro común", ONU, 1987). Que viene a añadir la idea de la "sostenibilidad" al concepto previo de "desarrollo", consagrado como derecho humano en virtud del art. 1.1 de la Resolución de la Asamblea General de la ONU 41/128 (1986) sobre Derecho del Desarrollo, en los siguientes términos:

> *El derecho al desarrollo es un derecho humano inalienable en virtud del cual todo ser humano y todos los pueblos están facultados para participar en un desarrollo económico, social, cultural y político en el que puedan realizarse plenamente todos los derechos humanos y libertades fundamentales, a contribuir a ese desarrollo y a disfrutar de él.*

De tal manera que el "desarrollo sostenible" vendría a configurarse como un "derecho-síntesis de un conjunto de derechos, o bien un derecho a un proceso particular de desarrollo en el que puedan realizarse plenamente los derechos humanos", "un concepto puente que une tres sectores: desarrollo económico, social y medioambiental" (Fernández-Liesa, 2022, pp. 62-63). Una perspectiva tridimensional aplicable también al referirnos

---

52 Un interesante análisis comparado de ambos instrumentos en sus respectivos contextos (la Nueva Agenda Urbana como documento de referencia para América Latina y el Caribe; la Agenda Urbana para la UE); bajo la premisa: contextos diversos; diversas prioridades. Puede consultarse en Bohigues, A.; Gañán Sánchez, E. y Huete García, Mª. A. (2023, pp. 151-186).

a la sostenibilidad del desarrollo de la ciudad, pues la vida urbana participa y se compone también de esas tres dimensiones aludidas (Ávila Orive, 2018, p. 227).

Actualmente, el marco normativo internacional en materia de desarrollo sostenible está presidido por la conocida como Agenda 2030 (fruto de la Cumbre de la ONU "Transformar nuestro mundo: la Agenda 2030 para el desarrollo sostenible" (2015)). Si bien se trata de un documento de naturaleza *soft law*, con las limitaciones que ello implica, los 17 Objetivos de Desarrollo Sostenible (ODS) contenidos en esta Agenda 2030, constituyen un horizonte interpretativo de gran relevancia para la ponderación y aplicación de los derechos fundamentales, así como para el diseño, implementación y evaluación de un sinfín de políticas públicas. En particular, por lo que a nosotros interesa en este trabajo, destaca el Objetivo 11, orientado a lograr que las ciudades sean más inclusivas, seguras, resilientes y sostenibles.

Así, la alusión al "derecho a la ciudad" se refiere a la configuración jurídica del principio de desarrollo sostenible aplicado al urbanismo (Ramallo López, 2018, p. 33). Hablamos por tanto del desarrollo urbano sostenible. Una noción que engarza con una multiplicidad de contenidos constitucionales como pueden ser: el derecho a un medio ambiente saludable, al uso racional de los recursos naturales, al patrimonio histórico-artístico y su integración en la trama urbana, al uso y al disfrute de los espacios públicos, a un desarrollo económico equilibrado, a la igualdad, integración y cohesión social, a una vivienda digna y adecuada, etc. En definitiva, conecta con la calidad de vida como valor jurídico-constitucional (*idem*, p. 34).

En este contexto, la idea de la sostenibilidad aplicada al tráfico nos lleva a la noción de movilidad. Una movilidad que aspira a lograr la sostenibilidad en el transporte y el tráfico (Martínez Nieto, 2014, p. 2). Una combinación de los distintos medios de transporte para lograr una "ciudad sostenible" con el objetivo de mejorar la calidad de vida en términos de reducción de tiempos, contaminación y congestión y atención a las necesidades de los ciudadanos (Cañete Sánchez, 2016, p. 1).

Al hablar de "movilidad sostenible" estamos ante un concepto surgido a nivel internacional, a ella se refieren las declaraciones 113 a 118 de la Nueva Agenda Urbana de la ONU (Hábitat III), el *European Green Deal* (COM/2019/640 final), la Estrategia de Movilidad Inteligente y Sostenible Europea (COM/2020/789 final) o el Nuevo Marco de Movilidad Urbana (COM/2021/811 final).

En el ordenamiento jurídico español la primera referencia sustantiva a la "movilidad sostenible" la encontramos en el Real Decreto-Ley 2/2008, de 20 de junio, por el que se aprueba el texto refundido de la Ley del suelo (TOL 1,328,152) (hoy derogado). En cuyo art. 2.3 apartados a) y b) incorporaba como novedad en materia de desarrollo sostenible la garantía de la movilidad en coste y tiempo razonable, así como la noción de accesibilidad universal.

Será posteriormente la Ley 2/2011, de 4 de marzo, de Economía Sostenible (TOL 2,043,021), la que profundice en la cuestión determinando en sus arts. 99 y 100 los principios y los objetivos de las políticas de "movilidad sostenible" respectivamente:

> *Artículo 99. Principios en materia de movilidad sostenible.*
>
> *En el ámbito de sus competencias, las Administraciones Públicas promoverán políticas de movilidad sostenible, que respeten los siguientes principios:*
>
> *a) El derecho de los ciudadanos al acceso a los bienes y servicios en unas condiciones de movilidad adecuadas, accesibles y seguras, y con el mínimo impacto ambiental y social posible.*
>
> *b) La participación de la sociedad en la toma de decisiones que afecten a la movilidad de las personas y de las mercancías.*
>
> *c) El cumplimiento de los tratados internacionales vigentes en España relativos a la preservación del clima y la calidad am-*

biental, en lo que concierne a la movilidad y la adecuación a las políticas comunitarias en esta materia.

d) El establecimiento de nuevos servicios de transporte deberá supeditarse a la existencia de un volumen de demanda acorde con los costes de inversión y mantenimiento, teniendo en cuenta, en todo caso, la existencia de modos alternativos de la debida calidad, precio, seguridad, así como los resultados de su evaluación ambiental.

Artículo 100. Objetivos de la política de movilidad sostenible.

Las Administraciones Públicas, en el desarrollo de su política de impulso de la movilidad sostenible, perseguirán los siguientes objetivos:

1. Contribuir a la mejora del medio ambiente urbano y la salud y seguridad de los ciudadanos y a la eficiencia de la economía gracias a un uso más racional de los recursos naturales.

2. Integrar las políticas de desarrollo urbano, económico, y de movilidad de modo que se minimicen los desplazamientos habituales y facilitar la accesibilidad eficaz, eficiente y segura a los servicios básicos con el mínimo impacto ambiental.

3. Promover la disminución del consumo de energía y la mejora de la eficiencia energética, para lo que se tendrán en cuenta políticas de gestión de la demanda.

4. Fomentar los medios de transporte de menor coste social, económico, ambiental y energético, tanto para personas como para mercancías, así como el uso de los trasportes público y colectivo y otros modos no motorizados.

5. Fomentar la modalidad e intermodalidad de los diferentes medios de transporte, considerando el conjunto de redes y modos de transporte que faciliten el desarrollo de modos alternativos al vehículo privado.

Actualmente estas referencias constituyen el núcleo normativo vigente de la "movilidad sostenible" a nivel estatal, pues a la fecha carecemos de una ley específica, existiendo en tramitación un Proyecto de Ley (121/000136, de Movilidad Sostenible[53]). Evidentemente, sin perjuicio de las menciones a la movilidad incorporadas en la legislación sectorial[54], y teniendo en cuenta que en esta materia las Comunidades Autónomas han normado ya en el ejercicio de sus competencias propias: transporte intracomunitario, urbanismo, y más recientemente, cambio climático. Además de la hoja de ruta que suponen instrumentos como la Estrategia de Movilidad Segura, Sostenible y Conectada; el Plan Nacional Integrado de Energía y Clima 2021-2030 o las alusiones contenidas en el Plan de Recuperación, Transformación y Resiliencia (presentado por España y aprobado por la Comisión Europea el 16 de junio de 2021).

La "movilidad sostenible", de acuerdo con el art. 2. 1 m) del Proyecto, quedaría definida de la siguiente manera:

> *Aquella que se satisface en un tiempo y con un coste razonables, tanto para el usuario como para el conjunto de la sociedad, estructurándose en torno a un sistema de transportes seguro y eficaz, que permite un acceso equitativo e inclusivo y en el que se reducen y limitan los efectos adversos del transporte sobre el medioambiente y la salud, en particular: la emisión a la atmósfera de gases de efecto invernadero y otros contaminantes, el ruido, el consumo de recursos no renovables, la ocupación de suelo, la pérdida de biodiversidad, la fragmentación de hábitats y la reducción de la conectividad ecológica y fomentando la movilidad y el transporte cero emisiones.*

La "movilidad" planteada en estos términos se caracteriza por su potencial transformador para una política local más cohesionada. Constituye así un elemento democratizador de primer

---

[53] Puede consultarse el texto en el Boletín Oficial de las Cortes Generales, XIV Legislatura, de 27 de enero de 2023, Serie A, núm. 136-1, pp. 1-95.

[54] Por ejemplo, en la Ley 34/2007, de 15 de noviembre, de calidad del aire y protección de la atmósfera (TOL 1,173,830) o en la Ley 7/2021, de 20 de mayo, de cambio climático y transición energética (TOL 8,425,064).

orden al fomentar la inclusividad -territorial y social- por su conexión con la accesibilidad universal. Un concepto, que, desde el punto de vista histórico-filosófico es consustancial al binomio ciudad-democracia, ya que: "[e]l modo en que nos desplazamos condiciona claramente nuestra percepción de la realidad y la manera en que nos relacionamos con nuestros semejantes (...). El modelo de desplazamiento, es pues, un exponente de nuestro modelo de civilización..." (Guillén López, 2014, pp. 73-74).

Pues bien, dicho todo lo anterior, y por si no fuese suficientemente obvio, la movilidad sostenible es una cuestión digna de reflexión constitucional. Estamos ante una suerte de derecho en formación cuyo concreto anclaje jurídico-constitucional no está del todo claro. Las especiales características que la connotan (derecho de alcance colectivo, transgeneracional, cuya materialización exige la participación de los distintos niveles territoriales del poder, etc.) requieren de una aproximación al fenómeno desde el Derecho Constitucional.

La Constitución como instrumento limitador del poder y como marco de posibilidades, presenta, desde lo dispuesto tempranamente en el art. 16 de la Declaración de los Derechos del Hombre y del Ciudadano en los albores de la Francia revolucionaria, dos grandes ejes: el plano orgánico (separación de poderes); el plano de los derechos (garantía de los derechos). Un esquema que aplicaremos en el análisis subsiguiente, de modo que primero haremos referencia a los retos institucionales que plantea la movilidad sostenible; y seguidamente, se hará lo propio con las implicaciones en su dimensión sustantiva.

2. DESAFÍOS INSTITUCIONALES DE LA MOVILIDAD SOSTENIBLE: DEFINICIÓN DEL INTERÉS GENERAL, ENFOQUE INTEGRADO, PARTICIPACIÓN EN LA REGULACIÓN Y EVALUACIÓN DE LOS IMPACTOS

En esta contribución partimos, siguiendo a Antonio Fortes, de una comprensión amplia del concepto de "movilidad sostenible", caracterizado por su componente social, superador de la noción tradicional de transporte y demandante de una actuación de los poderes públicos en su consecución a través del Derecho. Un "Derecho de la movilidad" que tiene "el desafío de integrar en un solo conjunto normativo (y de una sola vez) los aspectos ambientales, urbanísticos y de transporte de todo tipo de movimientos de las personas" (Fortes Martín, 2019, pp., 37, 45, 50, 56). Además de ser una regulación que se mueve en el difícil equilibrio entre la eficiencia y competitividad económica de un lado, y la sostenibilidad ambiental, del otro (*idem*, p. 49).

Es decir, la "movilidad sostenible" se desenvuelve dentro del paradigma de lo económico y lo técnico, pero a su vez comporta una profunda dimensión social. Alude por tanto a la frontera entre mercado y democracia; entre tecnocracia y representación, entre regulación económica y regulación social. Asimismo, se desarrolla en el entorno local lo que ha llevado a que la formalización de las políticas públicas de movilidad, en la práctica, se haya generalizado a través de la técnica de la planificación. Concretamente a través de los llamados Planes de Movilidad Sostenible (art. 101.1[55] LES).

55 "Los Planes de Movilidad Sostenible son un conjunto de actuaciones que tienen como objetivo la implantación de formas de desplazamiento más sostenibles en el ámbito geográfico que corresponda, priorizando la reducción del transporte individual en beneficio de los sistemas colectivos y de otros modos no motorizados de transportes y desarrollando aquéllos que hagan compatibles crecimiento económico, cohesión social, seguridad vial y defensa del medio ambiente, garantizando, de esta forma, una mejor calidad de vida para los ciu-

Para comprender mejor la complejidad del entorno urbano (en el que la movilidad se inserta) y las dificultades que entraña su intervención por parte del poder público es necesario aludir a sus dos dualidades consustanciales: la de lo urbano-rural y a la de lo público-privado (Parejo Alfonso, 2020, p. 632). Fenómenos, por otro lado, altamente interconectados.

Debe destacarse que el repliegue del Estado frente a la fuerza de la iniciativa privada ha tenido un impacto especial en el ámbito local. La desregulación de las políticas económicas y territoriales pueden conducir al caos si no se definen previamente objetivos y actuaciones. En este contexto, la reivindicación del planeamiento puede ocultar intereses corporativistas, si bien legítimos, no susceptibles de ser confundidos con el interés general (Borja, 2018, pp. 75). Una técnica, la de la planificación, que, sin negar sus potencialidades, genera dudas o suspicacias en cuanto a la transparencia y participación en su elaboración, su propia naturaleza jurídica, así como su relación con el resto del entramado normativo (Moreno Molina, 2023, pp. 176-177)[56].

---

dadanos. Estos planes deberán dar cabida a soluciones e iniciativas novedosas, que reduzcan eficazmente el impacto medioambiental de la movilidad, al menor coste posible".

56 El autor plantea estas limitaciones de la planificación en su reflexión más general acerca del Derecho del "cambio climático". Es especialmente crítico con este instrumento por el oscurantismo que encierra, porque: quiénes elaboran los planes, ¿burócratas?, ¿consultoras mediante contrato?; cuál es su relación con las normas tradicionales en términos de jerarquía o especialidad; cómo se resuelven los eventuales conflictos o contradicciones entre distintos planes (2023, pp. 176-177). Una postura que compartimos y que conecta con la cautela que sostenemos respecto de la preeminencia de la tecnocracia sobre la infraestructura de la democracia representativa. Pues asumiendo todos los defectos que a ésta puedan atribuirse, sigue siendo el mecanismo indiscutible para la toma de decisiones de alcance colectivo en términos de legitimación democrática.

De ahí la importancia de reivindicar al estamento político, a la representación democrática, quien a través de sus potestades normativas debe definir con la mayor densidad posible los objetivos que deben perseguirse a través de las políticas públicas de desarrollo. Una cuestión que he defendido en publicaciones previas[57] y que aquí no voy a detallar, pero que ha sido señalada por la propia ONU en la Declaración Política aprobada con motivo de la Cumbre por los ODS en el marco de la Asamblea General de septiembre de 2023 (apartado 22): *"We acknoledge the essential role of parliaments in ensuring accountability for the effective implementation of our goals and commitments under the 2030 Agenda".*

No olvidemos que en las últimas décadas estamos asistiendo a un progresivo desplazamiento del Parlamento como órgano primario en generación de normas y en la definición del interés general, al menos en relación con las decisiones de alcance colectivo de naturaleza eminentemente económica. Se advierte una indeseada pérdida de centralidad parlamentaria, en beneficio del Ejecutivo, y, más recientemente, de las agencias independientes de regulación, que supone una grave alteración de las relaciones de poder en nuestro sistema parlamentario. En la medida en que cuestiona el entendimiento previo del sistema de fuentes (la reserva de ley, los principios de abstracción y generalidad, las garantías que caracterizan el procedimiento legislativo parlamentario, etc.), dificulta la revisión judicial de las decisiones administrativas (la operatividad de la noción de discrecionalidad técnica es un rasgo

---

57 Baamonde Gómez, L.:
-(2023) *Vindicación del Parlamento. Su necesaria revitalización ante el reto de la Globalización,* Valencia: Tirant lo Blanch-UC3M.
-"Democracy vs. Market. Rethinking the Big Trade-Off", en *Max Planck Institute for Comparative Public Law and International Law Research Paper Series,* nº 1, enero 2023, pp. 1-60, http://dx.doi.org/10.2139/ssrn.4327063
-"Representación vs. Tecnocracia en el sistema parlamentario español", en *Revista General de Derecho Constitucional,* Editorial Iustel, nº 36, abril 2022, pp. 1-28.

típico de la actuación de los órganos adjetivados como "expertos", razón de ser de las agencias), y, en última instancia, posterga o pone en un segundo plano la materialización de ciertos derechos fundamentales de contenido económico-social.

Nos movemos dentro de una tensión entre representación política —las Cámaras parlamentarias, dotadas de vínculo democrático directo, pero desplazadas de la primera línea en la toma de decisiones— y tecnocracia —la red de autoridades independientes de regulación y los burócratas que las integran, legitimados por su especialización técnica—. Una coyuntura que presenta un problema de *"gap"* o "*déficit* democrático" en relación con la elaboración de determinadas políticas públicas al reducir la definición del interés general a una comprensión meramente técnica, y en consecuencia inocua en términos sociales.

Para rechazar esta deriva me permito cuestionar una cita atribuida a Woodrow Wilson cuando en 1886 afirmó: *"There is no Republican way to build/pave*[58] *a road"*. Pues muy a pesar de lo sugestiva que pueda resultar, y dado su éxito como lema en defensa de la eficiencia técnica y la negación de las consideraciones políticas. No es menos cierto que pasa por alto que en la decisión de la construcción de una carretera hay elementos valorativos y redistributivos que no pueden escapar a la esfera decisional de quienes en un orden democrático-constitucional ostentan la legítima representación parlamentaria. Así, aspectos tales como el recorrido concreto de la carretera, sus conexiones con otras vías de comunicación, el posible impacto ambiental y/o social que genere el trazado, los requisitos de idoneidad de la empresa contratista de la obra, etc.; nos permiten negar tal neutralidad valorativa intrínseca en las decisiones de tal naturaleza.

---

58 Las versiones sobre el verbo presuntamente empleado por el expresidente de los EEUU y politólogo difieren en función de quien le cite, pero en absoluto cambian el sentido de la frase.

Es por ello que vengo reivindicando la necesidad de conciliar o reequilibrar mejor esa tensión latente entre democracia y tecnocracia —o política y mercado si se prefiere— a partir del debido deslinde de atribuciones en el proceso decisional. Entre órganos expertos de un lado, cuyo auxilio es fundamental en la provisión de conocimiento especializado y formulación de soluciones técnicamente viables; y estamento político, del otro, único legitimado democráticamente para la selección de alternativas en términos de oportunidad política y responsable último de la decisión de alcance colectivo. Una toma de postura sobre quién debe liderar la definición del interés general, a partir de una solución de garantía de esferas o espacios de decisión cuya finalidad no es otra que la de reforzar la legitimidad democrática de las decisiones públicas connotadas por su sensibilidad técnica, sin que por ello dejen de estar debidamente informadas o desconectadas de las necesidades de apoyo científico que albergan.

Recordemos que en relación con el "desarrollo sostenible" y su potencial transformador de la vida en sociedad, los poderes públicos, y en particular los entes locales (los más directamente implicados en "desarrollo urbano sostenible" y sus componentes, entre los que situamos a la "movilidad"), ostentan *"four core policy levels"*: *regulatory authority* (es decir, poder normativo y ejecutivo); *public spending*; *financial incentives* (en sentido positivo o negativo —desincentivos—, capaces de influir en el comportamiento y las decisiones individuales, particularmente a través de la fiscalidad); y, *information and advocacy* (para hacer consciente a la ciudadanía del valor añadido que aportan las medidas de sostenibilidad) (Hammer, *et. al*, OCDE, 2011, pp. 73-81) [59].

---

[59] En particular, en materia de movilidad sostenible sus actuaciones deben orientarse a las siguientes finalidades: *"Green transportation policies employed by local authorities can seek to:*

i. Decrease personal vehicle use and manage traffic demand;

ii. Increase the use of public transportation systems;

iii. Support non-motorised means of travel;

El "derecho a la ciudad", para algunos autores, con los que coincidimos, está llamado a cumplir una función integradora y estratégica. En la medida en que los derechos sociales, económicos, culturales, ambientales y políticos que lo integran requieren de un protagonismo de lo público en la gestión del suelo y la financiación de la urbanización, algo que sin duda afecta a la propiedad privada y a los intereses financieros. En esta línea de razonamiento, el "derecho a la ciudad" podría ser "la base de una estrategia destinada a reconstruir una concepción ampliada del estatus ciudadano" (Borja, 2018, pp. 26-28). Es decir, a través de este nuevo concepto-síntesis derechos y sus proyecciones en términos de participación y rendición de cuentas, podemos encontrar una palanca a través de la cual tratar de redefinir o equilibrar de mejor manera la frontera entre mercado/economía y sector público/democracia[60].

Tempranamente Lefebvre ya afirmó, obviamente desde su perspectiva marxista, pero, que, con todos los matices necesarios, podemos recuperar aquí para sostener nuestra defensa de la dimensión social de la sostenibilidad y la reivindicación de la definición del interés general a través de los mecanismos de la democracia y no de los instrumentos del mercado:

---

iv. Increase vehicle fuel efficiency and use of alternative fuels; and

v. Prevent disruptions to the transportation system due to flooding or extreme temperatures, which, as a result of climate change, represent a heightened risk to urban infrastructure." (Hammer, *et. al*, OCDE, 2011, p. 51).

60 Ejemplo de ello, en relación con el desarrollo urbano sostenible y el interés general, baste la siguiente cita: "[e]l cambio de paradigma surgido como reacción a la insostenibilidad del modelo de desarrollo urbano, socioeconómico y ambiental que ha guiado la evolución de nuestras ciudades en la última centuria, constituye una auténtica revolución en la que se hace imprescindible un compromiso de cambio de dimensiones estratégicas. En la que es fundamental priorizar el interés general frente a los intereses particulares y la influencia de grupos privados" (Ramallo López, 2018, p. 46).

> *Orientar el crecimiento hacia el desarrollo, por tanto hacia la sociedad urbana, quiere decir ante todo: prospeccionar las necesidades nuevas, sabiendo que semejantes necesidades se descubren a lo largo de su aparición y se revelan a lo largo de la prospección. No preexisten como objetos. No figuran en lo "real" que los estudios de mercados y de motivaciones (individuales) describen. Ello supone por consiguiente substituir la planificación económica por una planificación social...* (1969, p. 147).

Más recientemente algunos autores han alertado de los peligros inherentes a una visión reduccionista, particularmente orientada a la eficiencia y los intereses del mercado, por ejemplo, Parejo Alfonso al referirse a las "*smart cities*" y la "despolitización por tecnocratización de la vida urbana" (2020, p. 640) o también Solé Ponce, quien advierte riesgos en este sentido y sostiene, que, aun existiendo un nicho de mercado para el sector privado y ventajas en términos de ahorro y mayor eficiencia para el sector público por la aplicación de las tecnologías, en especial la inteligencia artificial, no debe desatenderse la dimensión social del "desarrollo sostenible", que debe ser compatible con el económico y el ambiental (2019, pp. 142-143).

Es cierto que el contexto en el que deben desplegarse los 17 Objetivos de Desarrollo Sostenible de la Agenda 2030 (riesgos encadenados de cambio climático, desastres naturales, contaminación, pérdida de biodiversidad y degradación de los ecosistemas, así como sus impactos socioeconómicos) sólo pueden ser abordados desde una *"holistic, integrated manner"*. Donde el aporte del conocimiento científico es fundamental[61], para lo cual se

---

[61] Ciencia, tecnología e innovación son destacadas como *"drivers of sustainable development and to build the capacities necessary for sustainable transformations"* (apartado 38 q). de la Declaración Política aprobada en la Cumbre por los ODS en el marco de la Asamblea General de las Naciones Unidas de septiembre de 2023).
Como ejemplo paradigmático de la importancia de la ciencia, podemos citar, siguiendo a Moreno Molina, el caso del "cambio climático",

requerirá *"a transdisciplinary approach that incorporates the humanities, general social sciences, natural sciences, indigenous knowledge and the arts"*. Es decir, una ciencia caracterizada por la diversidad de perspectivas de análisis, en la medida en que hablamos de derechos que afectan a toda la sociedad en su conjunto, y "[a]*n unbalanced global science system does not serve the needs and interests of the whole planet"* (ONU, Chapter 5, 2023, pp. 93-98).

Esta perspectiva integradora del conocimiento técnico no se debe sólo a la volatilidad del contexto en el que debe desplegarse y aplicarse, sino a la propia incertidumbre que caracteriza a la ciencia desde mediados del siglo XX, momento en que la confianza ciega y absoluta en su capacidad explicativa de la realidad y sus bondades quedaron en entredicho. No es este lugar de detenerse sobre esta cuestión en términos generales, pero por lo que respecta a la movilidad, baste con recuperar la siguiente reflexión de Manuel Herce (2009, p. 18):

> *Las nuevas realidades sociales y territoriales están transformando también los paradigmas consolidados sobre la planificación del transporte, que se habían afianzado a través de una rama propia dentro de la ingeniería civil; rama que, después de un largo periodo -de más de medio siglo de existencia- había generado sus propias certezas científicas y un complejo instrumental de análisis, predicción y planificación. Así, muchas de esas certezas están en una crisis profunda, lo que pone en cuestión los enfoques y métodos con que se han abordado hasta ahora los planes de transporte; hasta el extremo de que se está produciendo en este campo un relevante cambio de paradigma, entendido éste*

---

una cuestión en la que existe una suerte de "hiato gnoseológico" en su aproximación al ciudadano medio, que carece de los conocimientos necesarios para comprender la complejidad científica del fenómeno al que nos enfrentamos. Todo ello a pesar del creciente consenso científico entorno a los desarreglos del clima, no obstante, la subsistencia de ciertos márgenes de incertidumbre y un inevitable margen de error. Por otro lado, aspectos consustanciales al propio conocimiento científico (Moreno Molina, 2023, pp. 37, 59).

> *como un conjunto de alteraciones de certezas que llevan a la mutación profunda de enfoque en una disciplina científica.*

Es decir, la ciencia, por sí misma no está en condiciones de definir las políticas de movilidad. Su apoyo[62], siendo fundamental en los procesos de toma de decisiones, no puede erigirse en el único criterio a la hora de construir las estrategias de un "desarrollo urbano sostenible". El juicio político, de oportunidad, debe seguir en manos del poder público. Sólo a través de un enfoque integrado y mediante procedimientos que permitan la participación ciudadana se podrá hablar de una "movilidad sostenible" como palanca transformadora y democratizadora.

Precisamente, y en línea con lo anterior, no falta quien reivindica como reto pendiente del "derecho a la ciudad" el de recomponer la relación entre el campo y la ciudad. Recordemos que esta era la otra dualidad consustancial a la complejidad del entorno urbano. Una nueva relación destinada a paliar la crisis ecológica global, que reconozca la mutua interdependencia entre las ciudades y las áreas periurbanas y rurales, y que en su articulación requiere de una "consideración del territorio como "sistema único e integrado" y un verdadero "gobierno del territorio", que de forma inteligente y participada, potencie sus sinergias positivas" Para lo cual "es preciso poner en marcha una "planificación estratégica innovadora" a escala de las Comunidades Autónomas" (Sanz Larruga, 2020, pp. 564-565, 572).

En este punto, la participación ciudadana en la elaboración de la planificación de la movilidad es fundamental. Pues en el diseño (y también en su posterior evaluación de desempeño) el eje deben ser las personas y sus concretas necesidades. Es crucial

---

62 Digna de mención es la previsión en el Proyecto de Ley de Movilidad Sostenible de un *"sandbox"* o espacio controlado de pruebas normativo para el ámbito del transporte y la movilidad, concretamente en el capítulo I del título V (arts. 63 y ss.). Una apertura a la innovación regulatoria.

analizar los motivos que subyacen a las distintas pautas de movilidad. Necesidades diferenciadas en función de la edad, sexo, clase social, grupo étnico, condición física o psíquica (Gómez García, 2019, p. 500). Sólo a partir de unos procesos normativos abiertos a la participación[63] efectiva de los expertos, los grupos de interés y la ciudadanía en general se podrán articular políticas destinadas a equilibrar los tres ejes de la sostenibilidad -económico, medioambiental y social- y superar el sesgo que más arriba atribuíamos a la planificación como instrumento de normación privilegiado en materia de "movilidad sostenible".

Sentada la necesidad de la intervención pública —incluso con un cierto nivel de intensidad y densidad normativa— en la consecución de una "movilidad sostenible" al servicio del interés general como objetivo constitucionalmente relevante, llega el momento de abordar, siquiera sucintamente, la cuestión de a quién corresponde dicha implementación. Tomando siempre como referencia los títulos competenciales que arroja nuestra Carta Magna (TOL 173,304), para el deslinde competencial podemos tomar como referencia lo dispuesto tanto en la vigente Ley de Economía Sostenible, como en el Proyecto de Ley de Movilidad Sostenible.

Así, de acuerdo con la Disposición Final Primera de la LES, serían de aplicación:

- el art. 149.1.13 CE: que atribuye al Estado las "bases y coordinación de la planificación general de la actividad económica"
- el art. 149.1.23 CE: que faculta al Estado para dictar "legislación básica sobre protección del medio ambiente, sin perjuicio de las facultades de las Comunidades Autónomas de establecer normas adicionales de protección"

---

63 El Proyecto de Ley de Movilidad Sostenible se hace eco de la importancia de la participación y la vincula a las obligaciones de transparencia y publicidad activa en relación con las políticas de movilidad (arts. 99 y ss.).

Mientras, que, según la Disposición Final Octava de la actual versión del Proyecto de Movilidad Sostenible (todavía en trámite parlamentario) a los anteriores podríamos añadir, con carácter general:

- el art. 149.1.1 CE: competencia exclusiva del Estado para la "regulación de las condiciones básicas que garanticen la igualdad de todos los españoles en el ejercicio de los derechos y en el cumplimiento de los deberes constitucionales"
- el art. 149.1.18 CE: relativa las "bases del régimen jurídico de las Administraciones públicas y el procedimiento administrativo común"
- el art. 149.1.25 CE: de "bases del régimen minero y energético".

Además de la referencia puntual a otros como: la competencia exclusiva del Estado en legislación laboral (art. 149.17 CE), la de fomento y coordinación general de la investigación científica y técnica (art. 149.1.15 CE), la de puertos y aeropuertos de interés general (art. 149.1.20 CE) y la de ferrocarriles y transportes terrestres que transcurran por el territorio de más de una Comunidad Autónoma, tráfico y circulación de vehículos a motor (art. 149.1.21 CE).

Ahora bien, la concepción amplia que venimos manejando al referirnos a la movilidad, nos obliga a conectarla con la regulación de los espacios urbanos, de ahí que haya que contemplarla en una perspectiva integrada con competencias más propias de las Comunidades Autónomas y los entes locales como la ordenación del territorio y el urbanismo. Es más, han sido precisamente las Comunidades Autónomas, las, que, en uso de sus competencias, han venido regulando la materia, adelantándose así al legislador estatal. Para ello han empleado como anclaje constitucional el urbanismo, el transporte terrestre intracomunitario y más recientemente la normativa sobre cambio climático[64].

---

64 Sobre la normativa autonómica véase, Fortes Martín, A. (2019, pp. 51 y ss.).

A ello debemos añadir la especial relevancia de la Administración local en democracia, que viene dada por ser aquella el nivel de gobierno más próximo a los ciudadanos y sus necesidades[65]. Y particularmente, por lo que respecta a la "movilidad sostenible", este es un espacio de realización primordial, en la medida en que su articulación dentro de los márgenes competenciales de los entes locales conecta con un heterogéneo conjunto de políticas y actuaciones como: el transporte de personas y mercancías, las infraestructuras viarias, el tráfico motorizado y no motorizado, el medio ambiente y la contaminación atmosférica y acústica, el urbanismo y la energía (Mellado Ruiz, 2019, p. 162). Una intervención local, que, a partir de los arts. 25[66] y 26 de la Ley Reguladora de las Bases del Régimen Local (TOL 257,364) y la legislación sectorial aplicable, se estructura, siguiendo a Mellado Ruiz, en las siguientes fórmulas (*idem*, pp. 173 y ss.):

- ordenación (Planes de Movilidad Urbana Sostenible -PMUS- y ordenanzas)
- mecanismos de gestión y aplicación (intervención directa, limitación o condicionalización de actividades, ordenación finalista, prestación de servicios públicos locales, medidas e instrumentos de fomento)
- medidas complementarias de promoción, difusión y conocimiento
- fórmulas de seguimiento, control y sanción

---

65 Precisamente, en este sentido resulta de interés citar la propuesta de Luciano Parejo, que, en su defensa del municipio como "*locus* preferente" para la concesión de competencias administrativas en "asuntos públicos inscritos en el círculo de intereses de la colectividad local", sostiene la necesidad de potenciación democrática de éstos en atención a su tamaño (Parejo Alfonso, 2020, pp. 642-652).

66 La vigente redacción del art. 25. 2 g) LRBRL alude explícitamente a la movilidad y la conecta con el tráfico, el estacionamiento de vehículos y el transporte colectivo urbano.

Actuaciones locales, pero, en todo caso, ejercidas dentro de una compresión holística e integrada[67]. Enmarcadas en última instancia en los objetivos y principios diseñados por el legislador estatal y autonómico y en consonancia con los estándares internacionales de referencia. Si bien ya hemos señalado la tardanza del nivel central en dotarse de una legislación específica de "movilidad sostenible", las menciones de la LES, así como su remisión a la Estrategia Española de Movilidad Sostenible y el recurso a los PMUS como instrumento normativo fueron avalados por la STC 174/2013 (TOL 3,992,611), pero precisamente por la generalidad que los caracteriza (lo que impedía observar una invasión competencial del Estado frente a las Comunidades Autónomas). Lo que nos lleva a seguir reivindicando un papel más protagónico por parte de las Cortes Generales a la hora de, aun respetando las competencias autonómicas concernidas, fijar con suficiente densidad los objetivos sociales y medioambientales que deben orientar las políticas públicas de desarrollo urbano sostenible en relación con la movilidad. Una movilidad, que, como veremos en el epígrafe sucesivo, comprendemos de manera amplia, como elemento de transformación social para una democracia más inclusiva.

Además, y en esa lógica del enfoque integrado, la complejidad en la gestión de las grandes urbes ya se analiza desde hace

---

67 El legislador estatal parecer ser consciente de la especial importancia del enfoque integrado en materia de "movilidad sostenible", de ahí que a partir del art. 6 del Proyecto diseñe un Sistema Nacional de Movilidad Sostenible para asegurar una acción coordinada y cooperativa de los distintos niveles de la Administración Pública, facilitando a su vez la participación de los sectores productivos, el ámbito académico y la sociedad civil en la definición de las políticas de transporte y movilidad. Para ello se dotará de los siguientes instrumentos: la Conferencia Sectorial de Transportes, el Foro Administrativo de Movilidad Sostenible, el Consejo Superior de Movilidad Sostenible, el Espacio de Datos Integrado de Movilidad (EDIM) y el Documento de Orientaciones para la Movilidad Sostenible (DOMOS) y sus documentos complementarios.

tiempo desde la perspectiva de la "gobernanza metropolitana", entendida esta como un proceso de coordinación de actores, grupos sociales e instituciones. Superando las delimitaciones administrativas tradicionales y partir de cuatro modelos principales en función de su grado de institucionalización, así: gobiernos metropolitanos (de elección directa o indirecta), agencias metropolitanas (sectoriales), coordinación vertical (a partir de un nivel de gobierno como la provincia o la región) y cooperación voluntaria entre municipios (mediante asociación, planes estratégicos) (Tomás, 2019, pp. 155 y ss.). De ahí nuestra insistencia en la suficiencia de la densidad normativa por parte de los poderes públicos —especialmente el legislador estatal y los autonómicos en virtud de sus respectivas competencias— para delimitar los objetivos a los que se deben orientar las políticas de movilidad.

La importancia del enfoque integrado en esta materia ha sido destacada también en referencia a las políticas de la Unión Europea: "la base sobre la que se asienta la necesidad de adopción de tal enfoque es la propia naturaleza del principio de desarrollo urbano sostenible, cuya estructura y composición obedece a la extraordinaria complejidad de la realidad urbana y por tanto a la pluralidad de dimensiones que implican uno y otra" (Ávila Orive, 2018, p. 224). Recordemos el carácter tridimensional del desarrollo urbano sostenible (económico, social y medioambiental), lo que recomienda acudir al enfoque integrado para el "tratamiento conjunto y equilibrado de esas dimensiones, que habrán de ser complementadas con el fin de hacerlas operativas con la dimensión espacial" (*idem*, p. 227). Es por esta razón que las políticas públicas urbanas de los últimos años han estado caracterizadas por "el logro de un cierto grado de integralidad", asumiendo la necesidad de que el diseño de tales intervenciones en los problemas y retos de las ciudades se hagan "a partir de planteamientos holísticos" (Bohigues; Gañán Sánchez, y Huete García, 2023, p. 164).

Así lo han destacado recientemente en la Cumbre por los ODS en el marco de la Asamblea General de las Naciones Unidas de septiembre de 2023, al señalar en el apartado 23 lo siguiente:

We commit to enhancing global, regional, national and local partnerships for sustainable development, engaging all relevant stakeholders, including civil society, private sector, academia and youth, recognizing the important contribution they can make toward achieving the 2030 Agenda, and the localization of the SDGs. We also reaffirm the importance of the regional dimension of sustainable development in addressing regional challenges and scaling up action among countries.

Insistimos en la necesaria coordinación entre los distintos niveles de autoridades (estatal, autonómica y local) no sólo por la multiplicidad de intereses y factores imbricados en la "movilidad sostenible" y en el "desarrollo urbano sostenible" más en general, sino también por una cuestión orgánica de primer orden y es que las medidas concretas que se adopten para su consecución tendrán afectaciones en derechos fundamentales en términos de restricción, lo cual exige de una disposición legislativa que habilite tal intervención (Boix Palop, 2019, p. 94). Una limitación que se concretiza también en materia tributaria y el estrecho margen de los entes locales en la utilización de estas figuras como mecanismo de incentivo/desincentivo (por ejemplo, mediante el establecimiento de peajes urbanos). Recordemos que este nivel territorial sólo cuenta con potestad reglamentaria, y, que, aun siendo flexibles en la interpretación de la reserva de ley, esta sigue vigente[68] (Simou, 2018, pp. 312, 325). La densidad normativa suficiente por parte de los legisladores estatal y autonómico se erige en una precondición para la legitimidad democrática de las políticas públicas de movilidad en atención a los principios de legalidad (art. 103 CE), de jerarquía

---

68 En relación con esta cuestión, el texto del Proyecto de Ley de Movilidad Sostenible parece ser un avance. Pues su Disposición Final Segunda entraña una modificación del Texto Refundido de la Ley de Haciendas Locales (TOL 346,505), estableciendo una habilitación legal que permita a los municipios introducir una tasa por la circulación de determinados vehículos.

normativa (art. 9.3 CE) y las correspondientes reservas de ley para la limitación de derechos fundamentales (art. 53.1 CE).

Si hasta ahora hemos rechazado que el mercado y sus dinámicas de eficiencia económica determinen y subyuguen la toma de decisiones de alcance colectivo con efectos distributivos o redistributivos; lo mismo podemos decir respecto de la injerencia pública para la satisfacción de los requerimientos de sostenibilidad. Estamos ante coyunturas en las que habrá ganadores y perdedores, lo cual exige la intervención del estamento político, único dotado de vínculo democrático directo, y, por tanto, capacitado para decidir en términos de oportunidad política y eventualmente asumir las responsabilidades por tales decisiones.

No reclamamos modelos únicos estatales con vocación uniformizadora, deben tenerse en cuenta las necesidades específicas de cada ciudad, que son muy diferentes (Boix Palop, 2019, p. 95). A las Administraciones locales corresponde la especificación, la concreción, de los grandes objetivos diseñados a través de la potestad legislativa parlamentaria y fijados en virtud de un procedimiento legislativo connotado por el pluralismo, la contradicción y la publicidad. Eso sí, sin olvidar que en la actualidad y dado el nivel de globalización económica alcanzado, las ciudades tanto españolas como de todo el mundo, aun siendo muy diferentes, se enfrentan a retos similares (Parejo Navajas, 2019, p. 204).

Para terminar con este epígrafe dedicado a los desafíos institucionales u orgánicos de la "movilidad sostenible" desde el punto de vista constitucional, resta por destacar lo crucial de generar mecanismos efectivos de evaluación de las políticas de movilidad y su desempeño práctico. La previsión de mecanismos eficaces y eficientes de evaluación *ex ante* y *ex post*[69] de la regulación son

---

[69] Al respecto, deben destacarse las previsiones del art. 52 del Proyecto de Movilidad Sostenible, al establecer, en relación con los proyectos de infraestructuras de competencia estatal, la necesidad de realizar

imprescindibles tanto para la prevención de fallos regulatorios como para la detección de distorsiones respecto de los objetivos perseguidos. Una información que debe guiar los procesos decisionales futuros por parte de los responsables públicos.

Pues como hemos venido sosteniendo desde el principio, las personas y sus diversas necesidades deben ser el eje a partir del cual se articule el diseño y la mejora de las estrategias de movilidad. Si se ignora el rendimiento práctico de las medidas adoptadas y se parte de una perspectiva estrictamente formalista se corre el riesgo de mantener o desarrollar regulaciones meramente estéticas o de *greenwashing* (por ejemplo, la construcción de kilómetros de carril bici que conducen a ninguna parte y cuya finalidad no puede aspirar más allá de la recreativa), contradictorias (por ejemplo, la potenciación de plataformas de coche compartido, *a priori* más sostenibles, pero que pueden favorecer el uso del vehículo motorizado privado frente a la alternativa del transporte público colectivo) o socialmente insostenibles (por ejemplo, el establecimiento de restricciones a la circulación de determinados vehículos más contaminantes en los centros urbanos, perjudicando con ello a las clases sociales menos pudientes residentes en la periferia).

Sólo mediante el exhaustivo análisis de los efectos prácticos de las políticas públicas de movilidad se pueden ponderar correctamente los impactos generados por estas, y, a partir de los datos arrojados, avanzar en diseños más sostenibles económica, medioambiental y socialmente. Evitando con ello en consecuencia el riesgo ya advertido por H. Lefebvre cuando sostenía que: "[e]l núcleo urbano pasa a ser así producto de consumo de alta calidad para los extranjeros, turistas, gentes venidas de

---

una evaluación *ex ante* en dos etapas: análisis preliminar de rentabilidad socioambiental; estudio de rentabilidad económica, social y ambiental y, en su caso, financiera. Y transcurridos 5 años desde su puesta en servicio otra evaluación de tipo *ex post*.

la periferia, suburbanos. Sobrevive gracias a esta doble función: lugar de consumo y consumo de lugar" (1969, p. 27).

3. DESAFÍOS SUSTANTIVOS DE LA MOVILIDAD SOSTENIBLE: DIMENSIÓN SOCIAL Y TRANSFORMADORA, ARTICULACIÓN COMO DERECHO SUBJETIVO Y EFECTIVA PROTECCIÓN

"*Think global, act local*" parece ser pues el *slogan* que resume lo dicho hasta el momento. Llegados a este punto cabe preguntarse si el "desarrollo sostenible" supone un nuevo paradigma en el orden internacional. Desde luego, si no lo es ya, tiene vocación de convertirse en tal, "existe un consenso en cuanto que la humanidad ha tomado conciencia de que ha llegado a un punto de no retorno del modelo económico, que sería insostenible de no adoptarse medidas radicales en poco tiempo (...). Hay un consenso sobre la percepción de crisis ecológica, social y de modelo basado en un crecimiento ilimitado y en la explotación de los recursos naturales no renovables" (Fernández-Liesa, 2022, p. 57).

Sirvan como ejemplo de percepción generalizada las palabras del Papa Francisco en su Encíclica *Laudatio SÌ*, sobre el cuidado de la casa común (Roma, 2015):

> *El desafío urgente de proteger nuestra casa común incluye la preocupación de unir toda la familia humana en la búsqueda de un desarrollo sostenible e integral, pues sabemos que las cosas pueden cambiar* (...) *Los jóvenes nos reclaman un cambio. Ellos se preguntan cómo es posible que se pretenda construir un futuro mejor sin pensar en la crisis del ambiente y en los sufrimientos de los excluidos* (Apartado 13).

Y más recientemente, en la Declaración política de la mencionada Cumbre por los ODS de septiembre de 2023, el apartado 3º afirma:

> *We emphasize that eradicating poverty in all its forms and dimensions, including extreme poverty, is the greatest global challenge and a indispensable requirement for sustainable development.*

Para luego reafirmar, a reglón seguido, en el apartado 4º, la naturaleza universal de la Agenda 2030, así como que sus objetivos *son "comprehensive, far-reaching, people-centered, indivisible and interlinked, balancing the three dimensions of sustainable development: economic, social and environmental, in an integrated manner".*

Así, la sostenibilidad tendría una dimensión social[70], además de la más reconocida de carácter ambiental. Ésta conecta con los límites del desarrollo económico y el mercado y su frontera con el terreno de la democracia y el Estado Social de Derecho. Pues como ya apuntaban los apartados 1 y 2 de la Conferencia de Estocolmo sobre el Medio Humano (ONU, 1972) el desarrollo humano se asocia al bienestar, el goce de los derechos y la preservación de los recursos naturales en beneficio de las generaciones futuras.

El "desarrollo sostenible" se hace más necesario si cabe en el escenario de la ciudad. Estos agrupamientos humanos, su evolución histórica y las características que los definen en tiempos recientes requieren de un replanteamiento en términos de sostenibilidad, Y, en sentido inverso, hay quien ve en la ciudad "un instrumento para el desarrollo humano sostenible, siendo reconocido su carácter transformador en el camino hacia la sostenibilidad" (Ávila Orive, 2018, p. 35). Así, "[e]l desarrollo urbano sostenible hoy, es un principio que vincula intensamente la configuración de la ciudadanía urbana" (*idem*, p. 54).

---

70 En esta línea, de nuevo nos remitimos a la Encíclica del Papa Francisco (*Vid Supra*), concretamente a su Apartado 49, *in fine*, cuando dice: "Pero hoy no podemos dejar de reconocer que un verdadero planteo ecológico se convierte siempre en un planteo social, que debe integrar la justicia en las discusiones sobre el ambiente, para escuchar tanto el clamor de la tierra como el clamor de los pobres".

En esta línea de razonamiento debe destacarse que tanto la Nueva Agenda Urbana (ONU) como la Agenda Urbana de la UE, documentos que más allá de sus divergencias, "persiguen integrar varias áreas de política pública, incluyendo diferentes campos como el bienestar social, el desarrollo económico y el medio ambiente" (Bohigues; Gañán Sánchez, y Huete García, 2023, p. 176). De manera que cuando hablamos del "derecho a la ciudad" y su articulación como derecho de derechos debemos partir de una enumeración no exhaustiva, dinámica y sujeta a las particularidades de cada ciudad.[71]

Así, dentro del "derecho a la ciudad" podemos ubicar, siguiendo a Borja, dos categorías de derechos. De un lado, los denominados "derechos universales", tales como el agua, la energía, la vivienda, el trabajo, la asistencia sanitaria, etc.; cuya realización efectiva depende de políticas públicas que los desarrollen, y, que, a su vez, en muchos casos constituyen bienes objeto de comercio, de modo que el acceso a los mismos está condicionado a la disponibilidad de recursos. De otro lado, los llamados "derechos emergentes", todavía no codificados o sólo parcialmente, pero que responden a necesidades de la ciudadanía en general. Por ejemplo, los de índole medioambiental, los relativos a las nuevas

---

71 Acerca de la enumeración de derechos intrínsecos a la ciudadanía urbana o el derecho de la ciudad, merece la pena reproducir aquí la siguiente reflexión de Ávila Orive (2018, p. 53): "La identificación de los derechos que constituyen la ciudadanía urbana no tiene un afán exhaustivo, porque no se trata tanto de terminar una relación que muestre de forma agotadora los derechos que llevan aparejada la disposición de una opción de ciudadanía, como de mostrar la entidad de tal institución jurídica para dar un sentido global a la misma, más allá de la significación particular de cada uno de los derechos. Por otra parte, sería una pretensión ilusoria tratar de fijar un contenido de una institución dinámica, que se transforma como lo hace el ordenamiento al compás de la evolución de los fines del poder del Estado, además de las particularidades que pueden encontrarse tomando como referencia a la ciudad, el ámbito local".

tecnologías... (Borja, 2018, pp. 40-41). Una connotación peculiar, que, como señalamos en el apartado precedente plantea retos institucionales u orgánicos para garantizar su eficacia práctica. Pero que también merece la pena ser destacada aquí por las consecuencias sustantivas que ello acarrea, en la medida en que el concreto alcance y contenido que se les pueda dar depende de los condicionantes de la naturaleza subyacente a tales derechos.

En todo caso, el "derecho a la ciudad" no aspira a una consistencia o identidad nítidas en el plano jurídico. Estaría todavía en un difícil proceso de decantación, de modo que su función sería más evocadora que efectiva (Parejo Alfonso, 2020, p. 638). Un derecho "en una fase aún temprana" o un "derecho *in process*", en el que, siguiendo a Juli Ponce, se podría avanzar a partir de la construcción de "un sistema de derechos en la ciudad interconectados, esto es, que sumen el derecho a la ciudad" (Ponce Solé, 2019, pp. 116, 122 y ss.). Es decir, un horizonte, un enfoque o clave interpretativa respecto de la nueva comprensión de la ciudadanía dentro del paradigma de la sostenibilidad. Su potencial estratégico estribaría en dos cuestiones: primero, obliga a pensar la ciudad de forma integral desde la perspectiva de la cultura de los derechos humanos (sería así un concepto democratizador, transformador); segundo, implica el derecho a gozar de forma equitativa e igualitaria de los beneficios de la ciudad (como reacción frente a las crecientes desigualdades sociales que caracterizan a los entornos urbanos) (Corti, 2018, pp. 115-116). Pues en todo caso "la sostenibilidad económica y ambiental debe ir de la mano de la social (...), de la perspectiva de las personas que viven en las ciudades y de sus derechos" (Ponce Solé, 2019, p. 142).

Es por ello que la noción de ciudadanía urbana y los derechos asociados al "derecho a la ciudad" no pueden hacernos perder la perspectiva de la dignidad humana y el individualismo moral como fundamento de los derechos humanos/fundamentales. En este sentido, la aprobación de la Declaración Universal de Derechos Humanos en 1948 supuso la sustitución del ciudadano por el ser humano como razón de ser del estatuto de derechos y deberes reconocidos universalmente. Pero también es cierto que la consecuencia de tal reconocimiento no puede conllevar automáticamente la disolución del concepto de ciudadanía, "sino más bien la necesidad de producir la revisión de los modelos de ciudadanía" (Ávila Orive, 2018, pp. 44-45). Ya que, en última instancia, el desarrollo humano tiene su fundamento en valores compartidos, cuyo factor cohesivo no puede ser otro que el de la dignidad humana (*idem*, p. 207).

Enfatizamos esta unidad de sentido entre "desarrollo urbano sostenible" y dignidad humana como precondición para la atribución de derechos humanos/fundamentales, pues partimos de la suficiencia de las categorías tradicionales de la teoría general de los derechos en la protección de estos nuevos valores y principios propios del "derecho a la ciudad" y la sostenibilidad. La articulación de nuevos derechos o facetas de otros ya existentes permiten dar cabida a estas demandas sociales, sin por ello tener que recurrir a forzar o erosionar premisas insoslayables, a riesgo de que en tal intento bienintencionado de ampliar el espectro protector se abran resquicios al servicio de la negación de los derechos. El ser humano, su igual dignidad y el libre desarrollo de la personalidad (art. 10.1 CE) deben seguir siendo el elemento determinante para la adquisición de derechos y obligaciones. La historia ha demostrado que cuando el centro de gravedad se desplaza hacia otra suerte de intereses colectivos o difusos existe un elevado peligro de apropiación por parte de discursos de índole autoritaria/populista, derivando en caso extremo en la instrumentalización/vulneración sistemática de los derechos individuales.

Todos los bienes jurídicos asociados a la noción de "desarrollo urbano sostenible", donde incardinamos la "movilidad urbana sostenible" y que referimos más arriba, aluden a derechos de carácter republicano, de tercera generación, que responden a intereses colectivos y de tipo solidario con vocación de transmisión a las futuras generaciones. Una caracterización que los dota de un estatuto jurídico que les facilita la potestad de defender la apropiación individual de los bienes jurídicos que pertenecen a todos (Ramallo López, 2018, p. 34). Incluso podríamos ubicar el "derecho a la ciudad sostenible" dentro de una suerte de cuarta generación de derechos, ya que protege no sólo a un determinado colectivo más o menos difuso, sino a la ciudadanía en general, al mismo tiempo que sigue siendo individual, en la medida en que cada individuo es portador[72] (*idem*, p. 37-38).

La protección de la salud (art. 43 CE), el derecho a disfrutar de un medio ambiente adecuado para el desarrollo de la persona y la utilización racional de los recursos (art. 45 CE) y la conservación del patrimonio histórico, cultural y artístico de los pueblos de Estaña y los bienes que lo integran (art. 46 CE) constituyen los tres enunciados de nuestra Constitución más esgrimidos para articular el anclaje sustantivo de la movilidad sostenible dentro de nuestro catálogo de derechos doméstico. Todos ellos agrupados bajo la rúbrica: "Principios de la política social y económica".

El problema que presenta esta ubicación en términos de garantías, es el de la distinción entre derechos fundamentales y principios de la política social y económica. Los primeros contenidos en el capítulo II del Título Primero de la Constitución y blindados constitucionalmente por la triada: eficacia directa, reserva de ley y respeto del contenido esencial (*ex* art. 53.1 CE). Mientras que el segundo grupo, recogido en el capítulo III goza de la difusa protección que les brinda el apartado tercero del art. 53 CE cuando dispone que: "(...) informarán la legislación positiva, la práctica judicial y la actuación de los poderes públicos. Sólo podrán ser alegados ante la Jurisdicción ordinaria de acuerdo con lo que dispongan las leyes que los desarrollen". En pocas palabras, el alcance y contenido concreto de éstos dependerá del

---

72 Teniendo en todo caso clara esta perspectiva, la conceptualización (es decir, el dar contenido) del "derecho a la ciudad" y la determinación de quiénes deban ser sus titulares son cuestiones complejas en términos prácticos, y se conectan con la necesaria participación. Sobre esto resulta de interés la lectura de Mialot, C. (2019, pp. 25-33).

amplio margen de configuración que asiste al legislador al no existir un contenido mínimo constitucionalmente insoslayable.

Ahora bien, esta dicotomía establecida por el propio constituyente y confirmada en buena medida por la jurisprudencia constitucional, ha presentado matices o puntos de permeabilidad con el paso de los años. Además, aun catalogados como principios, suponen de algún modo la concreción del valor superior de la igualdad y de la idea del Estado Social y Democrático, lo que los dota de una resiliencia que inhabilita su plena y absoluta disponibilidad por el legislador[73] en la medida en que expresan un compromiso nunca antes alcanzado en nuestro constitucionalismo histórico propio de un "Estado pluriclase" (De la Quadra-Salcedo, 2021, p. 28).

Negar su efectividad sería tanto como cuestionar la normatividad de todos y cada uno de los preceptos constitucionales en virtud del art. 9, apartados 1 y 2 CE. Pues el hecho de que no se reconozca un contenido mínimo esencial prefigurado constitucionalmente, no los convierte de manera automática en programáticos frente a la acción de los poderes públicos en su desarrollo. Constituyen

---

73 Recordemos que tempranamente el Tribunal Constitucional dejó abierta la posibilidad de control en este sentido, si bien reconociendo que sería una situación bastante improbable, en su STC 45/1989 (TOL 80,256), FJ 4º: "(...) la naturaleza de los principios rectores de la política social y económica que recoge el Capítulo III del Título I de nuestra Constitución hace improbable que una norma legal cualquiera pueda ser considerada inconstitucional por omisión, esto es, por no atender, aisladamente considerada, el mandato a los poderes públicos y en especial al legislador, en el que cada uno de esos principios por lo general se concreta. No cabe excluir que la relación entre alguno de esos principios y los derechos fundamentales (señaladamente el de igualdad) haga posible un examen de este género (cf., por ejemplo, nuestra STC 155/1987, TOL 79,894), ni, sobre todo, que el principio rector sea utilizado como criterio para resolver sobre la constitucionalidad de una acción positiva del legislador, cuando ésta se plasma en una norma de notable incidencia sobre la entidad constitucionalmente protegida".

valores o bienes jurídicos constitucionalmente dignos de protección y presentan una gran relevancia en sede interpretativa, muy especialmente por lo que se refiere a la técnica de la ponderación como método para la interpretación y la delimitación del contenido de los derechos fundamentales. Particularmente, en relación con la protección del medio ambiente y el desarrollo sostenible, merece la pena destacar dos pronunciamientos del Tribunal Constitucional en esta dirección hermenéutica:

> STC 64/1982 (TOL 79,037), FJ 3°, extracto: [e]*l art. 45 recoge la preocupación ecológica surgida en las últimas décadas en amplios sectores de opinión que ha plasmado también en numerosos documentos internacionales. En su virtud no puede considerarse como objetivo primordial y excluyente la explotación al máximo de los recursos naturales, el aumento de la producción a toda costa, sino que se ha de armonizar la "*utilización racional*" de esos recursos con la protección de la naturaleza, todo ello para el mejor desarrollo de la persona y para asegurar una mejor calidad de la vida.*

> STC 102/1995 (TOL 82,841), FJ 4°, extracto: *hemos de remontarnos a la calidad de vida como aspiración situada en primer plano por el Preámbulo de la Constitución, que en principio parece sustentarse sobre la cultura y la economía, aun cuando en el texto articulado se ligue por delante a la utilización racional de los recursos naturales y por detrás al medio ambiente, con el trasfondo de la solidaridad colectiva. En suma, se configura un derecho de todos a disfrutarlo y un deber de conservación que pesa sobre todos, más un mandato a los poderes públicos para la protección (art. 45 C.E.). En seguida, la conexión indicada se hace explícita cuando se encomienda a los Poderes públicos la función de impulsar y desarrollar se dice, la actividad económica y mejorar así el nivel de vida, ingrediente de la calidad si no sinónimo, con una referencia directa a ciertos recursos (la agricultura, la ganadería, la pesca) y a algunos espacios naturales (zonas de montaña) (art. 130 C.E.), lo que nos ha llevado a resaltar la necesidad de compatibilizar y armonizar ambos, el desarrollo con el medio ambiente (STC 64/1982,* (TOL 79,037)*). Se trata en definitiva del "desarrollo sostenible", equilibrado y racional, que no olvida a las generaciones futuras, alumbrado el año 1987 en el llamado Informe Bruntland, con el título "Nuestro futuro común" encargado por la Asamblea General de las Naciones Unidas.*

Esta última alusión del órgano de cierre nos permite traer a colación la obligada interpretación de los derechos en nuestro ordenamiento de conformidad con los estándares internacionales de protección de los Derechos Humanos de los que el Reino de España sea parte en virtud del art. 10. 2 CE. Una cláusula de apertura del Derecho español al Derecho internacional de los Derechos Humanos que nuestro Tribunal Constitucional ha interpretado de manera amplia, llegando incluso a afirmar que la declaración por aparte del Tribunal Europeo de Derechos Humanos de la vulneración de un derecho del Convenio de Roma, supone, automáticamente, la lesión de un derecho constitucionalmente protegido, debiendo repararse tal lesión en el ámbito interno (STC 245/1991, Caso Bultó, TOL 80,618). Así como también ha aceptado el Derecho de la Unión Europea como canon interpretativo para el Título I de la Constitución en el sentido previsto en el art. 10. 2 CE (STC 64/1991, TOL80,478). Llegando a utilizar referencias a la jurisprudencia del Tribunal de Justicia de la Unión incluso en casos no conectados con el Derecho comunitario (SSTC 66/2015, TOL 5,005,147; 77/2014, TOL 4,373,203) (Pérez Tremps, 2019, pp. 184 y ss.).

De nuevo en relación con la protección del medio ambiente, es menester recordar la conexión entre contaminación (en nuestro caso procedente del transporte generador de emisiones y de molestias acústicas) y derecho a la salud (en conexión con la integridad física y moral) y la inviolabilidad domiciliaria, en la línea de la jurisprudencia sentada por el TEDH en el caso López Ostra, de 9 de diciembre de 1994 (TOL 178,976) (Guillén López, 2014, p. 72-73). Un gran ejemplo de cómo incorporar la protección de nuevos derechos o facetas a través de una interpretación evolutiva y apegada a las nuevas demandas sociales dentro de los esquemas tradicionales de garantía de los derechos[74] a través de la potencialidad de la tutela multinivel.

---

74 Asimismo, la doctrina es cada vez más favorable a ir superando las clásicas objeciones a la constitucionalización y el reconocimiento efectivo de los

Es más, ser firmes en la defensa de la individualidad como fundamento de la personalidad jurídica y la reivindicación de los mecanismos actuales de protección no impide necesariamente la creatividad y la innovación dentro de las grandes categorías ya existentes. Aspecto fundamental cuando estamos en presencia de derechos o facetas de derechos con connotaciones técnicas o que requieren del apoyo experto, y, por lo tanto, sujetas a una comprensión integral y dinámica de los intereses en juego en su regulación. La innovación no es una virtud sólo predicable del conocimiento extrajurídico, sino que debe estar asimismo al servicio del jurista a la hora de abordar este tipo de cuestiones. Así, pueden destacarse propuestas sofisticadas y ambiciosas como la de conformar una suerte de "orden público ecológico" a partir de 2 ideas: la proclamación constitucional de un nuevo valor ecológico (en el art. 1.1 CE) y la conversión del derecho a disfrutar del medio ambiente adecuando en un auténtico derecho fundamental (mediante el traslado del art. 45.1 CE a la sección 1ª, capítulo segundo, título I de la Constitución). (Gar-

---

derechos económicos y sociales. Argumentos de índole institucional, como la distorsión que generaría en las relaciones entre Parlamento y poder judicial (objeción institucional, objeción mayoritaria) o la dificultad para garantizar o medir la total realización de algunos derechos en determinadas coyunturas (crítica de la factibilidad, objeción contractualista) pueden ser respondidas desde la comprensión de aquellos como "reivindicaciones éticas" a las que un Estado constitucional no puede escapar sin más a riesgo de ser "*morally defective*" (por todos, véanse Sen, 2016, pp. 8-9 y 34 y ss. y Michelman, 2016, pp. 45 y ss.). Además, la propia relación entre derechos, democracia y *rule of law* es co-constitutiva: "*the principle of democracy can only appear as the heart of a system of rights. The logical genesis of these rights comprises a circular process in which the legal code, or legal form, and the mechanism for producing legitimate law -hence the democratic principle- are co-originally constituted*" (Habermas, 1996, pp. 121-122).

cía Ortiz[75], 2023, pp. 188 y ss.). Si bien su realización requiere de una reforma constitucional agravada —poco probable en el futuro próximo dado el contexto político de confrontación y fragmentación parlamentaria— y plantea dificultades para la definición del titular y del contenido constitucionalmente protegido —y por lo tanto directamente exigible *ex* art. 53.1 CE— de este eventual nuevo derecho fundamental.

Otra manera de articular la defensa del "desarrollo urbano sostenible" sin renunciar a los dogmas de la teoría general de los derechos, pero desde una perspectiva más amplia que la mera interpretación sistemática del art. 45 CE, es la de enfatizar su naturaleza de función administrativa, de mandato constitucional de actuación por parte del Estado para su efectiva materialización. Una "función pública que combina las potestades de ordenación territorial, de ordenación de recursos naturales, de planificación de la economía y de otras políticas sociales implicadas en la consecución de los objetivos del desarrollo sostenible". Para lo cual es necesaria la "integración competencial y normativa (...), la imbricación de diversas materias correspondientes a diferentes niveles de gobierno" (Ramallo López, 2018, pp. 35, 44-45).

Por lo que respecta a la "movilidad sostenible", coincidimos con Guillén López cuando sostiene que la Constitución española no es indiferente ante cualquier modelo de movilidad urbana. Pues no todos ellos repercuten de igual modo sobre valores constitucionales

---

75 El autor propone la conformación de una suerte de "orden público ecológico". De tal manera que "[l]a conversión de la tutela de la naturaleza en un valor y en un derecho fundamental permitirá sentar, en definitiva, las bases de un nuevo entendimiento de las funciones del Estado y de un nuevo sistema axiológico u orden público que dotará a los poderes públicos y a los particulares de instrumentos constitucionales efectivos para reaccionar frente a los ataques al entorno natural, al tiempo que permitirá generar una conciencia colectiva en torno a la necesidad de proteger, con un fin mismo del poder, la casa común de la humanidad".

sustantivos. Es decir, que nuestra Carta Magna no es neutral respecto del modelo de ciudad ni de movilidad. Siendo constitucionalmente exigido "promover aquellos medios que permitan estar en buena forma física, apostar por los más saludables, por aquellos que representen una manera adecuada de ocio; y por los más eficientes desde el concepto de la economía sostenible" (2014, p. 60).

Hay autores que van más allá, como Antonio Fortes, quien plantea la posibilidad de articular un nuevo derecho a la "movilidad sostenible" (*mobility for people*)[76]. Un derecho subjetivo

---

[76] El Proyecto de Ley de Movilidad Sostenible también parece ir en esta dirección al contemplar en su art. 4 el "derecho a la movilidad sostenible" como un derecho subjetivo de configuración legal en los siguientes términos que pasamos a reproducir:
1. Se reconoce el derecho de todos los ciudadanos y las ciudadanas a disfrutar de un sistema de movilidad sostenible y justo en los términos establecidos por la ley, que permita el libre ejercicio de sus derechos y libertades constitucionales, favorezca la realización de sus actividades personales, empresariales y comerciales y atienda las necesidades de las personas menos favorecidas y de las zonas afectadas por procesos de despoblación, y en particular, preste especial atención a los supuestos de movilidad cotidiana.
2. Las administraciones públicas deberán facilitar el derecho a la movilidad en los términos establecidos en la ley, a través de un sistema de movilidad, definido como un conjunto de infraestructuras, modos de transporte y servicios que faciliten los desplazamientos de las personas y el transporte de las mercancías.
3. El sistema de movilidad definido en el apartado anterior constituye un elemento esencial para mejorar la calidad de vida de los ciudadanos y las ciudadanas y sus oportunidades de progreso en relación con el acceso al empleo, la formación, los bienes y servicios, la cultura, el ocio y las demás actividades cotidianas. En consecuencia, deberá ser eficaz, seguro, asequible, eficiente, accesible, socialmente inclusivo y respetuoso con la salud y el medioambiente, integrando además soluciones digitales para facilitar estos objetivos.
4. El sistema de movilidad facilitará la movilidad activa y sostenible y podrá incluir servicios de transporte público regulares, discrecionales o a la demanda, servicios de movilidad compartida y servicios de movilidad colaborativa.
5. El sistema de movilidad deberá desarrollarse en beneficio de las generaciones actuales y futuras, la prosperidad económica, la cohesión social, el equilibrio territorial y la calidad de vida.

de nueva generación, derivación del "derecho a la ciudad", conectado con la noción de accesibilidad, y, en consecuencia, orientado a la democratización de los desplazamientos urbanos (Fortes Martín, 2019, pp. 60-63)[77]. Un derecho cuyo alcance se podría resumir a partir de 3 elementos (Herce, 2009, p. 24):

- sostenibilidad energética: que pone el acento en las alternativas de desplazamiento de menor consumo de energía
- sostenibilidad medioambiental: que pone el acento en la reducción de emisiones
- sostenibilidad social: que pone el acento en una mayor equidad en el acceso a la movilidad

Tres dimensiones de la "movilidad sostenible" que deben ser destacadas y perseguidas por la intervención pública, pero que no necesariamente se alcanzan al mismo tiempo, sino que pueden generar contradicciones. De ahí la importancia de que la definición del interés general esté en manos de la representación democrática, el único poder legitimado constitucionalmente para tomar decisiones de índole distributiva o redistributiva, para marcar prioridades y determinar con perspectiva plural y general los objetivos concretos que deban optimizarse a través de las políticas públicas.

Así, esta comprensión amplia e integradora, que compartimos, conecta con lo señalado en el epígrafe anterior al resaltar la ne-

---

[77] Más recientemente, el mismo autor señala:
Como derecho emergente, en tanto que "aspiración de derecho" necesitado aún de acomodo general en el corpus iuris normativo, o como derecho social de cuarta (última) generación ya emergido, el derecho a la movilidad sostenible presenta (...) suficiencia jurídica para poder predicar del mismo una sustantividad propia como tal derecho. Lo que no obsta para reconocerlo, en todo caso, como una derivación del más general derecho a la ciudad (del derecho a disfrutar del espacio urbano) en el marco del desarrollo local y del desarrollo urbano sostenible en su pretensión de posibilitar la consecución de la calidad de vida también urbana, de la ciudadanía (Fortes Martín, 2021, p. 257).

cesidad de enfatizar la naturaleza social intrínseca a la regulación de estas cuestiones, que exige de una profunda intervención política a riesgo de que su diseño se dibuje exclusivamente a partir de perspectivas técnicas y/o de mercado. Porque:

> *La movilidad es sostenible, pero además es "social", por inclusiva, al albergar un elevado componente de equidad social a la hora de garantizar el derecho a desplazarse de los ciudadanos de forma que el acceso a los diferentes servicios (educación sanidad, empleo, ocio, bienes) que ofrece la ciudad sea posible para todos ellos, y en igualdad de oportunidades, con independencia de su status (motorizado o no)* (Fortes Martín, 2019, p. 61).

Pues si bien nos encontramos en un contexto de Globalización económica que obliga a conducir la intervención pública a través de una lógica orientada a la iniciativa privada y la competencia, en nada cambia el mandato constitucional de la realización del Estado Social y la necesaria remoción de obstáculos que impidan la igualdad efectiva de los ciudadanos (arts. 1.1 y 9. 2 CE). Pues el mercado en última instancia no debe ser un fin, sino un medio, en palabras de Sunstein: "*...free markets are a tool, to be used when they promote human purposes, and to be abandoned when they fail to do so*" (1997, p. 7). No puede ser usado por tanto como coartada para no actuar y proteger de manera efectiva el derecho de los ciudadanos a disfrutar de un escenario de desplazamientos más acorde con los valores constitucionales, que son también los de la sostenibilidad.

Además de todo lo dicho, en el entendimiento de la "movilidad sostenible" dentro de la perspectiva de los derechos fundamentales es crucial tomar en consideración la afectación que su protección a través de las diversas políticas públicas que se puedan arbitrar en otros derechos fundamentales de terceros[78]. Así, por ejemplo:

---

[78] Seguimos en este punto a Guillén López, E. (2014, pp. 61 y ss.).

- el derecho a la vida y a la integridad física (art. 15 CE): como evitación del riesgo, deber positivo de protección por parte del Estado
- la libertad personal (art. 17 CE): como libertad física, deambulatoria, protección frente a restricciones de movimientos no previstas en la Constitución o en la ley
- la libertad de circulación (art. 19 CE): entendida como auténtico derecho de carácter prestacional que obligaría a los poderes públicos a establecer estructuras para permitir los desplazamientos individuales y colectivos

Asimismo, hay que tener en cuenta a sujetos con especial vulnerabilidad: personas con discapacidad (art. 49 CE), tercera edad (art. 50 CE) o infancia (art. 39.4 CE). En la medida en que los derechos no se ejercen en el vacío, sino en relaciones jurídicas recíprocas, los derechos tienden a colisionar entre sí o con otros bienes y valores dignos de protección constitucional, de ahí que sea fundamental la ponderación. Pues sólo a partir de esta comprensión se podrán evitar brechas sociales. Por ejemplo, en términos de gentrificación en las grandes ciudades, de modo que las políticas de "movilidad sostenible" sean precisamente más gravosas para aquellos miembros de la sociedad más vulnerables como puedan ser los residentes a más distancia de los centros y con menor capacidad para adquirir vehículos más eficientes en términos energéticos y de emisiones.

La "movilidad sostenible" -con su inherente dimensión social y transformadora- y su inclusión en el discurso de los derechos, requiere de un necesario equilibrio y compensación entre los afectados por sus políticas de desarrollo en atención a sus particulares circunstancias. Estando en juego la dignidad humana como fundamento para la atribución de los derechos y la realización del mandato constitucional del Estado Social, deberán articularse mecanismos de evaluación de la regulación para la prevención/corrección de fallos regulatorios, la previsión de ayudas orientadas a la igualdad de oportunidades, así como la debida inversión en infraestructuras. Evitando caer en relatos presuntamente sostenibles, pero que no van más allá de "glamourizar" la precariedad y venderla como deseable en términos aspiracionales.

Debemos avanzar de una transformación urbana propia del siglo XX, diseñada por ingenieros y gestores del transporte en términos de eficiencia, caracterizada por la preeminencia del coche y la urbanización en la distancia, hacia la creación de entornos caminables[79] a partir de 3 ideas: la densidad de población (compacidad del entorno), mezcla de los usos del suelo (comercio local, servicios, etc.) y conectividad (posibilidad de realizar desplazamientos por distintas rutas) (Daher y Marquet, 2019, pp. 423-424, 443). Defendemos aquí el llamado "urbanismo de proximidad" (Fortes, 2019, p. 72, 360). Una regulación de los usos del suelo en favor de una ciudad compacta[80] que permita desplazamientos más saludables y eficientes. Pues sólo a través de esta comprensión se puede avanzar en la sustitución -o al menos la reducción- del transporte motorizado, y, por lo tanto, más caro y contaminante, en favor de la circulación a pie o en bicicleta. En definitiva, una movilidad al servicio de la ciudadanía más equitativa en términos de accesibilidad e inclusión social.

En esta lógica, la movilidad tiene el reto de prevenir, y, en su caso, enfrentar el fenómeno -siguiendo la terminología de Borja- de la "no ciudad", de la "urbanización fragmentada y

---

79 "La importancia de crear entornos caminables no significa que todos los desplazamientos tengan que realizarse a pie. Sin embargo, el entorno caminable es el único que proporciona unas características básicas para una accesibilidad universal" (Daher y Marquet, 2019, p. 447).

80 En esta línea Manuel Herce ha señalado que, respecto del modelo de urbanización del que partimos: "la alternativa a ese proceso sólo puede radicar en la capacidad de entender que únicamente con la concentración urbana y con la densidad de ocupación del suelo puede alcanzarse un nuevo modelo de movilidad que atienda a las necesidades de todos los ciudadanos, que descanse sobre formas menos costosas y más saludables de desplazamiento..." (2009, pp. 17-18).

difusa". Es decir, la urbanización en la que se multiplican los barrios cerrados (*gated cities*), donde se inventan "nuevas centralidades" (por ejemplo, centros comerciales, parques de negocios, de oficinas...) Una urbanización sin ciudad, que genera una sociedad sin ciudadanos y frente a la que oponer el ideal de la ciudad "compacta y diversa" (Borja, 2018, pp. 58-61).

La necesidad de unas políticas de "desarrollo sostenible" coherentes[81] es una evidencia, pues este tiene sus propios límites, que pueden condensarse en dos: el potencial juego de suma cero (*winners and losers*) y las particularidades de cada ciudad (Hammer, *et. al*, OCDE, 2011, pp. 80 y 90). De ahí nuestra insistencia a lo largo de esta contribución en la dimensión social de la sostenibilidad y la potenciación de las competencias de los entes locales en la especificación de las medidas de acuerdo a las especiales características de cada espacio urbano y sus habitantes.

Además, como señalábamos en el epígrafe precedente, el estudio de la "movilidad sostenible" es dinámico, se mueve en un contexto caracterizado por la incertidumbre y la volatilidad propias del vertiginoso avance tecnológico. Ahora mismo, sin ir más lejos, tiene por delante retos concretos como el uso del coche autónomo y en general la aplicación de la inteligencia artificial. Nuevos escenarios para la realización del eventual "derecho a la movilidad" con grandes potencialidades en términos de eficiencia, al ser herramientas que sin duda pueden contribuir a favorecer la "movilidad sostenible", pero que al mismo tiempo comportan riesgos en relación con múltiples derechos fundamentales como pueden ser la privacidad y el tratamiento de datos personales (Pedraza Córdoba, 2019, pp. 381-417)[82].

---

81 *"Urban green growth policies must be designed as an integrated policy package to realise policy complementarities"* (Hammer, *et. al*, OCDE, 2011, p. 80).

82 El Proyecto de Ley de Movilidad Sostenible trata de abordar estas cuestiones en los arts. 82 y ss. (Capítulo II: Vehículo automatizado y Capítulo III: Digitalización y datos abiertos, respectivamente).

Decíamos más arriba que la evaluación de las políticas de movilidad es un aspecto fundamental, pues es la única manera de medir los potenciales impactos que estas generan en términos de ganadores y perdedores, es decir, permite advertir las colisiones de derechos en juego. Esta es una cuestión destacada por Hammer y otros, que indican como factores a tener en cuenta: las repercusiones en el empleo, las afectaciones a los bienes y servicios, la evolución de los ingresos públicos, y, por supuesto, las consecuencias para los individuos. No sólo desde una perspectiva economicista, sino desde la dimensión social, cómo se ha visto influida su salud, el medio ambiente que los rodea, su calidad de vida en general (2011, pp. 53-54).

4. CONCLUSIONES

Como corolario de lo sostenido en este capítulo, podemos concluir que la "movilidad sostenible" es una cuestión de máxima actualidad y relevancia constitucional. Su integración en los más amplios debates sobre el "desarrollo sostenible" -en su triple dimensión: económico, medioambiental y social- y el "derecho a la ciudad" requieren de su estudio desde los parámetros del Derecho Constitucional. Además de constituir -por su vínculo con la accesibilidad universal, la calidad de vida, y, en general el goce de los derechos- una extraordinaria palanca en términos de democratización y transformación social.

Debe destacarse la importancia actual de la noción de "desarrollo sostenible" y su conexión con la necesaria redefinición de la frontera entre democracia y mercado. Pues "[l]a sostenibilidad como "principio fundamental del Derecho Internacional", similar a otros principios constitucionales o estructurales, sólo se conseguirá en el momento en que, en su caso, haya normas limitadoras de la libertad económica, de alcance internacional, en aras a la sostenibilidad" (Fernández-Liesa, 2022, p. 61). Más concretamente, y por lo que respecta al "derecho a la ciudad", baste recordar las palabras de Lefebvre en sus conclusiones, su 5ª Tesis sobre la ciudad:

> *La realización de la sociedad urbana reclama una planificación orientada hacia las necesidades sociales, las de la sociedad urbana. Necesita una ciencia de la ciudad (de las relaciones y correlaciones en la vida urbana). Estas condiciones, aunque necesarias, no bastan. Se hace igualmente indispensable una fuerza social y política capaz de poner en marcha estos medios (que sólo son medios).* (1969, p. 166).

Además, y en lo que concierne a la definición del interés general y quién deba liderar esta tarea, "[l]a ciencia y la tecnología no son neutrales, sino que pueden implicar desde el comienzo hasta el final de un proceso diversas intenciones o posibilidades, y pueden configurarse de distintas maneras..." (Santo Padre, 2015, Apartado 114). "La política no debe someterse a la economía y ésta no debe someterse a los dictámenes y al paradigma eficiencista de la tecnocracia" (*idem*, 2015, Apartado 189). De ahí nuestra insistencia en la reivindicación de la democracia representativa y la suficiente densidad normativa por parte del estamento político en la determinación de los objetivos de las políticas de movilidad como garantía de su legitimidad democrática.

Ello siempre sin desconocer el necesario aporte del conocimiento técnico y la complejidad de regular una cuestión como la de la movilidad, que requiere poner al ser humano como eje central del proceso de toma de decisiones, priorizando el análisis de sus diversas necesidades de desplazamiento en la comprensión de que "[e]se carácter esencial de la participación deviene de la relación íntima entre ciudadanía y democracia" (Ávila Orive, 2018, p. 63). Porque la "movilidad sostenible" presenta una conexión de sentido con el art. 9.2 CE: tanto como mandato de participación; como en tanto que mandato de realización del Estado Social de Derecho.

La "movilidad sostenible" tiene una destacada componente social y transformadora que exige, desde el punto de vista competencial, de un enfoque integrado y la implicación de las distintas administraciones. Una apuesta por la coordinación entre el Estado y las Comunidades Autónomas en la comprensión de que la movilidad debe enmarcarse dentro de la planificación territorial y/o urbanística (uso de los espacios, reducción del tráfico, mejora de la calidad del aire...) (Fortes Martín, 2019, pp. 70 y ss., 254 y ss.). Pues en último término la Constitución española no es neutral respecto de los distintos modelos de movilidad que se puedan plantear, y más allá de su concreta configuración jurídica dentro de la teoría de los derechos, genera un mandato de actuación para su efectiva protección.

En definitiva, estamos ante el reto de construir espacios de convivencia más habitables y equitativos y en esa empresa, la adecuada comprensión y materialización de la "movilidad sostenible" es un elemento crucial por su intersección con las nociones de ciudadanía y democracia. No obstante, no debemos olvidar que cualquier medida que se adopte para su consecución tendrá repercusiones sobre los derechos de terceros en términos de ganadores y perdedores. La correcta evaluación y ponderación de las mismas por parte de quienes ostentan la responsabilidad política será clave para avanzar en la dirección pretendida. Es necesaria una perspectiva general, sin perjuicio de los ajustes locales que demanden en particular los distintos entornos urbanos.

Parafraseando a Antonio Guterres, Secretario General de la ONU en su discurso de 20 de septiembre de 2023 ante la Asamblea General: los ODS están lanzando un SOS. Las crisis encadenadas se alimentan mutuamente, agravando las desigualdades, creando terribles penurias, retrasando la transición energética y amenazando con un colapso financiero mundial. Una transición justa implica que no se deje atrás a ninguna persona o país. Y para ello, se necesita una acción concertada.

Referencias bibliográficas:

ÁVILA ORIVE, J.L.: *Ciudadanía urbana, desarrollo sostenible y derecho a la ciudad*, Tirant lo Blanch, Valencia, 2018.

BAAMONDE GÓMEZ, L.: *Vindicación del Parlamento. Su necesaria revitalización ante el reto de la Globalización*, Tirant lo Blanch-UC3M, Valencia-Madrid, 2023.

BAAMONDE GÓMEZ, L.: "Democracy vs. Market. Rethinking the Big Trade-Off", en *Max Planck Institute for Comparative Public Law and International Law Research Paper Series*, núm. 1, enero 2023. http://dx.doi.org/10.2139/ssrn.4327063

BAAMONDE GÓMEZ, L.: "Representación vs. Tecnocracia en el sistema parlamentario español", en *Revista General de Derecho Constitucional*, Editorial Iustel, núm. 36, abril 2022.

BOHIGUES, A.; GAÑÁN SÁNCHEZ, E. Y HUETE GARCÍA, Mª. Á.: "Las agendas urbanas como instrumento de implementación de la Agenda 2030. Propuesta de análisis para la comparación entre América Latina y Europa", en *Revista de Estudios Políticos*, núm. 200, 2023.

BOIX PALOP, A.: "Los desafíos internacionales de la regulación de la movilidad urbana y la Nueva Agenda Urbana", en Fortes Martín, A. (Dir.), *Movilidad urbana sostenible y acción administrativa. Perspectiva social, estrategias jurídicas y políticas públicas de movilidad en el medio urbano*, Aranzadi, Pamplona, 2019.

BORJA, J.: "Ciudadanía y derechos en una nueva era", en Corti, H. y Borja, J., *Derecho a la ciudad: conquista política y renovación jurídica*, Poder Judicial de la Ciudad de Buenos Aires-Consejo de la Magistratura-JUSBAIRES, Buenos Aires, 2018.

CAÑETE SÁNCHEZ, J. A.: "Movilidad urbana sostenible: restricciones a la libre circulación en el ordenamiento jurídico", en *El Consultor de los Ayuntamientos*, núm. 23, diciembre de 2016.

CORTI, H.: "Del derecho a la vivienda al derecho a la ciudad: una perspectiva jurídica sobre el urbanismo en la ciudad autónoma de Buenos Aires", en Corti, H. y Borja, J., *op. cit.*, 2018.

DAHER, C. Y MARQUET, O.: "La movilidad sostenible como una oportunidad estratégica para la salud pública y el bienestar en los contextos urbanos", en Fortes Martín, A. (Dir.), *op. cit.*, 2019.

DE LA QUADRA-SALCEDO, T.: "Público y privado en una salida socialdemócrata de la crisis. En Público y privado en el nuevo papel del Estado", en *Revista Tiempo de Paz*, núm. 142, 2021.

FERNÁNDEZ-LIESA, C.: "El desarrollo sostenible y la teoría del derecho internacional", en *Iberoamerican Journal of Development Studies*, núm.11 (2), 2022.

FORTES MARTÍN, A.: *Los desplazamientos sostenibles en el derecho a la ciudad*, Iustel, Madrid, 2021.

FORTES MARTÍN, A.: "La movilidad urbana sostenible como fenómeno jurídico: el derecho de la movilidad sostenible" (capítulo 1), en Fortes Martín, A. (Dir.), *op.cit.*, 2019.

FORTES MARTÍN, A.: "El urbanismo y la ordenación espacial de la movilidad urbana sostenible" (capítulo 11), en Fortes Martín, A. (Dir.), *op. cit.*, 2019.

GARCÍA ORTIZ, A.: "La lucha contra el cambio climático desde la axiología constitucional: el orden público ecológico", en Martínez Dalmau, R. y Pedro Bueno, A. (Eds.), *Debates y perspectivas sobre los derechos de la naturaleza. Una lectura desde el Mediterráneo,* Pireo Editorial, Valencia, 2023.

GÓMEZ GARCÍA, M. V.: "Una mirada sociológica a la movilidad sostenible: Género y exclusión social", en Fortes Martín, A. (Dir.), *op. cit.*, 2019.

GUILLÉN LÓPEZ, E.: "Perspectiva constitucional de la movilidad urbana", en Boix Palop, A. y Marzal Raga, R. (Eds.), *Ciudad y movilidad. La regulación de la movilidad urbana sostenible,* Universitat de València, Servicio de Publicaciones, Valencia, 2014.

HABERMAS, J.: *Between facts and norms. Contributions to a Discourse Theory of Law and Democracy,* MIT Press, Cambridge, Mass., 1996.

HERCE, M.: *Sobre la movilidad en la ciudad,* Editorial Reverté, Barcelona, 2009.

LEFEBVRE, H.: *El derecho a la ciudad,* Ediciones Península, Barcelona, 1969. (Edición original francés de *Le droit à la ville,* Editions Anthropos, París, 1968).

LORA-TAMAYO VALLVÉ, M.: "Propuestas para un diálogo integrado e integrador: la Nueva Agenda Urbana a la luz de Lefebvre, Joseph Comblin y *Laudatio Si*", en Ponce Solé, J.; Migliari, W. y Capdeferro Villagrasa, Ó. (Coords.) *El derecho, la ciudad y la vivienda en la nueva concepción del desarrollo urbano. Desafíos transnacionales y transdisciplinarios de la gobernanza en la Nueva Agenda Urbana,* Atelier-TransJu, Barcelona, 2019.

MARTÍNEZ NIETO, A.: "Aspectos jurídicos de la movilidad sostenible", en *Diario La Ley,* núm. 8429, Sección Tribuna, 26 de noviembre de 2014.

MELLADO RUIZ, L.: "Marco regulador de la movilidad urbana sostenible en el ámbito local", en Fortes Martín, A. (Dir.), *op. cit.*, 2019.

MIALOT, C.: "El usuario, titular del derecho a la ciudad", en Ponce Solé, J.; Migliari, W. y Capdeferro Villagrasa, Ó. (Coords.), *op. cit.*, 2019.

MICHELMAN, F. I.: "The constitution, social rights and liberal political justification", en *Social and Economic Rights and Constitutional Law,* An Elgar Research Collection, Cheltenham UK y Northampton, MA, USA, 2016.

MORENO MOLINA, Á. M.: *El Derecho del Cambio Climático: Retos, instrumentos y litigios,* Tirant lo Blanch, Valencia, 2023.

HAMMER, S. *et. al.* (OCDE): "Cities and Green Growth: A Conceptual Framework", en *OECD Regional Development Working Papers 2011/08.*

ONU: *Global Sustainable Development Report, 2023: Times of crisis, Times of Change. Science for Accelerating transformations to Sustainable Development,* 2023.

PAREJO ALFONSO, L.: "Reflexiones en torno a la ciudad y el Derecho Administrativo", en Barrero Rodríguez, C. y Socías Camacho, J. M. (Coords.), *La ciudad del siglo XXI: transformaciones y retos. Actas del XV Congreso de la Asociación Española de Profesores de Derecho Administrativo* (Ibiza, 7 y 8 de febrero de 2020), INAP, Madrid, 2020.

PAREJO NAVAJAS, T.: "Movilidad sostenible y derecho a la ciudad: los derechos ciudadanos de la Agenda 2030 de los Objetivos de Desarrollo Sostenible", en Fortes Martín, A. (Dir.), *op.cit.*, 2019.

PEDRAZA CÓRDOBA, J.: "*Accountability* en *Intelligent Transportation System* (ITS)", en Fortes Martín, A. (Dir.), *op. cit.*, 2019.

PÉREZ TREMPS, P.: *Sistema de Justicia Constitucional,* 3ª Edición, Civitas-Thomson Reuters, Navarra, 2019.

RAMALLO LÓPEZ, F.: "El derecho a la ciudad ¿un nuevo derecho de la ciudadanía?, en Alonso Ibáñez, Mª. R. (Dir.), *La sostenibilidad socioeconómica de las ciudades: estudios jurídicos,* Tirant lo Blanch, Valencia, 2018.

SANTO PADRE (PAPA FRANCISCO): Encíclica *Laudatio SÌ,* sobre el cuidado de la casa común, Roma, 2015.

SÁNZ LARRUGA, F. J.: "Diseñar la ciudad en conexión con lo rural. La necesidad de promover una "alianza rural-urbana" sostenible", en Barrero Rodríguez, C. y Socías Camacho, J. M. (Coords.), *op. cit.*, 2020.

SEN, A.: "Elements of a Theory of Human Rights", en *Social and Economic Rights and Constitutional Law, op. cit.*, 2016.

SIMOU, S.: "Cambio climático, sostenibilidad y movilidad urbana: competencias e instrumentos jurídico-locales", en Alonso Ibáñez, Mª. R. (Dir.), *op. cit.*, 2018.

SOLÉ PONCE, J.: "El derecho a la ciudad y la Nueva Agenda Urbana: una aproximación integrada y sistémica a los derechos en la ciudad, con referencia al derecho a la vivienda", en Ponce Solé, J.; Migliari, W. y Capdeferro Villagrasa, Ó. (Coords.), *op. cit.*, 2019.

SUNSTEIN, C.R.: *Free Markets and Social Justice,* Oxford University Press, New York/Oxford, 1997.

TOMÁS, M.: "La gobernanza metropolitana y la Nueva Agenda Urbana", en Ponce Solé, J.; Migliari, W. y Capdeferro Villagrasa, Ó. (Coords.), *op. cit.*, 2019.

3. Fiscalidad y movilidad urbana: propuestas del libro blanco sobre la reforma tributaria

FRANCISCO ADAME MARTÍNEZ
Universidad de Sevilla

1.INTRODUCCIÓN. BREVE DIAGNÓSTICO DE LA SITUACIÓN ESPAÑOLA

Este trabajo se corresponde con la ponencia impartida en la Jornada “El papel de la fiscalidad en la consecución de una movilidad sostenible en las ciudades", dirigida por los Profesores María Luisa González-Cuéllar y Enrique Ortíz. Me gustaría aprovechar ahora que se publica el libro que recoge las diferentes intervenciones para felicitarles públicamente por el éxito de la Jornada y darles las gracias por la invitación que me cursaron para participar en ella y para colaborar ahora en esta obra.

Se pretende ofrecer una panorámica de las propuestas contenidas en el Libro Blanco sobre la reforma tributaria, concretamente en el extenso capítulo sobre Fiscalidad ambiental. En dicho Libro intentamos hacer una aproximación común en cuatro áreas ambientales, que son concretamente electrificación sostenible, movilidad compatible con la transición ecológica, aumento de la circularidad e incorporación de costes medioambientales asociados al uso del agua. En esa aproximación tratamos de proponer soluciones realistas, porque no queríamos que fuera una obra alejada de la realidad, pero lo que se ofrece en el libro es una hoja de ruta para que los responsables políticos puedan decidir. Por otra parte, me gustaría dejar apuntado que la Comisión de personas que recibió el encargo de elaborar el libro tenía evidentemente sus limitaciones, ya que éramos quince profesores de universidad con todas nuestras tareas universitarias añadidas.

¿Cuáles son los principales objetivos que proponemos en ese capítulo del Libro blanco? En primer lugar, intentamos proponer una minimización de costes de la política ambiental y en segundo término intentamos también fomentar el cambio tecnológico y un cambio modal y todo esto en el marco de la compleja regulación derivada de la organización territorial que tenemos en España, con competencias de distintos niveles territoriales y con el protagonismo que en política ambiental tiene la Unión Europea y del paquete Fit for 55, que establece importantes compromisos a cumplir por los Estados miembros.

España está en una posición muy atrasada en el ranking de recaudación por impuestos ambientales en relación con el PIB y esto responde a razones históricas y no a un único Gobierno. La responsabilidad es, por tanto, de los sucesivos gobiernos que no han decidido acometer una reforma de la fiscalidad ambiental de calado y que en definitiva no han sabido afrontar debidamente este desafío en una situación de graves problemas ambientales, de dependencia energética exterior y de necesidades fiscales. En el gráfico que se incluye a continuación y que ha sido extraído del Informe *Taxation trends in the European Union: data for the EU member states, Iceland, Norway and United Kingdom* (edición 2021), España se sitúa el tercero por la cola en cuanto a recaudación por uso de la fiscalidad ambiental en relación con el PIB. De hecho, como puede advertirse, sólo tenemos detrás a Luxemburgo e Irlanda, que son dos países que podríamos calificar como desfiscalizados[83].

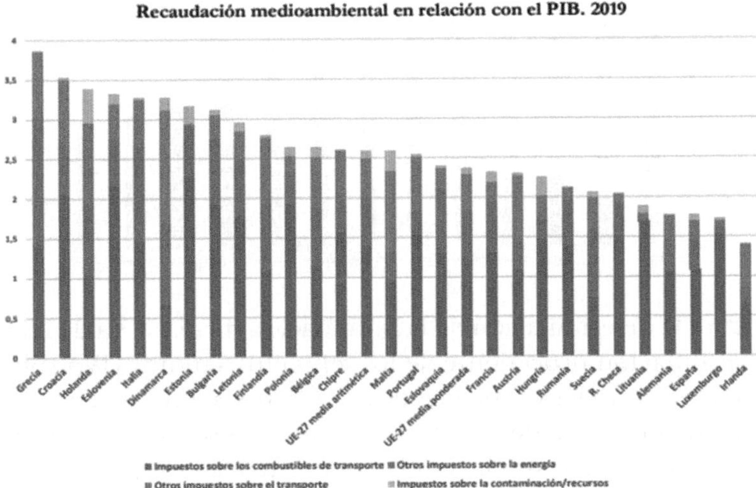

Fuente: European Commission (2021c).

83 EUROPEAN COMMISSION, "Taxation trends in the European Union: data for the EU member states, Iceland, Norway and United Kingdom", 2021 edition, DG Taxation and Customs Union, Publications Office of the European Union (https://doi.org/10.2778/732541).

También estamos en la cola en el pago de impuestos por vehículo y año de entre los trece países considerados de la Unión Europea, como puede verse en el gráfico que se incluye a continuación, elaborado a partir de datos extraídos del Informe sobre cargas fiscales del sector de la Asociación Europea de Fabricantes de Automóviles y desde luego a gran distancia de países como Bélgica, Alemania, Francia, Italia o Portugal[84]:

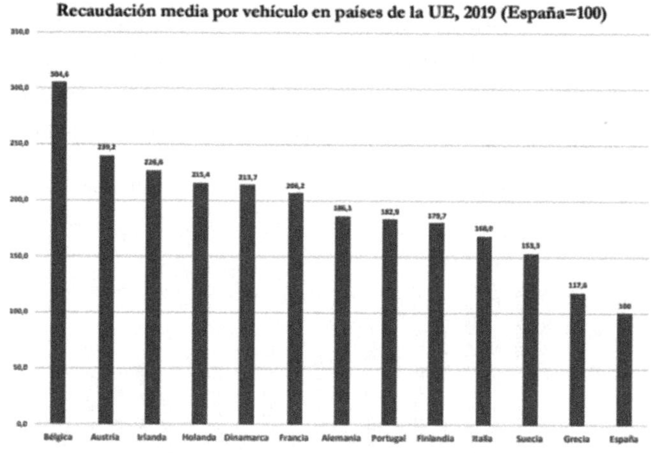

Para la determinación de la recaudación media se ha dividido la recaudación procedente de los vehículos a motor (IVA sobre las ventas, servicios y reparaciones, impuestos sobre las ventas y el registro, impuestos de circulación, impuestos sobre carburantes, y otros) de dicha Asociación Europea de Fabricantes entre el stock de vehículos de Eurostat[85].

84 ACEA (European Automobile Manufacturers' Association), "ACEA Tax Guide 2021" (https://www.acea.auto/files/ACEA_Tax_Guide_2021.pdf).

85 Eurostat-European Statistical Office (2021c), "Road transport equipment. Stock of vehicles" (https://ec.europa.eu/eurostat/web/transport/data/database).

En relación con la evolución de la recaudación media por vehículo de los principales tributos aplicados sobre el transporte rodado en España también pusimos de relieve en el Libro blanco la fuerte caída recaudatoria experimentada, lo cual se refleja en el Gráfico que se incluye a continuación, explicando que ello responde a factores coyunturales (crisis económica), estructurales (mejoras de eficiencia energética, cambio de hábitos, etc.) y tributarios (no actualización de accisas, IEDMT con niveles de emisiones que dejaban sin tributación a buena parte de la flota, etc.). En la elaboración del gráfico se considera la recaudación conjunta del Impuesto sobre Hidrocarburos, el Impuesto Especial sobre Determinados Medios de Transporte y el Impuesto sobre Vehículos de Tracción Mecánica, dividida por el parque total de vehículos:

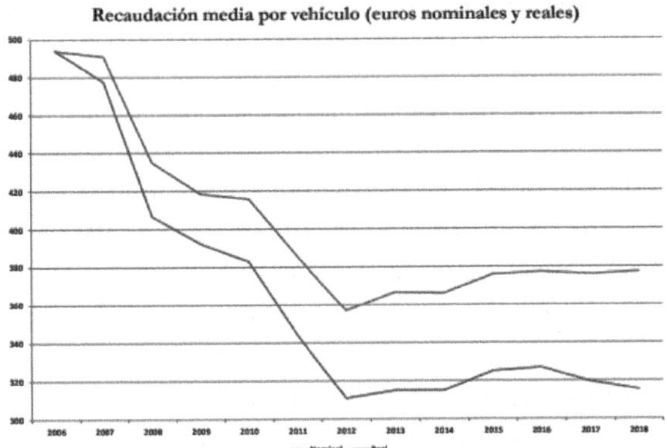

Teniendo en cuenta la relevancia cuantitativa de los recursos tributarios procedentes de este sector y la gran magnitud de los costes externos asociados al transporte, esta situación no era justificable ni sostenible y demandaba actuaciones para mejorar la fiscalidad de los vehículos en el corto plazo y, probablemente, una reforma de calado en el medio plazo mediante la tributación sobre el uso real del vehículo, cuestión sobre la que después volveremos[86].

---

86 GAGO RODRÍGUEZ, A., LABANDEIRA VILLOT, X. Y LÓPEZ OTERO, X., "Crisis y reforma de la fiscalidad sobre el transporte", en

Realmente fuimos objeto de duras críticas por parte de los sectores implicados. Algunas de estas críticas, concretamente las procedentes del sector del automóvil, a mi me parecen sorprendentes y totalmente carentes de fundamento. En el periódico Expansión se publicó una columna muy dura firmada por directores de la patronal de fabricantes de vehículos, de los concesionarios, los proveedores, en la que poco más o menos decían que los autores del Libro blanco poníamos en peligro el futuro del sector en España y directamente incluso que nos lo íbamos a cargar. Este planteamiento me pareció siempre muy exagerado y se trata de críticas que responden a un interés del sector del automóvil que no quiere evidentemente que existan impuestos sobre las ventas de vehículos sino que después el consumidor, una vez que lo ha comprado después cuando va a utilizar el vehículo es cuando va a pagar impuestos.

El Libro blanco es un puzzle que creo que está bien integrado porque las propuestas responden a unos objetivos generales y confluyen en esos objetivos generales, porque lo que se propone en él es una actuación general en materia de transportes, carburantes y vehículos. Desde esa perspectiva paso a continuación a comentar algunas de las propuestas que se formulan en el mismo, saltándome aquellas que no tienen propiamente mucho que ver con la movilidad. Quiero hacer notar que como el objetivo era hacer propuestas realistas cada una de las propuestas que se formulan va acompañada de su cuadro correspondiente donde se calcula cuál es la recaudación que supondría.

Antes de ello me gustaría referirme a las propuestas que se han realizado sobre esta materia por otras Comisiones de expertos.

De esas Comisiones quizás la que más propuestas hizo en este ámbito fue la Comisión de expertos para la reforma del sistema

---

Economics for Energy Working Paper 01a/2018 (https://eforenergy.org/docpublicaciones/documentos-de-trabajo/wpefe01a2018.pdf).

tributario español, conocida como Comisión Lagares por estar presidida por el Prof. Manuel Lagares, que en 2014 propuso diversificar el impuesto en un gravamen sobre la energía y otro sobre el dióxido de carbono de acuerdo con los criterios de la Propuesta de Directiva sobre la Fiscalidad Energética de la Unión Europea que estaba entonces tramitándose, equiparar el tipo del gasóleo al de la gasolina y utilizar la recaudación adicional para reducir la presión fiscal a las rentas del trabajo[87]. Muy novedosa resultó otra propuesta de este Informe, consistente en la transformación del Impuesto sobre Vehículos de Tracción Mecánica en un Impuesto Ambiental sobre el Uso de Medios de Transporte que absorbería y haría desaparecer al actual Impuesto Especial sobre Determinados Medios de Transporte y cuya estructura se regularía de modo exclusivo por el Estado. A juicio de sus autores, teniendo en cuenta que las emisiones de dióxido de carbono constituyen un problema global, no tendría sentido la diferenciación del gravamen por las diversas Comunidades Autónomas. En cuanto a sus elementos de cuantificación, se proponía que el importe dependería de la emisión teórica de dióxido de carbono, el tipo podría minorarse cuando el vehículo fuera objeto de modificaciones que redujeran las emisiones. Se trataría de un tributo de carácter estatal y gestión municipal, con transferencia a las CCAA de una parte de la recaudación y debería diseñarse de manera que su recaudación total resultase equivalente a la actual recaudación del Impuesto sobre determinados Medios de Transporte y a la del Impuesto sobre Vehículos de Tracción Mecánica.

Por su parte, el informe de la Comisión de Expertos sobre Escenarios de Transición Energética, creada por el Consejo de Ministros el 7 de julio de 2017 para analizar las posibles

---

87 Vid. INFORME COMISION DE EXPERTOS PARA LA REFORMA DEL SISTEMA TRIBUTARIO ESPAÑOL, 2014 (https://www.hacienda.gob.es/es-ES/Prensa/En%20Portada/2014/Documents/Informe%20expertos.pdf).

propuestas que permitieran contribuir a la definición de la estrategia española para la transición energética, se muestra partidario de elevar las accisas de carburantes para poder cubrir los costes de infraestructuras o de implantar sistemas de peajes o viñetas que, además, podrían promover el desarrollo de combustibles alternativos. También sugiere internalizar todos los costes negativos externos asociados al transporte y reforzar la señal medioambiental en el IVTM. En el ámbito marítimo y dela aviación doméstica sugiere incentivar fiscalmente el cambio de combustibles y gravar las emisiones contaminantes. [88]

Anteriormente, la Comisión de Expertos para la Revisión del Sistema de Financiación Autonómica, que fue nombrada por el Consejo de Ministros el 10 de febrero de 2017 y a la que tuve la inmensa fortuna de pertenecer apuntó, en la línea propuesta en 2014 en el Informe Lagares, que se podría integrar el Impuesto Especial sobre Determinados Medios de Transporte con el Impuesto sobre Vehículos de Tracción Mecánica, dejando la gestión del nuevo impuesto a los municipios[89].

Por último y aunque luego volveremos de nuevo sobre esta propuesta, la Comisión de Expertos para la Revisión del Modelo de Financiación Local, constituida también por el Consejo de Ministros el 10 de febrero de 2017 y que entregó su Informe en julio de dicho año, insistió en la necesidad de reformar el Impuesto sobre Vehículos de Tracción Mecánica mediante una tarifa con dos elementos: un componente patrimonial (cuota

---

[88] Vid. Comisión de Expertos sobre Escenarios de Transición Energética (2018), Análisis y Propuestas para la Descarbonización, Ministerio de Energía, Turismo y Agenda Digital (https://www.congreso.es/docu/docum/ddocum/dosieres/sleg/legislatura_14/spl_22/pdfs/26.pdf).

[89] INFORME DE LA COMISIÓN DE EXPERTOS PARA LA REVISIÓN DEL MODELO DE FINANCIACIÓN AUTONÓMICA, 2017 (https://www.hacienda.gob.es/CDI/sist%20financiacion%20y%20deuda/informaciónccaa/informe_final_comisión_reforma_sfa.pdf).

fija) destinado a compensar el uso del titular del vehículo de las infraestructuras municipales, y un componente extrafiscal (cuota variable) en función de la eficiencia ambiental del vehículo, graduando el tipo en función del nivel de contaminación que produce. Además, se sugería la eliminación de la bonificación de vehículos con una antigüedad mínima de 25 años, de los cuales ha de presumirse producen, junto a contaminación acústica, un nivel importante de emisiones de monóxido de carbono (CO) y óxidos de nitrógeno (NOx) a la atmósfera[90]. Se trata de un incentivo fiscal que no cuadra muy bien con un tributo que graduase la carga tributaria del contribuyente en función del nivel de contaminación atmosférica que produce el vehículo, pues los vehículos con más de veinticinco años son aquellos que más contaminación producirán a la atmósfera.

2. PROPUESTAS EN MATERIA DE MOVILIDAD COMPATIBLE CON LA TRANSICIÓN ECOLÓGICA

2.1. Tributación de los combustibles de avión, marítimos y agrarios

Una de las principales propuestas que se formulan en el Libro blanco en el ámbito de la movilidad compatible con la transición ecológica es la tributación de los combustibles de aviación, marítimos y agrarios. Esta propuesta, como bien se explica en el Libro, se alinea con la incorporación de estos productos energéticos en la Directiva de fiscalidad de los productos energéticos que forma parte del paquete legislativo Fit for 55 y responde, entre otras, a las siguientes razones: la reducción del tratamiento fiscal favorable de estos sectores respecto a otras actividades que no se corresponde

---

90 INFORME DE LA COMISIÓN DE EXPERTOS PARA LA REVISIÓN DEL MODELO DE FINANCIACIÓN LOCAL (https://www.hacienda.gob.es/CDI/sist%20financiacion%20y%20deuda/informacioneells/2017/informe_final_comisión_reforma_sfl.pdf).

con los costes externos generados, la necesaria contribución de estos sectores a la mitigación coste-efectiva del cambio climático y de otros problemas medioambientales mediante mayor eficiencia energética, así como la introducción de incentivos al desarrollo e inversión en tecnologías menos contaminantes. En todo caso, se recomendaba una introducción gradual de esta reforma y el uso de los ingresos obtenidos para compensaciones sectoriales y para el desarrollo y la adopción de tecnologías limpias.

2.2. Igualación de la fiscalidad del diésel y la gasolina de automoción

En el Libro blanco también se propone la igualación de la fiscalidad del diésel y la gasolina de automoción. Esta propuesta se alineaba con el contenido de la nueva Directiva sobre fiscalidad de la energía, que ciertamente propone un mínimo para el diésel que está por encima del actualmente existente en España (0,391 frente a 0,379). La subida de la fiscalidad del diésel estaría por otra parte justificada por la mayor carga contaminante de las emisiones.

El impacto de esta medida se refleja en la Tabla que se incluye a continuación, que considera el consumo de gasolina 95 y diésel de automoción (gasóleo A) en España en 2019, repartiendo el consumo de diésel entre los sectores residencial y no residencial. La recaudación derivada del Impuesto Especial sobre Hidrocarburos y el IVA, que ascendería a algo más de 2.600 millones de euros, se ha calculado con datos sobre precios e impuestos de carburantes del entonces Ministerio para la Transición Ecológica y el Reto Demográfico de 2021 y se emplean las elasticidades precio de gasolina y diésel estimadas por la doctrina[91] para cal-

---

91 Vid. LABANDEIRA, X; LABEAGA AZCONA, J.M., Y LÓPEZ OTERO, X., "Un Metaanálisis sobre la Elasticidad Precio de la Demanda de Energía en España y la Unión Europea", descargable en https://www.funcas.es/wp-content/uploads/Migracion/Articulos/FUNCAS_PE/002art04.pdf).

cular los nuevos consumos, obteniéndose la recaudación final a partir de los nuevos precios, consumos e impuestos:

Impactos sobre los precios, consumos, emisiones y recaudación de P5

	Precio final (%)	Consumo (%)	Emisiones de CO_2 (%)	Recaudación adicional (Millones de euros)		
				I.E. Hidrocarburos	IVA	Total
Diésel residencial	9,34%	-1,88%	-1,88%	1.471,00	266,24	1.737,24 (17,0%)
Diésel no residencial	9,82%	-1,97%	-1,97%	884,08	-	884,08 (25,9%)
Total	-	-1,56%	-1,60%	2.355,09	266,24	2.621,33 (14,5%)

Junto a lo anterior en este bloque del capítulo de Fiscalidad ambiental se incorporan también propuestas que muestran una atención preferente al sector del transporte, causante de abundantes externalidades negativas y problemas medioambientales que deben ser reconocidos y corregidos a través de la intervención pública. En concreto, se incluyen recomendaciones referidas a la tributación sobre la compra y tenencia de vehículos y a nuevas alternativas para la tributación del transporte rodado y aéreo.

Es particularmente relevante la contribución del transporte rodado a los importantes fenómenos de contaminación local que sufren las zonas urbanas y que generan elevados daños sobre la salud humana. En este sentido, la OMS ha endurecido los indicadores de calidad del aire para los principales contaminantes asociados a la combustión fósil en el transporte. En el Libro blanco se explica que es particularmente preocupante, en este contexto, que las principales ciudades españolas no cumplan algunos de los límites de exposición a contaminantes fijados por la UE a partir de los antiguos umbrales, menos exigentes, de la Organización Mundial de la Salud. De hecho, el 4 de marzo de 2020 la Comisión Europea interpuso recurso contra el Reino de España (asunto C-125-20) por superar "de manera sistemática y continuada" los valores límite anuales de calidad del aire de la Directiva 2008/50. Este recurso fue resuelto en Sentencia del

Tribunal de Justicia (Sala Sexta) de 22 de diciembre de 2022, que concluyó que el Reino de España:

"- ha incumplido las obligaciones que le incumben en virtud del artículo 13, apartado 1, de la Directiva 2008/50/CE del Parlamento Europeo y del Consejo, de 21 de mayo de 2008, relativa a la calidad del aire ambiente y a una atmósfera más limpia en Europa, en relación con su anexo XI, al no haber velado por que no se superase de forma sistemática y continuada, por una parte, desde 2010 hasta 2018 inclusive, en las zonas ES0901 Área de Barcelona y ES1301 Madrid y, desde 2010 hasta 2017 inclusive, en la zona ES0902 Vallés — Baix Llobregat, el valor límite anual fijado para el dióxido de nitrógeno (NO2), y, por otra parte, desde 2010 hasta 2018 inclusive, en la zona ES1301 Madrid, el valor límite horario fijado para el NO2, y

– ha incumplido las obligaciones que le incumben en virtud del artículo 23, apartado 1, de la citada Directiva, en relación con su anexo XV, en particular la obligación de velar por que los planes de calidad del aire establezcan medidas adecuadas para que el período de superación de los valores límite fijados para el NO2 sea lo más breve posible, al no haber adoptado, desde el 11 de junio de 2010, las medidas adecuadas para garantizar el cumplimiento de esos valores límite en las zonas ES0901 Área de Barcelona, ES0902 Vallés — Baix Llobregat y ES1301 Madrid."

De todos modos, las externalidades negativas asociadas al transporte van más allá de las causadas por los contaminantes atmosféricos e incluyen los costes asociados al ruido, congestión o accidentes. Existen numerosas alternativas regulatorias para el control de los problemas asociados al transporte, desde la planificación infraestructural a las políticas tecnológicas, pero sin duda este es un sector en el que las medidas tributarias pueden jugar un papel fundamental.

2.3. Modificación del impuesto especial sobre determinados medios de transporte para favorecer una flota de vehíclos sostenibles

Se explica en el Libro blanco que de acuerdo con la literatura académica estos tributos promueven la adquisición de vehículos de bajas emisiones cuando cuentan con el diseño e intensidad adecuados y, en consecuencia, son cruciales para la reducción de las externalidades medioambientales y para el cumplimiento de los compromisos españoles en este campo, por su elevada visibilidad en el momento de adquisición de un vehículo nuevo[92]. La evidencia empírica muestra que los impuestos sobre la adquisición de vehículos son más efectivos para dirigir las decisiones de compra de los consumidores que los impuestos anuales de circulación, debido tanto a su miopía (los consumidores tienden a dar mayor importancia a los costes y beneficios a corto plazo) como a la incertidumbre sobre los impuestos de circulación futuros[93].

En este ámbito una primera propuesta, que no obligaría a modificar la estructura del actual Impuesto Especial sobre Determinados Medios de Transporte, comúnmente conocido como Impuesto de matriculación, pasaría por una actualización de las tarifas del impuesto que no están adaptadas a los cambios tecnológicos en el sector y pasarían por una extensión del número de tramos y la

---

92 Cfr. En este sentido podemos citar los trabajos de GERLAGH, R., VAN DEN BIJGAART, I., NIJLAND, H. y MICHIELSEN, T. (2018), "Fiscal policy and CO2 emissions of new passenger cars in the EU", *Environmental and Resource Economics,* 69 (1), 103-134 (https://doi.org/10.1007/s10640-016-0067-6) yYAN, S. y ESKELAND, G.S. (2018), "Greening the vehicle fleet: Norway's CO2-differentiated registration tax", *Journal of Environmental Economics and Management,* 91, 247-262 (https://doi.org/10.1016/j.jeem.2018.08.018).

93 Vid. KLIER, T. y LINN, J. (2015), "Using Taxes to Reduce Carbon dioxide Emissions Rates of New Passenger Vehicles: Evidence from France, Germany and Sweden", *American Economic Journal: Economic Policy,* 7 (1), 212-242 (https://doi.org/10.1257/pol.20120256).

subida de los tipos impositivos para incentivar, con mayor intensidad, la compra de vehículos de bajas emisiones. Por otra parte, también se propone la introducción de un suplemento sobre el peso del vehículo por encima de un cierto límite, siguiendo la solución que aplicaría en Francia desde 2022, propuesta que responde a la creciente proliferación de vehículos de gran tamaño.

La Tabla que se incluye a continuación recoge los tipos actuales y las dos propuestas de tarifas que siguen los principios apuntados con menor (numerada como propuesta 7A) o mayor (propuesta 7B) intensidad:

Tarifa actual del IEDMT y propuestas 7A y 7B

Actual (gCO_2/km)	Tipo actual	Propuesta (gCO_2/km)	Tipo P7A	Tipo P7B
≤ 120	0%	≤ 55	0%	0%
>120-≤ 160	4,75%	>55-≤ 127	0%	5%
>160-≤ 200	9,75%	>127-≤ 152	5%	10%
>200	14,75%	>152-≤ 175	10%	15%
		>175	15%	20%
		Peso del vehículo	**Tipo**	
		>1800 kg	10 €/kg adicional	

De todos modos, el actual diseño de este tributo puede reducir los incentivos a la compra de vehículos de bajas emisiones porque el precio de venta tiene un papel fundamental en su cálculo. En nuestra opinión, es probable, así, que un vehículo contaminante de bajo precio se enfrente a pagos por Impuesto Especial sobre Determinados Medios de Transporte comparativamente reducidos. Para evitarlo, formulamos una propuesta alternativa (numerada como propuesta P7C) que contempla la sustitución del actual gravamen ad-valorem sobre el precio por un impuesto unitario que se aplique sobre las emisiones esperadas del vehículo, tomando como referencia al actual impuesto de matriculación holandés, con un componente adicional en función del peso del vehículo. La Tabla que se incluye a continuación detalla las características de la propuesta, simulando los impactos de la aplicación de tipos impositivos, dos tercios por debajo de los aplicados en Holanda. Al igual que en la propuesta anterior, se incluye un gravamen adicional por peso de la misma cuantía:

IEDMT como impuesto unitario sobre emisiones esperadas (P7C)

Emisiones (g/km)	Tipo impositivo (euros por g/km)
0	-
1-86	0,33
87-111	20
112-155	44
156-172	72
≥173	144
Peso del coche	**Tipo impositivo**
> 1800 kg	10 €/kg adicional

La Tabla que figura a continuación refleja debidamente desglosado el impacto recaudatorio estimado de estas tres propuestas referidas el Impuesto Especial sobre Determinados Medios de Transporte y muestra un significativo incremento de la recaudación obtenida de la aplicación de dicho tributo sobre automóviles particulares, tanto por el aumento de vehículos sujetos a gravamen por la modificación de tramos, como por los mayores tipos impositivos aplicados. Como puede advertirse, en una de estas propuestas estaríamos hablando de más de 800 millones de euros de recaudación, en otra de 1.800 millones de euros más y en la tercera de algo más de 2.300 millones de euros. A la vista de estos datos se puede comprender mejor por qué la actualización propuesta del impuesto no gustó mucho al sector del automóvil.

Impactos Recaudatorios (millones de euros) de P7

Ad Valorem (7A, 7B)			Unitario (7C)	
Emisiones (gCO_2/km) para	Recaudación adicional P7A	Recaudación adicional P7B	Emisiones (gCO_2/km)	Recaudación adicional P7C
≤ 55	0,01	0,01	>0-≤ 86	0,11
>55-≤ 120	0,02	98,97	>86-≤ 111	23,10
>120-≤ 127	-119,05	-56,64	>111-≤ 120	44,52
>127-≤ 152	293,56	793,59	>120-≤155	1.023,92
>152-<160	203,22	320,66	>155-<160	159,08
≥160-≤175	111,27	190,23	≥160-≤172	206,60
>175-<200	318,37	422,56	>172-<200	686,16
≥200	55,24	77,56	≥200	191,63
Total	862,63	1.846,93	Total	2.335,13

El siguiente gráfico muestra la clasificación de los países europeos que cuentan con tributos que gravan la matriculación en términos de recaudación por vehículo[94]. Como puede advertirse, España cierra la clasificación y las simulaciones de las propuestas consideradas no alteran significativamente la situación:

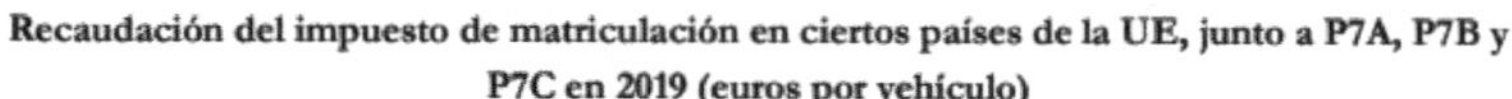

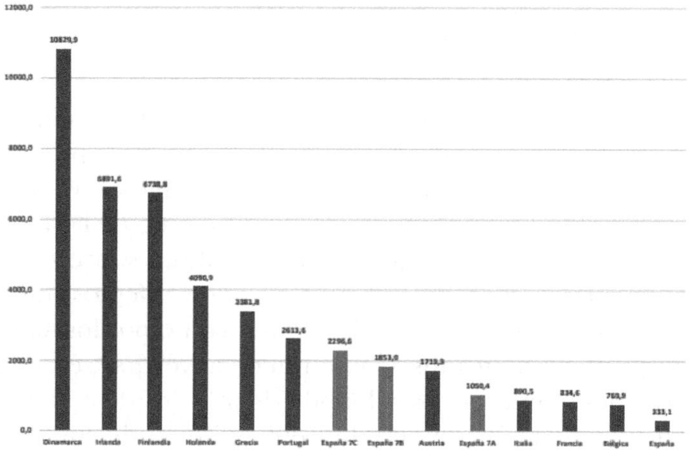

En color naranja se refleja la posición en la que se situaría España si se acometiera alguna de las tres propuestas formuladas en el Libro blanco y como puede comprobarse supondría un avance importante en términos de recaudación respecto de la situación actual.

---

94 El gráfico ha sido elaborado a partir de los datos recogidos en dos documentos elaborados por la European Automobile Manufacturers Association. Son concretamente: ACEA (European Automobile Manufacturers' Association), *ACEA Tax Guide 2021* (https://www.acea.auto/files/ACEA_Tax_Guide_2021.pdf) y ACEA-European Automobile Manufacturers' Association (2021b), *Motor vehicle registrations in Europe 1990-2020,* by country (https://www.acea.auto/figure/motor-vehicle-registrations-in-europe-since-1990by-country/).

2.4. Modificación del impuesto sobre vehículos de tracción mecánica para penalizar a las tecnologías más contaminantes

Hay Informes previos al Libro blanco que efectuaron algunas propuestas en relación con la modificación de la imposición sobre vehículos y en particular en relación con el Impuesto sobre Vehículos de Tracción Mecánica. Así, en primer lugar, como ya ha quedado apuntado, la Comisión Lagares propuso en su Informe sobre la reforma del sistema tributario español (2014) que el IVTM se convirtiese en un impuesto ambiental, absorbiendo al Impuesto sobre matriculación en cuanto afectase a tales vehículos, propuesta que requeriría compensar a las Comunidades Autónomas por la pérdida de este último tributo. En concreto se propuso la transformación del Impuesto sobre Vehículos de Tracción Mecánica en un Impuesto Ambiental sobre el Uso de Medios de Transporte que absorbería y haría desaparecer al actual Impuesto de matriculación (algo que no nos convenía a los redactores del Libro blanco) y cuya estructura se regularía de modo exclusivo por el Estado, argumentándose que dado que las emisiones de dióxido de carbono constituyen un problema global, no tendría sentido la diferenciación del gravamen por las diversas Comunidades Autónomas. El importe de su cuota dependería de la emisión teórica de dióxido de carbono y podría minorarse cuando el vehículo fuera objeto de modificaciones que redujeran las emisiones. Además, podrían tenerse en cuenta los kilómetros efectivamente recorridos, la vía utilizada y el momento del desplazamiento, aunque ello requeriría que todos los vehículos estuvieran dotados de un instrumento que permitiera registrar los trayectos realizados. Por otro lado, se apuntaba que debería mantenerse la exención actual para los vehículos de uso exclusivo de personas con algún tipo de discapacidad, siempre que éstas no superasen determinados niveles de renta y que el nuevo tributo debería diseñarse de manera que su recaudación total fuera equivalente a la actual recaudación del Impuesto de matriculación y a la del Impuesto municipal de Vehículos de Tracción Mecánica.

Otro Informe que contiene una interesante propuesta de reforma del Impuesto sobre Vehículos de Tracción Mecánica es el Informe de la Comisión de expertos para la revisión del modelo de financiación local, de julio 2017. Como ya se ha avanzado, esta Comisión propuso que la tarifa del tributo se configure mediante dos elementos: un componente patrimonial (cuota fija) que atenderá a compensar el uso del titular del vehículo de las infraestructuras municipales y un componente extrafiscal (cuota variable) en función de la eficiencia ambiental del vehículo, graduando el tipo en función del nivel de contaminación que produce. El primer componente estaría basado en el principio de capacidad económica y el segundo de carácter ambiental se inspiraría en el principio quien contamina paga, que obliga que el legislador incorpore determinados incentivos que graviten sobre las externalidades negativas que produce el uso potencial de los vehículos en el medio ambiente. Junto a lo anterior, se advertía en el informe que la implementación de un componente de la tarifa basado en la incidencia del vehículo sobre el medio ambiente no tiene por qué ser una medida que produzca menores recursos económicos para los Ayuntamientos, pues lo que deje de recaudarse en aquellos vehículos más eficientes ambientalmente (que a través de este nuevo esquema podrían beneficiarse de una presión fiscal menor) podría compensarse incrementando la tarifa sobre aquellos vehículos más contaminantes.

En el Libro blanco se formula una propuesta que tiene por objeto configurar el Impuesto sobre Vehículos de Tracción Mecánica de manera que se penalice a las tecnologías más contaminantes. Creemos que este tributo debería "ambientalizarse" teniendo para ello en cuenta la potencia fiscal por indicadores representativos del daño medioambiental. De entre las alternativas disponibles para esta transformación, podría utilizarse la diferenciación según categoría ambiental del vehículo u otros indicadores de impacto medioambiental (como por ejemplo certificación de eficiencia energética o etiquetas de clasificación de vehículos de la DGT).

La propuesta que se incluye en el Libro blanco incorpora una cuota tributaria creciente con el nivel de las emisiones de CO2 de los automóviles y al igual que la propuesta relativa al Impuesto Especial sobre Determinados Medios de Transporte considera cinco tramos de emisiones y los vehículos matriculados antes de 2007. En la Tabla que se incluye a continuación, que avanza desde luego aumentos significativos de la recaudación de este tributo solo con incrementos modestos de la cuota, se contemplan dos escenarios para la simulación que introducen grados distintos de cobertura e intensidad del aumento de la cuota y para su elaboración se utilizan datos de 2021 de la Dirección General de Tráfico sobre las emisiones de los vehículos matriculados entre 2007 y 2010 y sobre el total de turismos matriculados antes de 2007 y datos recaudatorios del Ministerio de Hacienda correspondientes a 2018 (último año disponible), asumiendo que el 88% de la recaudación del IVTM procede de los turismos. Por otra parte, se reflejan también en la Tabla los efectos de la aplicación de una cuota adicional basada en las emisiones de CO2:

Incremento de cuota del IVTM según emisiones

Emisiones de CO_2 (gCO_2/km)	Número de turismos	Recaudación inicial (millones euros)	Aumento Cuota (euros)		Incremento recaudatorio (millones euros y % sobre inicial)	
			P8A	P8B	P8A	P8B
≤ 55	98.329	8,16	0,0	0,0	0,00	0,0
≤ 55	98.329	8,16	0,0	0,0	0,00	0,0
>55-≤ 127	2.481.215	206,00	0,0	10,0	0,00	24,82
>127-≤ 152	5.566.065	462,11	10,0	20,0	55,66	111,32
>152-≤ 175	2.724.510	226,20	15,0	30,0	40,87	81,74
>175	3.398.287	282,14	20,0	50,0	67,97	169,92
Matriculados antes de 2007	11.147.833	925,53	10,0	20,0	111,47	222,96
Total	25.416.239	2.110,14	--	--	275,97 (13,08%)	610,76 (28,94%)

Al margen lo anterior, me gustaría dejar indicado en este apartado del trabajo que en el ámbito del Impuesto sobre Vehículos de Tracción Mecánica existe en España un elevado grado de competencia fiscal entre Municipios. En un interesante estudio publicado por Automovilistas Europeos Asociados que lleva por título “Estudio sobre fiscalidad municipal del automóvil”, se pone de relieve que existen diferencias en la cuota de este tributo superiores al 150 por 100 entre capitales de provincia. Así, por ejemplo, se señala que un vehículo tipo medio, de 11,99 caballos de potencia fiscal –señala esta entidad en su informe- paga en el Ayuntamiento de Santa Cruz de Tenerife 34,08 euros; en Madrid 59 euros, en Barcelona 68,16 euros, y en San Sebastián 87,93. Es decir, un 158% más caro en San Sebastián que en Tenerife.

Pero estas diferencias de tarifas no sólo se producen como allí se advierte entre las capitales de provincia sino también entre Ayuntamientos que no son capitales de provincia y con poca población. De hecho, el Informe incluye un listado de 25 Ayuntamientos a los que califica como "paraísos fiscales" por su favorable tratamiento fiscal. En ese listado y con datos de 2023 figuran diez municipios españoles (Moralzarzal, Venturada, Robledo de Chavela, Las Rozas de Puerto Real, Navacerrada, Collado Mediano, Brunete, Patones y Colmenar de Arroyo, en Madrid; y Tejeda, en Gran Canaria), con una población de entre 500 y 15.000 habitantes, en los que se matriculan aproximadamente el 40% del total de coches de empresa de toda España por su privilegiado tratamiento fiscal. Es decir, en esos Municipios se matricularon 208.125 turismos sobre un total nacional de 528.762 unidades, llegando concretamente en el Municipio que ocupa el primer lugar en esta clasificación a matricularse en 2023 un total de 37 vehículos por habitante[95].

2.5. *Creación de un tributo municipal sobre la congestión en determinadas ciudades*

A continuación voy a referirme a otra propuesta contenida en el Libro blanco relativa a la creación de un tributo municipal sobre la congestión en determinadas ciudades, aunque breve-

---

95 Este informe de Automovilistas Europeos Asociados sobre la fiscalidad del automóvil 2024 puede verse en https://aeaclub.org/ivtm-impuesto-municipal-vehiculos-paraisos-fiscales/.

mente porque fue objeto de otra ponencia en la Jornada y se incluye como otra colaboración en esta obra.

Una parte de los costes externos del transporte rodado está relacionada con la congestión y contaminación local. Los tributos sobre carburantes, las prohibiciones de circulación o los carriles para vehículos de alta ocupación no son capaces de abordar estos problemas de una forma efectiva. Así, los impuestos sobre carburantes aumentan el coste general de los viajes, si bien la congestión tiene lugar en ciertas zonas y horas; por otra parte, las prohibiciones de circulación en determinados días pueden acabar en ocasiones elevando el total de vehículos en circulación y los carriles para vehículos de alta ocupación tampoco proporcionan los incentivos suficientes. De ahí que se plantee como alternativa la introducción de un tributo sobre los vehículos que varíe, según el volumen de tráfico, en función de la localización y hora del día. Un tributo de este tipo permitiría abordar los problemas de congestión y contaminación local de forma coste-eficiente y reduciría, mediante incentivos económicos, los viajes innecesarios y generaría importantes beneficios a los usuarios que realmente necesitan acceder a las zonas congestionadas.

Advertimos también en el Libro blanco que la experiencia internacional con este tipo de instrumentos es positiva. En 1959 el premio Nobel de Economía William Vickrey propuso un sistema de peaje electrónico para el área metropolitana de Washington y en 1960 y 1970 se probaron los primeros sistemas prototipo. Pero fue Singapur el primer país en introducir un gravamen por congestión en 1975, que logró reducir el tráfico un 45% y los accidentes un 25% casi de forma inmediata. Posteriormente, entre 1986 y 1991, fueron las ciudades noruegas de Oslo, Bergen y Trondheim las que introdujeron un sistema de peajes y tarifas de congestión para reducir el tráfico urbano y financiar proyectos de infraestructura alrededor de esas ciudades. Algo más moderna, concretamente de febrero de 2003, es la llamada tasa de congestión (*congestion charge*) que se aplica en Londres por entrada de vehículos al centro urbano y que ha permitido reducir la congestión un 30% en su primer año de aplicación, manteniendo posteriormente su efectividad. También Estocolmo cuenta desde 2007 con una tasa de congestión que varía según la hora y ha promovido importantes reducciones de tráfico y emisiones contaminantes. Por su parte, Milán aprobó en 2008 el programa *Ecopass* que contempla un peaje urbano para los vehículos que acceden al área de la ciudad designada como zona de tráfico limitado o ZTL (*Zone a Traffico Limitato*), que corresponde al área central de la *Cerchia dei Bastioni* que prácticamente coincide con el centro histórico, que ha generado también reducciones significativas en el tráfico y en las emisiones contaminantes.

El precitado Informe Lagares Comisión Lagares sobre la reforma del sistema tributario español ya había propuesto la conveniencia de introducir una tasa de congestión por la entrada de vehículo al centro de las ciudades especialmente Madrid y Barcelona y en otras ciudades de acusados valores histórico-monumentales con el doble fin de eliminar la congestión y sus problemas y proporcionar recursos a los Municipios, si bien advertía de que la implantación de este tipo de tasas exigiría de la existencia de aparcamientos a la entrada de las ciudades que las establezcan.

2.6. MECANISMOS TRIBUTARIOS PARA EL PAGO POR USO DE DETERMINADAS INFRAESTRUCTURAS VIARIAS

En el componente 28 del Plan de Recuperación, Transformación y Resiliencia remitido a la Comisión Europea el Gobierno de España se comprometió a aprobar diversas reformas en materia de movilidad sostenible, entre las que se encontraba la de crear un pago por uso de la red viaria de carreteras. En consonancia con este compromiso el Libro blanco dedica un apartado a la consideración de estos mecanismos, en el que comenzamos advirtiendo que la relación de los sistemas de pago por uso de infraestructuras con los tributos medioambientales, está sujeta a debate jurídico, económico y ambiental.

En línea con lo que ya había propuesto la Comisión Lagares desde el Comité que ha elaborado el Libro blanco entendemos que debe considerarse el establecimiento de tributos por el uso de ciertas infraestructuras de transporte. A nuestro juicio, dichos tributos deben adoptar la forma de pagos relacionados con la distancia recorrida mediante dispositivos electrónicos, que en la actualidad existen en numerosos estados de la Unión Europea tanto para vehículos ligeros como pesados. Porque si bien otros tributos considerados por este Comité pueden ciertamente contribuir a la cobertura de los costes de las infraestructuras de transporte, los pagos por uso constituyen aproximaciones más eficientes y transparentes a este fin. De todos modos, advertimos que la evidencia existente sobre los impactos socioeconómicos y medioambientales de los pagos por uso de infraestructuras ofrece resultados divergentes. Así, mientras que algunos autores apuntan la existencia de efectos limitados de estos instrumentos sobre el volumen de mercancías transportado y cambio modal, quizás causados por el crecimiento económico o la expansión infraestructural durante el período de análisis, otros aluden a impactos muy significativos sobre las distancias recorridas (que se reducen) y bienes transportados por km recorrido (que aumentan) tras la introducción del esquema suizo de pago para el transporte pesado a comienzos de siglo.

En la Tabla que se incluye a continuación se recoge una simulación ilustrativa de los efectos de un tributo de esta naturaleza en España, considerando un pago de 0,01 €/Km para vehículos ligeros y 0,03 €/km para vehículos pasados, lo que daría un resultado que no estaría lejos de los 1.241 millones que recogían los Presupuestos Generales del Estado para conservación de carreteras:

Ingresos de pagos por uso de determinadas infraestructuras

Tipo de vehículo	Pago (€/km)	Variación coste vkm	Variación demanda vkm	Recaudación (millones euros)
Ligeros	0,01 €/km	1,04%	-0,94%	799,78
Pesados	0,03/*0,049* €/km	3,13/*5,10* %	-2,81/*-4,59*%	373,04/*598,14*
Total	-	-	-1,19/*-1,44*%	1.172,8/*1.397,9*

2.7. Introducción de un tributo sobre el uso de los vehículos

Las propuestas que se han comentado hasta el momento y que hacen referencia al ámbito del transporte rodado son aplicable a corto y medio plazo. A juicio del Comité que elaboró el Libro blanco la significativa caída de la recaudación asociada al transporte rodado en España y otros países avanzados refleja dificultades estructurales que creemos que tendrán que resolverse con cambios tributarios y regulatorios profundos en este ámbito.

En este sentido se apunta en el Libro blanco que los tributos sobre el uso del vehículo permiten abordar las importantes externalidades asociadas al transporte rodado y mantener una recaudación elevada y estable. El desarrollo actual de las tecnologías de información y seguimiento hace posible la definición y aplicación de figuras que discriminen según el tipo de vehículo, el lugar y el momento. En esta línea, se estima conveniente la posibilidad de explorar la futura introducción de un tributo quizás algo más sofisticado sobre el uso de los vehículos que pueda sustituir a la mayor parte de los gravámenes actuales sobre el transporte rodado.

Esa sustitución de los actuales tributos sobre tenencia de vehículos y carburantes y de los tributos sobre congestión y uso de infraestructuras que se introduzcan en el futuro, debería ser gradual y con una atención especial a los aspectos distributivos. En nuestra opinión, el Impuesto Especial sobre Determinados Medios de Transporte debería mantenerse para garantizar decisiones de compra compatibles con los objetivos perseguidos. Por otra parte, la recaudación obtenida por el tributo sobre el uso del vehículo debería distribuirse entre los distintos niveles de gobierno de acuerdo fundamentalmente con la naturaleza territorial de los costes cubiertos y las competencias administrativas.

Se incluye a continuación una Tabla que recoge la recaudación máxima esperada de un tributo sobre el uso que diferencie entre clase de vehículo, localización y hora para aproximarse a los costes externos (contaminación global y local, ruido, congestión y accidentes) y al desgaste de las infraestructuras y que ha sido elaborada a partir de datos del Ministerio de Transportes, Movilidad y Agenda Urbana y el Ministerio para la Transición Ecológica y el Reto Demográfico. Las distintas externalidades se asociarían con la distancia recorrida medida según tipo de vehículo (cambio climático, accidentes), y lugar y hora de utilización de distintos tipos de vehículos (contaminación local y congestión):

Ingresos potenciales del tributo sobre uso de vehículo

Costes por uso de vehículo	Recaudación Millones euros (% de total)
Congestión	7.114,64 (22,4%)
Contaminación atmosférica local	2.136,01 (6,7%)
Contaminación atmosférica global	2.571,55 (8,1%)
Accidentes	13.655,76 (43,0%)
Ruido	3.261,08 (10,3%)
Coste de la infraestructura	2.994,42 (9,4%)
Total	31.733,45

Fuentes: Van Essen *et al.* (2019), Schroten *et al.* (2019a), MITMA (2021a) y MITECO (2021a).

2.8. Incentivos fiscales a la compra de vehículos: deducción estatal por la compra de vehículos eléctricos y de sistemas de recarga de baterías

El Real Decreto-ley 5/2023, de 28 de junio, por el que se adoptan y prorrogan determinadas medidas de respuesta a las consecuencias económicas y sociales de la Guerra de Ucrania, de apoyo a la reconstrucción de la isla de La Palma y a otras situaciones de vulnerabilidad; de transposición de Directivas de la Unión Europea en materia de modificaciones estructurales de sociedades mercantiles y conciliación de la vida familiar y la vida profesional de los progenitores y los cuidadores; y de ejecución y cumplimiento del Derecho de la Unión Europea, modificó la Ley 35/2006, de 28 de noviembre, del IRPF, estableciendo dos nuevas deducciones temporales en la cuota íntegra estatal para fomentar la movilidad eléctrica y reducir la dependencia de combustibles fósiles.

La primera deducción que se contempla en la Disposición adicional quincuagésima octava de dicha Ley del IRPF es la deducción por la adquisición de vehículos eléctricos "enchufables" y de pila de combustible. La deducción resulta aplicable por la compra por el contribuyente de un único vehículo eléctrico "enchufable" y de pila de combustible, que se efectúe desde **el 30 de junio de 2023** hasta **el 31 de diciembre de 2024,** siempre que se cumplan los siguientes requisitos:

- Debe tratarse de un vehículo nuevo y no podrá estar afecto a una actividad económica, que pertenezca a alguna de las siguientes categorías: Turismos M1 (vehículos de motor con al menos cuatro ruedas diseñados y fabricados para el transporte de pasajeros, que tengan, además del asiento del conductor, ocho plazas como máximo); Cuadriciclos ligeros L6e (cuadriciclos ligeros cuya masa en vacío sea inferior o igual a 425 kg, no incluida la masa de las baterías, cuya velocidad máxima por construcción sea inferior o igual a 45 km/h, y potencia máxima inferior o igual a 6 kW); Cuadriciclos pesados L7e (vehículos de cuatro ruedas, con una masa en orden de marcha (no incluido el peso de las baterías) inferior o igual a 450 kg en el caso de transporte de pasajeros y a 600 kg en el caso de transporte de mercancías, y que no puedan clasificarse como cuadriciclos ligeros), o Motocicletas L3e, L4e, L5e (vehículos con dos ruedas, o con tres ruedas simétricas o asimétricas con respecto al eje medio longitudinal del vehículo, de más de 50 cm3 o velocidad mayor a 50 km/h y cuyo peso bruto vehicular no exceda de una tonelada).
- Si se trata de vehículos de la categoría M deberán pertenecer a alguno de los siguientes tipos: Vehículos Eléctricos Puros (BEV), Vehículos eléctricos de autonomía extendida (EREV), Vehículos híbridos enchufables (PHEV), Vehículo eléctrico de células de combustibles (FCV) o Vehículo eléctrico híbrido de células de combustible (FCHV).

Si se trata de vehículos de la categoría L deberán estar propulsados exclusivamente por motores eléctricos y estar homologado como vehículo eléctrico y en el caso de motocicletas eléctricas nuevas (categorías L3e, L4e y L5e) susceptibles de ayuda han de tener baterías de litio, motor eléctrico con una potencia del motor igual o superior a 3 kW, y una autonomía mínima de 70 km.

- El vehículo debe figurar en la Base de vehículos del Instituto para la Diversificación y Ahorro de la Energía (IDEA), adscrito al Ministerio para la Transición Ecológica y el Reto Demográfico (puede accederse a dicha Base en (https://coches.idae.es/base-datos/vehiculos-elegibles-programa-MOVES-III).
- En el supuesto de adquisición del vehículo mediante un solo pago, la deducción se aplicará en el período impositivo en el que el vehículo sea matriculado y se practicará por el contribuyente a cuyo nombre este matriculado el vehículo.
- En el supuesto de adquisición mediante un primer pago y pagos posteriores, la deducción se podrá practicar cuando los contribuyentes abonen, entre el 30 de junio de 2023 y hasta el 31 de diciembre de 2024, una cantidad a cuenta para la futura adquisición del vehículo que represente, al menos, el 25 por 100 del valor de adquisición del mismo (precio de venta del vehículo), debiendo abonarse el resto y adquirirse el vehículo antes de que finalice el segundo período impositivo inmediato posterior a aquel en el que se produjo el pago de tal cantidad. En este caso la deducción se practicará en el periodo impositivo en el que se abone tal cantidad a cuenta.
- El precio de venta del vehículo adquirido (antes de IVA o IGIC) no puede superar los importes máximos que se recogen en el siguiente cuadro, establecidos, en su caso, para cada tipo de vehículo en el Anexo III del Real Decreto 266/2021, de 13 de abril, por el que se aprueba la concesión directa de ayudas a las comunidades autónomas y a las ciudades de Ceuta y Melilla para la ejecución de

programas de incentivos ligados a la movilidad eléctrica (MOVES III) en el marco del Plan de Recuperación, Transformación y Resiliencia Europeo, calculado en los términos establecidos en dicha norma:

Motorización	Categoría	Autonomia en modo de funcionamiento eléctrico (km) según ciclo WLTP	Limite precio venta vehiculo (€) sin IVA o IGIC
Pila de combustible (FCV, FCHV)	M1	-	-
PHEV, EREV, BEV		Mayor o igual de 30 y menor de 90	45.000 (53.000 para vehículos BEV de 8 o 9 plazas).
		Mayor o igual de 90	
PHEV, EREV, BEV, Pila combustible	N1	Mayor o igual de 30	-
BEV	L6e	-	
	L7e		
	L3e, L4e, L5e, con P ≥ 3kW	Mayor o igual de 70	10.000

Por lo que respecta a la base de deducción, la misma estará constituida por el valor de adquisición del vehículo, incluidos los gastos y tributos inherentes a la adquisición. No obstante, se descontarán aquellas cuantías que, en su caso, hubieran sido subvencionadas o fueran a serlo a través de un programa de ayudas públicas. La base máxima anual de esta deducción será de 20.000 euros, tanto en tributación individual y en conjunta.

Sobre dicha base de deducción se aplicará para su cálculo un porcentaje de deducción del 15 por 100 del valor de adquisición del vehículo eléctrico nuevo.

La segunda deducción que se contempla en la Disposición adicional quincuagésima octava de la Ley 35/2006 del IRPF es la deducción por instalación de infraestructura de recarga. Resulta también aplicable a las cantidades satisfechas por los contribuyentes desde el 30 de junio de 2023 hasta el 31 de diciembre de 2024, para la instalación durante dicho período de sistemas de recarga de baterías para vehículos eléctricos que cumpla las siguientes condiciones:

- Realización de la instalación en un inmueble propiedad del contribuyente. A estos efectos se incluyen tanto instalaciones en aparcamientos de viviendas unifamiliares o de una sola propiedad como aparcamientos o estacionamientos colectivos en edificios o conjuntos inmobiliarios en régimen de propiedad horizontal en los que el contribuyente sea copropietario.

- Que la instalación no esté afecta a una actividad económica. Si con posterioridad a su instalación se afectaran a una actividad económica los sistemas de recarga de baterías se perderá el derecho a la deducción practicada.
- Que la instalación esté finalizada antes del 31 de diciembre de 2024. Hay que hacer notar que para la aplicación de la deducción se deberá contar con las autorizaciones y permisos establecidos en la legislación vigente (véase el Real Decreto 1053/2014, de 12 de diciembre, por el que se aprueba una nueva Instrucción Técnica Complementaria (ITC) BT 52 "Instalaciones con fines especiales. Infraestructura para la recarga de vehículos eléctricos", del Reglamento electrotécnico para baja tensión, aprobado por Real Decreto 842/2002, de 2 de agosto, y se modifican otras instrucciones técnicas complementarias del mismo).

La deducción podrá aplicarse en el período impositivo en el que finalice la instalación, que no podrá ser posterior a 2024. Si la instalación finaliza en un período impositivo posterior a aquel en el que se abonaron cantidades por tal instalación, la deducción se practicará en este último tomando en consideración las cantidades satisfechas desde el 30 de junio de 2023 hasta el 31 de diciembre de dicho período impositivo.

Por lo que respecta a la base de deducción la misma estará constituida por las cantidades satisfechas para la instalación de los sistemas de recarga (incluyendo tanto las cantidades destinadas a equipos y materiales, a gastos de instalación y obras necesarias para su desarrollo), mediante tarjeta de crédito o débito, transferencia bancaria, cheque nominativo o ingreso en cuentas en entidades de crédito, a las personas o entidades que realicen la instalación, descontándose aquellas cuantías que, en su caso, hubieran sido subvencionadas a través de un programa de ayudas públicas. Si practicada la deducción en la correspondiente declaración del IRPF se concede la subvención y las cuantías subvencionadas se corresponden con cantidades que hayan formado parte de la base de la deducción, se deberá regularizar la situación tributaria de forma que no se incluyan en la base de la deducción las cuantías correspondientes a dicha subvención (teniendo como límite la base máxima anual de deducción). En tal caso, de acuerdo con el artículo 59 del Reglamento del IRPF, se añadirá a la cuota líquida estatal de la declaración del IRPF correspondiente al ejercicio en que se hayan concedido la subvención el importe de la deducción indebidamente practicada.

La base máxima anual de esta deducción será de 4.000 euros, tanto en tributación individual como en tributación conjunta.

Sobre dicha base de deducción se aplicará para su cálculo un porcentaje de deducción del 15 por 100 de las cantidades satisfechas para la instalación de sistemas de recarga de baterías para vehículos eléctricos.

3. BIBLIOGRAFÍA

ACEA-European Automobile Manufacturers' Association (2021b), *Motor vehicle registrations in Europe*

1990-2020, by country (https://www.acea.auto/figure/motor-vehicle-registrations-in-europe-since-1990by-country/).

ACEA (European Automobile Manufacturers' Association), *ACEA Tax Guide* 2021 (https://

www.acea.auto/files/ACEA_Tax_Guide_2021.pdf).

EUROPEAN COMMISSION, *Taxation trends in the European Union: data for the EU member states, Iceland, Norway and United Kingdom.* 2021 edition, DG Taxation and Customs Union, Publications Office of the European Union (https://doi.org/10.2778/732541).

Eurostat-European Statistical Office, Road transport equipment. Stock of vehicles, 2021 (https://ec.europa.eu/eurostat/web/transport/data/database).

GAGO RODRÍGUEZ, A., LABANDEIRA VILLOT, X. Y LÓPEZ OTERO, X., "Crisis y reforma de la fiscalidad sobre el transporte", *Economics for Energy Working Paper* 01a/2018 (https://eforenergy.org/docpublicaciones/documentos-de-trabajo/wpefe01a2018.pdf)

GERLAGH, R., VAN DEN BIJGAART, I., NIJLAND, H. y MICHIELSEN, T. (2018), "Fiscal policy and CO2 emissions of new passenger cars in the EU", Environmental and Resource Economics, 69 (1), 103-134 (https://doi.org/10.1007/s10640-016-0067-6)

INFORME COMISION DE EXPERTOS PARA LA REFORMA DEL SISTEMA TRIBUTARIO ESPAÑOL, 2014, descargable en https://www.hacienda.gob.es/es-ES/Prensa/En%20Portada/2014/Documents/Informe%20expertos.pdf

INFORME COMISIÓN DE EXPERTOS PARA LA REVISIÓN DEL MODELO DE FINANCIACIÓN AUTONÓMICA (2017), Ministerio de Hacienda y Función Pública (https://www.hacienda.gob.es/CDI/sist%20financiacion%20y%20deuda/informaciónccaa/informe_final_comisión_reforma_sfa.pdf).

INFORME DE LA COMISIÓN DE EXPERTOS PARA LA REVISIÓN DEL MODELO DE FINANCIACIÓN LOCAL (2017) (https://www.hacienda.gob.es/CDI/sist%20financiacion%20y%20deuda/informacioneells/2017/informe_final_comisión_reforma_sfl.pdf).

INFORME COMISIÓN DE EXPERTOS SOBRE ESCENARIOS DE TRANSICIÓN ENERGÉTICA (2018), Análisis y Propuestas para la Descarbonización, Ministerio de Energía, Turismo y Agenda Digital (https://www.congreso.es/docu/docum/ddocum/dosieres/sleg/legislatura_14/spl_22/pdfs/26.pdf).

LABANDEIRA, X; LABEAGA AZCONA, J.M., Y LÓPEZ OTERO, X., "Un Metaanálisis sobre la Elasticidad Precio de la Demanda de Energía en España y la Unión Europea", descargable en https://www.funcas.es/wp-content/uploads/Migracion/Articulos/FUNCAS_PE/002art04.pdf).

LIBRO BLANCO SOBRE LA REFORMA TRIBUTARIA (2022), Ministerio de Hacienda y Función Pública (https://www.ief.es/docs/investigacion/comiteexpertos/LibroBlancoReformaTributaria_2022.pdf).

YAN, S. y ESKELAND, G. (2018), "Greening the vehicle fleet: Norway's CO2-differentiated registration tax", *Journal of Environmental Economics and Management*, 91, 247-262 (https://doi.org/10.1016/j.jeem.2018.08.018).

II.
LA FISCALIDAD DE LOS COMBUSTIBLES LIMPIOS EN EL TRANSPORTE URBANO

4. El tratamiento fiscal de los nuevos combustibles en la movilidad

MAITE MAURENZA
Repsol

1. LA OBLIGACIÓN DE EMPLEO DE COMBUSTIBLES RENOVABLES PARA ALCANZAR LOS OBJETIVOS DE REDUCCIÓN DE EMISIONES DE GASES DE EFECTO INVERNADERO EN LA UNIÓN EUROPEA

La Legislación Europea sobre el Clima[96] para la lucha contra el cambio climático, aprobada tras el compromiso alcanzado por la Unión Europea y sus Estados miembros en el Acuerdo de París 2015, incluye el objetivo vinculante de alcanzar la neutralidad climática en el año 2050. Esto significa que, en dicho año, deberá existir un equilibrio entre las emisiones de gases de efecto invernadero liberadas a la atmósfera dentro de la Unión Europea y su absorción o su retirada por distintas vías de acuerdo con lo previsto en el Derecho de la Unión, lo que determina un balance cero de emisiones también denominado huella cero de carbono.

En dicho texto se establece también el objetivo de reducción interna neta de las emisiones de gases de efecto invernadero en

96 Reglamento (UE) 2021/1119 por el que se establece el marco para lograr la neutralidad climática y se modifican los Reglamentos (CE) nº 401/2009 y (UE) 2018/1999

la Unión Europea de, al menos, un 55 % en 2030 con respecto a los niveles de 1990.

Para alcanzar estos objetivos medioambientales, la Unión Europea está desarrollando diferentes medidas en los últimos años que fueron plasmadas en el denominado Pacto Verde Europeo ("*European Green Deal*") publicado por la Comisión Europea en diciembre del año 2019. Las iniciativas políticas incluidas en aquella hoja de ruta han sido traducidas en propuestas normativas en el denominado paquete Objetivo 55 ("*Fit for 55*") cuyo objeto es revisar la legislación actual relacionada con el clima, la energía y el transporte en la Unión Europea y poner en marcha nuevas iniciativas legislativas para adaptarla a los objetivos climáticos marcados por el Consejo y el Parlamento Europeo.

Entre otras medidas recogidas en el paquete Objetivo 55 relacionadas con el transporte, como son la aprobación del Reglamento europeo sobre infraestructuras para recargar o repostar los vehículos con combustibles alternativos o la reforma del régimen de comercio de derechos de emisión de la Unión Europea para incluir nuevos sectores como el transporte marítimo o la creación de un nuevo régimen para el transporte por carretera, en materia fiscal se propone la revisión de la Directiva de Tributación Energética[97]. Esta Directiva, conocida por sus siglas en inglés, "*ETD*" (*Energy Taxation Directive*), cuyo texto vigente se remonta al año 2003, debe ser reformada para adecuar la fiscalidad de los productos energéticos y de la electricidad a las políticas de la Unión Europea en materia de energía, medio ambiente y clima, para actualizar la lista de productos energéticos y la estructura de los tipos impositivos y para racionalizar el uso de las exenciones y reducciones fiscales por los Estados miem-

---

97 Directiva 2003/96/CE del Consejo de 27 de octubre de 2003 por la que se reestructura el régimen comunitario de imposición de los productos energéticos y de la electricidad

bros, todo ello manteniendo la capacidad de generar ingresos para los presupuestos de los Estados miembros.

Por otra parte, en materia de energías renovables, el paquete de medidas Objetivo 55 incluye también la revisión de la Directiva Europea de Energías Renovables, conocida también por sus siglas en inglés "*RED*" (*Renewable Energy Directive*) al objeto de incluir objetivos más ambiciosos en cuanto a la utilización de energías renovables que deben cumplir todos los Estados miembros e introducir medidas más concretas en aquellos sectores en los que se ha avanzado menos, como son el transporte, industria, edificios y calefacción y refrigeración urbanas.

La Directiva original sobre fuentes de energía renovables (*RED I*[98]), que fue adoptada en el año 2009, establecía como objetivo para el año 2020 que un 20% del consumo de energía total debería proceder de fuentes renovables, un 10 % en el sector del transporte. Además, se establecían los requisitos de sostenibilidad que debían de cumplir los biocombustibles como, por ejemplo, el porcentaje de reducción de emisiones de los gases de efecto invernadero que debía alcanzarse con respecto a los carburantes de origen fósil para poder ser tenidos en cuenta en el cómputo de los objetivos fijados. Posteriormente, en el año 2018, la Directiva fue revisada (conocida como *RED II*[99]) y se acordó que este objetivo fuera del 32 % en el año 2030 con un objetivo aumentado del 14 % para la cuota de combustibles renovables en el sector del transporte para el año 2030.

---

98 Directiva 2009/28/CE del Parlamento Europeo y del Consejo, de 23 de abril de 2009, relativa al fomento del uso de energía procedente de fuentes renovables y por la que se modifican y se derogan las Directivas 2001/77/CE y 2003/30/CE.

99 Directiva (UE) 2018/2001 del Parlamento Europeo y del Consejo de 11 de diciembre de 2018 relativa al fomento del uso de energía procedente de fuentes renovables

Recientemente, en concreto en octubre de 2023, el Consejo ha adoptado una nueva normativa (conocida como *RED III*[100]) que aumenta el compromiso de los Estados miembros para 2030 respecto de la cuota de energía del consumo final bruto procedente de fuentes renovables de un 32 % a un 42,5 %. El plazo para transponer la Directiva *RED III* por parte de los Estados miembros finalizará el 21 de mayo de 2025.

En cuanto a los combustibles renovables, la nueva norma incorpora novedades relevantes en relación con los denominados combustibles renovables de origen no biológico que son aquellos que se producen a partir de fuentes de energía renovables distintas de la biomasa, como es el hidrógeno renovable, y se introduce un nuevo objetivo de al menos un 42 % en 2030, y 60 % a más tardar en 2035 de utilización de éste en la industria.

En la Directiva *RED III* también se refuerza la normativa en materia del uso de energías renovables en el transporte, de forma que los Estados miembros pueden elegir entre introducir en su legislación interna el objetivo vinculante de reducción del 14,5 % de la intensidad de gases de efecto invernadero en el transporte mediante el uso de energías renovables hasta 2030, o bien, alcanzar una cuota de al menos un 29 % de energías renovables dentro del consumo de energía final en el sector del transporte de aquí a 2030, incluyendo un subobjetivo del 5,5% para biocombustibles avanzados (generalmente derivados de materias primas no producidas a partir de cultivos alimentarios) y combustibles renovables de origen no biológico (principalmente hidrógeno renovable y combustibles sintéticos basados en el hidrógeno) en la cuota de energías renovables suministradas al

---

100 Directiva (UE) 2023/2413 del Parlamento Europeo y del Consejo de 18 de octubre de 2023 por la que se modifican la Directiva (UE) 2018/2001, el Reglamento (UE) 2018/1999 y la Directiva 98/70/CE en lo que respecta a la promoción de la energía procedente de fuentes renovables y se deroga la Directiva (UE) 2015/652 del Consejo

sector del transporte, siendo necesario que un 1% proceda necesariamente de combustibles renovables de origen no biológico, principalmente hidrógeno, en la cuota de energías renovables suministradas al sector del transporte en 2030.

En conclusión, el empleo de nuevos combustibles renovables en el transporte es una exigencia impuesta por la Unión Europea a todos los Estados miembros siendo necesario alcanzar los objetivos de utilización previstos en la Directiva de energías renovables como medio para contribuir al objetivo de neutralidad climática fijado para el año 2050.

2. ENERGÍAS ALTERNATIVAS PARA LA DESCARBONIZACIÓN DEL TRANSPORTE Y ALCANZAR UNA MOVILIDAD MÁS SOSTENIBLE EN LAS CIUDADES

Como se ha expuesto anteriormente, el marco legislativo actual impone a los Estados miembros unos objetivos cada vez más ambiciosos de reducción de emisiones de gases de efecto invernadero y de sustitución de los combustibles fósiles, como son el carbón, el petróleo y el gas, por energías renovables derivadas de fuentes naturales como son la energía solar, eólica, hidroeléctrica, mareomotriz, geotérmica, la energía generada a partir de biomasa y por los nuevos biocombustibles.

El transporte representa una de las principales causas de contaminación atmosférica, por ello, la utilización de biocombustibles en este sector será fundamental para poder alcanzar los objetivos medioambientales fijados por la Unión Europea.

En este sentido, las energías alternativas más limpias y eficientes que existen actualmente para sustituir a los combustibles fósiles en el transporte son la electricidad, los combustibles renovables y el hidrógeno.

En cuanto a la electricidad, los vehículos eléctricos son aquellos que son propulsados, total o parcialmente, por un motor eléctrico que utiliza la energía almacenada en una batería recargable a través de un punto de carga externo. Existen también los vehículos eléctricos híbridos que combinan un motor eléctrico y otro de combustión pudiendo tener además baterías auto recargables (híbridos no enchufables).

No existe discusión en cuanto a que la electricidad es la energía idónea para el transporte por ciudad tanto para turismos, motos, taxis, autobuses, etc. en los que se realizan trayectos cortos, lo cual puede reducir notablemente las emisiones de dióxido de carbono (CO_2) en las áreas urbanas.

No obstante, conviene mencionar que la movilidad eléctrica únicamente puede considerarse "cero emisiones netas" cuando la electricidad que se utiliza se ha producido con energía 100 % de origen renovable. Es decir, a la hora de cuantificar las emisiones de CO_2 de un vehículo eléctrico deben tenerse en cuenta todas las emisiones generadas desde el momento de la producción de la electricidad hasta su utilización. De esta forma, aun cuando un vehículo eléctrico no genera emisiones en la fase de consumo de la energía, sí se producen emisiones de CO_2 a la atmósfera cuando la electricidad utilizada ha sido generada a partir de combustibles fósiles como, por ejemplo, en centrales termoeléctricas de ciclo combinado.

Por otra parte, actualmente, la electrificación no es una solución válida para transporte por carretera de larga distancia a pesar del incremento producido en la instalación de infraestructuras de recarga de vehículos eléctricos de acceso público. En este sentido, la red de estaciones de repostaje de electricidad es todavía escasa, especialmente en determinadas zonas geográficas, siendo también necesario fomentar la instalación de puntos recarga ultrarrápida, para reducir los tiempos de recarga de los vehículos electrificados.

Además, la electrificación tampoco resulta ser una solución viable hoy en día para otros medios de transporte en los que la tecnología todavía se tiene que desarrollar como barcos y aviones.

Por lo anterior, los combustibles renovables se configuran como una alternativa muy ventajosa a los vehículos eléctricos por los motivos que se exponen a continuación.

En primer lugar, se trata de energías consideradas "cero emisiones netas", ya que el CO_2 que se emite en su combustión cuando es utilizado ha sido retirado previamente de la atmósfera por la materia prima orgánica que se ha usado para su fabricación. En segundo lugar, actualmente, están disponibles para ser utilizadas en todos los segmentos del transporte como son camiones, aviones o barcos. En tercer lugar, no es necesario adaptar los motores de los vehículos actuales o las infraestructuras de distribución de forma que se pueden comercializar las mismas estaciones de servicio que los combustibles tradicionales y, por último, la seguridad e independencia en el suministro de forma que se reduce la dependencia del crudo con algunos países, ya que para su producción se utilizan materias primas locales.

Por lo anterior, la electrificación del transporte debe ser complementada con la utilización de energías renovables como combustible para poder lograr los objetivos de reducción de emisiones de gases de efecto invernadero a medio plazo sin que el legislador deba favorecer ninguna tecnología frente al resto a la hora de introducir, por ejemplo, incentivos fiscales.

3. LOS COMBUSTIBLES RENOVABLES: LOS BIOCOMBUSTIBLES, LOS COMBUSTIBLES SINTÉTICOS Y EL HIDRÓGENO

Los combustibles renovables son aquellos combustibles líquidos que no tienen un origen fósil y que se obtienen a partir de materia prima renovable de origen biológico o de hidrógeno.

A través de diferentes procesos de conversión (procesos mecánicos, termoquímicos o biológicos), la materia prima se transforma en combustibles de propiedades y rendimiento muy parecidos a los combustibles fósiles tradicionales que pueden utilizarse directamente en los motores de vehículos actuales.

En función de la materia prima utilizada para su producción se pueden distinguir diferentes tipos de combustibles renovables, desde los ya habituales biocombustibles de primera generación a los nuevos combustibles producidos, ya sea a partir de residuos y materias primas de origen renovables, denominados biocombustibles avanzados o "*waste to fuel*" o a partir de hidrógeno renovable y dióxido de carbono (CO_2) capturado, conocidos como combustibles sintéticos o "*e-fuels*".

A continuación, se definen y recogen las principales características de cada una de las tipologías de combustible renovable citadas.

3.1. Los biocombustibles

Los biocombustibles convencionales o de primera generación son aquellos combustibles que han sido obtenidos a partir de cultivos agrícolas como, por ejemplo, los producidos a partir de aceites vegetales, fundamentalmente, aceite de palma como en el caso del denominado biodiesel.

En España, todos los combustibles que se suministran en las estaciones de servicio ya contienen, al menos, un 10 % de biocombustible o combustible de origen renovable, en cumplimiento con la obligación de la Unión Europea.

En particular, desde el año 2011 se fijó una senda en España para la incorporación de un porcentaje de biocombustible sobre el total de ventas de combustible en el transporte por carretera conforme a lo dispuesto en la Directiva relativa al fomento del uso de energía procedente de fuentes renovables (*RED I*) que se incrementará hasta el 14% en 2030 según marca la *RED II*, a la espera de ver cómo se transpondrán en España los objetivos fijados por la reciente Directiva *RED III*.

Los biocombustibles de primera generación se consideran un combustible de transición para llegar a los bicombustibles avanzados. Su uso se irá limitando progresivamente, pero mientras tanto, cumplen los criterios de sostenibilidad y de reducción de huella de carbono que establece la Directiva europea de energías renovables.

Por su parte, los biocombustibles avanzados o de segunda generación son aquellos que provienen de residuos orgánicos que no se destinan a alimentación o que no compiten con ella. Proceden de residuos de las industrias agroalimentarias y forestales, como son el aceite de cocina usado, la fracción orgánica de los residuos urbanos, los residuos de podas agrícolas o la biomasa forestal, favoreciendo la reutilización de recursos y reduciendo los residuos que se depositan en vertederos.

Como ejemplo, se pueden citar el diésel renovable (hidrobiodiésel), conocido por sus siglas en inglés como HVO (*Hydrotreated Vegetable Oil*), fabricado a partir del aceite de cocina usado o el combustible sostenible de aviación o SAF según sus siglas en inglés (*Sustainable Aviation Fuel*), el biogás y el biometano.

La utilización de estas materias primas permite reducir significativamente las emisiones de CO_2 respecto a los combustibles tradicionales a los que sustituyen, por ejemplo, en el caso de los aceites de cocina usados hasta el 85 o 90 %.

Existen también los biocombustibles de tercera generación obtenidos de algas y plantas acuáticas y los de cuarta generación que tratan de modificar genéticamente los microorganismos para mejorar la eficiencia en la captación y almacenamiento del CO_2, pero la producción de estos biocombustibles aún no se ha llevado a cabo a escala comercial.

3.2. Los combustibles sintéticos

Debemos hacer mención también a los combustibles de origen no biológico o combustibles sintéticos o *e-fuels* que se elaboran a partir de dos materias primas básicas: agua y dióxido de carbono (CO_2). Dado que la cantidad de CO_2 que se libera a la atmósfera durante se utilización se compensa con el que se capturan para su elaboración, se consideran combustibles de “cero emisiones netas”.

Para su producción, el agua se somete a un proceso de electrólisis, utilizando electricidad procedente de fuentes renovables, para separar las partículas de oxígeno e hidrógeno. Mientras que el oxígeno se libera a la atmósfera, el hidrógeno se reserva para un proceso posterior.

Por otra parte, se captura dióxido de carbono (CO_2) del aire o de un proceso industrial y este CO_2 se mezcla con el hidrógeno que se había reservado para generar el combustible sintético que puede emplearse en cualquier tipo de vehículos.

Tienen propiedades fisicoquímicas idénticas a las de los combustibles actuales, lo que los hace compatibles con los vehículos de combustión permitiendo aprovechar la infraestructura ya existente.

3.3. El hidrógeno

Aunque la utilización directa del hidrógeno en la movilidad actualmente es muy reducida, debemos hacer referencia a esta otra alternativa a la energía de origen fósil en el transporte pues existe una apuesta clara en la Unión Europea por la producción de hidrógeno renovable para alcanzar los objetivos de descarbonización, tal y como ha quedado recogido en la Estrategia Europea del Hidrógeno.

Asimismo, la Hoja de Ruta del Hidrógeno española, publicada en octubre de 2020, establece el papel que debe jugar el hidrógeno renovable en la transición energética en la industria, pero también abriendo una nueva ruta tecnológica para su utilización en el transporte.

Una de las ventajas del hidrógeno frente a otras energías renovables, como la electricidad, es que puede ser almacenada fácilmente de forma que se puede aprovechar la energía renovable excedentaria generada en horas de menor consumo eléctrico para la fabricación de hidrógeno para su almacenamiento.

Además, el hidrógeno puede ser transportado fácilmente, es decir, se pueden utilizar tuberías y la red nacional de transporte de gas, aunque se prevén nuevas inversiones en corredores de hidrógeno en la Unión Europea que conecten los distintos Estados miembros.

Por otra parte, debe señalarse que no todo el hidrógeno puede considerarse de origen renovable pues, atendiendo a la materia prima necesaria para su obtención, se pueden generar emisiones de dióxido de carbono (CO_2) en su producción. Así, el hidrógeno se ha clasificado en diferentes tipos definidos por colores que van desde el hidrógeno menos sostenible como es el hidrógeno negro o marrón que se obtiene por la gasificación del carbón, el hidrógeno gris que procede del reformado del gas natural, actualmente muy utilizado, el hidrógeno amarillo producido por electrólisis a partir del mix eléctrico, el hidrógeno azul obtenido de forma similar al hidrógeno gris, pero al que se le aplican técnicas de captura, uso y almacenamiento de carbono (*CCUS: Carbon Capture, Utilization and Storage*) lo que reducen hasta en un 95 % las emisiones de CO_2 generadas, hasta el hidrógeno más limpio, el denominado hidrógeno renovable o hidrógeno verde, que es el que obtiene, bien por la electrólisis del agua empleando energías renovables o bien, siempre que se cumplan los requisitos de sostenibilidad establecidos en la normativa, mediante el reformado del biogás o la conversión bioquímica de la biomasa.

De acuerdo con la Hoja de ruta del hidrógeno, España produce y consume aproximadamente 500.000 toneladas de hidrógeno al año para usos casi exclusivamente industriales: el 70 por ciento en refinerías, y el 25 por ciento en industrias químicas en la producción de amoníaco y metanol que a su vez sirven como fuente para la producción de otros compuestos químicos tales como fertilizantes, biocombustibles o plásticos y en la industria del acero, principalmente.

En la industria del refino se destina para eliminar el azufre en combustibles tradicionales (hidrotratamiento) o de mejora del petróleo crudo más pesado (hidrocraqueo), mejorando el rendimiento y la calidad medioambiental de sus combustibles al reducir el dióxido de azufre (SO_2), que se forman por la oxidación del azufre del combustible durante la combustión.

Además, el hidrógeno, será cada vez más esencial como materia prima en la producción de los nuevos combustibles con baja huella de carbono (combustibles sintéticos), como se ha mencionado anteriormente, con la ventaja de que sus prestaciones son similares a los combustibles tradicionales, pudiendo ser usados en los motores actuales sin necesidad de realizar modificaciones y pudiendo emplearse la red de distribución logística ya existente.

En movilidad, el uso directo del hidrógeno se limita, fundamentalmente, a los vehículos de pila de combustible. En esta tecnología el hidrógeno no se utiliza como combustible o carburante, es decir, no se quema como ocurre con los combustibles fósiles tradicionales, sino que el hidrógeno se utiliza para producir un proceso químico de reacción con el oxígeno del aire para transformarse en agua y electricidad que es almacenada en una batería. Para que pueda considerarse "cero emisiones netas" el hidrógeno debe haber sido producido a partir de fuentes renovables.

Actualmente, la tecnología de las pilas de combustible se encuentra totalmente desarrollada, si bien se están desarrollando proyectos para su utilización no solo en turismos sino también en vehículos pesados, trenes o barcos.

Por otra parte, existen proyectos de vehículos de combustión directa de hidrógeno, sin conversión a electricidad a través de la pila, que se encuentran en fase de desarrollo, aunque faltan años para ver alguno en el mercado.

4. LA TRIBUTACIÓN DE LOS COMBUSTIBLES RENOVABLES

4.1. La tributación sobre los hidrocarburos. La Directiva de Tributación Energética

La imposición sobre los hidrocarburos en la Unión Europea, al igual que el resto de los impuestos especiales como son el alcohol y bebidas alcohólicas y los productos del tabaco, se rige por unas normas comunes que garantizan que estos impuestos se aplican de manera armonizada en todo el territorio europeo.

La norma básica que establece el régimen global de tributación de los productos energéticos y de la electricidad en la Unión Europea es la *Directiva 2003/96/CE del Consejo, de 27 de octubre de 2003, por la que se reestructura el régimen comunitario de imposición de los productos energéticos y de la electricidad*, conocida como la Directiva de Tributación Energética, conocida por sus siglas en inglés "*ETD*" (Energy Taxation Directive).

La Directiva de Tributación Energética fija unos tipos de gravamen mínimos aplicables a los productos energéticos cuando éstos se utilizan con fines de combustión como carburante en cualquier tipo de motor o como combustible de calefacción y a la electricidad.

Asimismo, la norma permite a los Estados miembros establecer exenciones totales o parciales de impuestos cuando los productos energéticos se utilizan como materia prima, intervienen en procesos de reducción química, en procedimientos electrolíticos, metalúrgicos o cuando se destinan al avituallamiento de buques o a la producción de electricidad.

La Directiva europea de tributación de productos energéticos ha sido transpuesta en España mediante la *Ley 38/1992, de 28 de diciembre, de Impuestos Especiales* que incluye, dentro de los impuestos especiales de fabricación, el Impuesto sobre Hidrocarburos configurado como un impuesto especial indirecto y monofásico que grava el consumo de determinados hidrocarburos.

En concreto, el hecho imponible del Impuesto sobre Hidrocarburos es la fabricación, la importación o la entrada irregular de determinados hidrocarburos dentro del ámbito territorial de aplicación del impuesto (territorio español excepto las islas Canarias, Ceuta y Melilla).

Los productos sujetos al impuesto se relacionan en la ley atendiendo a su código de la nomenclatura combinada de acuerdo con el arancel aduanero común y comprenden, en general, todos los hidrocarburos (excepto el carbón y otros hidrocarburos sólidos) tales como gasolinas, gasóleos, fuelóleos, querosenos, gas natural, etc. permitiendo la no tributación, a través de supuestos de no sujeción, exención o devolución, de los productos que no se utilicen como carburante (combustión en cualquier tipo de motor) o combustible (combustión con fines de calefacción).

Con el fin de evitar la aparición de costes financieros entre el momento en que se produce el hecho imponible y la puesta a consumo de estos productos, la normativa ha introducido un régimen suspensivo en el que permanecen los productos mientras se encuentran dentro de las fábricas o depósitos fiscales donde se han producido o se almacenan, o durante su circulación, ya sea interior o intracomunitaria entre fábricas y depósitos fiscales ubicados en diferentes países de la Unión Europea.

Este régimen suspensivo permite diferir el devengo del impuesto y, por ello, su pago, hasta el momento en el que se abandona el régimen por producirse la salida de los productos de estos establecimientos autorizados, pero siempre que se cumplan una serie de requisitos formales muy estrictos cuyo incumplimiento puede ocasionar la imposición de sanciones tributarias elevadas.

En cuanto a tributación específica de los combustibles renovables, la Directiva europea incluye, como productos energéticos sujetos a tributación, determinados alcoholes y aceites cuando se destinen al consumo como combustible para calefacción o como carburante de automoción, es decir, cuando estos productos se destinen a fabricar los denominados biocombustibles.

A pesar de estar incluidos en su ámbito objetivo, la Directiva permite a los Estados miembros fijar tipos reducidos o exenciones para estos biocombustibles que estén constituidos o contengan aceites, alcoholes o productos obtenidos a partir de biomasa.

Dicha norma también establece que cuando el derecho comunitario exija que los Estados miembros comercialicen en sus mercados un porcentaje mínimo de biocombustibles dejarán de aplicarse estos beneficios fiscales.

En España, la Ley de Impuestos Especiales recoge, como marca la Directiva, determinados alcoholes y aceites dentro del ámbito de aplicación del Impuesto sobre Hidrocarburos siempre que se utilicen como combustible o carburante.

Asimismo, la norma nacional hizo uso de la habilitación prevista en la Directiva para establecer un tipo de gravamen de cero euros por cada mil litros de producto aplicable a los biocombustibles (bioetanol, biometanol y el biodiésel) por la parte del componente renovable (aceites y alcoholes) que se incorporaba al combustible fósil. No obstante, este beneficio fiscal fue eliminado con efectos a partir de 1 de enero de 2013 a través de la Ley de Presupuestos Generales del Estado para el año 2012[101], pasando a tributar toda la mezcla del biocombustible a los mismos tipos de gravamen que la gasolina y el gasóleo respectivamente.

Es decir, actualmente, los tipos de gravamen del Impuesto sobre Hidrocarburos correspondientes a los combustibles renovables son los mismos que se aplican a los combustibles tradicionales fósiles estando fijados, a título de ejemplo, en 503,92 euros por cada 1.000 litros para las gasolinas de 98 octanos, 472,69 euros por 1.000 litros para las gasolinas sin plomo de 95 octanos y en 379 euros por cada 1.000 litros para el gasóleo, con independencia de la materia prima utilizada en su producción

---

[101] Ley 2/2012, de 29 de junio, de Presupuestos Generales del Estado para el año 2012

o de las emisiones de CO_2 que se generan en su combustión, siendo mucho más reducidas o incluso nulas, en términos netos, en el caso de bicombustibles de origen renovable.

Esto pone de manifiesto que la tributación indirecta de los productos energéticos actual no se encuentra en línea con las políticas medioambientales vigentes al no penalizar más los productos más contaminantes. Además, en la actualidad, la producción de combustibles renovables tiene mayores costes operativos y de inversión que los combustibles tradicionales y el hecho de que la fiscalidad sea idéntica para ambos productos no fomenta la producción o la utilización de los combustibles más sostenibles.

A pesar de lo anterior, conviene mencionar que, aun cuando resulta de reducida aplicación, la ley de impuestos especiales sí establece una exención específica para la fabricación o importación de biocarburantes o biocombustibles en el campo de los proyectos piloto para el desarrollo tecnológico de productos menos contaminantes. Los requisitos para aplicar esta exención se encuentran recogidos en el reglamento de impuestos especiales[102] aunque con un alcance muy limitado, pues se limita a proyectos experimentales para demostrar la viabilidad técnica o tecnológica de su producción o utilización no pudiendo exceder de 5.000 litros por año del biocarburante. La exención sólo alcanzará al biocarburante o al biocombustible sin que pueda aplicarse respecto de otros productos con los que pudieran utilizarse mezclados.

Por otra parte, la Directiva de Tributación Energética recoge también el régimen general de tributación de la electricidad, siendo, asimismo, la Ley de Impuestos Especiales nacional la que regula el Impuesto Especial sobre la Electricidad, configurado como un impuesto que recae sobre el consumo de electricidad

---

[102] Real Decreto 1165/1995, de 7 de julio, por el que se aprueba el Reglamento de los Impuestos Especiales

y que grava el suministro a los consumidores finales o el autoconsumo de electricidad generada por los propios productores.

En relación con el transporte, la normativa del impuesto eléctrico no prevé ninguna exención o beneficio fiscal específico para la electricidad utilizada para el transporte terrestre. Por ello, la electricidad utilizada en la recarga de vehículos automóviles eléctricos tributa al tipo de gravamen general del 5,11269632 % sobre la base imponible que se hubiera determinado a efectos del Impuesto sobre el Valor Añadido para un suministro de energía, es decir, sobre el importe total de la contraprestación pagado por la adquisición de la electricidad. En cambio, sí existe una bonificación del 100 % del impuesto para la electricidad consumida en el transporte por ferrocarril.

En relación con la tributación del hidrógeno, la Directiva de tributación energética no incluye este producto dentro de la definición de productos energéticos que comprenden su ámbito objetivo, por lo que el hidrógeno queda fuera de su aplicación cualquiera que sea la fuente utilizada para su fabricación y pueda ser considerado o no hidrógeno verde o renovable.

Además, como se ha mencionado anteriormente, aunque el hidrógeno fuera considerado un producto energético dentro de la citada Directiva, tampoco quedaría gravado actualmente al no ser utilizado en el transporte como carburante de automoción, es decir, no se produce su combustión, sino que se utiliza como materia prima para fabricar electricidad a partir de la pila de combustible. En este caso tampoco se aplica el Impuesto Especial sobre la Electricidad a la energía eléctrica generada por la pila de combustible y consumida en el vehículo pues existe una exención específica para este supuesto en el Impuesto Especial sobre la Electricidad.

Debe señalarse que, si el hidrógeno fuera utilizado directamente con fines de combustión en automoción, sí resultaría de aplicación el Impuesto sobre Hidrocarburos tributando a los mismos tipos de gravamen que los combustibles fósiles ya que, tanto la Directiva, como la Ley de impuestos especiales nacional establecen que cualquier producto destinado a ser utilizado como carburante de automoción o como aditivo o expansor en los carburantes de automoción resultará gravado con el mismo tipo impositivo aplicable al carburante de automoción equivalente.

4.2. Revisión de la Directiva de Tributación Energética

Como se ha mencionado anteriormente, la Directiva de Tributación Energética está siendo objeto de revisión actualmente, como medida prevista dentro del paquete de medidas Objetivo 55, por considerarse obsoleta y que no refleja los compromisos de la Unión Europea de reducción de emisiones de gases de efecto invernadero y de alcanzar la neutralidad climática en el año 2050.

No se trata del primer intento de revisión de esta Directiva, pues en el año 2011 ya se lanzó otra iniciativa de reforma en la que fueron publicadas diferentes propuestas que incluían, como uno de los principales objetivos, la configuración del tipo impositivo del Impuesto sobre Hidrocarburos considerando tanto el contenido energético del producto, como las emisiones de CO_2 para dotarlo de una mayor finalidad medioambiental al relacionar directamente el gravamen con el daño medioambiental ocasionado. No obstante, la imposibilidad de llegar a un acuerdo por unanimidad de todos los Estados miembros, tal y como se exige para la legislación fiscal de la Unión Europea, ocasionó que la iniciativa de reforma fuera retirada en 2015.

El 14 de julio de 2021 se publicó el primer borrador de la directiva y, desde entonces, se han publicado diferentes textos que están siendo objeto de discusión.

Las principales novedades del texto son la actualización de la lista de productos energéticos, la estructura de los tipos impositivos en los que la tributación mínima se basará en el contenido energético de cada producto y su desempeño medioambiental real de los combustibles y la electricidad, en lugar de su volumen como ocurre actualmente, garantizando que sean los combustibles más contaminantes (carbón, petróleo, gas) a los que se les aplique un mayor tipo impositivo y racionalizar el uso de exenciones y reducciones fiscales por los Estados miembros.

De esta forma se pretende que los productos energéticos tributen en función de sus repercusiones en el medio ambiente y fomenten la inversión del sector en opciones menos contaminantes.

En cuanto al tratamiento fiscal de las nuevas energías renovables en la propuesta de directiva publicada a día de hoy, se establece que se aplicará un tipo de gravamen diferente por el componente renovable que contenga la mezcla de los biocombustibles, aunque el resultado final de esa mezcla tenga una partida arancelaria única, es decir, se considere un único producto. No obstante, se ha puesto de manifiesto la dificultad de su aplicación por la necesidad de controlar la correcta aplicación de los diferentes tipos impositivos en las mezclas y el posible fraude que puede surgir en la aplicación.

Es decir, en la propuesta se contempla un tratamiento fiscal favorable para los combustibles renovables, conforme a su desempeño medioambiental, y con diferentes periodos transitorios o beneficios según las diferentes categorías, tales como biocombustibles no sostenibles procedentes de cultivos alimentarios o forrajeros, biocombustibles sostenibles con origen biomasa y combustibles sintéticos renovables y biocombustibles avanzados.

Así, de acuerdo con las últimas versiones de la propuesta, el tipo de gravamen aplicable a la categoría de combustibles fósiles convencionales, como el gasóleo, la gasolina y los biocombustibles no sostenibles, será el más elevado de 10,75 euros por gigajulio cuando se utilicen como carburante de automoción.

El tipo mínimo más bajo, de 0,15 euros por gigajulio, se aplicará a la electricidad, independientemente de su uso, a los biocarburantes sostenibles avanzados y al biogás, así como a los combustibles renovables de origen no biológico, como el hidrógeno renovable.

En cuanto al hidrógeno, el borrador de propuesta de directiva de Tributación de productos energéticos incluye expresamente en la definición de productos energéticos aquellos incluidos en la partida arancelaria del hidrógeno (código NC[103] 2804 10 00) cuando se destinen al consumo como combustible para calefacción o como carburante.

No obstante, teniendo en cuenta que, en la actualidad y en un futuro, a corto o a medio plazo, el hidrógeno en el transporte no se utiliza directamente como combustible o carburante, sino que se usa en vehículos de pila de combustible en los que el hidrógeno se emplea como materia prima en un proceso químico para producir electricidad destinada al motor del vehículo, éste no estaría sujeto a la Directiva de tributación energética ni en el Impuesto sobre Hidrocarburos.

En los proyectos de vehículos de combustión directa de hidrógeno, sí tendrá un uso de carburante, por lo que sí quedaría sujeto a la Directiva y al Impuesto sobre Hidrocarburos cuyo tipo dependerá del tipo de hidrógeno utilizado.

4.3. Otros tributos

En cuanto al tratamiento fiscal de los combustibles renovables en otros tributos de carácter directo, podemos destacar el incentivo fiscal aplicable en el Impuesto sobre Sociedades a los proyectos de inversión en instalaciones de producción de hidrógeno consistente en la deducción por actividades de investigación y desarrollo e innovación tecnológica, sin que exista ninguna deducción específica para proyectos relacionados directamente con biocombustibles.

En cuanto al Impuesto sobre la Renta de las personas físicas, se establece una deducción en la cuota por la adquisición de

---

[103] Código NC de la nomenclatura combinada de mercancías del sistema aduanero común de la Unión Europea de acuerdo con Reglamento nº 2658/87 del Consejo relativo a la nomenclatura arancelaria y estadística y al arancel aduanero común

vehículos eléctricos, híbridos enchufables y pilas de combustible siempre que se cumplan las condiciones establecidas por la normativa tales como que el vehículo no puede estar afecto a una actividad económica y que esté matriculado antes de 31.12.2024.

La base de la deducción, que no podrá exceder de 20.000 euros, está constituida por el valor de adquisición del vehículo, incluidos los gastos y tributos inherentes a la adquisición, y no formarán parte de la misma las cuantías subvencionadas o que vayan a serlo a través de un programa de ayudas públicas (MOVES III). La deducción se establece como el 15% del valor de adquisición del vehículo.

4.4. Mecanismo de ajuste en frontera por carbono

Aunque no se califica como un tributo, conviene hacer mención al Mecanismo de Ajuste en Frontera por Carbono (conocido por sus siglas en inglés, Carbon Border Adjustment Mechanism, "CBAM"), previsto también en el paquete de medidas Objetivo 55.

Se trata de un mecanismo utilizado por la Unión Europea para penalizar la importación de mercancías intensivas en dióxido de carbono con origen en países con políticas climáticas menos estrictas que la Unión Europea que son introducidas en su territorio y evitar el riesgo de que se produzca la denominada "fuga de carbono".

Entre los productos afectados, cuya producción es considerada especialmente intensiva en carbono, están el cemento, hierro y acero, aluminio, fertilizantes, electricidad e hidrógeno.

Por ello, la importación de electricidad e hidrógeno en la Unión Europea, para cualquier uso, quedará sujeta a un recargo equivalente al coste de CO_2 que soportan los fabricantes europeos por el régimen de comercio de derechos de emisión de la Unión Europea. En este sentido, su aprobación definitiva quedará condicionada al acuerdo que se alcance sobre la reforma del régimen de comercio de derechos de emisión.

Este mecanismo se aplica desde el pasado 1 de octubre de 2023, si bien, hasta el 31 de diciembre de 2025 nos encontramos en un periodo transitorio en el que solo se establecen obligaciones de información, pasado el cual se empezará a pagar por las emisiones de gases de efecto invernadero generadas en el país de origen cuando los productos se importen en la Unión Europea.

5. La fiscalidad del uso de energías renovables en el transporte urbano

MANUEL LUCAS DURÁN
Universidad de Alcalá

1. INTRODUCCIÓN

Como señala el Objetivo de Desarrollo Sostenible (ODS) número 11 (ciudades y comunidades sostenibles)[104], "[h]oy en día, más de

[104] Los ODS y la Agenda 2030 alude a 17 acciones que la ONU ha considerado (en la Asamblea General de 25 de septiembre de 2015) que configuran un plan de desarrollo en favor de las personas, el planeta,

la mitad de la población mundial vive en zonas urbanas y para 2050 se prevé que la cifra aumente hasta alcanzar el 70%", siendo así que "[l]as ciudades consumen el 78% de la energía mundial y producen más del 75% de las emisiones de gases de efecto invernadero, a pesar de abarcar menos del 2% de la superficie de la Tierra"[105].

Por su parte, en Europa el 25% de las emisiones de gases de efecto invernadero se producen por medios de transporte, siendo así que los vehículos de tráfico rodado son responsables del 71% de tales gases, lo que conlleva que un 17,75% de los gases de efecto invernadero (GEI) provienen de vehículos que consumen combustibles fósiles[106]. Y si bien la mayor parte de tales emisiones las provoca el transporte por carretera[107], la contaminación atmosférica producida por el tráfico rodado en las ciudades no puede considerarse en modo alguno despreciable pues provoca perjuicios notables en la calidad del aire de las

---

la prosperidad y la paz universal y que deberían contar con amplios desarrollos en el año 2030.

105 Cfr. Pacto Mundial de la ONU, "¿En qué consiste el Objetivo de Desarrollo Sostenible 11?", https://www.pactomundial.org/ods/11-ciudades-y-comunidades-sostenibles/, recuperado el 20 de agosto de 2024.

106 Cfr. https://www.consilium.europa.eu/en/infographics/fit-for-55-afir-alternative-fuels-infrastructure-regulation/, recuperado el 20 de agosto de 2024. Vid, sin embargo y para el caso de España, los datos ofrecidos en la siguiente nota a pie de página.

107 Según el Ministerio para la transición energética y el reto demográfico "[e]l sector transporte representa el 30,7 % de las emisiones totales de gases de efecto invernadero en España, representando el transporte por carretera por sí solo un 28,4 % del total de las emisiones de GEI mientras que la contribución de otros modos de transporte es bastante más minoritaria" (cfr. https://www.miteco.gob.es/es/cambio-climatico/temas/mitigacion-politicas-y-medidas/transporte.html, recuperado el 20 de agosto de 2024).

grandes urbes que obligan a adoptar planes de acción cuando los niveles de contaminación del aire son críticos[108].

Ciertamente, la situación va cambiando paulatinamente, gracias al desarrollo tecnológico y a una mayor inversión pública y privada en medios de transporte sostenibles[109]. Sin embargo, se deben

---

108 Vid. sobre el particular, entre otros, la Directiva 2008/50/CE del Parlamento Europeo y del Consejo, de 21 de mayo de 2008, relativa a la calidad del aire ambiente y a una atmósfera más limpia en Europa, así como la Ley 34/2007, de 15 de noviembre, de calidad del aire y protección de la atmósfera. Particularmente, las medidas que pueden conllevar medidas relativas al tráfico de vehículos de motor de combustión de hidrocarburos derivados del petróleo y, básicamente, gasolinas y gasóleos (cfr. 24 de la directiva citada). Y también pueden adoptarse medidas fiscales para lograr una mejor calidad del aire, tal y como reza el art. 25 de la ley que acaba de citarse, el cual recoge que "[l]as Administraciones Públicas promoverán, en el ámbito de sus competencias, el uso de la fiscalidad ecológica y de otros instrumentos de política económica ambiental para contribuir a los objetivos de esta ley". Sobre el particular se volverá en el apartado 4.3 al comentar los tributos que pueden aprobarse por el acceso a zonas de bajas emisiones de las ciudades de más de 50.000 habitantes.

109 En efecto, la Comunicación de la Comisión al Parlamento Europeo, al Consejo, al Comité Económico y Social Europeo y al Comité de las Regiones, Estrategia de movilidad sostenible e inteligente: encauzar el transporte europeo de cara al futuro, de 9 de diciembre de 2020, COM (2020) 789 final, recoge que "la combinación de las medidas políticas establecidas en la presente Estrategia puede causar una reducción del 90 % de las emisiones del sector del transporte de aquí a 2050. Teniendo en cuenta, asimismo, el análisis que se expone en el documento de trabajo de los servicios de la Comisión que acompaña la presente Comunicación, se establecen diversos hitos que reflejen la senda del sistema europeo de transporte hacia la consecución de los objetivos que nos hemos marcado de lograr una movilidad sostenible, inteligente y resiliente, indicando con ello la ambición necesaria para nuestras políticas futuras, a saber:
De aquí a 2030:
·al menos treinta millones de vehículos de emisión cero circularán por las carreteras europeas;

idear desde ya unos objetivos claros que han de emprenderse por parte de los entes públicos para incentivar una transición hacia un transporte más sostenible en los principales núcleos urbanos.

En tal proceso, el uso de energías renovables cobra un papel esencial como fuentes inacabables y ecológicas que, en la medida en que sean utilizadas en el transporte urbano, mejoraran la calidad de vida en las ciudades.

Y, en relación con la citada transición a un transporte urbano más sostenible centrado en el uso de energías renovables, resulta innecesario indicar que la fiscalidad constituye un instrumento público de primer orden que, a base de incentivos y desincentivos, puede conducir a objetivos ambientales predefinidos. En tal sentido, las medidas acometidas pueden resultar fiscalmente neutras (en el sentido de que los incrementos de ingresos por acciones lesivas para el medio natural pueden compensar los beneficios otorgados por conductas más ecológicas) o bien allegar recursos a las arcas públicas que cabe, a su vez, utilizar para financiar un transporte urbano más sostenible.

Pues bien, el presente trabajo pretende contribuir a reflexionar sobre los tres parámetros que se han referido previamente (transporte urbano, uso de energías renovables, y fiscalidad), a fin de examinar las medidas actualmente existentes y proponer nuevas accioness para lograr objetivos verdes en el ámbito examinado.

Para ello, después de un breve desarrollo de las ideas sobre las que gira el presente estudio (epígrafe 2), se aportarán una serie de datos sobre transporte urbano y generación y uso de energías renovables en España (epígrafe 3), para finalizar con

---

·cien ciudades europeas serán climáticamente neutras;
(...)
De aquí a 2050:
·prácticamente todos los automóviles, furgonetas, autobuses y los nuevos vehículos pesados serán de emisión cero".

reflexiones diversas sobre el uso de instrumentos fiscales en relación con los biocarburantes, el transporte urbano de mercancías adquiridas por internet, las zonas de bajas emisiones, la adquisición y titularidad de vehículos no contaminantes, así como sobre distintas actuaciones presupuestarias y de ejecución de presupuestos dirigidas a financiar transportes sostenibles en las ciudades (epígrafe 4). El trabajo concluye con unas breves conclusiones (epígrafe 5) y con un listado de las referencias bibliográficas utilizadas (epígrafe 6).

2. IDEAS PREVIAS: ENERGÍAS RENOVABLES, TRANSPORTE URBANO Y FISCALIDAD

Al hablar de la fiscalidad del uso de energías renovables en el transporte urbano deben diferenciarse tres grupos de ideas con entidad propia pero que en nuestra investigación se entrelazan.

Así, por un lado, ha de hacerse una somera referencia a lo que debe entenderse por **energías renovables**. Pues bien, la Directiva (UE) 2018/2001 del Parlamento Europeo y del Consejo, de 11 de diciembre de 2018, relativa al fomento del uso de energía procedente de fuentes renovables, recoge que por *energía procedente de fuentes renovables* o *energía renovable* debe entenderse "la energía procedente de fuentes renovables no fósiles, es decir, energía eólica, energía solar (solar térmica y solar fotovoltaica) y energía geotérmica, energía ambiente[110], energía mareomotriz[111], energía

[110] Se refiere a la energía térmica presente de manera natural y la energía acumulada que puede almacenarse en el aire ambiente (aerotermia) o en las aguas superficiales o residuales (hidrotermia).

[111] Energía que utiliza la diferencia entre las mareas altas y bajas para genera electricidad.

undimotriz[112] y otros tipos de energía oceánica[113], energía hidráulica y energía procedente de biomasa[114], gases de vertedero, gases de plantas de depuración y biogás".

En efecto, las energías renovables se contraponen a la energía procedente de fósiles (carbón, petróleo, gas natural, etc.) porque, por un lado, implican una fuente energética ilimitada y no finita (esto es, renovable); y, por otro lado, conllevan una ausencia de contaminación atmosférica (*v. gr.* energía eólica, solar, hidráulica, oceánica, etc.), y ello ya sea porque no emiten a la atmósfera gases de efecto invernadero y otros elementos contaminantes (*v. gr.* partículas de hollín), o bien porque los

---

112 Energía que aprovecha la fuerza de las olas del mar para generar electricidad.

113 Por ejemplo, la que utiliza la energía que proviene de las corrientes o de la diferencia de temperatura entre la superficie y el fondo marino

114 Incluidos los biocarburantes. Según el art. 2 del del Real Decreto 376/2022, de 17 de mayo, por el que se regulan los criterios de sostenibilidad y de reducción de las emisiones de gases de efecto invernadero de los biocarburantes, biolíquidos y combustibles de biomasa, así como el sistema de garantías de origen de los gases renovables, por *biocarburantes* deben entenderse "los combustibles líquidos destinados al transporte y producidos a partir de biomasa", mientras que por *biomasa* cabe entender "la fracción biodegradable de los productos, residuos y desechos de origen biológico procedentes de actividades agrarias, incluidas las sustancias de origen vegetal y de origen animal, de la silvicultura y de las industrias conexas, incluidas la pesca y la acuicultura, así como la fracción biodegradable de los residuos, incluidos los residuos industriales y municipales de origen biológico". La biomasa puede proceder de actividades agrícolas o forestales, o bien de *bioresiduos,* conceptuados por el art. 2 de la Ley 7/2022, de 8 de abril, de residuos y suelos contaminados para una economía circular, como "residuo biodegradable vegetal de hogares, jardines, parques y del sector servicios, así como residuos alimentarios y de cocina procedentes de hogares, oficinas, restaurantes, mayoristas, comedores, servicios de restauración colectiva y establecimientos de consumo al por menor, entre otros, y residuos comparables procedentes de plantas de transformación de alimentos".

gases que emiten son, en realidad, mucho menores al CO2 que absorben a lo largo de su vida las plantas de donde proceden, con lo que la huella de carbono resultante tiene un signo negativo o favorable para el medio natural (*v. gr.* biomasa).

En otro orden de cosas, el presente trabajo se refiere al **transporte urbano**, esto es, a las formas que permiten el traslado de personas y bienes de un punto a otro de una ciudad o, por extensión, de cualquier núcleo de población. Ello no obstante, la mayor problemática en relación con el transporte se producirá, por lo general, en los núcleos urbanos de mayor población en los que, por un lado, el desplazamiento no puede hacerse con carácter habitual sin necesidad de utilizar recursos mecánicos y contaminantes (*v. gr.* caminando o pedaleando); y, por otro lado, se producen problemas de congestión de tráfico que perjudican a la población en un doble sentido: conlleva pérdidas de eficiencia al prolongar el tiempo de los desplazamientos de la ciudadanía; y, por otro lado, conlleva mayores emisiones de gases de efecto invernadero y otras partículas contaminantes. En tal sentido, resulta aconsejable el uso de transportes colectivos para ordenar los desplazamientos diarios de grandes masas poblacionales o, en su caso, el transporte colaborativo, evitando desplazamientos individuales en vehículos contaminantes y que congestionan en mayor medida el tráfico de las urbes más pobladas.

Pues bien, el transporte urbano puede producirse por diversos medios. Por un lado, puede realizarse el transporte de forma **individual** (o bien con miembros de la familia o de círculos cercanos) en distintas formas (vehículo particular o público como un taxi, Uber, Cabify, etc.). De otro lado, también cabe mencionar el transporte **colectivo** (metro, autobús, tranvía o tren). Y, adicionalmente, también podría referirse el transporte **colaborativo**, como punto intermedio entre el individual y el colectivo[115]. En

115 Sobre *transporte colaborativo* vid., por todos, Boix Palop, A., De la Encarnación Valcárcel, A. M. y Doménech Pascual, G. (2017) y sobre los

todos los casos referidos pueden darse supuestos menos contaminantes (v. gr. ir caminando, en bicicleta o en monopatín, en vehículos eléctricos o que utilizan energías renovables, etc.) o bien con conllevan mayores emisiones atmosféricas (v. gr. el uso de vehículos con motor de combustión de carburantes fósiles).

Además, debe tenerse en cuenta que, en muchas ocasiones, las mejores políticas públicas para evitar la contaminación producida por la movilidad urbana pueden consistir, precisamente, en la ausencia de movilidad en aquellos casos en los que la misma no sea necesaria. En este sentido, la promoción -por ejemplo- del teletrabajo cuando ello es posible redundará necesariamente en una menor contaminación atmosférica de la ciudad[116].

---

efectos fiscales del mismo vid., asimismo y entre otros, Sanz Gómez, R. J. (2018) o Gorospe Oviedo, J. I. (2022). Por tal término debe entenderse aquellas formas de transporte que, gracias normalmente a la intermediación de internet y determinadas aplicaciones informáticas (v. gr. Blablacar), permiten colaboraciones entre particulares para convertir un transporte individual programado en un transporte colectivo hasta el total de la capacidad del vehículo. Y si bien tales transportes colaborativos suelen utilizarse en el transporte interurbano, también cabe la posibilidad (sobre todo en las grandes urbes) de utilizarlo en transporte urbano o metropolitano, esencialmente en relación con el uso compartido de motocicletas como ya ocurre en gran parte del sudeste asiático [vid. Aguilera García, A., Gómez Profesor, J. y Sobrino, N. (2021)]. De dicho transporte habría que excluir otro tipo de transporte ofertado a través de determinadas aplicaciones de internet, pero sin existir un viaje ya programado (esto es, se realizan bajo demanda como ocurre con los taxis: Uber, Ubereats, Cabify, Bolt, Freenow, Glovo, etc.), que cabría incardinar más bien en el ámbito del transporte individual (de personas o mercancías) antes referido, si bien existen en algunas de estas empresas la posibilidad de compartir un mismo medio de transporte con desconocidos para realizar un mismo trayecto, lo que tendría, asimismo, tintes de transporte colaborativo que permite la reducción de emisiones atmosféricas nocivas.

116 Cfr. Gorospe Oviedo, J. I. (2022).

Pues bien, desde un punto de visto de movilidad sostenible, suele convenirse que el transporte colectivo es preferible al transporte individual, por cuanto que la eventual huella de carbono por persona sería bastante más reducida, siendo el transporte colaborativo, como se ha indicado, un punto intermedio entre ambos[117]. Por ello resulta ecológicamente eficiente considerar acciones tendentes a la reducción de la movilidad individual a favor del transporte colectivo a través de distintas medidas: ya sea con acciones públicas que incentiven tal medio de transporte como una política de precios reducidos de dicho transporte público[118]; o medidas de concienciación a favor del mismo; o la construcción de infraestructuras que permitan su uso (como son los estacionamientos disuasorios de vehículos en los intercambiadores de transporte público a la entrada de las grandes ciudades para facilitar su uso, , esencialmente gratuitos cuando se pruebe el uso del transporte público; o, simplemente, la inversión en transportes públicos más ecológicos (metro o tranvía, autobuses de hidrógeno verde, etc.).

Por otro lado, resulta razonable la preferencia, de cara a un transporte ecológico y una menor huella de carbono (y de otras partículas contaminantes), por el uso de energías renovables en el mismo (biocarburantes, vehículos solares, etc.) así como la utilización de vehículos eléctricos que evitan la emisión de partículas a la atmósfera[119].

---

117 Cfr. Guervós Maíllo, M. A. (2022 y 2024).

118 Guervós Maíllo, M. A. (2024) se refiere a varios ejemplos instados en Castilla y León para reducir las tarifas de transporte públicon con el objetivo final de favorecer eluso de este medio.

119 En puridad, el uso de un vehículo eléctrico no permite afirmar, *per se*, que el mismo producirá una reducción en la contaminación atmosférica. Ciertamente, tales vehículos rebajan la emisión de partículas en suspensión (v. gr. hollín, óxidos de nitrógeno, etc.) en las ciudades, pues su uso evita -en el lugar de utilización- las emisiones atmosféricas nocivas para el medio natural. Sin embargo, si la electricidad

Finalmente, en estas páginas nos referiremos también, como objeto al que se dirige el presente estudio, a la **fiscalidad**. Resulta preciso indicar que por tal término no se atiende sólo a la rama de los ingresos públicos que obtienen los entes públicos (y, en particular, a los ingresos tributarios), sino también al ámbito de los gastos públicos. Además, debe tenerse en cuenta que en nuestro sistema fiscal existen distintos entes territoriales que pueden adoptar medidas fiscales a favor de un transporte urbano, pues no sólo el Estado tiene competencias para regular tales aspectos (sobre todo en el ámbito de la adquisición de determinados vehículos ecológicos o de los combustibles utilizados por ellos), sino que también las Comunidades Autónomas[120] y -sobre todo- los Entes Locales pueden adoptar medidas a favor de la movilidad sostenible en los centros urbanos o que, por el contrario, penalicen el transporte poco respetuoso con el medio natural, tal y como se indicará en las páginas que siguen.

---

utilizada por tales vehículos se ha producido utilizando energías poco limpias (v. gr. centrales de combustión de carbón mineral) la emisión atmosférica se producirá en otro lugar y, por ende, sólo se estaría variando el foco de contaminación. Ello no obstante, en la medida en que la producción eléctrica es cada día más limpia -en cuanto que se utilicen en mayor medida fuentes renovables para su generación-, el uso de vehículos eléctricos conllevará una menor contaminación atmosférica global. Y ello sin menospreciar que de tales vehículos se pueden derivar aspectos no favorables para el medio ambiente (por ejemplo, por los residuos que se pueden generar en relación con las baterías de los mismos) o que, eventualmente, implican el uso de fuentes *no tan* renovables (como el litio en la fabricación de las citadas baterías, que es un elemento finito en nuestro planeta). Con todo, también puede pensarse que el avance de la tecnología puede conllevar un uso más eficiente de tales elementos.

[120] Al respecto puede citarse el impuesto balear sobre la circulación de vehículos de arrendamiento sin conductor que aprobó la Ley balear 13/2005, de 27 de diciembre, de medidas tributarias y administrativas, hoy derogado.

Siendo ello así, una fiscalidad favorable al uso de las energías renovables en el transporte urbano no debe atender exclusivamente a una configuración tributaria adecuada (en relación con los impuestos que gravan la adquisición o titularidad de vehículos, o respecto de la adquisición de combustibles más respetuosos con el medio natural) sino, adicionalmente, a una política presupuestaria verde en relación con los gastos públicos de los distintos entes que tengan atribuidas las competencias sobre el particular. Así, por ejemplo, los Municipios o Entes Locales de entidad superior (v.gr. áreas metropolitanas) pueden aprobar -y ejecutar- un gasto en transporte público más ecológico, lo cual incluye no sólo la inversión en transporte público, como ya se ha indicado, sino también en otras infraestructuras favorables para la movilidad sostenible (como es la construcción de senderos para bicicletas que sean seguros y que, por ende, faciliten el transporte en tal medio de locomoción).

Dicho lo anterior, para lograr políticas fiscales a favor de un transporte urbano sostenible y basado en las energías renovables es preciso examinar, en primer lugar, los datos existentes -en lo que concierne a nuestro país- sobre tales fuentes energéticas limpias y, por otro lado, sobre los hábitos de transporte en nuestras ciudades. En efecto, sólo tomando en cuenta la realidad circundante pueden adoptarse medidas públicas (entre ellas, las fiscales, tal y como se ha indicado) que sean eficientes para el objetivo pretendido. Al análisis de tales cuestiones se dedica el siguiente apartado de este trabajo.

3. ALGUNOS DATOS SOBRE ENERGÍAS RENOVABLES Y TRANSPORTE URBANO EN ESPAÑA

Como se acaba de indicar, a fin de reflexionar sobre las políticas fiscales que deben seguirse en relación con la fiscalidad del uso de energías renovables en el transporte urbano (sostenible), debe tenerse en cuenta la situación de partida que existes en nuestro país para, de este modo, poder diseñar políticas fiscales adecuadas a tal realidad social y, consecuentemente, ser más en el uso de recursos públicos (ya sea por aumento de gastos o por disminución de ingresos) a favor de la referida movilidad sostenible en nuestras ciudades.

Pues bien, en lo que concierne al progreso de instalación de potencia eléctrica y de generación de energía eléctrica en nuestro país, de los últimos datos existentes se deriva que en 2023 no sólo la potencia instalada para la generación de energía eléctrica las fuentes renovables superó a la instalada para generar energías no renovables (cuadro 1), sino que también la generación de energía eléctrica a partir de fuentes renovables superó (por primera vez en la historia de España) la que proviene de fuentes no renovables (cuadros 1 a 3)[121].

---

121 A efectos meramente aclaratorios, debe tenerse en cuenta que, por su importancia entre las fuentes no renovables de producción de energía eléctrica -al ocupar el primer y segundo lugar de tales recursos energéticos-, el **ciclo combinado** se refiere a "una tecnología que combina una turbina de gas y una turbina de vapor de condensación de forma que aumenta la eficiencia, en este caso a las grandes centrales productoras de electricidad". En suma, se trata de una tecnología que mejora la eficiencia de las centrales térmicas convencionales, pues "[l] as centrales térmicas convencionales utilizan turbinas de vapor para accionar los alternadores que generan electricidad", mientras que "[l] as centrales de ciclo combinado a diferencia de las anteriores además de la turbina de vapor utilizan una turbina de gas en la cabecera del proceso", lo que "permite alcanzar rendimientos eléctricos cercanos al 60% (mientras que las térmicas convencionales tienen rendimientos del 37%), es decir, aumenta la eficiencia energética" al generarse electricidad en dos etapas diferenciadas utilizando una única fuente de energía, cual es el gas natural (cfr. Instituto Catalán de Energía: https://icaen.gencat.cat/es/energia/formes/electricitat/tecnologies/combinat/index.html, recuperado el 15 de agosto de 2024). Por su parte, la **cogeneración** se refiere a "la producción conjunta, en un proceso secuencial, de energía mecánica y/o eléctrica y energía térmica útil", siendo así que "[u]na planta de cogeneración suele estar constituida

Resulta preciso indicar que la energía eléctrica no es la única que puede provenir de fuentes renovables, si bien -por su importancia en la sociedad, así como en la economía y, particularmente, en el ámbito ahora estudiado, por su estrecha relación con el uso del vehículo eléctrico y el transporte público electrificado- la relevancia de tal fuente energética es muy significativa para el presente trabajo.

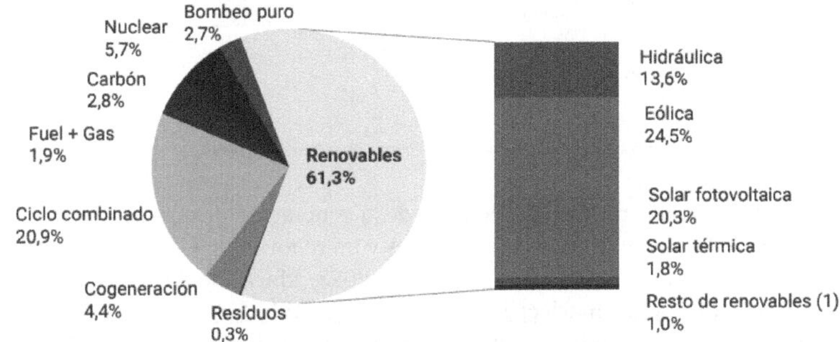

Cuadro 1: Estructura, en porcentaje, de la potencia instalada de energía eléctrica a través de las distintas fuentes renovables y no renovables (Cfr. Red Eléctrica, Informe resumen de energías renovables 2023, Marzo de 2024 (recuperado de https://www.sistemaelectrico-ree.es/sites/default/files/2024-03/Informe_Renovables_2023.pdf, consultado por última vez el 15 de agosto de 2024).

por motores alternativos, turbinas de gas o de vapor, que transforman la energía contenida en el combustible en energía mecánica y calor residual o de escape. La energía mecánica suele transformarse en energía eléctrica a través de un alternador (este es el caso más usual), y el calor residual puede recuperarse en forma de vapor de agua, agua caliente, aceites térmicos y gases calientes, como fluidos termo-portadores y dispuestos para sus aplicaciones térmicas" (cfr. Instituto para la Diversificación y Ahorro de Energía -IDAE-: https://www.idae.es/tecnologias/eficiencia-energetica/transformacion-de-la-energia/cogeneracion, recuperado el 15 de agosto de 2024).

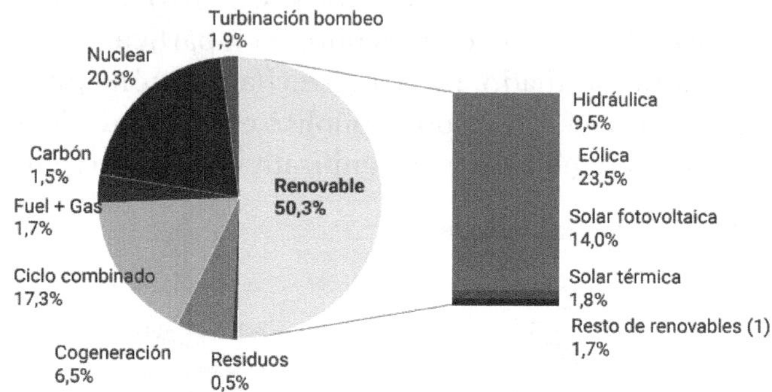

Cuadro 2: Estructura, en porcentaje, de la generación de energía eléctrica a través de las distintas fuentes renovables y no renovables (Cfr. Red Eléctrica, Informe resumen de energías renovables 2023, Marzo de 2024, recuperado de https://www.sistemaelectrico-ree.es/sites/default/files/2024-03/Informe_Renovables_2023.pdf, consultado por última vez el 15 de agosto de 2024).

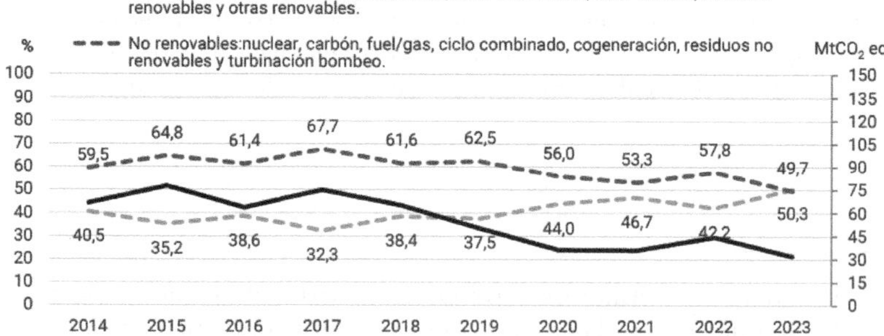

Cuadro 3: Evolución de la generación de energía eléctrica a partir de fuentes renovables y no renovables (Cfr. Red Eléctrica, Informe resumen de energías renovables 2023, Marzo de 2024, recuperado de https://www.sistemaelectrico-ree.es/sites/default/files/2024-03/Informe_Renovables_2023.pdf, consultado por última vez el 15 de agosto de 2024).

Ello no obstante, en el sector que constituye el objeto de esta investigación, no pueden dejar de mencionarse los biocarburantes. Tales artículos, que proceden esencialmente de productos agrícolas (ya sean cultivados *ex profeso* para tal fin o bien de residuos provenientes de dicho ámbito con carácter residual) o -más tangencialmente- ganaderos, se presentan como alternativas renovables a los hidrocarburos fósiles, si bien aún comportan cifras reducidas respecto del total de hidrocarburos consumidos, como pueden observarse de los cuadros 4 y 5.

Año	DIÉSEL	BIODIÉSEL			HIDROBIODIÉSEL		
	m^3	Certificable (m^3)	No Certificable (m^3)	% variación año anterior	Certificable (m^3)	No Certificable (m^3)	% variación año anterior
2009	27.009.780	1.166.118	3.508	-	-	-	-
2010	26.373.950	1.535.938	18.221	32,88%	-	-	-
2011	24.812.645	1.821.528	9.282	17,80%	90.807	388	-
2012	22.545.661	1.671.811	5.653	-8,38%	884.951	1.557	872,10%
2013	23.219.607	697.342	1.071	-58,36%	236.547	0	-73,32%
2014	23.664.278	686.658	1.936	-1,41%	355.595	0	50,33%
2015	24.621.393	760.420	570	10,51%	329.881	0	-7,23%
2016	24.981.468	938.058	5.080	23,94%	360.468	288	9,36%
2017	25.757.014	1.166.813	446	23,76%	380.180	0	5,38%
2018	25.768.476	1.662.257	44	42,41%	331.936	0	-12,69%
2019	25.519.188	1.681.492	6.616	1,55%	364.506	0	9,81%
2020	21.097.791	1.418.648	2.881	-15,79%	392.395	0	7,65%
2021	23.131.613	1.343.477	944	-5,42%	431.450	4	9,95%
2022	24.590.718	1.452.798	864	8,13%	224.209	0	-48,03%
2023	23.371.925	1.449.416	2.998	-0,09%	858.184	0	282,76%

GASOLINA	BIOETANOL			BIOMETANOL		
m^3	Certificable (m^3)	No Certificable (m^3)	% variación año anterior	Certificable (m^3)	No Certificable (m^3)	% variación año anterior
7.681.425	299.158	0	-	-	-	-

7.062.548	468.308	162	56,60%	-	-	-
6.571.548	444.715	80	-5,05%	-	-	-
6.128.500	395.394	234	-11,05%	-	-	-
5.798.856	334.570	59	-15,42%	-	-	-
5.751.586	372.731	0	11,39%	-	-	-
5.784.299	376.022	8	0,89%	-	-	-
6.030.436	253.864	523	-32,35%	-	-	-
6.178.615	280.593	33	10,31%	-	-	-
6.440.309	316.184	13	12,68%	-	-	-
6.883.234	268.539	773	-14,83%	2.334	0	-
5.445.513	195.329	17	-27,46%	1	0	-99,96%
6.568.768	250.219	0	28,09%	0	0	-
7.414.749	224.387	53	-10,30%	0	0	-
7.734.446	307.545	228	37,13%	0	0	-

Cuadro 4: Ventas de carburantes (Ministerio para la Transición Ecológica y el Reto Demográfico: https://www.miteco.gob.es/es/energia/hidrocarburos-nuevos-combustibles/biocarburantes/estadisticas.html recuperado el 15 de agosto de 2024).

Año	**BIOPROPANO**		
	Certificable *(m^3)*	**No Certificable *(m^3)***	**% variación año anterior**
2009	-	-	-
2010	-	-	-
2011	-	-	-
2012	-	-	-
2013	-	-	-
2014	-	-	-
2015	-	-	-
2016	-	-	-
2017	-	-	-
2018	-	-	-
2019	8.023	0	-

2020	14.929	0	86,07%
2021	26.281	0	76,04%
2022	10.431	0	-60,31%
2023	32.817	0	214,61%

Cuadro 5: Ventas de gasolina, bioetanol, biometanol y biopropano (Ministerio para la Transición Ecológica y el Reto Demográfico: https://www.miteco.gob.es/es/energia/hidrocarburos-nuevos-combustibles/biocarburantes/estadisticas.html recuperado el 15 de agosto de 2024).

Ciertamente, los biocarburantes no han estado exentos de crítica social, pues se ha denunciado el efecto de sustitución de tierras de labor para producir alimentos por cultivos destinados a la producción de dicha biomasa para la combustión por vehículos. Sin embargo, el progreso tecnológico está permitiendo que los biocarburantes procedan cada vez más de residuos orgánicos (biocarburantes de segunda generación), con lo que se mitigaría en gran medida la crítica de sustitución de tierras de labor antes referida.

Finalmente cabe aludir asimismo al hidrógeno como carburante que sirve para la propulsión de vehículos (entre otros en el entorno urbano). Como resulta sabido, el hidrógeno es el elemento químico más abundante en el universo. La combustión del hidrógeno se produce como una reacción química entre tal elemento y el oxígeno existente en el aire al aplicar una chispa o calor, siendo así que al combinarse tales moléculas se libera calor y luz (energía, en suma) generando agua (H_2O, que no puede considerarse, en puridad, como un residuo), resultado de la combinación de ambos elementos. Siendo ello así, el hidrógeno es un carburante muy interesante para ser utilizado en el transporte urbano (aunque, generalmente, tiene en la actualidad mayor uso en el transporte colectivo que en el individual). Ello no obstante, la problemática desde una perspectiva ambiental proviene de la forma en que se produce el hidrógeno. Existen dos formas básicas para producir en hidrógeno: o bien a través de un proceso de refinado de hidrocarburos (especialmente el metano -CH_4-) o bien a través de la electrolisis, proceso en virtud del cual se disocian los dos átomos de hidrógeno y el átomo de oxígeno que componen la molécula de agua, si bien es necesario aplicar energía en el proceso. Ambas técnicas de generación de hidrógeno tienen pros y contras: así, mientras que el primero es más sencillo y económico, produce sin embargo como residuo dióxido de carbono (CO_2), el cual -como es sabido- constituye el más habitual gas de efecto invernadero; por otro lado, la producción de hidrógeno a través del proceso de electrolisis requiere invertir grandes cantidades de energía, lo cual, en primer lugar, resulta caro; y, en segundo lugar, sólo será realmente sostenible si la energía utilizada para dicho proceso proviene de fuentes renovables. Siendo ello así, en función de la producción del hidrógeno se ha convenido un *color* del mismo, que implica una mayor o menor huella de carbono y, por tanto, más o menos perjuicio al medio natural[122].

---

122 Por un lado, el hidrógeno que procede del refinado de carbono se clasifica en **negro o marrón** (si se obtiene de la gasificación del carbón), **gris** (si procede de gas natural u otros hidrocarburos ligeros como metano o gases licuados de petróleo, siendo así que actualmente en torno al 99% del hidrógeno consumido en nuestro país tiene esta procedencia), **azul** (cuando, obteniéndose de procesos similares a los utilizados para la producción del hidrógeno gris, se aplican sin embargo técnicas de captura, uso y almacenamiento de carbono que permiten reducir hasta en un 95% las emisiones de CO2 generadas durante el proceso) o incluso **turquesa** (si se ha generado a partir pirólisis de metano, siendo así que en tal proceso se genera directamente el carbono sólido, por lo que, a diferencia del hidrógeno azul, no es necesaria la captura del carbono resultante). Cuando el hidrógeno procedente de la electrolisis, se clasifica en **amarillo** (cuando se utiliza la electricidad procedente de la red primaria), **rosa** (si se utiliza electricidad procedente de energía nuclear) o **verde** (cuando la electricidad necesaria para realizar la electrolisis procede de fuentes renovables). Sólo el hidrógeno verde es considerado como energía renovable, al haberse producido por medio de fuentes renovables y no conllevar huella alguna de carbono, si bien también los hidrógenos turquesa y azul, al permitir el almacenamiento del carbono en estado sólido no comporta emisiones atmosféricas

En otro orden de cosas, en el transporte de las grandes ciudades españolas tiene una prevalencia el transporte en vehículo privado si se compara con el transporte público u otros medios blandos de transporte (caminar o uso de bicicleta), si bien la combinación de los dos últimos medios citados superan, en general -con la salvedad de algunas ciudades como Málaga o Sevilla- el porcentaje de uso del vehículo privado para el transporte, circunstancia que se reproduce en general, con las particularidades propias de cada caso, en otras ciudades europeas como Ámsterdam, Berlín, Helsinki, Londres o París (cuadro 6).

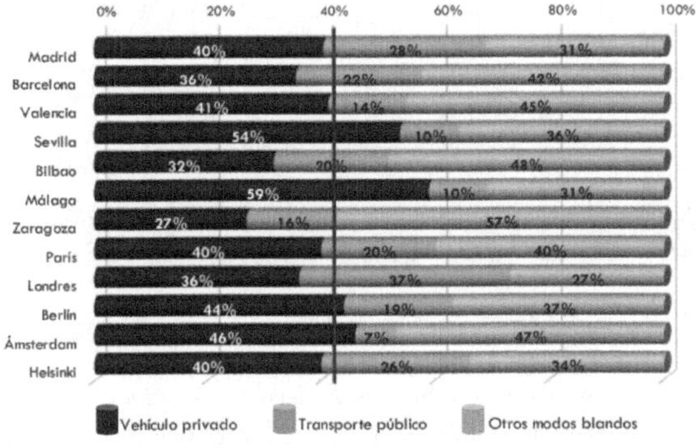

Cuadro 6: Reparto modal de modalidades de transporte en diferentes áreas metropolitanas españolas y europeas (Observatorio de Transporte y Logística en España, 2020: https://otle.transportes.gob.es/monografico/movilidad_ciudades_sxxi/4relevancia-de-la-movilidadmetropolitana/41-demanda-y-distribucion-modal, recuperado el 15 de agosto de 2024).

---

nocivas con lo que, desde un punto de vista ambiental, no conllevan un elevado perjuicio ambiental. Por otro lado, el hidrógeno rosa no conllevaría tampoco huella de carbono alguna aunque sí implicaría la generación de residuos nucleares. Consecuentemente, sólo los hidrógenos negro o marrón, gris y amarillo comportarían emisiones atmosféricas de gases de efecto invernadero. Sobre el hidrógeno renovable, vid. Ministerio para la transición ecológica y el reto demográfico, Hoja de ruta del hidrógeno: una apuesta por el hidrógeno renovable, Madrid, 2020 (https://www.fide.es/wp-content/uploads/2020/10/Hoja-de-ruta-hidr%C3%B3geno.pdf, recuperado el 22 de agosto de 2024).

Adicionalmente, el parque vehículos eléctricos existente en España es aún mayoritariamente de combustión de hidrocarburos derivados del petroleo, situación que resulta similar a la de otros países de nuestro entorno. Ello no obstante, la tendencia está empezando a cambiar en relación con las nuevas matriculaciones respecto de vehículos híbridos -enchufables o no- y vehículos eléctricos enchufables, lo cual es particularmente claro en los países escandinavos (cuadros 7 y 8).

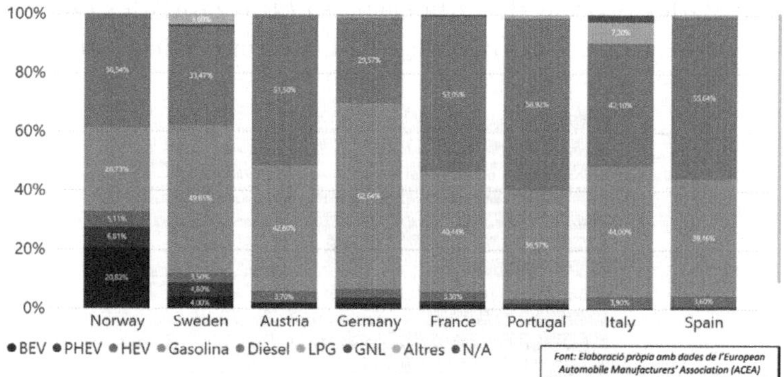

Cuadro 7: Parque circulante de vehículos (*Estat del vehicle elèctric a Catalunya*, Espanya i Europa, RACC Mobility Club, 2024, https://movilidad.racc.es/wp-content/uploads/2024/05/EstatVehicleElectricRACC.pdf, recuperado el 15 de agosto de 2024)

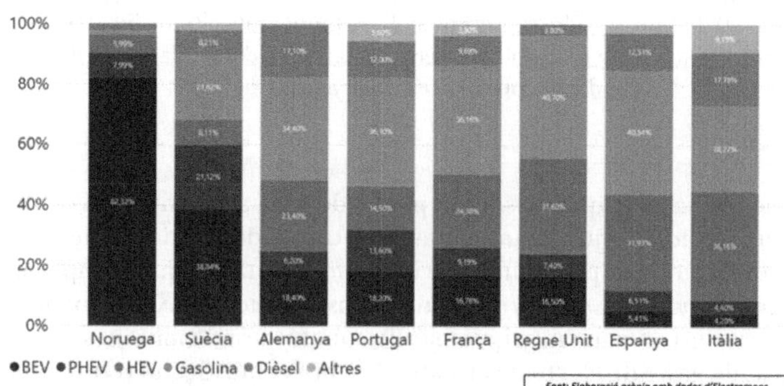

Cuadro 8: Parque circulante de vehículos (*Estat del vehicle elèctric a Catalunya*, Espanya i Europa, RACC Mobility Club, 2024, https://movilidad.racc.es/wp-content/uploads/2024/05/EstatVehicleElectricRACC.pdf, recuperado el 15 de agosto de 2024)

Por su parte, en lo que concierne al uso de transporte público, en general existe una prevalencia en cuanto al uso de transporte colectivo a favor del autobús urbano y en detrimento de otros medios de transporte (exceptuando algunas ciudades como por ejemplo Barcelona o Bilbao, en los que el metro ocupa el primer lugar), siendo así que a nivel europeo se invierte ligeramente el uso del transporte colectivo, predominando el metro respecto del autobús, como sería el caso de Ámsterdam, Berlín o París (cuadro 9).

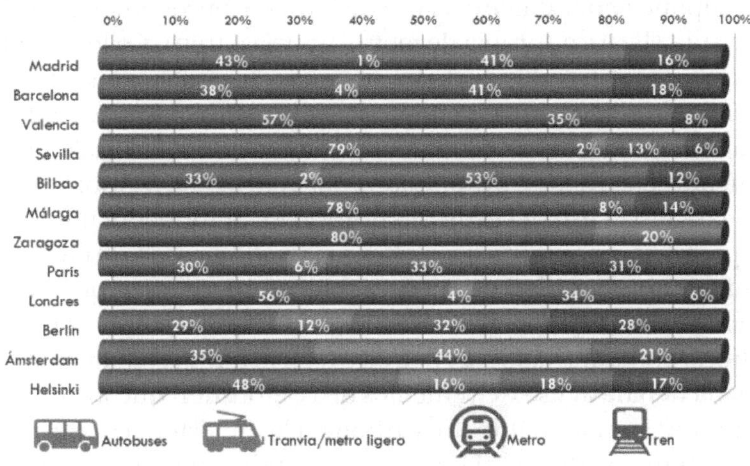

Cuadro 9: Reparto modal de modalidades de transporte público en diferentes áreas metropolitanas españolas y europeas (Observatorio de Transporte y Logística en España, 2020: https://otle.transportes.gob.es/monografico/movilidad_ciudades_sxxi/4relevancia-de-la-movilidadmetropolitana/41-demanda-y-distribucion-modal, recuperado el 15 de agosto de 2024).

De lo anterior se desprenden una serie de ideas que merece la pena destacar de cara a un posterior análisis de las políticas fiscales que pueden emprender los entes públicos: por un lado, el vehículo privado comporta en torno al doble del uso que el transporte público (salvo en el caso de Londres, donde ambos parámetros se encuentran equilibrados, posiblemente por la puesta en marcha de medidas fiscales como la *congestion tax* a la que nos referiremos más adelante); adicionalmente, existe una movilidad con uso de medios blandos (caminar o bicicleta) que prácticamente iguala al transporte en vehículo privado, lo cual es un dato muy significativo y que en la mayoría de las ciudades españolas parece haberse producido a raíz de medidas públicas de inversión en servicios de bicicletas municipales y la construcción de senderos específicos para este tipo de vehículos ligeros; y, finalmente, existe con carácter general una prevalencia del autobús respecto de otros medios de transporte colectivo, siendo así que ello supone generalmente el uso de hidrocarburos en lugar de la corriente eléctrica (propia de metro, tranvía o tren), y ello aunque muchas de las grandes ciudades vienen realizando en los últimos tiempos esfuerzos específicos para ir renovando parte de su flota de autobuses con vehículos menos contaminantes (esencialmente, vehículos eléctricos y propulsados por hidrógeno). Ahora bien: aun cuando el uso del vehículo privado va virando lentamente a un progresivo aumento de coches más ecológicos (híbridos -enchufables o no- y eléctricos enchufables), lo cierto es que en la actualidad en España prevalecen los vehículos de combustión de hidrocarburos derivados del petróleo, con lo que la contaminación urbana debida al uso de vehículos de combustión que producen emisiones contaminantes de carbono a la atmósfera es, acaso, el mayor reto que deben plantearse las grandes ciudades. Paralelamente, el uso de vehículos privados de hidrógeno o impulsados exclusivamente por energía solar es prácticamente inexistente.

4. FISCALIDAD DEL USO DE ENERGÍAS RENOVABLES EN EL TRANSPORTE URBANO

Expuesto lo anterior, conviene centrarse en lo que propiamente constituye el objeto de este trabajo, cual es la fiscalidad de las energías renovables en relación con el transporte urbano (sostenible).

Pues bien, habida cuenta de los datos analizados más atrás, se ha entendido que los puntos más relevantes para analizar la fiscalidad de las energías renovables vinculadas al transporte urbano son:

(i) cómo tributan los biocarburantes; (ii) cómo se han regulado o pueden regularse tributos -esencialmente municipales- dirigidos a reducir la contaminación atmosférica de las ciudades (como la tasa conocida como *de última milla* o *Amazon* instaurada en el municipio de Barcelona; (iii) la posibilidad de instaurar tributos que gravan el acceso a -o el estacionamiento en- zonas urbanas de bajas emisiones y que pueden reducir la contaminación atmosférica de las ciudades; (iv) cómo se grava la adquisición y titularidad de vehículos no contaminantes -impulsados, algunos de ellos, por energías renovables-; y, finalmente, (v) en qué medida pueden adoptarse, desde la gestión del gasto público, inversiones que promuevan la movilidad sostenible en las ciudades.

Al análisis particularizado de tales cuestiones dedicaremos los siguientes epígrafes.

4.1. Fiscalidad de los biocarburantes

Tal y como se ha indicado más atrás, por biocarburantes cabe entender, según el art. 2.1 del ya citado Real Decreto 376/2022, de 17 de mayo, "los combustibles líquidos destinados al transporte y producidos a partir de biomasa". La vinculación de los biocarburantes con el transporte y la constatación realizada anteriormente de que la mayor parte de la movilidad en las ciudades se realiza utilizando vehículos de combustión de hidrocarburos, conlleva que sea necesario un análisis, siquiera sea somero, de los tributos que afectan a tales hidrocarburos obtenidos de forma artificial y con procedencia agrícola, forestal, ganadera o de residuos vegetales o animales.

Cabe recordar que, a pesar de que los biocarburantes no evitan la huella de carbono (dado que se expide a la atmósfera CO_2 y otras partículas como óxidos de nitrógeno), lo cierto es que proceden de plantas que han absorbido con carácter previo dióxido de carbono para realizar la fotosíntesis, de manera que la huella neta de carbono es neutra o, incluso, negativa. Además, se trata de recursos inagotables por cuanto que están muy extendidos y son de fácil obtención continuada, motivo por el que se consideran fuentes de energías renovables.

Es preciso indicar, con carácter previo, que existen biocarburantes de varias generaciones[123].

Los de **primera generación** son obtenidos a partir de cultivos agrícolas, particularmente, de aceites vegetales provenientes de la soja, el girasol o la palma, así como de grasas animales, permitiendo la elaboración de productos como el *bioetanol* o el *biodiésel*. El efecto de utilizar cultivos agrícolas o grasas animales para la producción de los productos que se convertirán posteriormente en biocarburantes ha provocado un rechazo social por cuanto que se produce una exclusión de tierras de labor que, de otro modo, podrían estar produciendo alimentos o bien de grasas animales comestibles.

Ello ha llevado a que se haya evolucionado hacia biocarburantes de **segunda generación**, que son los que provienen de residuos orgánicos, los cuales no compiten con la alimentación y las industrias agroalimentarias al proceder de aceites de cocina usados o de la fracción orgánica de los residuos urbanos o rurales, entre otras fuentes. De este modo se obtienen, entre otros, el conocido como *diésel renovable* (*Hydrotreated Vegetable Oil* en inglés o, por sus siglas, *HVO*), cuya materia prima es el aceite de cocina usado y que se obtiene mediante un tratamiento con hidrógeno como catalizador, y el cual puede contaminar hasta un 90% menos que el diésel fósil tradicional (al producir menos gases de efecto invernadero y partículas); y también pueden mencionarse el *biobutanol* (que se obtiene a través de la fermentación de materiales orgánicos, como cultivos energéti-

---

123 Cfr., entre otros, https://www.repsol.com/es/tecnologia-digitalizacion/technology-lab/reduccion-emisiones/biocombustibles/index.cshtml#:~:text=Los%20biocombustibles%20son%20combustibles%20derivados,de%20nuestro%20d%C3%ADa%20a%20d%C3%ADa, recuperado por última vez el 15 de agosto de 2024.

cos, residuos agrícolas o incluso desechos forestales), el *biogás* (obtenido a partir de desechos orgánicos de industrias como la alimentaria, la agrícola o la ganadera) o el *biometano* (que se obtiene a partir del biogás, tras someter este último a un tratamiento de purificación conocido como *upgrading*).

Adicionalmente existen también biocarburantes de **tercera generación** (extraídos de algas y plantas acuáticas con un contenido de aceite natural de, al menos, un 50 %) y de **cuarta generación** (en los que se modifican genéticamente los microorganismos para mejorar la eficiencia en la captación y almacenamiento del CO_2), si bien estas dos últimas generaciones se encuentran aún en estadios incipientes de investigación y no se comercializan aún.

Las autoridades públicas han entendido desde hace años que el uso de biocarburantes es un objetivo deseable para proteger el medio natural, habiéndose desarrollado normativa diversa al efecto[124]. Por ello, aparte de la obligación de incluir un deter-

---

[124] Vid., entre otras, la Directiva (UE) 2018/2001 del Parlamento Europeo y del Consejo de 11 de diciembre de 2018, relativa al fomento del uso de energía procedente de fuentes renovables, que deroga la Directiva 2009/28/CE del Parlamento Europeo y del Consejo de 23 de abril de 2009, relativa al fomento del uso de energía procedente de fuentes renovables; la Directiva 2009/30/CE del Parlamento Europeo y del Consejo, de 23 de abril de 2009, por la que se modifica la Directiva 98/70/CE en relación con las especificaciones de la gasolina, el diésel y el gasóleo, se introduce un mecanismo para controlar y reducir las emisiones de gases de efecto invernadero, se modifica la Directiva 1999/32/CE del Consejo en relación con las especificaciones del combustible utilizado por los buques de navegación interior y se deroga la Directiva 93/12/CEE; la Directiva 2014/94/UE y Real Decreto 639/2016 sobre infraestructura para combustibles alternativos; o la Directiva 2015/1513/CE del Parlamento Europeo y del Consejo de 23 de abril de 2009 por la que se modifica la Directiva 98/70/CE en relación con las especificaciones de la gasolina, el diésel y el gasóleo y la directiva 2009/28/CE de energías renovables. En el ámbito español cabe destacar, entre otros, el Real Decreto 205/2021, de 30 de marzo,

minado porcentaje de tales energías renovables en los hidrocarburos derivados del petróleo que se encuentran a la venta, también se han considerado medidas fiscales de aminoración de la carga fiscal que afecta a los biocarburantes.

Pues bien, en el ámbito más propiamente fiscal, es sabido que los hidrocarburos (incluidos los biocarburantes) resultan gravados, además de por el Impuesto sobre el Valor Añadido (IVA), por el Impuesto sobre hidrocarburos regulado en la Ley 38/1992, de 28 de diciembre, de Impuestos Especiales (LIIEE), normativa toda ella que, a su vez, se encuentra armonizada en el ámbito de la Unión Europea (UE).

Es preciso indicar que la Directiva 2003/96/CE del Consejo, de 27 de octubre de 2003, por la que se reestructura el régimen comunitario de imposición de los productos energéticos y de la electricidad, resulta especialmente sensible a la fiscalidad de los biocarburantes[125], siendo así que en su art. 16 permite a los Estados miembros "aplicar una exención o un tipo impositivo

---

por el que se modifica el Real Decreto 1085/2015, de 4 de diciembre, de fomento de los biocarburantes, y se regulan los objetivos de venta o consumo de biocarburantes para los años 2021 y 2022, que regulan como Objetivos obligatorios mínimos de biocarburantes los siguientes: 5% (2017); 6% (2018); 7% (2019); 8,5 % (2020); 9,5% (2021); y 10% (2022); así como la Orden TED/728/2024, de 15 de julio, por la que se desarrolla el mecanismo de fomento de biocarburantes y otros combustibles renovables con fines de transporte, que -entre otras cosas- fijan límites para los biocarburantes y otros combustibles renovables a partir de cultivos con alto riesgo de cambio indirecto del uso de la tierra.

125 Particularmente, el considerando 26 de dicha norma recoge que "[p] rocede establecer un marco comunitario que permita a los Estados miembros eximir de o reducir los impuestos especiales para los biocarburantes que favorezca un mejor funcionamiento del mercado interior y ofrezca una seguridad jurídica adecuada a los Estados miembros y a los agentes económicos. Conviene limitar las distorsiones de la competencia y mantener un efecto de incentivo para los productores y distribuidores de biocarburantes mediante una reducción de los costes de producción, en

reducido, bajo control fiscal, a los productos imponibles contemplados en el artículo 2 cuando estén constituidos o contengan uno o varios de los productos siguientes: (...) los productos incluidos en los códigos NC 3824 90 55 y 3824 90 80 a 3824 90 99 para sus componentes obtenidos a partir de biomasa". Ello llevó durante algún tiempo, y bajo el estricto control de la Comisión, a la aplicación en España de un tipo cero en el citado impuesto sobre hidrocarburos para ciertos biocarburantes[126].

Sin embargo, en la actualidad, el art. 50 bis LIIEE, referido a los tipos impositivos para biocarburantes, establece unos gravámenes similares a los carburantes no renovables, con lo que en la actualidad no existe incentivo alguno para la producción de este tipo de biocombustibles, más allá de la imposición de un porcentaje obligatorio de los mismos en los hidrocarburos comercializados (procedentes del petróleo).

Por ello, existiendo la posibilidad de establecer tipos diferenciados o exenciones respecto de determinados biocarburantes, sería ambientalmente deseable que tales productos, en mezclas de hidrocarburos que superen los márgenes obligatorios y previa las debidas notificaciones a la Comisión de la UE, resultaran gravados con tipos menores a los de los combustibles fósiles, tanto menos cuanto mayor fuera el porcentaje de biocarburantes existentes en la mezcla comercializada, hasta alcanzar una exención total del impuesto sobre hidrocarburos cuando el producto suministrado tuviera un 100% de biocarburante[127].

A lo anteriormente indicado podría unirse una reducción del tipo del IVA para referidos biocarburantes, lo que reduciría

---

particular a través de las adaptaciones, por parte de los Estados miembros, que tengan en cuenta los cambios de los precios de las materias primas".

126 Vid. Antón Antón, A. (2013).

127 Vid. sobre el particular Monasterio Beñaran (2006) y Antón Antón, A. (2013).

notablemente el gravamen de tales productos energéticos en su estado puro y, paralelamente, incentivaría su adquisición por parte de quienes operan -a efectos del citado tributo- como consumidores o consumidoras finales por no poderse deducir el mismo[128]. Sin embargo, estando la normativa del IVA armonizada a nivel de la UE, y aun cuando el art. 98 de la Directiva 2006/112/CE del Consejo, de 28 de noviembre de 2006, relativa al sistema común del Impuesto sobre el Valor Añadido (Directiva de IVA), permite a los Estados miembros aplicar uno o dos tipos reducidos, los bienes o servicios respecto de los que resulten aplicables deben estar contenidos en el anexo III de la citada directiva, donde hasta el momento no existe ninguna referencia a biocarburantes. Por ello, de existir una auténtica voluntad política en el seno de la UE podría incluirse en el referido anexo III de la Directiva de IVA una mención a determinados biocarburantes para, de este modo, posibilitar a los Estados miembros (entre ellos, España) a gravar, siquiera temporalmente, con tipos reducidos la venta de biocarburantes (que, en nuestro país, podría alcanzar niveles de imposición del 10% -tipo reducido- o del 4% -superreducido- en lugar del general del 21% que actualmente grava tales productos). En cualquier caso, los tipos reducidos referidos deberían aplicarse a aquellos carburantes que tuvieran un porcentaje de biocarburantes superior a la obligatoriedad impuesta por la normativa vigente, tanto más cuanto mayor sea el porcentaje de los mismos en la mezcla carburada objeto de venta final, o bien reservarse a biocarburantes puros destinados a la venta final (por ejemplo, una vez incluidos tales biocarburantes entre los productos que pueden gravarse a un tipo reducido, podrían imponerse un gravamen del 10% cuando la mezcla

---

[128] En efecto, habida cuenta de la dinámica del IVA, los tipos reducidos afectan esencialmente a quien consume finalmente un bien o servicio sin posibilidad de deducirse dicho gravamen, pues tales minoraciones no tienen efecto fiscal alguno en los empresarios y profesionales intermediarios, quienes se pueden deducir el IVA soportado.

tuviera un porcentaje de más del 60% de biocarburantes y del 4% cuando el porcentaje de biocarburante fuera del 100%)[129].

Ciertamente, habida cuenta de que los impuestos que gravan los hidrocarburos (tanto el impuesto especial como el IVA) pueden suponer en torno a la mitad del precio de comercialización de las gasolinas y gasóleos utilizados en el transporte urbano, una minoración de tales tributos podría conllevar un importante incentivo para los consumidores finales para consumir biocarburantes en lugar de hidrocarburos derivados del petróleo. Y, habida cuenta de que en la actualidad existe una habilitación para la reducción de la imposición en el Impuesto sobre Hidrocarburos, cabe considerar que resultaría interesante que el legislador español comenzara su exoneración impositiva por este último (que, además, es el más relevante que grava los gasóleos y gasolinas) antes de emprender acciones en el ámbito del IVA, que aún requeriría de un desarrollo normativo a nivel europeo.

Por último, también podría considerarse que la UE rebajara o exonerara -siquiera temporalmente- los **aranceles aduaneros** en las importaciones de biocarburantes, lo cual deriva, a la postre, en una decisión política de primer orden que, si bien podría lastrar la investigación sobre hidrocarburos en la UE, si se negociara bilateralmente una rebaja o exoneración con otros países también podría propiciar un mayor desarrollo de la tecnología que permite tales procesos en el ámbito europeo.

---

129 Lógicamente, ello conllevaría, necesariamente, un control exhaustivo de tales carburantes bonificados para evitar el fraude fiscal. Sin embargo, si tales medidas se combinaran con una reducción del impuesto especial sobre hidrocarburos, en el que existe un sistema de depósitos fiscales supervisados.

4.2. Fiscalidad de transporte urbano de mercancías. Especial referencia a las "tasas de última milla"

Una medida tributaria que puede considerarse para una movilidad urbana más sostenible es la que se ha conocido como *tasa de última milla* y que consistiría básicamente en un tributo que se cobra a las compañías distribuidoras de productos a domicilio (por lo que se ha denominado también *tasa Amazon*) por el aprovechamiento especial del dominio público local -amén del perjuicio medioambiental que conlleva un reparto tan particularizado de mercancías- y, adicionalmente, para promover la recogida en puntos de entrega comunes o el uso de vehículos no contaminantes.

Pues bien, el Ayuntamiento de Barcelona aprobó en 2023 una *tasa por aprovechamiento especial del dominio público derivado de la distribución a destinos finales indicados por los consumidores de bienes adquiridos por comercio electrónico*[130]. El hecho imponible de referido tributo consiste en "el aprovechamiento especial del dominio público por parte de las empresas que actúan en el mercado como operadores postales, que realizan la carga y descarga en la vía pública, mediante el uso de cualquier clase de vehículo, con la finalidad de distribuir directamente los bienes adquiridos a través de comercio electrónico a destinos finales indicados por los consumidores"[131], siendo a tales efectos *vehí-*

---

[130] Vid. sobre el tributo en particular, entre otros, Ortiz Calle, E. y González-Cuéllar Serrano, M. L. (2020) así como García Calvente, Y. (2024).

[131] Tal como recoge el preámbulo de la ordenanza fiscal, la tasa referida "resulta conforme con el principio de justicia tributaria promover la aprobación de una nueva tasa en este ámbito puesto que la realidad pone de manifiesto que se está realizando un aprovechamiento especial del dominio público local, que se realiza a través de los vehículos de distribución de la mercancía, de forma contrapuesta con el modelo tradicional de comercio desde un establecimiento físico, que se encuentra sujeto al pago de los correspondientes tributos y, en su caso, tasas por aprovechamiento especial del dominio público".

culos "los aparatos con o sin motor que se desplazan sobre el dominio público y que permiten transportar mercancías". Ello no obstante, el art. 3 de la norma referida declara no sujetos las distribuciones "efectuadas desde centros de distribución urbana de mercancías (CDUM), que realicen la distribución posterior con modos sostenibles, de acuerdo con lo que se establece en el artículo 10 de esta ordenanza" (siendo tales modos sostenibles de transporte, según el precepto citado, los que se realizan a pie o con vehículos ligeros como bicicletas, *cargobikes*[132], patinetes o similares), así como las distribuciones efectuadas en un *punto de recogida*. Dicho tributo, que grava a título de contribuyentes a los "operadores postales que realizan la carga y descarga en la vía pública, mediante el uso de cualquier clase de vehículo, con el fin de distribuir directamente los bienes adquiridos a través de comercio electrónico en destinos finales indicados por los consumidores, en el municipio de Barcelona"[133], siempre y cuando tengan una facturación anual de 1.000.000 de euros o más[134], tiene un devengo anual y se calcula multiplicando por 1,25% los ingresos brutos facturados por los contribuyentes.

Es preciso indicar que dicho tributo ha tenido recientemente un serio revés judicial por parte del Tribunal Superior de Justicia de Cataluña, que ha acabado anulando su ordenanza reguladora[135]. Sin embargo, dicha sentencia será muy proba-

---

132 Se trata de bicicletas con un amplio contenedor ideado para el transporte de mercancías.

133 Art. 5 de la ordenanza citada.

134 Art. 4 de la ordenanza citada.

135 Así la STSJ de Cataluña de 19 de julio de 2024 (rec. 1146/2023, ECLI:ES:TSJCAT:2024:4705) -aun con un relevante voto particular discrepante- ha indicado que "a la vista de que de la tasa está configurada aquí sobre determinado tipo de empresas, la Sala concluye que tal como sostiene la demandante, lo que en realidad se grava es el ejercicio de una actividad, en concreto, la del operador que realiza la última entrega", argumentación que se desarrolla en los siguientes términos:

"(...) la clasificación tributaria del gravamen, más que una verdadera tasa, es la de un auténtico impuesto que gravaría los potenciales o previsibles rendimientos obtenidos por actividades de las empresas distribuidoras de las mercancías adquiridas por comercio electrónico. Constituye un auténtico «impuesto» que grava los rendimientos obtenidos por actividades de empresarios privados de manera virtualmente idéntica a los impuestos que gravan la adquisición de renta por actividades, expresiva de capacidad económica.
Tanto es así (esto es, que se grava el volumen de negocio) que se prevé la exención a los operadores con una facturación anual inferior a un millón de euros, en forma similar a lo previsto en el Impuesto sobre Actividades Económicas.
También la aludida injusticia que deriva de la sujeción a las tasas tradicionales del comercio tradicional, y en su no aplicación al comercio electrónico, es una finalidad que se aviene más con el establecimiento de un impuesto que con el valor de mercado de la utilidad derivada de la utilización.
Se indica el valor económico de las DUM utilizadas por los operadores y otros agentes, pero la tasa se dirige exclusivamente a aquéllos.
Si la Ordenanza tiene como justificación finalista evitar la carga y descarga en la vía pública para envíos puntuales, tal protección debe abarcar a todo vehículo susceptible de utilizar de igual forma el domino público, pero no exclusivamente a los operadores postales que distribuyen bienes adquiridos a través del comercio electrónico".
En suma, la citada sentencia argumenta, por un lado, que el tributo discutido no es una verdadera tasa sino un impuesto, de lo que se deriva que su establecimiento estaría vedado al Ayuntamiento de Barcelona (cabe entender que por mor del principio de reserva de ley, dado que el Texto Refundido de la Ley Reguladora de las Haciendas Locales, aprobado por Real Decreto Legislativo 2/2004, de 5 de marzo, -TRLHL- fija un número tasado de impuestos locales entre los que no estaría incluido el gravamen citado). De hecho tal reflexión nos lleva a recordar la STC 73/2011, de 19 de mayo, que resolvió una cuestión prejudicial planteada precisamente por el TSJ de Cataluña en relación a una tasa (también aprobada por el Ayuntamiento de Barcelona) que gravaba la instalación de anuncios publicitarios en terrenos privados pero visibles desde el dominio público, entendiendo el TC que al no precisarse suficientemente el elemento esencial más relevante de

blemente recurrida por el Ayuntamiento de Barcelona ante el Tribunal Supremo (aspecto desconocido a la fecha de cierre de este trabajo, pues aún no había transcurrido siquiera el plazo de preparación del recurso de casación), con lo que habrá que estar -en su caso- al pronunciamiento de nuestro Alto Tribunal sobre el particular, siendo así que aún no puede entenderse la nulidad declarada por el TSJ de Cataluña como definitiva.

Pues bien, a pesar de que el gravamen referido se enfoca hacia la ocupación del dominio público -que justificaría el mismo, habida cuenta de la naturaleza de tasa atribuida por el Ayuntamiento de Barcelona y negada por el TSJ de Cataluña-, en realidad dicho tributo parece tener asimismo un carácter ambiental, pues la movilidad urbana que pretende combatirse no sólo conlleva la ocupación del dominio público, la competencia con el negocio minorista y la congestión del tráfico urbano, sino también implica

---

un tributo, su hecho imponible, tal tributo (que en realidad debía conceptuarse como un impuesto) iría contra el principio la reserva de ley por no encontrarse contenido el mismo en el TRLHL. Y, en el mismo sentido pueden traerse a colación las SSTS de 22 de mayo de 2019 (rec. cas. 1800/2017, ECLI:ES:TS:2019:1680); de 18 de junio de 2019 (rec. cas. 6435/2017, ECLI:ES:TS:2019:2104); de 9 de julio de 2019 (rec. cas. 5316/2017, ECLI:ES:TS:2019:2488); de 8 de junio de 2020 (rec. cas. 6197/2017, ECLI:ES:TS:2020:1527) o de 18 de junio de 2020 (rec. cas. 868/2018, ECLI:ES:TS:2020:1848), referidas a tasas de vigilancia especial para viviendas desocupadas (algunas de ellas en relación con la tasa aprobada al efecto también por el Ayuntamiento de Barcelona). Por otro lado, el TSJ de Cataluña entiende que se trata de un tributo discriminatorio (con lo que, cabe entender, se vulneraría ya sea el art. 14 de nuestra Constitución o el art. 31.1 de dicha Carta Magna). Dicho lo anterior, si el TSJ de Cataluña albergaba dudas en relación con la *tasa de última milla* aprobada por el Ayuntamiento de Barcelona sobre si la misma podría vulnerar preceptos constitucionales (en esencia, los arts. 14 y 31 CE) -dudas que se ponen de manifiesto por la redacción de un voto particular discrepante-, y habida cuenta de la relevancia del tributo referido, acaso hubiese sido más apropiado plantear una cuestión de inconstitucionalidad ante el TC.

una contaminación atmosférica, y ello por dos motivos: por un lado, porque cuanto menos reparto domiciliario exista y más se utilicen determinados puntos de recogida (ya sean los del propio operador -v. gr. Amazon- o los negocios donde se pueda retirar la mercancía comprada por internet -centros de distribución urbana de mercancías-), más se reducirá la movilidad urbana y, por ende -habida cuenta de que la mayoría de los vehículos de reparto utilizan carburantes procedentes del petróleo- las emisiones de gases de efecto invernadero y otras partículas nocivas expedidas a la atmósfera urbana; pero, adicionalmente, el tributo referido no sujeta al mismo el reparto de mercancías por medio de vehículos ligeros como bicicletas, *cargobikes*, patinetes o similares, que pueden ser -nada dice la norma al respecto- eléctricos. Y, en la medida en que en la actualidad la generación de energía eléctrica es, como se indicó en su momento, de origen renovable, tal transporte ligero conllevaría una reducción notable de las emisiones de gases de efecto invernadero y, paralelamente, un beneficio para el medio natural.

De hecho, si se le hubiera dado un carácter más ambiental a la ordenanza fiscal referida (eximiendo, por ejemplo, los vehículos eléctricos o híbridos enchufables, los vehículos solares, etc. con los que se realicen los repartos) y -acaso- no se hubiera particularizado el tributo referido a la adquisición de bienes por medio del comercio electrónico (evitándose así posibles diferencias de trato), la justificación de la medida fiscal aludida podría hubiese sido más sólida desde la perspectiva del Derecho Financiero y Tributario, pues, como se indicará seguidamente, ya existen exoneraciones de tasas por ocupación del dominio público para los vehículos más respetuosos con el medio natural (v. gr. en las tasas de estacionamiento de las distintas ciudades). Y, adicionalmente, cabría la posibilidad de que el uso del dominio público local no fuera exclusivamente del suelo municipal por los vehículos con los que se realice el reparto, sino también el uso de la atmósfera local. Ciertamente, para que pudiera exigirse una tasa por aprovechamientos especiales de la atmósfera local sería necesario una norma con rango de ley (por ejemplo la Ley 34/2007, de 15 de noviembre, de calidad del aire y protección de la atmósfera o el TRLHL) que definiera tal elemento como dominio público y, paralelamente, permitiera la exacción de tasas locales por tal motivo[136].

4.3. *Tributos por acceso a zonas de bajas emisiones*

En algunas ciudades existen limitaciones de acceso a zonas de bajas emisiones en función de las características -más o menos contaminantes- de los vehículos (por ejemplo, en la almendra central de la ciudad de Madrid, también denominada *Madrid Central*). De hecho, la Ley 7/2021, de 20 de mayo, de cambio climático y transición energética obliga a los municipios de más de 50.000 habitantes al establecimiento de zonas de bajas emisiones antes de 2023[137], con lo que tales espacios de reducida contaminación serán muy habituales, habida cuenta de que en 2023 superaron los 50.000 habitantes más de 150 ciudades españolas[138].

Pero, más allá de tales limitaciones actualmente vigentes en algunas ciudades españolas, en otros países se han llegado a fijar tributos que gravan el acceso de vehículos a los centros cívicos de las grandes urbes (denominado de forma genérica *congestion tax*)[139].

De hecho, en nuestro país, ha existido un debate doctrinal sobre la naturaleza de un eventual tributo sobre el acceso a las

---

136 Sobre el particular vid. Lucas Durán, M. (2013).

137 Art. 14.3.a) de la citada ley.

138 Instituto Nacional de Estadística (cfr. https://www.ine.es/jaxi/Tabla.htm?tpx=59526, recuperado el 20 de agosto de 2024).

139 Así, pueden citarse las tasas aprobadas en Singapur, Londres, Estocolmo, Gotemburgo, Milán o Bergen. Como es sabido, el término anglosajón *tax* alude más al concepto genérico de tributo que al más específico de impuesto, y de ahí que se haya dudado en nuestro país de la naturaleza del referido tributo. Vid. sobre el particular Lucas Durán, M. (2013).

grandes ciudades[140]. Habida cuenta de lo anterior, y para salvar la problemática jurídico-tributaria que tal medida podría plantear, llegó a idearse un precepto concreto en el anteproyecto de ley de movilidad sostenible abierto a participación pública en 2022 y que decayó por la disolución de las cortes en 2023: en la disposición adicional 7ª y disposición final 2ª se planteaba de forma expresa que podrían cobrarse tasas por el acceso a las zonas de bajas emisiones[141]. Y si bien el citado anteproyecto de

---

140 Cfr. Lucas Durán, M. (2013); Rozas Valdés, J. A. (2022); Sanz Gómez, R. (2022a); Serrat Romaní, M. (2022); o Sanz Gómez, R. (2024).

141 Así, la citada disposición adicional 7ª recogía: "1. Las zonas de bajas emisiones referidas en el Artículo 18, así como en el Artículo 14.3 de la Ley 7/2021, de 20 de mayo, de cambio climático y transición energética, serán definidas y reguladas por los Ayuntamientos en sus correspondientes ordenanzas de movilidad sostenible. Ello, no obstante, todo Municipio empleará para la clasificación ambiental de vehículos la establecida en la Resolución de 13 de abril de 2016, de la Dirección General de Tráfico, por la que se modifica el apartado C.1 del punto primero y los anexos I, II y VIII de la de 8 de enero de 2016, por la que se establecen medidas especiales de regulación del tráfico durante el año 2016, o aquellas que actualicen esta clasificación. 2. El uso general de las zonas de bajas emisiones se realizará por los vehículos que determine cada Municipio atendiendo a la clasificación ambiental a la que se refiere el apartado anterior, pudiendo circular libremente por estas zonas. La circulación por las zonas de bajas emisiones de vehículos que no se incluyan en la selección realizada por parte del Municipio para el uso general de las zonas de bajas emisiones, se considerará un aprovechamiento especial del dominio público al permitirse la circulación pese al nivel de contaminación que genera el vehículo. *En consecuencia, este aprovechamiento especial podrá ser gravado por el Municipio mediante la aplicación de la correspondiente tasa municipal, sin perjuicio de las excepciones que pueda establecer el municipio en función de la propiedad del vehículo o su vinculación a ciertos servicios públicos*" (énfasis añadido). Y, por su parte, la disposición final 2ª recogía una modificación del TRLHL en virtud de la cual se adicionaba, en primer lugar, una letra v) al apartado 3 del artículo 20 (esto es, un supuesto específico de utilización privativa o apro-

ley no llegó a aprobarse, en la actualidad se está discutiendo un proyecto de ley muy similar al antes referido en lo que concierne al ámbito examinado, con bastantes visos de prosperar esta vez[142].

Pues bien, si llegara a aprobarse la modificación del TRLHL proyectada y que acaba de referirse, los municipios españoles -y, esencialmente, los más poblados de nuestro país- estarían habilitados legalmente para aprobar tasas de acceso a zonas de bajas emisiones, lo que constituiría una medida fiscal para proteger el medio natural urbano de emisiones atmosféricas contaminantes procedentes de ciertos vehículos.

Finalmente, también existen en diversos municipios españoles exoneraciones y tasas reducidas por el uso del dominio público

---

vechamiento especial del dominio público local), con la siguiente redacción: "v) En las zonas de bajas emisiones, la circulación de vehículos que superen los límites o categorías máximas que se hayan establecido para circular por las mismas"; y, en segundo lugar, se añadía un nuevo párrafo al art. 24.1.a) TRLHL con el siguiente tenor: "En los supuestos de aprovechamiento especial del dominio público local mediante la circulación en zonas de bajas emisiones de vehículos que superen los límites o categorías máximas de libre circulación, se podrá utilizar como valor de referencia de mercado el coste que hubiera tenido que abonar ese vehículo si hubiera estacionado en un parking público en lugar de circular por la zona calificada de bajas emisiones". Sobre el particular vid., entre otros, Sanz Gómez, R. (2022b) y Gorospe Oviedo, J. I. (2023).

142 Así, en el proyecto de ley movilidad sostenible (nuevamente presentado en la actual legislatura y publicado en el Boletín Oficial de las Cortes Generales, Sección: Congreso de los Diputados de 23 de febrero de 2024) se recoge una disposición final 2ª que modificaría la TRLHL para permitir tales tasas que tiene una redacción prácticamente idéntica a la reproducida en la nota a pie anterior (con la única diferencia de sustituir el anglicismo *parking* por la palabra castellana *aparcamiento*). En el momento de cierre de este trabajo el citado proyecto de ley se encontraba en trámite de enmiendas en la Comisión de Transportes y Movilidad Sostenible del Congreso de los Diputados.

para el estacionamiento de determinados vehículos que son considerados como menos contaminantes[143].

Es preciso recordar, una vez más, que las referencias a los vehículos a los que se podría exonerar de tributación en relación con las medidas fiscales antes aludidas se refieren exclusivamente a vehículos híbridos (enchufables o no) y eléctricos. Sin embargo, habida cuenta de que, como se ha indicado, hoy en día la mayor parte de la electricidad producida en España proviene de fuentes renovables, el uso de vehículos enchufables a la red eléctrica comporta que, en gran medida, la circulación de los mismos contribuye a la reducción de los gases de efecto invernadero y promueve, por lo demás, el uso de energías renovables.

---

143 Así por ejemplo, en el art. 3 de la ordenanza fiscal de la Tasa por Estacionamiento de Vehículos en Determinadas Zonas de la Capital y de delimitación de la Zona de Estacionamiento Regulado del Ayuntamiento de Madrid, aprobada el 09 de octubre de 2001, se recoge que "[q]uedan excluidos de la limitación de la duración del estacionamiento y no sujetos al pago de la tasa los vehículos siguientes: (...) 9. Los vehículos turismos, furgonetas ligeras, vehículos de más de ocho plazas y vehículos de transporte de mercancías clasificados en el Registro de Vehículos de la Dirección General de Tráfico como vehículos eléctricos de batería (BEV), vehículos eléctricos de autonomía extendida (REEV), vehículos eléctricos híbridos enchufables (PHEV) con una autonomía mínima de 40 kilómetros o vehículos de pila de combustible, siempre que, previa solicitud, hayan obtenido la correspondiente autorización de estacionamiento otorgada al efecto por el Ayuntamiento de Madrid". Y, por su parte, el art. 6.6 de la citada ordenanza recoge una reducción del 50% en las tarifas base para "[t]urismos, furgonetas ligeras, vehículos de más de 8 plazas y vehículos de transporte de mercancías clasificados en el Registro de Vehículos como vehículos híbridos enchufables con autonomía <40km, vehículos híbridos no enchufables (HEV), vehículos propulsados por gas natural, vehículos propulsados por gas natural (GNC y GNL) o gas licuado del petróleo (GLP). En todo caso, deberán cumplir los criterios de la etiqueta C".

En otro orden de cosas, podría plantearse si en un futuro deberían también resultar exentos de los tributos antes referidos los vehículos que utilicen esencialmente biocarburantes, así como los que se impulsen únicamente con energía solar o con hidrógeno verde. Ciertamente, se trata de una cuestión con tintes bastante teóricos por cuanto que, hoy en día, no existen vehículos que utilicen únicamente biocombustibles y, por otro lado, tampoco existen (salvo prototipos muy residuales) vehículos individuales que se impulsen por hidrógeno o por luz solar. En cualquier caso, y haciendo un ejercicio de imaginación, podría indicarse al respecto que, de generalizarse en un futuro los vehículos que acaban de mencionarse, los mismos deberían -asimismo- eximirse de eventuales medidas fiscales que se adoptaran para el ingreso o estacionamiento en zonas centrales y de bajas emisiones de las grandes ciudades: tal afirmación sería absoluta en relación con los vehículos solares y relativa en relación con los vehículos propulsados con biocarburantes o hidrógeno verde (sólo en el caso de que pudiera probarse suficientemente el suministro exclusivo con tales carburantes[144]).

4.4. Tributos relacionados con la adquisición y titularidad de vehículos no contaminantes

Si se quiere incentivar la movilidad urbana sostenible, los entes públicos con competencias fiscales en la materia (Estado, Comunidades Autónomas y Entes Locales) pueden reducir o exonerar los gravámenes indirectos y directos relacionados con

---

144 Para lograr tal objetivo podrían aprobarse, por ejemplo, dispensadores especiales para los vehículos únicamente propulsados con carburantes renovables, con boquillas diferenciadas que no permitieran la alimentación sino desde referidos dispensadores distintos al resto de carburantes no renovables. Habida cuenta de la dificultad de adoptar tales medidas de control, acaso para tales vehículos no serían adecuadas las exoneraciones tributarias referidas respecto del acceso a las zonas de bajas emisiones o al estacionamiento en las mismas.

la adquisición o titularidad de vehículos cuando los mismos no contaminen, esencialmente porque utilicen fuentes renovables.

Tal ausencia de contaminación por uso de energías renovables para generar su fuerza motriz se produce, como se ha indicado, esencialmente cuando los vehículos son propulsados íntegramente por energía solar o por biocombustibles. Ello no obstante, habida cuenta de que en la actualidad la generación de electricidad en nuestro país proviene mayoritariamente de energías renovables -y en la medida en que tal circunstancia se mantenga- puede indicarse asimismo que el mero uso de vehículos eléctricos resulta igualmente beneficioso para el medio natural porque reduce las emisiones de gases de efecto invernadero, siendo así que la tendencia creciente a la generación de electricidad por medio de energías renovables hará probablemente que en unos años la inmensa mayoría de la electricidad sea generada a partir de fuentes energéticas verdes.

Pues bien, la referida reducción impositiva por adquisición o tenencia de vehículos no contaminantes puede producirse tanto en el ámbito de la fiscalidad indirecta como de la directa. A la alusión de algunas medidas ya aprobadas y algunas consideraciones *de lege ferenda* se dedican los siguientes subapartados.

4.4.1. Fiscalidad indirecta

Así, en relación con la fiscalidad indirecta, cabe mencionar en primer lugar el **impuesto sobre determinados medios de transporte** (IDMT) que grava la primera matriculación definitiva en España de vehículos, nuevos o usados, provistos de motor para su propulsión con algunas excepciones que no afectan en gran medida el objeto del presente trabajo[145]. Pues bien, el art. 70 LIIEE recoge que la referida primera matriculación será

---

[145] Cfr. art. 65 LIIEE.

gravada con un tipo del 0% cuando las emisiones de CO_2 de tales vehículos no superen determinados umbrales o cuando se trate de vehículos provistos de un solo motor que no sea de combustión interna, con excepción de los vehículos tipo *quad*. Con ello se elimina el tributo que grava las primeras matriculaciones en España de vehículos híbridos (enchufables o no), eléctricos (enchufables) o solares, reduciendo notablemente la fiscalidad de los mismos cuando no producen -o producen pocas- emisiones de CO_2 a la atmósfera, lo cual constituye un incentivo razonable a la adquisición de vehículos que, por tener una tecnología más avanzada, tienen unos costes superiores a los vehículos convencionales de combustión de hidrocarburos[146].

Por su parte, como es sabido los vehículos híbridos y eléctricos también pueden ser gravados por el **IVA** (esencialmente, cuando se trate de vehículos nuevos o usados vendidos por empresarios o profesionales). Pues bien, en tales casos podría considerarse de forma cumulativa al beneficio fiscal antes referido la aplicación de tipos reducidos para los vehículos identificados como sostenibles (esencialmente, los vehículos eléctricos o solares[147]),

---

146 Ciertamente, no se establece ninguna reducción para vehículos que sólo utilicen biocarburantes (aun siendo éstos, como se ha indicado, energías renovables), toda vez que no existe por el momento (i) una comercialización de biocarburantes puros ni (ii) una diferenciación entre vehículos que únicamente se alimenten de biocarburantes. Si tales circunstancias se produjeran en un futuro, no existiría problema alguno en que los mismos tributaran, asimismo, al tipo 0% por el que actualmente se gravan los vehículos híbridos y eléctricos enchufables, entre otros.

147 En relación con los vehículos que consuman únicamente biocarburantes o hidrógeno verde también cabría considerar, en principio, un tipo reducido del IVA. Sin embargo, como se ha indicado ya, la dificultad de identificar vehículos que sólo utilicen fuentes renovables lleva a pensar que -salvo medidas excepcionales poco imaginables, como la existencia de boquillas de alimentación diferenciadas para este tipo de vehículos- la aplicación de beneficios fiscales para la adquisición de tales vehículos es compleja y, acaso, no debería considerarse en el estado actual de la ciencia.

si bien -como se refirió en el epígrafe 4.1 anterior en relación con la fiscalidad de los biocarburantes- al encontrarse el IVA armonizado en el ámbito de la UE España no podría aprobar tipos reducidos para la adquisición de los vehículos mencionados si no existe una modificación del anexo III de la Directiva de IVA por la que se incluyan tales bienes entre aquellos que pueden beneficiarse de una menor tributación.

Del mismo modo debe considerarse, en relación con la adquisición de tales vehículos sostenibles los **impuestos aduaneros** que, de existir voluntad política en el seno de la UE, a los vehículos que no emitieran CO_2 (esencialmente, vehículos eléctricos enchufables y solares) que se importaran por los distintos Estados miembros, podrían reducirse tales aranceles devengados por el paso de la frontera exterior de la UE, siendo ello una medida política que habría de adoptarse en ámbitos supranacionales y que, sin duda, incentivaría asimismo el consumo de tales vehículos y, paralelamente, resultaría favorable para una movilidad urbana más sostenible.

Ahora bien, cuando un vehículo ecológico de los antes referidos se adquiere de segunda mano y el vendedor no es un empresario o profesional, tal transmisión resulta gravada por el **Impuesto sobre Transmisiones Patrimoniales** (ITP) a un tipo que puede variar entre las distintas Comunidades Autónomas y que, por lo general, se encuentra en torno al 4% (que es el tipo supletorio si la Comunidad Autónoma no ha fijado otro tipo). Pues bien, si se pretendiera realmente incentivar la adquisición de vehículos que favorecieran la sostenibilidad del transporte urbano, tanto el Estado[148] como las Comunidades Autónomas[149]

---

148 Con modificaciones en el Texto Refundido de la Ley del Impuesto sobre Transmisiones Patrimoniales y Actos Jurídicos Documentados, aprobado por Real Decreto Legislativo 1/1993, de 24 de septiembre.

149 Tanto el art. 19.Dos.d) de la Ley Orgánica 8/1980, de 22 de septiembre, de Financiación de las Comunidades Autónomas como el art. 49.1 de la Ley 22/2009, de 18 de diciembre, por la que se regula el

podrían fijar exoneraciones de gravamen o tipos reducidos para la transmisión de vehículos ecológicos que facilitaran un transporte urbano más sostenible.

Finalmente, existen otros tributos indirectos que podrían considerarse en relación con los vehículos ecológicos, esencialmente en el ámbito local. Así, en relación con el **Impuesto sobre Construcciones, Instalaciones y Obras** el art. 103.2.f) TRLHL prevé la aplicación de una "[u]na bonificación de hasta el 90 por ciento a favor de las construcciones, instalaciones u obras necesarias para la instalación de puntos de recarga para vehículos eléctricos". Como tantos beneficios fiscales en el ámbito local, con el objeto de respetar al máximo la autonomía local referida bonificación se configura sólo como una mera posibilidad que pueden acoger los Entes Locales en sus ordenanzas fiscales, si bien sería deseable que referido beneficio tuviera un carácter obligatorio[150].

4.4.2. Fiscalidad directa

En lo que concierne a la fiscalidad directa de los vehículos que circulan en las ciudades cabe examinar, en primer lugar, los impuestos que gravan la titularidad de bienes, que pueden referirse tanto a vehículos como a los inmuebles donde los mismos se estacionan.

Ello es relevante, en primer lugar, en el ámbito de las haciendas locales[151]. Así, el art. 74.7 TRLHL regula una la posibilidad de

---

sistema de financiación de las Comunidades Autónomas de régimen común y Ciudades con Estatuto de Autonomía y se modifican determinadas normas tributarias, establecen la posibilidad de fijar "el" tipo de gravamen en las transmisiones de bienes muebles (o semovientes) así como de regular deducciones o bonificaciones en la cuota del ITP.

150 Vid. sobre tales cuestiones Lucas Durán, M. (2023).

151 En el ámbito estatal y autonómico, también podría hacerse alusión a potenciales beneficios fiscales que podrían recogerse tanto en el Impuesto sobre el Patrimonio como en el Impuesto Temporal de Solidaridad de

que los Ayuntamientos establezcan en el **Impuesto sobre Bienes Inmuebles** "una bonificación de hasta el 50 por ciento de la cuota íntegra del impuesto a favor de los bienes inmuebles en los que se hayan instalado puntos de recarga para vehículos eléctricos"[152]. Y, por otro lado, en relación con el **Impuesto sobre Vehículos de Tracción Mecánica** (IVTM), el art. 96.6 TRLHL recoge la posibilidad de que los Municipios regulen en sus ordenanzas fiscales tanto "[u]na bonificación de hasta el 75 por ciento en función de la clase de carburante que consuma el vehículo, en razón a la incidencia de la combustión de dicho carburante en el medio ambiente", como "[u]na bonificación de hasta el 75 por ciento en función de las características de los motores de los vehículos y su incidencia en el medio ambiente"[153]. Como se ha referido anteriormente, acaso sería deseable que tales bonificaciones potestativas fueran obligatorias para los Entes Locales en una determinada proporción, permitiendo a los mismos que incrementaran el beneficio en el margen permitido por la TRLHL[154].

En relación con los impuestos sobre la renta, existen dos tributos que podrían considerarse. Por un lado, cabe mencionar el **Impuesto sobre la Renta de las Personas Físicas**. Es conocido que el art. 189 del Real Decreto-ley 5/2023, de 28 de junio, aprobó una nueva disposición adicional quincuagésima octava en la Ley 35/2006, de 28 de noviembre, del Impuesto sobre la Renta de las

---

las Grandes Fortunas en relación con vehículos sostenibles o de garajes en los que los mismos se estacionen. Sin embargo, habida cuenta de los sujetos de ambos tributos (en su mayoría multimillonarios), no parece que una exoneración de gravamen sobre vehículos y garajes pueda implicar un incentivo significativo en relación con el objeto del presente estudio.

152 Sobre el particular vid., entre otros, Reyes Rascón, J. D. (2023).

153 Sobre la compatibilidad entre ambos beneficios fiscales en relación con vehículos ecológicos que cumplas ambos requisitos, vid. Guervós Maíllo, M. A. (2024).

154 Cfr. en relación con tales aspectos Lucas Durán, M. (2023) y Guervós Maíllo, M. A. (2024) así como bibliografía allí citada.

Personas Físicas (LIRPF), que contiene una deducción del 15% (con las limitaciones previstas en la norma) por la adquisición de vehículos eléctricos "enchufables" y de pila de combustible y puntos de recarga. Se trata, sin duda, de un incentivo fiscal significativo para la adquisición de vehículos sostenibles que pueden beneficiar el medio natural urbano en relación con la movilidad de su ciudadanía, aun cuando el desarrollo de nuevos medios de transporte (v. gr. vehículos impulsados únicamente a través de biocarburantes) pudiera aconsejar modificaciones fiscales puntuales para su inclusión de dichos supuestos en el referido beneficio tributario[155].

Asimismo, en relación con el **Impuesto sobre Sociedades**, si bien no se recoge en la actualidad ningún beneficio fiscal dirigido a incentivar la producción de vehículos eléctricos, acaso podría contemplarse *de lege ferenda* algún tipo de deducción o bonificación tributaria para la fabricación de tales medios de transporte. Aun cuando tal medida fiscal debería ser notificada a la Comisión para su evaluación como eventual ayuda de Estado y, a fecha de hoy, se antoja complicado que supere los requisitos previstos en

---

155 Aun cuando el vehículo solar (aún en desarrollo y escasamente comercializado) no aparece referido en la norma aludida, cabe entender que el mismo podría encontrarse incluido en entre los "[v]ehículos eléctricos puros (BEV), propulsados total y exclusivamente mediante motores eléctricos cuya energía procede, parcial o totalmente, de la electricidad de sus baterías, utilizando para su recarga la *energía de una fuente exterior* al vehículo, por ejemplo, la red eléctrica" a los que se refiere la disposición adicional 58ª LIRPF podría encontrarse los vehículos solares no enchufables, por cuanto que la energía solar -que proveería de electricidad a las baterías internas de dicho vehículo- puede entenderse, según la literalidad de la norma, como una "energía de fuente exterior" que proporciona electricidad a las baterías de tales vehículos. Sobre la posibilidad de extender el referido incentivo fiscal a los vehículos impulsados exclusivamente por biocarburantes o hidrógeno verde, nos remitimos a las reflexiones antes realizadas sobre las dificultades de probar el cumplimiento de las condiciones para acogerse a tales medidas fiscales.

la normativa de la UE, si existiera voluntad política por parte de las instituciones de la UE acaso se podría aprobar -siquiera transitoriamente- una excepción ambiental para tales medidas fiscales a fin de que no fueran reputadas ayudas de Estado.

Finalmente, en relación con el **Impuesto sobre Actividades Económicas** -que podría considerarse como una suerte de impuesto sobre la renta presuntivo-, el art. 88.2.f) TRLHL recoge la posibilidad de que las ordenanzas fiscales municipales establezcan "[u]na bonificación de hasta el 50 por ciento de la cuota correspondiente para los sujetos pasivos que tributen por cuota municipal y que hayan instalado puntos de recarga para vehículos eléctricos en los locales afectos a la actividad económica". Sobre la posibilidad de

4.5. Un apunte sobre las políticas presupuestarias y de gastos públicos a favor de un transporte urbano sostenible y para el fomento de las energías renovables en la movilidad de los centros urbanos

Una vez analizadas las medidas tributarias que existen en nuestro ordenamiento jurídico y que podrían aprobarse en un futuro, corresponde a este epígrafe una somera reflexión sobre las políticas fiscales que podrían adoptarse desde la perspectiva de los gastos públicos.

Ciertamente, las políticas presupuestarias y de realización de los gastos públicos están estrechamente vinculadas a los distintos entes territoriales (Estado, Comunidades Autónomas y Entes Locales) y constituyen herramientas de política económica de primer orden. Sin embargo, también es cierto que, desde una perspectiva jurídica, el art. 31.2 de nuestra Constitución recoge que "[e]l gasto público realizará una asignación equitativa de los recursos públicos" y que tal Justicia en el gasto público sólo puede entenderse atendiendo a los principios los derechos y deberes que recoge dicha Carta Magna así como en relación con los principios rectores de la política social y económica que la misma fija[156]. Y, en este sentido, es preciso recordar que el art. 45 de nuestra Constitución recoge, por un lado, que "[t]odos tienen el derecho a disfrutar de un medio ambiente adecuado para el desarrollo de la persona, así como el deber de conservarlo" y, adicionalmente, que "[l]os poderes públicos velarán por la utilización racional de todos los recursos naturales, con el fin de proteger y mejorar la calidad de la vida y defender y restaurar el medio ambiente, apoyándose en la indispensable solidaridad colectiva".

Siendo ello así, existe una obligación jurídica para los poderes públicos -por mucho que tenga caracteres difusos y sea complejo exigirla ante los tribunales- de realizar gastos públicos en favor de la conservación del medio natural y, consecuentemente, permitiendo una movilidad urbana más sostenible. Siendo ello así, resulta razonable que los Entes Locales en el ámbito de su territorio promuevan la movilidad urbana sostenible no sólo con beneficios tributarios para los vehículos eléctricos y para la instalación de puntos de recarga eléctricos para los mismos, sino también la realización de gastos públicos que favorezcan el uso de energías renovables en el transporte que se lleve a cabo en el ámbito urbano. Y ello no sólo debe conllevar mayores inversiones en transporte colectivo sostenible -en la medida en que el mismo implicará una reducción significativa de emisiones de CO_2 a la atmósfera y, consecuentemente, beneficiará el medio natural urbano-, sino también en transporte individual sostenible (como, por ejemplo, la creación de senderos de bicicletas o la instalación de servicios públicos de alquiler municipal de tráfico rodado ligero), así como en otras medidas que faciliten la movilidad sostenible en su territorio como, por ejemplo, la creación de aparcamientos disuasorios -y deseablemente gratuitos, al menos en la medida en que el mismo se encuentre ligado al uso de transporte público- en relación con los vehículos

156 Sobre el particular vid., por todos, Orón Moratal, G. (1995).

privados, ubicados en las proximidades de los principales nodos de transporte sitos en las afueras de las ciudades (v. gr. intercambiadores de metro, tren y autobuses urbanos e interurbanos), lo cual facilita el uso del transporte público para transitar los núcleos urbanos con menores emisiones atmosféricas nocivas.

Pero, adicionalmente, en cuanto a la ejecución de las partidas presupuestarias que hayan aprobado los entes públicos -y, esencialmente, los Ayuntamientos- lo más respetuoso con el medio natural y con el art. 45 de nuestra Constitución sería tomar en cuenta la contaminación del transporte urbano en cualquier gasto realizado. Así, por ejemplo, al adquirir la flota de vehículos públicos (de la policía, limpieza, transporte público, etc.) debería apostarse por aquellos que menor contaminación atmosférica produjeran; o al contratar cualquier servicio (por ejemplo, de mensajería, pero no exclusivamente) sería razonable la inclusión en los pliegos de contratación un valor específico por el transporte sostenible.

5. CONCLUSIONES

Como conclusiones del presente trabajo se puede extraer las siguientes:

1.- **El uso de biocarburantes debe ser favorecido fiscalmente**. En la actualidad la inmensa mayoría del tráfico rodado de las ciudades funciona con motores de combustión de hidrocarburos fósiles (esencialmente gasóleos y gasolinas), de manera que un mayor uso de biocarburantes implicaría una reducción notable de la emisión de gases de efecto invernadero y una mayor protección del medio natural urbano. En este sentido, y al estar armonizados los impuestos especiales y el IVA por la UE, la normativa actual permite -siguiéndose los procedimientos adecuados- una reducción de la imposición sobre los hidrocarburos en relación con los biocarburantes y podría también aprobarse a nivel europeo un tipo de IVA reducido para tales combustibles ecológicos que permitiera a España fijar en relación con los mismos un tipo reducido del 10% o superreducido del 4%. Sin embargo, habida cuenta de que la imposición sobre hidrocarburos supone, prácticamente, la mitad del precio de venta al público de los mismos, constituiría un incentivo fiscal suficiente la reducción de los impuestos que gravan los carburantes en función de la proporción de fluido ecológico que contengan. De este modo, se incentivaría la utilización de mezclas entre tales combustibles y productos derivados del refino del petróleo, siendo así que cuanto mayor fuera la proporción de biocarburantes más se reduciría el precio del combustible y, por ende, mayor sería el interés del público en su adquisición.

2.- **Resulta conveniente estudiar el uso de instrumentos fiscales para hacer más eficiente el transporte urbano de mercancías**, sobre todo en lo que concierne a las entregas del creciente mercado de las compraventas realizadas por internet. En este sentido, resulta interesante reflexionar sobre *tasas de última milla* como la aprobada en el Municipio de Barcelona para la expedición de mercancías adquiridas por internet y transportadas al domicilio del adquirente. Y si bien es cierto que en los últimos meses se ha producido algún pronunciamiento judicial que entienden que la tasa de Barcelona es contraria a Derecho, aún podría revocarse tal doctrina por tribunales superiores. En cualquier modo, la idea que subyace a tales tributos comporta una idea interesante que, en la medida en que se eliminen discriminaciones tributarias indebidas y se vincule el cobro de la tasa no sólo a la utilización del dominio público local representado por el suelo municipal sino, adicionalmente, al uso de otros bienes públicos como la atmósfera local en el caso de emisiones contaminantes a la atmósfera, reconfigurando dicho tributo en términos ambientales (con modificación, en su caso, de la legislación pertinente como la Ley 34/2007, de 15 de noviembre, de calidad del aire y protección de la atmósfera, o el TRLHL, incluyendo en ella la posibilidad de aprobar tales tasas para evitar una eventual violación del principio de reserva de ley), tal medida fiscal pudiera ser perfectamente compatible con nuestra Constitución.

3.- Asimismo, **en breve los Ayuntamientos de más de 50.000 habitantes dispondrán de medidas tributarias específicas para limitar el acceso a las zonas de bajas emisiones** por parte de vehículos contaminantes si se llega a aprobar la Ley de Movilidad Sostenible en los términos actualmente previstos en el proyecto de ley que se está tramitando en nuestro Parlamento. Siendo ello así, en pocos meses los Municipios previsiblemente dispondrán de una herramienta tributaria para limitar el acceso a referidas zonas de bajas emisiones y, por ende, podrá valorarse en cada caso por más de 150 municipios españoles si se instauran -y, de ser así, en qué medida- tasas por acceso a los centros urbanos, siendo así que tal medida puede propiciar, asimismo, una mejora de la calidad del aire de las ciudades y la transición hacia un transporte interurbano más sostenible.

4.- De mismo modo, **cabe utilizar medidas fiscales para incentivar la adquisición y titularidad de vehículos no contaminantes**. En este sentido, mientras que el IDTM está adecuadamente configurado como una herramienta ambiental (gravando la primera matriculación en España de vehículos en función de su potencial contaminador), el IVTM podría configurarse de un modo que no permita tanta libertad a los Ayuntamientos para configurar un mayor o menor gravamen en función de los motores o carburantes utilizados por tales vehículos sean más o menos ecológicos. En este sentido, sería conveniente que la TRLHL fijara unos parámetros para obligar a un mayor o menor gravamen en función de las emisiones atmosféricas nocivas que produzcan tales vehículos. Adicionalmente, y *de lege ferenda,* podría rebajarse la imposición indirecta de la adquisición de vehículos (IVA e ITP, dependiendo de que se trate de primeras o segundas transmisiones y de que los mismos sean vendidos o no por empresarios o profesionales) en función de que sean vehículos más o menos ecológicos, para lo cual se requerirían acciones normativas por parte de la UE (IVA) y de España (ITP y, en su caso, IVA).

5.- A todo ello debe añadirse que **es necesaria una inversión pública decidida a favor de los medios de transporte sostenibles en entornos urbanos**, pues ello resulta exigible -aun en términos difusos- por la combinación de los arts. 31.2 y 45 de la Constitución española. Para ello no sólo han de elaborarse unos presupuestos que promuevan el transporte urbano sostenible (con aprobación de partidas específicas referidas a infraestructuras acometidas por los entes públicos), sino que también se han de ejecutar tales presupuestos con una conciencia ambiental, eligiendo entre las distintas opciones posibles aquella que resulte más favorable al transporte urbano sostenible, siendo así que para ello pueden aprobarse pliegos de contratación específicos que incentiven el uso de vehículos electrificados, etc.

6.- Por último, es preciso recordar que aunque los biocarburantes sean neutros en cuanto a la huella de carbono se refiere, conllevarán generalmente la emisión a la atmósfera de óxidos de nitrógeno y partículas nocivas para la calidad de aire urbano. Siendo ello así, **la opción por el vehículo eléctrico parece preferible** cuando las fuentes de la electricidad provengan de fuentes renovables, de manera que deben establecerse los mayores incentivos posibles a medios de transporte eléctricos y totalmente limpios (v. gr. vehículo solar). Y lo mismo cabría decir respecto de otros medios de transporte igualmente ecológicos, como aquellos propulsados por hidrógeno verde. En ambos casos, resulta necesario un cambio de paradigma desde los motores de combustión de carburantes ricos en carbono (los tradicionales) a otras tecnologías más emergentes (motores eléctricos y de combustión de hidrógeno). Con todo, habida cuenta de que la tendencia actual, según los datos conocidos, es que la electricidad se genere -cada vez en mayor medida- a través de fuentes renovables, en la medida en que dicha tendencia se consolide la opción por el vehículo eléctrico se configura como óptima en ámbitos urbanos al no producir emisiones nocivas a la atmósfera y estar adecuado a la autonomía (en Km) de las ciudades.

6. REFERENCIAS BIBLIOGRÁFICAS

Aguilera García, A., Gómez Profesor, J. y Sobrino, N. (2021), "Factores clave en la adopción de las motos de uso compartido en núcleos urbanos de España", en Gonzalo Orden, G. y Rojo Arce, M. (eds.), *R-evolucionando el transporte,* Universidad de Burgos.

Antón Antón, A. (2013), "Promoción de los biocarburantes y ayudas de Estado: el caso de España" en Lucas Durán, M. (Dir.), *Fiscalidad y energías renovables,* Thomson Reuters Aranzadi, Cizur Menor (Navarra).

Boix Palop, A., De la Encarnación Valcárcel, A. M. y Doménech Pascual, G. (eds.) (2017), *La regulación del transporte colaborativo,* Thomson Reuters Aranzadi, Cizur Menor (Navarra).

García Calvente, Y. (2024), "La tasa de aprovechamiento especial del dominio público derivado de la distribución a destinos finales indicados por los consumidores de bienes adquiridos por comercio electrónico (tasa 'Amazon') de la ciudad de Barcelona", en Gil Cruz, E. M. y Grau Ruiz, M. A. (Dirs.), Falcón Pulido, A., y Martínez Torres, V. (Coords), *Medidas financieras, fiscales, sociales y procedimentales para la sostenibilidad,* Thomson Reuters Aranzadi, Cizur Menor (Navarra).

Gorospe Oviedo, J. I.

- (2021), "Las propuestas de reforma ambiental del IVTM", en García Carretero, B. (Coord.), "La reforma ambiental de las Haciendas Locales", *Documentos de Trabajo del Instituto de Estudios Fiscales* 7/2021.
- (2022), "Medidas fiscales para un modelo de transporte urbano sostenible: impuesto de circulación, transporte colaborativo y teletrabajo", en AAVV *Retos actuales del Derecho Financiero y Tributario VII Reunión de profesores de Derecho Financiero y Tributario, Documento de Trabajo del Instituto de Estudios Fiscales* 8/2022.

- (2023), "El Anteproyecto de Ley de Movilidad Sostenible y la futura tasa de 'circulación", en García Carretero, B. (Coord.), *II Jornadas sobre la Reforma Ambiental de las Haciendas Locales: La reforma en el marco jurídico europeo, estatal y autonómico, Documento de Trabajo del Instituto de Estudios Fiscales* 3/2023.

Guervós Maíllo, M. A.,

- (2014) "El futuro de la tributación del sector del transporte y el cambio climático" en Adame Martínez, F. y Ramos Prieto, J., *Estudios sobre el sistema tributario actual y la situación financiera del sector público. Libro Homenaje al Profesor Dr. D. Javier Lasarte Álvarez*, Instituto de Estudios Fiscales, Madrid.
- (2022) *Fiscalidad de las Smart Cities*, Thomson Reuters Aranzadi, Cizur Menor (Navarra).
- (2024) "La fiscalidad del transporte urbano sostenible" en Patón García, G. (dir.) y Sedeño López, J. F. (Coord.), *Fiscalidad y economía circular: Sectores estratégicos de vivienda y transporte*, Atelier Fiscal, Madrid.

Lucas Durán, M.

- (2013), "Nuevas figuras tributarias en el ámbito municipal ante la crisis financiera actual y su coordinación con la hacienda autonómica y estatal", en Merino Jara, I. (Coord.), *La hacienda local: cuestiones actuales*, Instituto de Estudios Fiscales, Madrid.
- (2023), "La mejora de la fiscalidad ambiental local: propuestas de la Asociación Española de Asesores Fiscales", en García Carretero, B. (Coord.), *II Jornadas sobre la Reforma Ambiental de las Haciendas Locales: La reforma en el marco jurídico europeo, estatal y autonómico, Documento de Trabajo del Instituto de Estudios Fiscales* 3/2023.

Monasterio Beñaran, E. (2006), "Los biocarburantes y la fiscalidad como una herramienta necesaria para su promoción", *Zergak: gaceta tributaria del País Vasco*, (32).

Ortiz Calle, E. y González-Cuéllar Serrano, M. L. (2020), *Informe sobre el gravamen local de las entregas domiciliarias realizadas en la ciudad de Barcelona por grandes empresas cuyo objeto social es el comercio electrónico*, Universidad Carlos III (accesible en https://bcnroc.ajuntament.barcelona.cat/jspui/bitstream/11703/122016/1/InformeTasaBarcelona_ComercioElec.pdf, recuperado el 20 de agosto de 2024).

Reyes Rascón, J. D. (2023), "La incentivación del desarrollo y adquisición de vehículos eficientes energéticamente por parte de las Haciendas Locales", en García Carretero, B. (Coord.), *II Jornadas sobre la Reforma Ambiental de las Haciendas Locales: La reforma en el marco jurídico europeo, estatal y autonómico, Documento de Trabajo del Instituto de Estudios Fiscales* 3/2023.

Rozas Valdés, J. A. (2022), "La reforma del marco legal de los peajes locales de gestión circulatoria", *Tributos Locales* (155).

Sanz Gómez, R. J.,

- (2018), "«The fast an the furious»: nuevos modelos de negocio y cuestiones regulatorias y fiscales en el transporte colaborativo", en Pedreira Menéndez (dir.), *Fiscalidad de la colaboración social*, Thomson Reuters Aranzadi, Cizur Menor (Navarra).
- (2022a), "Los peajes municipales de congestión en el marco legislativo vigente", *Tributos Locales* (155).
- (2022b), "La habilitación legal del anteproyecto de Ley de movilidad sostenible para la creación de peajes urbanos" en Esteve Pardo, M. L. (Dir.) y Navarro García, A. (Coord.), *La financiación de los servicios públicos en las áreas urbanas*, Thomson Reuters Aranzadi, Cizur Menor (Navarra).
- (2024), "Tasas locales para una movilidad urbana sostenible. La posibilidad de introducir un peaje urbano en las ciudades españolas", *Consultor de los ayuntamientos y de los juzgados: Revista técnica especializada en administración local y justicia municipal* (extra 1/2024, ejemplar dedicado a Tasas locales).

Serrat Romaní, M. (2022), "La tecnología como elemento clave de la eficacia de los peajes de congestión: Un estudio comparado", *Tributos Locales* (155).

Orón Moratal, G. (1995), *La configuración constitucional del gasto público*, Tecnos, Madrid.

III. EXPERIENCIAS DE FISCALIDAD DE LA MOVILIDAD URBANA

6. Experiencias comparadas de fiscalidad de la movilidad urbana: Los peajes urbanos de Londres, Singapur y Estocolmo

MARINA SERRAT ROMANÍ[157]
Investigadora postdoctoral Beatriu de Pinós
(Universitat de Barcelona)

1.- INTRODUCCIÓN

Hablar de movilidad sostenible normalmente la relacionamos con el objetivo reducir las emisiones en los desplazamientos. No obstante, el concepto de movilidad sostenible también implica objetivos que van más allá de los objetivos ambientales, como pueden ser la mejora de aspectos sociales y económicos, como por ejemplo aspectos que supongan el incremento de la calidad de vida de los habitantes de una determinada área geográfica. Este es el objetivo de los denominados *congestion charges*, que pueden traducirse como peajes a la congestión. Se trata de un modelo de peaje urbano que se introduce para regular el acceso y circulación de tráfico rodado en una determinada área u áreas de un municipio.

El pasado mes de febrero de 2024, el Gobierno anunció reemprender el proyecto de la Ley de Movilidad Sostenible. En la

---

157 ORCID: 0000-0002-1957-3293

primera versión de este proyecto[158], desde el Ministerio de Transición ecológica y Reto demográfico se propuso la posibilidad de modificar la Ley de Haciendas Locales[159]. Dicha propuesta incluye la introducción de la letra v) al apartado 3 del artículo 20, mediante la cual se prevén las zonas de bajas emisiones, así como la modificación de la letra a) del apartado 1 del artículo 24, en el que se adiciona un segundo párrafo en el que se prevé la posibilidad de crear una tasa, en caso de aprovechamiento especial del dominio público local por la circulación en zonas de bajas emisiones de vehículos que superen los límites de contaminación establecidos en dicha zona o bien por categorías máximas de libre circulación. El valor de referencia propuesto para fijar la tasa es el coste que hubiera tenido que abonar ese vehículo si hubiera estacionado en un aparcamiento público. Dichas propuestas se han rescatado, exactamente iguales, con el nuevo Proyecto de Ley de Movilidad Sostenible[160].

Del redactado de dicha propuesta, se desprende que, en el caso del modelo español, la tasa de acceso a las zonas de bajas emisiones puede utilizarse dualmente, pues se ha habilitado la imposición de una tasa de acceso las zonas de bajas emisiones por motivos ambientales, pues dependiendo de si el vehículo supera los límites impuestos de acceso en la zona tendrá o no que abonar dicha tasa. No obstante, a su vez, se prevé la equiparación de las tasas de acceso a las zonas de bajas emisiones a una *congestion charge*, pues se crea la posibilidad de imponer una tasa dependiendo del

---

158 Véase Disposición final segunda. Uno 121/000136 Proyecto de Ley de Movilidad Sostenible, 27 de enero de 2023, BOCG, XIV legislatura https://www.congreso.es/public_oficiales/L14/CONG/BOCG/A/BOCG-14-A-136-1.PDF

159 Texto Refundido de la Ley Reguladora de las Haciendas Locales, aprobado por el Real Decreto Legislativo 2/2004, de 5 de marzo

160 121/000009 Proyecto de Ley de Movilidad Sostenible, 23 de febrero de 2024, BOCG, XV legislatura https://www.congreso.es/public_oficiales/L15/CONG/BOCG/A/BOCG-15-A-9-1.PDF

volumen máximo de circulación que acceda a las áreas delimitadas como zonas de bajas emisiones. Se trata, pues, de un modelo poco acotado, que da mucha libertad a los municipios de regular esta tasa como mejor consideren, como una tasa medio ambiental, como una tasa a la congestión, o con ambos fines.

La fórmula de *congestion charges* lleva décadas siendo utilizada en otras jurisdicciones como es el caso de las ciudades de Londres, Singapur y Estocolmo, cuyas fórmulas de contribución se expondrán a lo largo de este capítulo, para mostrar modelos éxito en la implementación de esta tipología de peajes urbano como instrumentos de movilidad sostenible.

Así, la estructura que se seguirá para desarrollar este estudio comparado empieza con Singapur, al ser el país pionero en la introducción de este tipo de tasas/peajes. Se repasará la historia y evolución del sistema singapurense hasta la actualidad, así como se expondrán los resultados tanto a nivel de contaminación como de impacto económico que han generado la instauración de los peajes de contaminación. Seguidamente se hará el mismo análisis del caso de la ciudad de Londres, y finalmente se terminará con el modelo sueco de la ciudad de Estocolmo. El capítulo culminará con unas breves conclusiones.

2.- LONDRES

Londres es el ejemplo europeo por antonomasia de ciudad con un peaje urbano para evitar la congestión. A diferencia de modelo singapurense donde se cobra el peaje de congestión cada vez que el vehículo cruza el área acordonada, en Londres se cobra una tarifa diaria para cualquier vehículo que entre dentro de la zona restringida y circule por sus vías públicas, independientemente de cuantas veces cruce el punto de peaje. Esta lógica es la imperante en los diversos peajes de congestión y contaminación que Londres ha implementado en los últimos años, denominados *London's road charging schemes*. Si un viajero quiere conducir por Londres puede necesitar abonar el *Congestion Charge (CC)*, la *Ultra Low Emission Zone (ULEZ) Charge* y/o la *Low Emission Zone (LEZ) charge*.

2.1.- El sistema de Congestion Charge londinense

La *Congestion Charge* (CC) o peaje de congestión se aplica en la zona central de Londres desde el año 2003 para tratar de regular el volumen de tráfico rodado en una determinada zona del centro de Londres con los objetivos de reducir la polución en el aire y contaminación acústica de la ciudad, reducir el número de accidentes y fatalidades, los costes económicos negativos que producen los atascos[161]. La frontera que delimita el peaje rodea el área equivalente al centro de la ciudad. Para acceder a esta área mediante vehículo privado, el conductor debe abonar una tasa diaria para poder circular, de lunes a viernes de 7 a 18h, así como sábados, domingos y festivos de 12h a 18h dentro del perímetro delimitado (21 km^2), independientemente que el vehículo entre o salga varias veces del área.

En el sistema de CC no hay barreras ni casetas de peaje, la zona está solamente video vigilada. Los conductores deben registrar su número de vehículo, *Vehicle Registration Number* (VRN), en una base de datos de TfL. Cada vez que los conductores acceden a la zona cubierta por la CC, las cámaras leen la matrícula del vehículo mientras entra, sale o conduce dentro de la zona. Las imágenes se procesan y cotejan con la base de datos para detectar si el vehículo ha pagado el peaje o no, bien porque está exento o porque cuenta con una bonificación del 100% o bien porque simplemente no ha pagado el peaje, exponiéndose a recibir una penalización[162].

---

161 Véase Tang, C.K., "The Cost of Traffic: Evidence from the London Congestion Charge," *Journal of Urban Economics*, Elsevier, núm.121 (C), 2020, DOI: 10.1016/j.jue.2020.103302

162 Las multas por impago de la CC ascienden a 160£ que deben abonarse en 28 días después de la recepción de la *Penalty Charge Notice* (PCN). Si se abonan dentro de los primeros 14 días, la multa se reduce al

El peaje se paga diariamente, es decir, por día que se quiera conducir por la zona de CC. Los conductores tienen hasta la medianoche del día en que quieran viajar para pagar el peaje. El coste del peaje es de 15£ si se abona antes de la medianoche del día del viaje, o de 17,50£ si se abona hasta tres días después del día de viaje[163]. Los conductores pueden abonar el peaje mediante un sistema de pago automático. Para ello, los conductores pueden abonar el pago *online* o bien a través de la aplicación *Auto Pay*. En el sistema de pago automatizado *Auto Pay* los conductores registran el número de días de cada mes que el vehículo viaja dentro de la zona de CC y automáticamente el programa calculará la cantidad que debe abonarse, la cual se extraerá automáticamente de la tarjeta de débito o crédito vinculada a la aplicación o bien mediante débito directo cada mes[164].

2.2.- *El funcionamiento de la Low Emissions Zone (LEZ)*

La Zona de Bajas Emisiones de Londres o *Low Emissions Zone* (en adelante LEZ) se estableció en febrero de 2008, con el objetivo de reducir la contaminación del aire relacionada con el tráfico, pues los niveles de contaminación del aire relacionados con el tráfico en Londres se encontraban entre los peores de Europa. La LEZ es la zona de bajas emisiones más grande del mundo, que cubre la mayor parte del *Great London,* con una su-

---

50% (80£). No obstante, si en los 28 días no se ha abonado, la multa se incrementa en un 50% ascendiendo a 240£ (Véase Transport for London, "Penalties and Enforcement", *Transport for London* https://tfl.gov.uk/modes/driving/congestion-charge/penalties-and-enforcement)

163 Transport for London, "Temporary changes to the Congestion Charge to secure safe recovery", *Transport for London,* 16 June 2020 https://tfl.gov.uk/info-for/media/press-releases/2020/june/temporary-changes-to-the-congestion-charge-to-secure-safe-recovery

164 Transport For London, "Auto Pay", *Transport for London* https://tfl.gov.uk/modes/driving/auto-pay

perficie de 1.600 km2 y una población de 8,2 millones. Se aplica las 24 horas del día, todos los días del año, sin excepción[165].

La LEZ introdujo gradualmente un régimen de emisiones más estricto, adaptado al último estándar de emisiones EURO. A diferencia de la CC, la LEZ afecta a los vehículos diésel pesados más contaminantes, es decir, furgonetas, camiones y autobuses de más de 3.5 toneladas. Los vehículos pesados que no cumplen con los estándares mínimos de emisiones EURO VI[166], deben pagar una tasa para entrar y circular dentro de la zona delimitada. Los vehículos pesados que no cumplan dicho estándar, en función de las dimensiones del vehículo y su antigüedad[167], deben abonar una tasa que oscila entre las 100£ y 300£.

Del mismo modo que en la CC, no existen peajes físicos, sino que la zona a partir de la que empieza la LEZ está indicada con carteles y señales verticales y horizontales, en la propia calzada, para advertir a los conductores que se adentran en la zona video vigilada. Una vez dentro de la zona los vehículos que no cumplan con los estándares de contaminación indicados tienen de plazo para abonar la tasa o peajes hasta la medianoche del tercer día después del viaje. Los conductores pueden utilizar el método de pago *Auto Pay*, previamente descrito, a partir del cual pueden adelantar hasta 90 días el pago del peaje.

---

165 Véase TRANSPORT FOR LONDON, "LEZ: Where and When", *Transport for London* https://tfl.gov.uk/modes/driving/low-emission-zone/about-the-lez para poder observar un Mapa de la Zona cubierta por la LEZ.

166 TRANSPORT FOR LONDON, "Your vehicle and LEZ", *Transport for London* https://tfl.gov.uk/modes/driving/low-emission-zone/your-vehicle-and-lez

167 TRANSPORT FOR LONDON, "How to pay a LEZ charge", *Transport for London* https://tfl.gov.uk/modes/driving/low-emission-zone/make-a-payment

2.3.- La Ultra Low Emission Zone (ULEZ)

En abril de 2019, entró en vigor la *Ultra Low Emission Zone* (ULEZ), la primera zona de muy bajas emisiones del mundo en la que para poder acceder había que pagar una tasa o peaje[168]. A diferencia de la LEZ, la ULEZ aplica a los vehículos motorizados ligeros, con un peso inferior a 3,5 toneladas. Si bien, la ULEZ empezó cubriendo la misma zona en la que se aplicaba la CC, el motivo de su introducción, no fue el de reducir la presencia del tráfico rodado por motivos de congestión de tráfico, sino por motivos de mejora de la calidad del aire. La ULEZ opera 24 horas al día, 7 días a la semana, los 365 días al año, excepto el día de Navidad (25 de diciembre).

La ULEZ, igual que la LEZ, consiste en una tasa, de 12,50£ diarios, que se impone en los vehículos ligeros más contaminantes que accedan en su interior[169]. Igual que LEZ, la ULEZ está en funcionamiento 24 horas al día, 365 días al año excepto el día de Navidad, pues su objetivo es la reducción de todas las emisiones de gases contaminante, no solamente de CO^2. Estos

---

168 Es preciso matizar que Singapur fue la primera ciudad en introducir un peaje/tasa por congestión, con un objetivo distinto del que persigue Londres al introducir un peaje/tasa en la zona de muy bajas emisiones. El objetivo de Singapur era la reducción o facilitación del tráfico rodado, pero el objetivo londinense es directamente la mejora de la calidad del aire. Hasta la fecha, las zonas de bajas emisiones simplemente excluían el acceso de determinados tipos de vehículos que superaban los estándares de emisiones establecidos, pero no tenían que abonar ninguna tasa/peaje por entrar en la zona. Londres rompió con este planteamiento y obliga a pagar por entrar en la zona de muy bajas emisiones a todos aquellos vehículos que no cumplan con unos estándares muy elevados.

169 Véase TRANSPORT FOR LONDON, "ULEZ Expansion", *Transport for London*, 2021, https://tfl.gov.uk/modes/driving/ultra-low-emission-zone/ulez-expansion para visualizar Mapa comparativo de los límites de la zona en la que se aplica la ULEZ actualmente y de su ampliación en octubre de 2021.

requisitos están relacionados con la antigüedad del vehículo y el tipo de combustible utilizado, de modo que los vehículos para no pagar dicha tasa deben cumplir con el estándar mínimo de emisiones europeo. A diferencia de la LEZ, el estándar de emisiones varía según el tipo de vehículo[170].

La ULEZ sigue el mismo principio que la CC y la LEZ. No hay barreras, ni casetas de peaje, la zona está video vigilada. Los letreros en cada punto de entrada avisan a los conductores de cuándo se está ingresando en la zona. Por otra parte, se instalarán letreros de información anticipada en las carreteras principales circundantes, para alertar de la aproximación a la zona ULEZ. No obstante, la principal diferencia entre la tasa abonada por acceder en la ULEZ o la CC es que los vehículos que cumplan con los requerimientos ULEZ están exentos de pagar a diario por la contaminación emitida en el área.

En un principio la ULEZ cubría el mismo perímetro que la CC. Si bien ayudó a reducir el número de vehículos contaminantes en el centro de Londres, no demostró tener efectos realmente eficientes en la reducción de la contaminación del aire, reduciendo moderadamente las emisiones, alrededor de un 4-6%. Lo que demuestra que este tipo de peajes contaminante por si solos no son eficaces, sino que deben acompañarse de otras medidas complementarias[171]. Por este motivo, en vista a estos resultados, desde agosto de 2023 su área se extendió hasta cubrir los límites de la ciudad de Londres[172].

---

170 Podemos resumir los estándares por vehículos en TRANSPORT FOR LONDON, "ULEZ standards", *Transport for London* https://tfl.gov.uk/modes/driving/ultra-low-emission-zone/ways-to-meet-the-standard

171 MA, L., GRAHAM, D.J., STETTLER, M.E.J., "Has the ultra low emission zone in London improved air quality?" *Environmental Research Letters*, vol. 16, núm. 14. 2021.

172 TRANSPORT FOR LONDON, "ULEZ expansion", Transport for London, 2023, https://tfl.gov.uk/modes/driving/ultra-low-emission-zone/ulez-expansion-2023

3.- ESTOCOLMO

El trasfondo de la introducción del denominado, *Trängselskatt i Stockholm* o peaje de congestión de Estocolmo se produjo después las elecciones generales de 2002, cuando la coalición de partidos de izquierdas estudió la implementación de esta tipología de peaje a la congestión en la capital. Y es que la gestión del peaje por congestión pertenece a la administración del Estado sueco. El peaje de congestión está administrado por la *Vägverke,* que vendría a ser la Dirección General de Tráfico, es la responsable de la administración del peaje.

El motivo para introducir el peaje de congestión fue el intento de reducir los impactos negativos que causaban las congestiones de tráfico, para mejorar la accesibilidad y la atmósfera de la ciudad[173]. El problema principal se debía a la orografía de la ciudad. Estocolmo está distribuida en una serie de islas unidas entre ellas por puentes. Los problemas de congestión vial se creaban en los cuellos de botella que creaban los puentes[174]. Con este motivo, y por los consecuentes problemas ambientales que acarreaba, el Gobierno sueco decidió realizar la prueba piloto en el área donde se concentraba la mayor congestión, el centro de la ciudad de Estocolmo y la vía principal Essingeleden. En total un área de unos 30Km2[175].

---

173 HENIKSSON, G., HAGMAN, O., ANDRÉASSON, H. (2011). "Environmentally Reformed Travel Habits During the 2006 Congestion Charge Trial in Stockholm—A Qualitative Study", *International Journal of Environmental Research and Public Health,* vol. 8, núm. 8, 2023.

174 CISCO, "Sistema de cobro de tasas por congestión vial impulsado por IdT permite que Estocolmo reduzca el tránsito y las emisiones de CO2", *Cisco,* 2014, https://www.cisco.com/c/dam/m/es_la/ioe/public_sector/pdfs/Jurisdictions/stockholm.pdf

175 Véase ELIASSON, J.; HULTKRANTZ, L.; NERHAGEN,L.; SMIDFELT ROSQVIST, L., "The Stockholm congestion – charging trial 2006: Overview of effects", *Transportation Research Part A: Policy and Practice,* vol. 43, núm. 3, 2009, pp. 240-250 para poder observar una imagen con la delimitación del área acordonada y de Essingeleden en Estocol-

Antes de introducir definitivamente el peaje, ésta pasó un período de prueba de septiembre de 2005 a diciembre de 2006. Para ello el Estado sueco llevó a cabo una importante inversión pública (contaba con un presupuesto por valor de 400 millones de euros) para mejorar la red de transporte público (adquirió 200 autobuses nuevos) y ampliándola, con la creación de nuevas líneas de autobús, incluso líneas desde distintos puntos del extrarradio directamente al centro de la ciudad, así como la creación de varios puntos periféricos donde estacionar los vehículos, a fin de no entrar en el área delimitada.

En toda la ciudad hay 18 puntos de acceso en los que se cobra el peaje al entrar en la zona. Se trata de un área sin barreras, y no es necesario detenerse en los puntos de cobro. Durante la planificación del funcionamiento del peaje, uno de los principales problemas que tenía el Gobierno sueco era la adquisición de la tecnología necesaria para poder cobrar los peajes y controlar el pago de la misma.

El sistema utilizado en aquel período de prueba funcionaba mediante la combinación del uso de un dispositivo o unidad da bordo y de lectores y cámaras fijados en las carreteras, junto a un sistema operativo proporcionado y operado por IBM. Las cámaras detectaban el paso de los automóviles y los fotografiaban. Las cámaras se habían dotado con un registro de matrículas automatizado. No obstante, los lectores detectaban los dispositivos de abordo. Estos disponían de una etiqueta electrónica vinculada a un método de pago, normalmente débito directo a una cuenta o tarjeta del conductor. Por lo tanto, el pago se efectuaba mediante el reconocimiento de la etiqueta electrónica que llevan los dispositivos de bordo[176].

---

mo y véase WEST, J., BÖRJESSON, M., "The Gothenburg congestion charges: cost–benefit analysis and distribution effects", *Transportation*, núm. 47, 2008, p. 149 para ver el área acordonada de Gotemburgo.

176 ROAD TRAFFIC TECHNOLOGY, "Stockholm Congestion Charge", *Road Traffic Technology*, https://www.roadtraffic-technology.com/projects/stockholm-congestion

El uso de los dispositivos de abordo instalados en vehículos, sin embargo, se eliminó cuando terminó el período de prueba. El motivo de eliminar los dispositivos fue que el método de identificación automática de las matrículas, que originalmente se planteó como un método secundario de control, resultó ser tan eficiente que se decidió abolir el uso de los dispositivos de abordo. Además, es mucho más práctico tanto para los conductores como para la administración, pues el sistema tecnológico utilizado en Suecia resulta especialmente importante debido a la idiosincrasia del peaje[177].

El peaje de congestión se aplica durante las horas punta: de 7:30-8:30 am y de 16:00-17:30, de lunes a viernes. Ésta debe abonarse, igual que en el modelo singapurense, cada vez que se entra o sale de las zonas delimitadas. La principal peculiaridad que presenta es que no se trata de un peaje uniforme con un mismo valor para todos los vehículos, sino que la misma varía en función de la hora en la que se acceda a la zona acordonada y de la semana del año. Los niveles de congestión varían en función de la época del año, desde finales de primavera hasta el otoño, el tráfico se incrementa, en comparación con el invierno. Por este motivo, al generarse más congestión la tarifa debe de adaptarse en función de la época del año.

Los lectores envían la información a la base de datos donde el conductor puede ver los cargos que se le realizan y cuál será el coste total que deberá asumir a fin de mes. Todos los vehículos registrados en Suecia constan en una base de datos. Los titulares de los mismos pueden acceder a dicha base de datos mediante su identificación digital "*e-legitimation*", donde pueden encontrar su certificado de registro. Si los coches están registrados en Suecia, los titulares pueden abonar el peaje de congestión de tres formas distintas: mediante débito directo, es decir, una domiciliación bancaria directamente en la cuenta bancaria indicada. Mediante una factura electrónica, es

---

177 ELIASSON, J.; HULTKRANTZ, L.; NERHAGEN,L.; SMIDFELT ROSQVIST, L., *op. cit.*, p. 246

decir, a través de una entidad bancaria sueca el titular del vehículo puede registrarse para obtener la factura electrónica, para luego proceder a abonarla. También pueden solicitarse cartas de pago, que la Dirección General de Tráfico sueca envía a final de mes a los titulares de los vehículos matriculados en el país[178].

Si los vehículos que deben abonar el peaje de congestión no están registrados en el país escandinavo, sino que están registrados en el extranjero, para estos casos la Dirección General de Tráfico utiliza la empresa EPASS24, que fue contratada para encargarse de identificar los vehículos extranjeros. La empresa envía una notificación para identificar a los propietarios de los vehículos, remitirles las facturas y recibir los pagos.

Es más, la ciudad de Estocolmo, del mismo modo que Londres, también tiene delimitada una zona de bajas emisiones de un mayor diámetro que la zona que abarca el peaje de congestión. Desde enero de 2020 turismos, minibuses y furgonetas que quieran circular por el área delimitada de la ciudad de Estocolmo deben cumplir con la normativa Euro 6[179]. En cuanto a los camiones y autobuses, estos deben de tener un permiso especial, que solamente se les expide si tienen menos de 6 años a partir de la fecha de la primera matriculación. Esta es la principal diferencia con Londres, donde los vehículos que no cumplan los estándares mínimos, para acceder a la zona tienen que abonar una tasa, mientras que en Estocolmo tienen la entrada prohibida, bajo sanción.

---

178 TRANSPORT STYRELSEN, "Paying and notification of congestion tax", *Transport Styrelsen*, https://www.transportstyrelsen.se/en/road/road-tolls/Congestion-taxes-in-Stockholm-and-Goteborg/paying-the-congestion-tax/

179 Véase URBAN ACCESS REGULATIONS, "Stockholm", *Urban Access Regulations,* 2021 https://urbanaccessregulations.eu/countries-mainmenu-147/sweden-mainmenu-248/stockholm para ver el Mapa de la Zona de Bajas Emisiones de Estocolmo y la nueva normativa.

4.- SINGAPUR

Singapur fue el Estado pionero en introducir un peaje de congestión para regular la magnitud de los flujos de tránsito en centros urbanos. De 1967 a 1974 Singapur realizó dos grandes estudios en los que se examinó el sistema de transporte del país, y ambos concluyeron que inevitablemente tenían que introducirse limitaciones en la propiedad de vehículos a motor privados, así como limitaciones de acceso de estos vehículos en determinadas áreas[180]. De hecho, en palabras del entonces Ministro de Comunicaciones, Yong Nyuk Lin, la congestión de tráfico estaba erosionando lentamente el bienestar económico de Singapur[181].

4.1.- De los peajes tradicionales al Electronic Road Pricing Scheme

Desde mediados de la década de 1960 la congestión del tráfico se estaba convirtiendo en un auténtico problema, particularmente en el área conocida como *Central Business District* (en adelante CBD) durante las horas punta de la mañana y la tarde. La principal razón de los niveles de saturación de tráfico se debía al aumento del número de automóviles de propiedad privada, pues entre 1962 y 1974 la tasa media anual de crecimiento en la adquisición de vehículos privados era de un 8.8%, haciendo que a finales de 1975 los automóviles de propiedad privada supusieran el 60% del número total de vehículos en circulación en Singapur[182]. Dado que los ingresos personales en Singapur seguían aumentando, se

---

180 WATSON, P.L.; HOLLAND, P.E., "Congestion pricing-The example of Singapore", *Ekistics*, vol. 42 núm. 248, 1976, 14-18.

181 Así lo indicaba el artículo del periódico singapurés *The Strait Times* en NEWPAPER SG, "Traffic jams: Govt gets tough", *The Straits Times*, 17 May 1975, p. 6. https://eresources.nlb.gov.sg/newspapers/Digitised/Article/straitstimes19750517-1.2.28

182 LIM, T.S., "Area Licensing Scheme", *Singapore Infopedia*, https://eresources.nlb.gov.sg/infopedia/articles/SIP_777_2004-12-13.html

pronosticó que esta tasa de crecimiento en la adquisición de vehículos privados siguiera aumentando, con lo que empeoraría aún más las condiciones del tráfico en el CBD durante las horas punta.

Ante este contexto, el gobierno de Singapur lanzó el 2 de junio de 1975 el sistema de peajes denominado "*Area Licensing Scheme*" (en adelante ALS), con el objetivo de reducir el tráfico de un 25% a un 30% en las horas punta, para que el tráfico pudiera volver a ser fluido[183]. Complementariamente, como estrategia de reducción de la presencia de vehículos en la zona restringida, se decidió incrementar las tarifas de estacionamiento de dentro de la zona restringida en un 100%, aunque, a su vez, los conductores podían estacionar sus automóviles en quince zonas de estacionamiento distribuidas por la periferia de la zona restringida. Se introdujo un sistema de autobuses-lanzadera para transportar a los viajeros desde los aparcamientos periféricos hasta el centro área. Este plan se denominó *Park-and-Ride*[184].

Para poder acceder a la zona restringida, en un principio activa de lunes a sábado de las 7.30am a las 9.30am[185]. Aunque este horario inicial fue modificándose y ampliándose a lo largo del día, hasta el horario actual, de 8 am a 8 pm de lunes a viernes y los sábados de 12,30 pm a 8pm[186]. La zona restringida contaba

---

183 RODRÍGUEZ, C., "Our ALS gets a pat on the back", *The Straits Times*, 9 April 1976, p. 7 https://eresources.nlb.gov.sg/newspapers/Digitised/Article/straitstimes19760409-1.2.23.1

184 El gobierno creó una Unidad de Gestión de *Car Pooling* el 20 de enero de 1975 para ayudar a formar *carpooling* e inició el plan *Park-and-Ride* el 16 de mayo de 1975.

185 Para ver con detalle las dimensiones del área a la que se está refiriendo véase YAP, J., "Implementing Road and Congestion Pricing: Lessons from Singapore" *Workshop on Implementing Sustainable Urban Travel Policies in Japan and other Asia Pacific countries*, 2-3 March 2005 http://www.internationaltransportforum.org/IntOrg/ecmt/urban/Tokyo05/Yap.pdf

186 PHANG, S-Y., & TOH, R.S., "Road Congestion Pricing in Singapore: 1975-2003", *Transportation Journal*, vol. 43 núm. 2, 2004, pp. 18-19.

inicialmente con veintidós puntos de entrada de vehículos, que contaban con barreras y cabinas para poder desarrollar control presencial que garantizase el cumplimiento de la nueva obligación[187]. No obstante, el planteamiento del ALS se extendió posteriormente a las principales autopistas del país mediante el *Road Pricing Scheme* (RPS), o plan de peajes en carretera. Éste funcionaba con el mismo planteamiento que el ALS de peajes manuales, hasta que, en septiembre de 1998, el sistema *Electronic Road Pricing* (en adelante ERP) reemplazó a los sistemas manuales de peaje ALS y RPS por un sistema electrónico de telepeaje.

El RPS se distribuyó en 3 áreas de tráfico diferentes, autopistas, vías principales y área acordonada (CBD) y cuenta con un total de 78 puntos de RPS[188]. Los conductores deben llevar instalado lo que se denomina *In-vehicle Unit* (IU) o unidad integrada en el vehículo en los automóviles que utilizan las carreteras de peajes ERP[189]. Cada IU lleva incorporada una tarjeta de efecti-

---

187 Véase las siguientes referencias: RAMAN, P.M.,"Yong's new shock for motorists", *The Straits Times*, 29 May 1974 https://eresources.nlb.gov.sg/newspapers/Digitised/Article/straitstimes19740529 1.2.2, NEWSPAPER SG., "ALS: ITS from 7,30 today", *The Straits Times*, 2 June 1975 https://eresources.nlb.gov.sg/newspapers/Digitised/Article/straitstimes19750602-1.2.8; PHANG, S-Y., & TOH, R.S., "Road Congestion Pricing in Singapore: 1975-2003" *Transportation Journal*, vol. 43 núm. 2, 2004, p. 17. El gobierno singapurense también comenzó la venta de las licencias el 15 de mayo de 1975, aproximadamente un mes antes del lanzamiento de ALS, en el Registro de vehículos y 16 oficinas de correos seleccionadas, tal y como se indica en MUTHU, S. M., "Advance sales o restricted zone licences to begin on May 15", *The Straits Times*, 4 May 1975, p. 7. https://eresources.nlb.gov.sg/newspapers/Digitised/Article/straitstimes19750504-1.2.38

188 AGARWAL, S., KOO, K.M., SING, T. F., "Impact of electronic road pricing on real estate prices in Singapore", *Journal of Urban Economics*, núm. 90, 2015, p. 53.

189 No obstante, se puede pagar mediante otros medios que no sean una tarjeta *cash card*. En todo caso, cada automovilista debe ocuparse de

vo (*Cash Card*) que se escanea por los sensores fijados en cada punto de control, que deducen automáticamente el cargo del peaje[190]. Actualmente, el sistema de tarifas funciona de forma distinta a cuando se inauguró el ALS. Se trata de un sistema de tarifas fluctuantes, que varía en función de las condiciones de tráfico rodado y cuyas tarifas varían en cada "puerta de entrada" o "punto de acceso" y en función de la hora a la que se pase. Todo ello condicionado por el volumen de tráfico[191].

4.2.- ERP 2.0: Control del tráfico y exacción del peaje vía satélite

La última novedad en peajes urbanos vendrá con la implementación del ERP 2.0. La nueva generación de ERP requerirá el desmantelamiento de toda la infraestructura actual, tanto de los aparatos lectores situados en los 77 puntos fijos en las carreteras, como de los dispositivos que los conductores tienen

---

tener suficiente saldo en la tarjeta antes de atravesar los puntos de control). Aquellos que prefieran abonar los cargos del ERP a través de una tarjeta de crédito/débito sin tener que preocuparse por tener saldo suficiente en la *cash card* del IU pueden registrase previamente para poder solicitar el pago con esa tarjeta. Con lo que cada vez que el punto de control escanee el vehículo se le deducirá de la indicada tarjeta el valor correspondiente.

190 El gobierno singapurense cuando en 1998 cambió el sistema manual por el sistema electrónico redujo las tarifas, así como el impuesto de circulación de vehículos y proporcionó el aparato (IU) que los vehículos debían llevar incorporado en su vehículo de forma gratuita. Así se indica en DEVELOPMENT ASIA, "The case for electronic road pricing", *Development Asia*, 18 May 2016, https://development.asia/case-study/case-electronic-road-pricing#:~:text=Operating%20hours%20were%20from%207,the%20manual%20road%20pricing%20system

191 LAND TRANSPORT AUTHORITY OF SINGAPORE, "Electronic Road Pricing", Land Transport authority of Singapore, 2024, https://onemotoring.lta.gov.sg/content/onemotoring/home/driving/ERP/ERP.html

instalados en sus vehículos por los nuevos OBU. Todo esto se sustituirá por el *Global Navigation Satellite System-based ERP* (GNSS), que consiste en un sistema compuesto por nuevas unidades de abordo, *on-board units* (en adelante OBU), un sistema central de ordenadores, una serie de antenas situadas en los laterales de las carreteras y un sistema de cumplimiento basado en radares móviles y estáticos[192]. Y es que a pesar de los costes de desmantelamiento e instalación del nuevo GNSS, las autoridades singapurenses consideraron que no es práctico continuar con el sistema actual, pues los costes de mantenimiento a largo plazo serán mayores y darán un resultado menos eficiente que la renovación del propio sistema con tecnología más moderna[193].

Las actuales unidades de abordo empezaron a sustituirse en 2023 por las nuevas[194], previéndose que estos nuevos dispositivos conectados vía satélite deberán estar instalados en todos los vehículos de Singapur de cara a 2025[195]. se asemejan a la tecnología utilizada por los *smart phones.* Estos dispositivos inteligentes pretender ofrecer todas las funcionalidades del sistema existente además de una gama de nuevos servicios amigables para los conductores con tal de aportar nuevos servicios para mejorar la conducción y, así, contribuir a mejorar las condiciones del trá-

---

192 THESEIRA, W., "Congestion Control in Singapore", *International Transport Forum Discussion Papers,* No. 2020/10, OECD Publishing, 2020, pp.13-15.

193 Véase LTA, "Tender Awarded to Develop Next-Generation Electronic Road Pricing System." *Land Transport Authority,* 25 February 2016 https://www.lta.gov.sg/content/ltagov/en/newsroom/2016/2/2/tender-awarded-to-develop-next-generation-electronic-road-pricing-system.html

194 Véase LTA, op. cit. https://onemotoring.lta.gov.sg/content/onemotoring/home/driving/ERP/erp-2-0.html

195 LTA, "ERP 2.0 On-Board Unit Installation Starting in November with Fleet Vehicles", *LTA,* 23 October 2023 https://www.lta.gov.sg/content/ltagov/en/newsroom/2023/10/news-releases/erp-2-0-on-board-unit-installation-starting-in-november-with-fle.html

fico rodado. Gracias a estos dispositivos inteligentes que harán un seguimiento del vehículo a tiempo real, aparte de utilizarse para abonar los peajes correspondientes, también proveerán a los conductores con información a tiempo real sobre las condiciones de tráfico rodado, así como incorporarán avisos al entrar en zonas que requieran de especial atención, como por ejemplo cuando hay escuelas cerca, incorporarán un sistema para poder gestionar el pago de los aparcamientos públicos, y por ende sustituir el sistema analógico de tickets y recibos en papel[196].

Este nuevo sistema seguirá funcionando con los mismos métodos de pago utilizados hasta la fecha por el ERP[197]. Otra novedad o mejora del sistema vendrá de la mano del sistema de súper-ordenadores que recibirán toda la información que reciben, pulen, analizan y almacenan la información. Los datos sobre los peajes abonados son enviados directamente por los dispositivos de a bordo, y a su vez estos reciben información actualizada sobre el estado de la carretera y demás funcionalidades[198].

5.- RESULTADOS DE LA IMPLEMENTACIÓN DE LAS TASAS Y PEAJES A LA CONGESTIÓN

En general, los resultados obtenidos de las tres ciudades tras años de aplicar tanto los peajes a la congestión como las tasas de las zonas de bajas emisiones han sido positivos.

---

196 Ibid., p. 14.

197 LTA, "Installation of On-Board Units for Next-Generation ERP System to Commence in Second Half of 2021: No changes to congestion pricing framework." *Land Transport Authority*, 8 September 2020, https://www.lta.gov.sg/content/ltagov/en/newsroom/2020/9/news-releases/installation-of-on-board-units-for-next-generation-erp-system-to.html

198 Ibid., 15.

5.1.- Reducción del tráfico rodado menor impacto ambiental

Desde la introducción y progresiva adaptación del peaje a la congestión, Singapur ha mejorado exponencialmente los niveles de congestión de tráfico en el centro de la ciudad (zona CBD) a pesar del continuo crecimiento del parque automovilístico[199]. Aun con el aumento del número de vehículos, el volumen de tráfico rodado se ha mantenido por debajo de los niveles de 1975, y se ha conseguido mantener unas velocidades constantes durante las horas punta que se consideran como óptimas.

Resultados parecidos se han obtenido también de los peajes a la congestión de Estocolmo, que han logrado agilizar los flujos de tráfico, así como para reducir los niveles de contaminación acústica, así como las emisiones de dióxido de carbono, partículas en suspensión y dióxido de nitrógeno. Tal y como indica Börjesson[200], solamente en el año de su implementación, en Estocolmo ya se redujo el tráfico de automóviles que entraban y salían del centro de la ciudad en un 20% durante las horas punta. Por otra parte, la ciudad experimentó una recaudación equivalente a 76 millones de euros[201].

Otro logro de la introducción del ERP en Singapur fue el aumento en el porcentaje de viajeros que utilizan el transporte público durante las horas punta[202]. Paradójicamente, en el caso de Londres, la reducción del tráfico rodado de vehículos privados se notó poco después de la introducción del a CC, no obstante,

---

199 Véase el gráfico de AGARWAL, S., KOO, K.M., SING, T. F., *op. cit.*, p52.

200 BÖRJESSON, M., op. cit., p. 8.

201 BÖRJESSON, M.; KRISTOFFERSSON, I. "The Gothenburg congestion charge. Effects, design and politics", *Transportation Research Part A*, núm. 75, 2015, p.142.

202 Véase DEVELOPMENT ASIA, op. cit. https://development.asia/case-study/case-electronic-road-pricing#:~:text=Operating%20hours%20were%20from%207,the%20manual%20road%20pricing%20system

esta reducción del vehículo privado incrementó el volumen de taxis y autobuses en un 26% y 22% respectivamente[203]. Sin embargo, este incremento en el número de autobuses y taxis -aun no eléctricos o híbridos- accediendo a la zona delimitada, supuso el aumento de las emisiones en la zona. Esta fue una de las principales razones por las que se diseñó e implementó la ULEZ[204].

Por lo tanto, si bien la CC se puede decir que ha conseguido su principal propósito de reducir el número de vehículos que circulan por el área delimitada, a pesar del aumento de taxis y autobuses, por otra parte, no ha contribuido a mejorar la calidad del aire de la ciudad, precisamente debido al incremento de esta otra tipología de vehículos contaminantes. Como se ha señalado anteriormente, la ULEZ por si sola solamente ha conseguido rebajar los niveles contaminantes en un porcentaje muy reducido. Hay que esperar a poder tener resultados más fehacientes de las consecuencias de ampliar la ULEZ a los límites de la ciudad de Londres.

La ciudad de Londres combina el peaje por congestión con las tasas de acceso a la zona de bajas emisiones. Este sería un modelo parecido al que habilitaría la Ley de Movilidad Sostenible que parece no excluir la aplicación de ambos tipos de tasas. En este sentido, los resultados de Londres podrían ser interesantes

---

203 COLIN P. GREEN, JOHN. S. HEYWOOD AND MARIA NAVARRO "Did the London Congestion Charge Reduce Pollution?", *Economics Working Paper Series*, nñum. 007, 2018, p.7.

204 ROYAL ECONOMIC SOCIETY, "London Congestion Charge increased harm from pollution", *Royal Economic Society*, 23 March 2018 https://www.res.org.uk/resources-page/london-congestion-charge-increased-harm-from-pollution.html; CENTRE FOR PUBLIC IMPACT, "London Congestion Charge", *Centre for Public Impact* 15 April 2016, https://www.centreforpublicimpact.org/case-study/demand-management-for-roads-in-london; OUALI, L.A.B., MUSUUGA, D., GRAHAM, D.J. "Quantifying responses to changes in the jurisdiction of a congestion charge: A study of the London western extension", *PLoS One*, vol. 16, núm. 7, 2021, e0253881, https://www.ncbi.nlm.nih.gov/pmc/articles/PMC8248659/

a tener en cuenta si, finalmente, se implementa el proyecto de Ley de Movilidad Sostenible con el redactado actual. Tener en cuenta que un peaje o -en este caso- tasa a la congestión por si sola, si bien muy probablemente tendría efectos positivos en la reducción del número de vehículos en las áreas delimitadas, se necesitaría una medida complementaria para ayudar a reducir las emisiones a niveles que fueran notables.

5.2.- La relevancia de la tecnología en la aplicación de los peajes urbanos

En todos los casos analizados la tecnología ha sido -y es- un elemento clave para poder implementar efectivamente los peajes/ tasas a la congestión y de entrada a las zonas de bajas emisiones. En el caso de Estocolmo, la tecnología utilizada, combinando cámaras que fotografían los vehículos que entran y salen junto a los lectores automatizados ha probado ser muy eficaz no tan sólo para el sistema de administrativo de cobro de las tasas, sino que además resulta muy sencillo para los titulares de los vehículos el pago de las mismas, pues los métodos de pago son prácticamente automatizados, a menos que el titular indique otra cosa. Y es que un 75% de los usuarios han elegido el método de débito directo en su cuenta corriente.

En el caso de Londres, la tecnología también ha sido un elemento facilitador y clave del éxito en mejorar el tráfico rodado. La combinación del circuito de cámaras de video vigilancia, junto al sistema de cruce de datos (*big data*) y la aplicación de *Auto Pay* mediante la cual los conductores pueden programarse anticipadamente el pago de las correspondientes tasas CC, ULEZ, LEZ, ha agilizado la realización de los objetivos establecidos para justificar la introducción de esta tipología de peajes. No obstante, el diseño del propio sistema hace que el conductor deba prever cuando va a realizar un trayecto que implique entrar en alguna de las zonas delimitadas sin que se produzca la deducción inmediata de la tasa. El sistema de Singapur, igual que el sueco, hace que este tipo de tasas/peajes sea mucho más fácil de gestionar para la Administración y de pagar por el conductor, que tiene la certeza que a cada paso por debajo de los radares se le cobra la tasa. Además, el éxito del modelo de Singapur, se debe, principalmente al elemento tecnológico a la hora de monitorizar correctamente los 77 puntos de acceso al área delimitada. Mediante el sistema de radiofrecuencia escanean miles de vehículos a lo largo del día cobrando simultáneamente el peaje de entrada sin que los vehículos tengan que detenerse o disminuir la velocidad. La premisa es la misma que con el modelo sueco. Por otra parte, en el sistema londinense el conductor debe pagar por adelantado o tiene hasta 3 días para pagar. Si bien el modelo sueco vincula la matrícula a un conductor, quien recibe a fin de mes la factura, en el caso londinense este paso no se produce, lo que inevitablemente complica todo el procedimiento para el contribuyente, quien, si tiene un descuido, tiene muchas más posibilidades de cometer una infracción involuntaria y tener que hacer frente a una sanción pecuniaria.

Si bien, el sistema londinense es mucho más sencillo, a nivel tecnológico, que el sistema sueco o singapurense, resulta interesante ver como los costes operacionales del sistema londinense ascienden a 130 millones de libras esterlinas, unos 150 millones €, comparativamente los ingresos son poco superiores, de unos 137 millones de libras, unos 160 millones €[205]. Aunque la tecnología utilizada en el modelo sueco y singapurense parezca requerir de muchos más costes, a proporción terminan recaudando mucho más de lo que suponen los costes de mantenimiento[206]. Sin embargo, en el caso de Singapur, las autoridades singapurenses prevén que estos costes de mantenimiento se vayan incrementando a medida que el conjunto del sistema vaya envejeciendo y su tecnología quede

---

205 Para ver en detalle las cifras que ingreso y mantenimientos véase Provonsha, E. (2018) *Road Pricing in London, Stockholm and Singapore: A way forward for New York City,* Tri-State Transportation Campaing.

206 Véase Provonsha, E., op. cit.

obsoleta y no sirva con la misma eficacia su propósito. Siendo este uno de los factores que han influido en la apuesta por el ERP 2.0, junto a las posibilidades complementarias que va a brindar la conexión vía satélite junto a un super ordenador, entre ellas la mejorar del factor velocidad[207], que pretende contribuir a un tráfico más fluido, que a su vez suponga una menor concentración de gases contaminantes y contaminación acústica.

En otro orden de cosas, una de las principales preocupaciones que presenta el nuevo sistema ERP 2.0. está directamente relacionada con la privacidad, pues las nuevas unidades de a bordo van a estar monitorizadas a tiempo real. Por una parte, esta monitorización a tiempo real tiene sus ventajas, para mejorar la circulación del tráfico rodado, pues podrá procurar información útil que influya en la conducción (mandar información del tráfico a tiempo real, hacer sugerencias de rutas para mejorar la fluidez de su conducción) o bien mandar alertas en casos que requieran prestar especial atención (cercanía de colegios, por ejemplo), así como permitirá digitalizar todo el sistema de abonamiento del aparcamiento público del área. Sin embargo, el control de los vehículos a tiempo real ha despertado una serie de dudas sobre la privacidad de los conductores. La preocupación ha sido tal, que las autoridades singapurenses han tenido que hacer un comunicado esclareciendo los límites en el manejo de los datos que a los que van a tener acceso. Al respecto, han avanzado que solamente usarán datos anonimizados para fines exclusivamente de organización y planificación del transporte. Los datos que vincules a cada vehículo se utilizarán exclusivamente para hacer cumplir el pago del peaje.[208].

---

207 Quirapas, M.A.J.R., Gyan. R.A., and Gul, M.F. (2018). "Sources, Drivers and Barriers of Innovation in Singapore's Electronic Road Pricing" *Asian Journal of Public Affairs,* (11)1, 9.

208 LAND TRANSPORTATION AUTHORITY, "Tender Awarded to Develop Next-Generation Electronic Road Pricing System" *Land Transport*

6.- CONCLUSIONES

Todas las ciudades analizadas partían de un trasfondo común: vías urbanas colapsadas en determinadas horas del día y tasas elevadas de contaminación aérea y acústica. Ambos factores desencadenaban por una parte problemas de salud en la población y por otra los atascos producen pérdidas económicas indirectas. Este no es un problema ajeno a ciudades españolas con gran volumen de tráfico rodado.

No obstante, en todos los casos analizados, la aplicación de un peaje o tasa a la congestión ha dado resultados han sido muy positivos en cuanto a la reducción del número de vehículos que circulas por las zonas acordonadas, mejorando sustancialmente los niveles de congestión de las vías, especialmente en horas punta y contribuyendo la reducción de los niveles de contaminación acústica, así como a una mejora de la calidad del aire, aunque en algunos modelos más que en otros. Así, pues, la exacción de este tipo de tributos, bien se han mostrado eficaces para reducir el volumen de vehículos privados y, así, facilitar la fluidez del tráfico y reducir la contaminación acústica, por si solos no son el instrumento más eficaz para mejorar la calidad del aire de las zonas donde se aplican, siendo el modelo londinense un ejemplo claro. Para también lograr este segundo objetivo la introducción de un peaje a la congestión o un peaje para vehículos contaminante tiene que ir acompañado de políticas públicas que incentiven el transporte de los pasajeros en vehículos que utilicen energía verde entre otras medidas.

Finalmente, en todos los modelos la tecnología es el elemento clave para garantizar un funcionamiento eficiente tanto en la gestión como en la recaudación. De cara a una potencial imple-

---

Authority, 25 February 2016 https://www.lta.gov.sg/content/ltagov/en/newsroom/2016/2/2/tender-awarded-to-develop-next-generation-electronic-road-pricing-system.html.

mentación de la Ley de Movilidad Sostenible, es recomendable tomar estos ejemplos como referencia, con el fin de buscar un modelo que cuente con una gestión más sencilla y económica pero no menos eficaz, como la encontramos en Estocolmo. Por un lado, el modelo de Singapur es mucho más ambicioso, pues la combinación de dispositivos inteligentes, junto a un sistema de lectores y ordenadores capacitados con *big data* pretende dar una vuelta de tuerca más al ya eficiente ERP, hay que ser realistas a la hora de implementarlo, pues comparado con el modelo sueco, los costes de instalación e implementación serían mucho más elevados. Por el contrario, el modelo de Londres es más complejo de cara al contribuyente, que debe de pagar por adelantado las tasas/peajes o bien abonar el pago dentro de un margen corto de tiempo. Los titulares de los vehículos deben de prever si van a entrar en las distintas zonas que requieren del pago de las tasas en sus viajes a la ciudad, lo que termina generando un mayor volumen de expedientes sancionadores.

Sin embargo, de entrada, el modelo de Estocolmo parece ser ideal para tomar como referencia, pues simplemente el conjunto de lectores automatizados de matrículas y cámaras de video vigilancia escanean las placas de los automóviles, registran los números de matrícula y los procesadores se encargan de cruzar los datos para posteriormente aplicar el cargo a los correspondientes titulares de los vehículos. Los titulares de los automóviles sujetos a este tipo de prestaciones patrimoniales pueden elegir el modelo de pago de la misma que se efectúa a fin de mes: débito directo o factura electrónica y abono en la cuenta de la indicada. Esto generaría menos litigiosidad y sería mucho más práctico para el contribuyente, así como para las Administraciones que tuvieran que implementar de cero una tasa de estas características.

7.- BIBLIOGRAFÍA

AGARWAL, S., KOO, K.M., SING, T. F., "Impact of electronic road pricing on real estate prices in Singapore". *Journal of Urban Economics*, núm. 90C, 2015, pp. 50–59.

BÖRJESSON, M.; KRISTOFFERSSON, I., "The Gothenburg congestion charge. Effects, design and politics", *Transportation Research Part A*, núm. 75, 2015, 2015, pp. 134–146.

BÖRJESSON, M., "Long-term effects of the Swedish congestion charges", *International Transport Forum Discussion Paper, No. 2018-14*, Organisation for Economic Co-operation and Development (OECD), International Transport Forum, 2018, http://dx.doi.org/10.1787/d944f94b-en

CENTRE FOR PUBLIC IMPACT, "London Congestion Charge", *Center for Public Impact*, 15 April 2016 https://www.centreforpublicimpact.org/case-study/demand-management-for-roads-in-london

CISCO, "Sistema de cobro de tasas por congestión vial impulsado por IdT permite que Estocolmo reduzca el tránsito y las emisiones de CO2", *Cisco*, 2014, https://www.cisco.com/c/dam/m/es_la/ioe/public_sector/pdfs/Jurisdictions/stockholm.pdf

DEVELOPMENT ASIA, "The case for electronic road pricing", *Development Asia*, 18 May 2016, https://development.asia/case-study/case-electronic-road-pricing#:~:text=Operating%20hours%20were%20from%207,the%20manual%20road%20pricing%20system.

ELIASSON, J.; HULTKRANTZ, L.; NERHAGEN, L.; SMIDFELT ROSQVIST, L., "The Stockholm congestion – charging trial 2006: Overview of effects", *Transportation Research Part A: Policy and Practice*, vol. 43, núm.3, 2009, pp. 240-250.

HENIKSSON, G., HAGMAN, O., ANDRÉASSON, H. "Environmentally Reformed Travel Habits During the 2006 Congestion Charge Trial in Stockholm—A Qualitative Study", *International Journal of Environmental Research and Public Health*, Vol. 8, núm. 8, 2011, pp. 302-321.

LAND TRANSPORT AUTHORITY OF SINGAPORE, "Electronic Road Pricing", *Land Transport Authority of Singapore*, 2024 https://onemotoring.lta.gov.sg/content/onemotoring/home/driving/ERP/ERP.html

LIM, T.S. "Area Licensing Scheme", *Singapore Infopedia*, https://eresources.nlb.gov.sg/infopedia/articles/SIP_777_2004-12-13.html

LTA., "ERP 2.0 On-Board Unit Installation Starting in November with Fleet Vehicles", *LTA*, 23 October 2023 https://www.lta.gov.sg/content/

ltagov/en/newsroom/2023/10/news-releases/erp-2-0-on-board-unit-installation-starting-in-november-with-fle.html

LTA "Installation of On-Board Units for Next-Generation ERP System to Commence in Second Half of 2021: No changes to congestion pricing framework." *LTA*, 8 September 2020 https://www.lta.gov.sg/content/ltagov/en/newsroom/2020/9/news-releases/installation-of-on-board-units-for-next-generation-erp-system-to.html

LTA, "Tender Awarded to Develop Next-Generation Electronic Road Pricing System." *LTA*, 25 February 2016 https://www.lta.gov.sg/content/ltagov/en/newsroom/2016/2/2/tender-awarded-to-develop-next-generation-electronic-road-pricing-system.html

MA, L., GRAHAM, D.J., STETTLER, M.E.J., "Has the ultra low emission zone in London improved air quality?", *Environmental Research Letters*, núm.16, 2021, 124001.

MUTHU, S. M., "Advance sales of restricted zone licences to begin on May 15", *The Straits Times*, 4 May 1975, https://eresources.nlb.gov.sg/newspapers/Digitised/Article/straitstimes19750504-1.2.38

NEWSPAPER SG, "ALS: ITS from 7,30 today", *The Straits Times*, 2 June 1975 https://eresources.nlb.gov.sg/newspapers/Digitised/Article/straitstimes19750602-1.2.8

NEWPAPER SG, "Traffic jams: Govt gets tough", *The Straits Times*, 17 May 1975, https://eresources.nlb.gov.sg/newspapers/Digitised/Article/straitstimes19750517-1.2.28

OUALI, L.A.B., MUSUUGA, D., GRAHAM, D.J., "Quantifying responses to changes in the jurisdiction of a congestion charge: A study of the London western extension", *PLoS One*, vol. 16, núm. 7, 2021, e0253881, https://www.ncbi.nlm.nih.gov/pmc/articles/PMC8248659/

PHANG, S-Y., & TOH, R.S., "Road Congestion Pricing in Singapore: 1975-2003" *Transportation Journal*, vol. 43, núm. 2, 2004, pp.16-25,https://ink.library.smu.edu.sg/soe_research/117.

PROVONSHA, E. "Road Pricing in London, Stockholm and Singapore: A way forward for New York City", *Tri-State Transportation Campaing*, 2018.

Quirapas, M.A.J.R., Gyan. R.A., and Gul, M.F., "Sources, Drivers and Barriers of Innovation in Singapore's Electronic Road Pricing" *Asian Journal of Public Affairs*, vol. 11, núm. 1, 2018, e3.

RAMAN, P.M., "Yong's new shock for motorists", *The Straits Times*, 29 May 1974 https://eresources.nlb.gov.sg/newspapers/Digitised/Article/straitstimes19740529-1.2.2

ROAD TRAFFIC TECHNOLOGY, "Stockholm Congestion Charge", *Road Traffic Technology*, https://www.roadtraffic-technology.com/projects/stockholm-congestion

RODRÍGUEZ, C., "Our ALS gets a pat on the back", *The Straits Times*, 9 April 1976 https://eresources.nlb.gov.sg/newspapers/Digitised/Article/straitstimes19760409-1.2.23.1

ROYAL ECONOMIC SOCIETY, "London Congestion Charge increased harm from pollution", *Royal Economic Society*, 23 March 2018 https://www.res.org.uk/resources-page/london-congestion-charge-increased-harm-from-pollution.html;

TANG, C.K., "The Cost of Traffic: Evidence from the London Congestion Charge," *Journal of Urban Economics*, Elsevier, núm. 121 (C), 2020, DOI: 10.1016/j.jue.2020.103302

THESEIRA, W., "Congestion Control in Singapore", *International Transport Forum Discussion Papers*, No. 2020/10, OECD Publishing, 2020.

TRANSPORT FOR LONDON, "ULEZ expansion 2023", *Transport for London*, 2023,https://tfl.gov.uk/modes/driving/ultra-low-emission-zone/ulez-expansion-2023

TRANSPORT FOR LONDON, "Changes to the Congestion Charge to support long term traffic reduction and a sustainable recovery", *Transport for London*, 16 December 2021 https://tfl.gov.uk/info-for/media/press-releases/2021/december/changes-to-the-congestion-charge-to-support-long-term-traffic-reduction-and-a-sustainable-recovery

TRANSPORT FOR LONDON, "Temporary changes to the Congestion Charge to secure safe recovery", *Transport for London*, 16 June 2020, https://tfl.gov.uk/info-for/media/press-releases/2020/june/temporary-changes-to-the-congestion-charge-to-secure-safe-recovery

TRANSPORT FOR LONDON, "ULEZ Expansion", *Transport for London*, 2021 https://tfl.gov.uk/modes/driving/ultra-low-emission-zone/ulez-expansion

TRANSPORT FOR LONDON, "Congestion Charge", *Transport for London*, 2020 https://tfl.gov.uk/modes/driving/congestion-charge

TRANSPORT FOR LONDON, "Temporary changes to the Congestion Charge to secure safe recovery", *Transport for London*, 16 June 2020, https://tfl.gov.uk/info-for/media/press-releases/2020/june/temporary-changes-to-the-congestion-charge-to-secure-safe-recovery

TRANSPORT FOR LONDON, "Auto Pay", https://tfl.gov.uk/modes/driving/auto-pay

TRANSPORT FOR LONDON, "How to pay a LEZ charge", *Transport for London* https://tfl.gov.uk/modes/driving/low-emission-zone/make-a-payment

TRANSPORT FOR LONDON, "LEZ: Where and When", *Transport for London* https://tfl.gov.uk/modes/driving/low-emission-zone/about-the-lez

TRANSPORT FOR LONDON, "Penalties and Enforcement", *Transport for London* https://tfl.gov.uk/modes/driving/congestion-charge/penalties-and-enforcement

TRANSPORT FOR LONDON, "ULEZ standards", *Transport for London* https://tfl.gov.uk/modes/driving/ultra-low-emission-zone/ways-to-meet-the-standard

TRANSPORT STYRELSEN, "Paying and notification of congestion tax", *Transport Styrelsen,* 2021 https://www.transportstyrelsen.se/en/road/road-tolls/Congestion-taxes-in-Stockholm-and-Goteborg/paying-the-congestion-tax/

URBAN ACCESS REGULATIONS, "Stockholm", *Urban Access Regulations,* 2021, https://urbanaccessregulations.eu/countries-mainmenu-147/sweden-mainmenu-248/stockholm

WATSON, P.L.; HOLLAND, P.E. (1976). "Congestion pricing-The example of Singapore", *Ekistics,* vol. 42, núm., 248, pp.14-18.

WEST, J., BÖRJESSON, M., "The Gothenburg congestion charges: cost–benefit analysis and distribution effects". *Transportation,* núm. 47, 2020, pp. 145–174,

https://doi.org/10.1007/s11116-017-9853-4

YAP, J., "Implementing Road and Congestion Pricing: Lessons from Singapore" *Workshop on Implementing Sustainable Urban Travel Policies in Japan and other Asia Pacific countries,* 2-3 March 2005, http://www.internationaltransportforum.org/IntOrg/ecmt/urban/Tokyo05/Yap.pdf

7. *Límites y posibilidades del establecimiento de tasas locales sobre las empresas de comercio electrónico*

ENRIQUE ORTIZ CALLE
Universidad Carlos III de Madrid

I. JUSTIFICACIÓN DE UN GRAVAMEN LOCAL SOBRE LAS EMPRESAS DE COMERCIO ELECTRÓNICO.

La aprobación por el Pleno municipal del Ayuntamiento de Barcelona de la Ordenanza fiscal 3.20, de 24 de febrero de

2023, de la *tasa por el aprovechamiento especial del dominio público derivado de la distribución a destinatarios finales indicados por los consumidores de bienes adquiridos por comercio electrónico (Business to Consumer B2C)*[209] pone nuevamente sobre la mesa el debate acerca de la justificación y oportunidad de un gravamen de estas características, es decir, de un tributo que grave las entregas domiciliarias realizadas por las grandes empresas de comercio online. Una actividad que tuvo un impulso espectacular a raíz de la pandemia COVID 19, pero que no ha dejado de crecer superando en España en el segundo trimestre de 2023 según datos de la Comisión Nacional de los Mercados y la Competencia (CNMC) los 20 mil millones de euros, un 12,7% más que el año anterior[210]. La reciente anulación de la citada Ordenanza por la Sentencia, de 19 de julio de 2024, del Tribunal Superior de Justicia de Cataluña (STSJ) (Rec. núm. 1146/2023), y a la espera del sentido en que el Tribunal Supremo en su momento se haya de pronunciar, no hace sino avivar todavía más el debate.

El comercio electrónico tiene una conexión evidente con la economía digital. De hecho, no es necesario recordar que el mismo fue una de sus primeras manifestaciones. También es fácilmente constatable que en el debate interminable sobre una fiscalidad justa de las plataformas digitales las Haciendas Locales han quedado, una vez más, injustamente marginadas.

Y esto carece completamente de justificación al menos por lo que hace a las actividades económicas vinculadas al comercio electrónico *offline* en el que la transacción se cierra en un entorno digital, pero la entrega posterior de los bienes se realiza mediante los canales (físicos) convencionales. Pues dicho comercio ge-

---

209 Ordenanza publicada en el Boletín Oficial de la Provincia de Barcelona el 28 de febrero de 2023, entrando en vigor el 1 de marzo del mismo año.

210 Para más detalles acerca de la evolución trimestral del volumen de negocio del comercio electrónico y su distribución por ramas de actividad, vid., https://www.cnmc.es/prensa/ecommerce-2T23-20240105

nera unas externalidades negativas que afectan directamente a los intereses locales desde diferentes ángulos. Para empezar, se incrementa notablemente el tráfico rodado, lo que vale decir el aprovechamiento intensivo y extensivo del dominio público local. Porque el comercio electrónico exige, en muchos casos, la utilización de vehículos de motor para el transporte de los bienes desde los centros logísticos y de distribución hasta la "última milla", es decir, hasta la entrega de los bienes en los domicilios de los particulares. De ahí se deriva un incremento de la contaminación con el empeoramiento consiguiente de los estándares de protección ambiental[211], esto es, de la calidad del aire que respiran los vecinos; a lo que habría que añadir los efectos igualmente negativos sobre la movilidad que acarrea la congestión. Además, al ser el comercio tradicional de proximidad uno de los principales perjudicados por el incremento de la cuota de mercado de las plataformas de comercio electrónico, se altera el tejido urbano de nuestras ciudades lo que incide notablemente en la ordenación del territorio.

De ahí que resulte pertinente plantearse en qué medida una tasa sobre el aprovechamiento del dominio público que grave a las operadoras de comercio electrónico que realizan las entregas de "última milla" puede, por un lado, conseguir que retorne sobre los ciudadanos una parte de la utilidad económica derivada de esa ocupación intensiva de las vías públicas y, de otro lado, corregir las externalidades negativas de naturaleza ambiental y urbanística asociadas a esta actividad económica. Porque si bien es cierto que la Unión Europea orienta sus políticas públicas en este ámbito hacia un "mercado único digital" que sea competitivo, en dicha aspiración deben tomarse igualmente en consideración el factor medioambiental y los valores de cohesión social y equi-

---

211 Subraya este elemento como justificación de una tasa que grave a las grandes plataformas de comercio electrónico por el aprovechamiento especial del dominio público local, NAVARRO GARCÍA, A., (2024), p. 3 y ss.

librio urbanístico y territorial de acuerdo con los Objetivos de Desarrollo Sostenible (ODS) impulsados por Naciones Unidas

El "Libro Blanco sobre la Reforma Tributaria" de 2022 proponía[212], de forma diferenciada a los gravámenes sobre el consumo o la renta, la implantación de un gravamen que recayera sobre las empresas propietarias de las plataformas de comercio electrónico de bienes físicos entregados a domicilio que podría calcularse en función del número de envíos. En el Reino Unido la propuesta apareció en el contexto de las reflexiones del Ministerio de Transportes en torno al impacto medioambiental de la última fase de distribución de los productos (*última milla*). Las propuestas surgidas en Estados Unidos -en el Estado de Pensilvania y la ciudad de Nueva York- se plantean como objetivos sufragar el déficit del transporte público o intentar modificar los hábitos de los consumidores para favorecer el comercio de proximidad. En Alemania, la Federación de Ciudades y Municipios (*Deutscher Städte- und Gemeindebund*) solicitó en octubre de 2021 la introducción de un impuesto sobre el envío de paquetería (*Paketversandsteuer*) que grave a las grandes plataformas de comercio online y contribuya a la financiación de las infraestructuras necesarias para el mantenimiento de unos núcleos urbanos más sostenibles[213]. En 2022 el "Libro Blanco sobre la Reforma Tributaria" ya informaba de la intención del Ayuntamiento de Barcelona de implantar una tasa que gravase las entregas a domicilio de envíos por los operadores postales. La tasa contaría con una triple justificación, como hemos dicho: de carácter puramente recaudatorio o fiscal, de ordenación territorial y urbanística y de naturaleza ambiental. En la práctica, el Estado norteamericano de Colorado era en ese momento la única jurisdicción que ya habría aprobado las tasas sobre envíos (27 céntimos en las entregas al por menor de empresas como

---

212 Vid., Libro Blanco, (2022), pp. 503-505.

213 Da cuenta de esta propuesta ESTEVE PARDO, M.L., (2023), p. 2.

FedEx, Amazon, GrugHub e Instacart) también con la intención de contribuir a financiar las infraestructuras de transporte[214].

Sucede, además, que las grandes compañías de comercio electrónico, situadas muchas veces fuera del territorio municipal, no satisfacen los tributos que comporta la radicación, a diferencia del comerciante de proximidad, o tributan en municipios distintos de aquellos en los que desarrollan su actividad. En el caso del Impuesto sobre Vehículos de Tracción Mecánica, dejando ahora al margen las maniobras elusivas de deslocalización que en cierto modo alienta el artículo 97 del Real Decreto Legislativo 2/2004, de 5 de marzo, por el que se aprueba el texto refundido de la Ley Reguladora de las Haciendas Locales (LRHL) al configurar como punto de conexión para gestionar el tributo el ayuntamiento del domicilio que conste en el permiso de circulación del vehículo, estas grandes empresas de *e-commerce* se sirven de flotas ajenas en las que externalizan la distribución y entrega de las mercancías. Por lo que hace al Impuesto sobre Bienes Inmuebles, mientras que el comercio tradicional satisface generalmente este tributo por la titularidad de los inmuebles en que tienen sus establecimientos físicos, las empresas a que nos referimos utilizan los viales, se sirven de la ordenación del tráfico y se aprovechan de las actividades de limpieza y seguridad sin que haya retorno financiero para el municipio. Finalmente, es bien sabido que el Impuesto de Actividades Económicas es un tributo de tosca configuración que no grava la capacidad económica real de estas empresas.

Desde la perspectiva estrictamente competencial, el Tribunal Constitucional asume desde tiempos muy tempranos[215] una definición muy abierta del ámbito lícito de actuación de las Corporaciones Locales, que se plasma en el derecho a participar en todos aquellos asuntos o materias en los que esté presente un interés local; lo que contrasta con la atribución que realiza

---

[214] Cfr., MORIES JIMÉNEZ, M.T., (2023), p. 46.

[215] Sentencia 37/1981 del Tribunal Constitucional (STC) (FJ 4).

la Constitución en los listados contenidos en sus artículos 148 y 149 de competencias específicas a las Comunidades Autónomas y al propio Estado, respectivamente.

En la materia que nos ocupa la intervención de las Entidades Locales estaría perfectamente justificada también a través del instrumento fiscal. Pues se trata de la actuación pública sobre un fenómeno que afecta a la vida diaria de los vecinos no sólo en sus desplazamientos desde sus domicilios a su centro de trabajo o a otros puntos de la ciudad o localidades próximas para el pleno desarrollo de su vida personal o familiar; sino también en cuanto a la calidad del aire que respiran y a la propia configuración de los espacios públicos en que conviven.

Más concretamente, junto a la competencia fiscal para establecer una tasa que grave el aprovechamiento especial del dominio público que realizan las empresas de comercio electrónico al distribuir y entregar las mercancías en la "última milla", las Entidades Locales disponen de una serie de competencias materiales que deben ser invocadas, a saber: la competencia en infraestructura viaria [artículo 25.2.d) de la Ley 7 /1985, de 2 de abril, de Bases de Régimen Local (LBRL)], la competencia en medio ambiente urbano, contaminación atmosférica y acústica [artículo 25.2.b) LBRL], la competencia sobre tráfico, estacionamiento de vehículos y movilidad [artículo 25.2.g) LBRL] y la competencia sobre gestión de la disciplina urbanística [artículo 25.2.a) LBRL].

Respecto de la competencia fiscal, el listado contenido en el artículo 20.3 LRHL es *numerus apertus* por lo que las Entidades Locales podrían crear nuevas tasas por la utilización privativa o aprovechamiento especial del dominio público, siempre que se acomoden lógicamente al marco jurídico vigente tal y como tiene declarado el Tribunal Supremo en su conocida Sentencia (STS), de 12 de febrero de 2009 (Rec. núm. 6385/2006) sobre la tasa de cajeros automáticos que no aparece en aquel listado. Y más recientemente la STS, de 27 de octubre de 2022 (Rec. núm. 5681/2020), sobre la fallida tasa por aprovechamiento especial del dominio público local con expendedores automáticos o manuales en establecimientos de farmacia, donde se dice en relación con dicho artículo 20.3 que "*se trata de una lista abierta, de carácter enunciativo, pero no taxativo, que no impide la creación de tasas por otros supuestos no recogidos expresamente en la misma*".

A mayor abundamiento, el Consejo Económico y Social de Barcelona, al evacuar el Dictamen preceptivo para la aprobación de la Ordenanza fiscal 3.20 reguladora de la nueva tasa, fundamentó también la creación del gravamen en la Ley 18/2017, de 1 de agosto, del Parlamento de Cataluña de comercio, servicios y ferias, cuyo artículo 16.5 dispone que "*Los Ayuntamientos han de regular y tasar a través de Ordenanzas la distribución de productos adquiridos por internet o a distancia de acuerdo con sus competencias en materia de movilidad, sostenibilidad y seguridad en su municipio*".

Ahora bien, desde una perspectiva estrictamente competencial no cabría establecer una *tasa general sobre la entrada* en el término municipal de un Ayuntamiento para realizar las entregas de "última milla" en los domicilios particulares de las mercancías vendidas. Con otras palabras, no tiene cabida en nuestro ordenamiento una *tasa de congestión* como la existente en Londres que gravara la mera utilización de vehículos de motor en el entorno urbano. Frente a una tasa de estas características existen dos obstáculos a mi juicio insalvables: en primer lugar, se estaría gravando ilícitamente un "uso general" del dominio público más que un aprovechamiento especial o una utilización privativa; en segundo lugar, el artículo 20.3.o) LRHL establece taxativamente que sólo son posibles tasas por "*rodaje o arrastre de vehículos que no se encuentran gravados por el Impuesto de Vehículos de Tracción Mecánica*".

2. ELEMENTOS ESTRUCTURALES DE UNA TASA LOCAL SOBRE LAS EMPRESAS DE COMERCIO ELECTRÓNICO POR EL APROVECHAMIENTO ESPECIAL DEL DOMINIO PÚBLICO

El citado "Libro Blanco sobre la Reforma Tributaria"[216] ya apuntaba lo que serían los elementos básicos de una tasa local por la utilización del dominio público que realizan las operadoras de comercio electrónico partiendo de la propuesta formulada por el Ayuntamiento de Barcelona que luego se ha concretado, con importantes modificaciones, en la Ordenanza fiscal 3.20 de 24 de febrero de 2023.

Así, el hecho imponible estaría constituido por el estacionamiento de vehículos de tracción mecánica en las vías públicas *para la prestación de servicios postales.* El gravamen llevaría aparejada la creación de reservas de plazas de aparcamiento de utilización obligatoria para las entregas a domicilio –utilización sujeta a licencia–. De esta manera, estaríamos realmente ante una modalidad de la tasa de estacionamiento regulado para carga y descarga contemplada en el artículo 20.3.h) LRHL. En cualquier caso, se añade en el "Libro Blanco" que, en aras de preservar la neutralidad en el tratamiento fiscal, la tasa no se limitaría al comercio por internet, aplicándose a todas las actividades de entrega de envíos a domicilio, es decir, con independencia de que la mercancía se haya comprado en establecimientos de forma presencial u online. Estarían exoneradas del pago del tributo las entregas a domicilio en vehículos de menos de cuatro ruedas (*riders*), autónomos, transportistas de reparto de mercancía entre empresas (B2B) y entrega de paquetes en puntos de recogida. Los sujetos pasivos de la tasa serían los operadores postales que entregan a domicilio, aunque el reparto (transporte) se subcontrate. Entre los operadores postales sujetos a gravamen se

---

216 Cfr., Libro Blanco (2022), pp. 504-505.

encontraría "Amazon", considerado por la Resolución, de 24 de septiembre de 2020, de la Sala de Supervisión Regulatoria de la CNMC[217] como empresa que realiza labores de operador postal que, como tal, debe cumplir con la normativa de este sector. Esta Resolución de la CNMC ha sido anulada por una Sentencia de la Audiencia Nacional a la que enseguida nos referiremos y que ha sido objeto de un recurso de casación ante el Tribunal Supremo, admitido a trámite y pendiente de pronunciamiento.

Para cuantificar la tasa, que sería anual, se tendría en cuenta tanto la estimación del valor que tendría en el mercado la utilización del espacio público al que acabamos de referirnos -las zonas reservadas en la vía pública para la entrega domiciliaria de las mercancías- como la facturación anual de cada operador postal en la ciudad. De esta manera, se emplearía de conformidad con el principio de equivalencia el criterio habitual del valor que tendría en el mercado la utilidad derivada del aprovechamiento especial del dominio público y dicho valor se distribuiría entre los operadores de comercio electrónico por razón de la facturación obtenida en el municipio. Junto a ello, por razones extrafiscales de naturaleza ambiental se establecería una bonificación del 100% del importe de la tasa para los vehículos de cero emisiones. La recaudación se destinaría a la digitalización del comercio local. Como en seguida veremos, la tasa en vigor no se ajusta en plenamente a las características enunciadas.

Una vez repasada la propuesta contenida en el "Libro Blanco", en buena medida inspirada en el Informe que elaboramos para el Ayuntamiento de Barcelona la Profesora GONZÁLEZ-CUÉLLAR y yo mismo[218], conviene ahora que nos detengamos en lo que se convirtió en Derecho positivo, es decir, en el análisis

---

217 Resolución de la CNMC de 24 de septiembre de 2020 (STP/DTSP/006/20).

218 Y cuyos lineamientos fundamentales se recogen en GONZÁLEZ-CUÉLLAR SERRANO, M.L./ORTIZ CALLE, E., (2021), p. 387 y ss.

de cada uno de los elementos estructurales de la tasa creada por la Ordenanza 3.20, de 24 de febrero, del Ayuntamiento de Barcelona; recientemente anulada, como ya hemos dicho, por la STSJ Cataluña, de 19 de julio de 2024.

3. LA MALOGRADA ORDENANZA FISCAL 3.20 DEL AYUNTAMIENTO DE BARCELONA QUE ESTABLECE LA LLAMADA "TASA AMAZON"

3.1. Vinculación del hecho imponible a la condición de operador postal.

El elemento subjetivo del hecho imponible aparecía en la anulada Ordenanza directamente vinculado al concepto jurídico de operador postal. Si el elemento material del presupuesto normativo que da lugar al nacimiento de la obligación tributaria consiste en la ocupación del dominio público, para que surja dicha obligación el aprovechamiento especial del dominio lo debe efectuar un operador postal.

Ello es así porque en la Ordenanza fiscal se partía de la premisa evidente de que el comercio electrónico masivo lo llevan a cabo operadores postales que utilizan el dominio público con una intensidad que va mucho más allá de la utilización de las zonas de carga y descarga por parte del comercio tradicional de proximidad.

Concretamente el artículo 2.1 de la Ordenanza disponía que "*El hecho imponible está constituido por el aprovechamiento especial del dominio público por parte de las empresas que actúan en el mercado como operadores postales, que realicen la carga y descarga en la vía pública, mediante el uso de cualquier clase de vehículo, con la finalidad de distribuir directamente los bienes adquiridos a través de comercio electrónico a los destinos finales indicados por los consumidores*".

El mismo artículo 2, en su apartado 2, contenía tres definiciones que pretendían contribuir a la seguridad jurídica en la aplicación de la tasa, a saber: "*a) Vehículos: los aparatos con motor o sin él que se desplacen sobre el dominio público y que permitan transportar mercancías; b) destinos finales indicados por los consumidores: los lugares de entrega consignados por las personas destinatarias, que no tengan la consideración de puntos de recogida; c) puntos de recogida y centros de distribución urbana de mercancías (CDUM): los puntos o lugares consignados en el Registro Municipal de Puntos de Recogida, así como los centros de distribución urbana de mercancía (CDUM) de acuerdo con lo que se establece en el artículo 10".* Dicho artículo 10 era el que regulaba dicho Registro al que enseguida nos referiremos.

Los CDUM, al facilitar una entrega centralizada de las mercancías adquiridas online, persigue reducir los impactos negativos, en términos de emisiones, ruido, seguridad vial y ocupación del espacio público que genera la circulación masiva de todo tipo de vehículos a motor en la ciudad de Barcelona. Por lo demás, el mencionado "Registro Municipal de Puntos de Recogida y CDUM" relaciona los lugares para realizar las entregas designados por los operadores postales o por el Ayuntamiento. Los obligados tributarios han de declarar anualmente, en el momento de presentar la autoliquidación, sus puntos de recogida a los efectos de actualizar la información del Registro para el período impositivo siguiente. En cualquier caso, en la Ordenanza se incluían como puntos de recogida los establecimientos abiertos al público por parte del operador legalmente designado y que hubieran sido identificados en su declaración anual.

Debemos anotar que el Informe emitido a instancias del Ayuntamiento de Barcelona se decantaba por configurar el hecho imponible de manera bien distinta, al establecer una relación estrecha con las zonas de estacionamiento regulado, proponiendo la reserva de determinados espacios de dominio público para la carga y descarga de los envíos postales por parte de los operadores que realizan las entregas domiciliarias de "última milla". El sentido de la propuesta era evitar que se pudiese interpretar que la tasa gravaba el uso general del dominio público. Interpretación que en cualquier caso hay que rechazar igualmente en relación con la normativa finalmente aprobada. Pues de conformidad con lo dispuesto en el artículo 85.2 de la Ley 33/2003, de 3 de noviembre, de Patrimonio de las Administraciones Públicas, al clasificar los distintos usos de los bienes de dominio público, un "*aprovechamiento especial*" del mismo es aquel que, "*sin impedir el uso común, supone la concurrencia de circunstancias tales como la peligrosidad o intensidad del mismo, preferencia en casos de escasez, la obtención de una rentabilidad singular u otras semejantes, que determinan un exceso de utilización sobre el uso que corresponde a todos o un menoscabo de éste*" (el subrayado es mío)[219]. La existencia de una rentabilidad directamente derivada del aprovechamiento especial del dominio público es lo que precisamente legitima a la Corporación Local para el establecimiento de la correspondiente tasa[220]. Pero lo que se perseguía en aquel Informe al vincular el hecho imponible con el estacionamiento era sobre todo facilitar, según luego veremos, el cálculo de las cuotas. Justamente en este sentido se abogaba por que el estacionamiento regulado en zonas reservadas del dominio público para la entrega de los envíos postales requiriese la obtención de la preceptiva licencia administrativa expedida por el Ayuntamiento con anterioridad a que se iniciara la ocupación.

El hecho de haber renunciado a esa reserva de espacio público sujeta a licencia a favor de los operadores postales ha sido uno de los motivos esgrimidos por la STSJ, de 19 de julio de 2024, para anular la Ordenanza. Pues el TSJ de Cataluña ha apreciado doble

---

219 Y es claro, como ha señalado MORIES JIMÉNEZ, M.T., (2023) p. 43, que existe un aprovechamiento especial por parte de los sujetos pasivos de la tasa, en la medida en que realizan un uso más intenso de las calles y vías para efectuar las entregas de bienes adquiridos de compañías de venta minorista online. Además, el uso del dominio público es legítimo, pues se trata de operadores registrados o que deberían al menos estarlo, lo cual les autoriza para realizar la distribución y entrega de los envíos a los destinos finales en la ciudad de Barcelona; en este sentido igualmente, NAVARRO GARCÍA, A., (2024), p. 5.

220 Vid., con carácter general para cualquier tasa por ocupación del dominio público, RUIZ GARIJO, M., (2019), p. 324 y ss.

imposición en el caso de los operadores postales que utilizan las áreas de estacionamiento regulado "azul" o "verde", pues el mismo sujeto pasivo tendrá que tributar dos veces por un mismo hecho imponible que es la ocupación del dominio público. Y de este dato la misma Sentencia deduce que la tasa controvertida recae en realidad "*sobre la actividad* [económica de los operadores postales] *y no sobre la ocupación del dominio público local*"; razón por la cual la Sentencia declara que nos encontramos ante un impuesto para cuya creación la Entidad Local carece de competencia.

Frente a esta tesis, el Informe del *Consell Tributari*[221] subrayaba que el hecho imponible del gravamen no está constituido por la realización de la actividad económica de comercio electrónico. Si fuera así, nos encontraríamos indudablemente ante la creación de un impuesto que está fuera del alcance del poder tributario de cualquier Hacienda Local por exigencia del principio constitucional de reserva de ley. Pero, según acabamos de decir, el hecho imponible no se realizaba por el estacionamiento, sino por el aprovechamiento especial del dominio público que efectúan los operadores postales con ocasión de la entrega domiciliaria de los bienes adquiridos por comercio electrónico. Se entiende que la distribución de bienes que realizan dichos operadores es superior y más intensa que la que realizan los transportistas puros, aunque estos utilicen vehículos de más tonelaje, normalmente más contaminantes, y con cargas más pesadas[222].

Al margen de ello, de acuerdo con el artículo 5.3, a los efectos de la realización del hecho imponible tenían la consideración de operador postal aquellos que reunieran los requisitos que establece la legislación estatal -Ley 43/2010, de 30 de diciembre, del servicio postal universal, de los derechos de los usuarios y

---

221 Recogida en la Memoria del año 2022 que se puede consultar en https://ajuntament.barcelona.cat/conselltributari/sites/default/files/memo_cast_2022_penjar.pdf.

222 Cfr., MORIES JIMÉNEZ, M.T., (2023), p. 56.

del mercado postal (LSPU en adelante), que traspone la Directiva 2008/6/CE, por la que se modifica la Directiva 97/67/CE relativa a las normas comunes para el desarrollo del mercado interior de los servicios postales- con entera independencia de que hayan cumplido o no su deber de inscripción en el Registro General de Empresas Prestadoras de Servicios Postales.

Se entiende, en suma, que la entrega de mercancías directamente a los particulares se realiza en el marco de un servicio postal, utilizando el estacionamiento en las vías públicas para realizar la carga y descarga de los productos -cuantas veces que sea necesaria- que se envían a los destinos finales indicados por los consumidores. Y si bien el que estaciona el vehículo para entregar el producto puede ser o no un operador postal, en función de la relación laboral o mercantil que mantenga con aquél, el que resulta beneficiado en última instancia por esta operación no es otro que el operador postal, que es quien gestiona el servicio y asume la logística de todo el proceso, incluyendo el transporte.

Pues operador postal es quien presta servicios postales en los términos que señala el artículo 3.1 de la citada LSPU, que justamente define los "servicios postales" como "*cualesquiera servicios consistentes en la recogida, la admisión, la clasificación, el transporte, la distribución y la entrega de envíos postales*". De ahí que tenga todo el sentido que quien resulta beneficiado por el aprovechamiento del dominio público gravado sea el que se ocupa de toda la logística necesaria para llevar el producto al cliente final.

Y conviene subrayar que las plataformas de comercio electrónico no quedan excluidas de la posibilidad de ser consideradas operadores postales, sino más bien lo contrario. Así se desprende de una interpretación sistemática del Reglamento (UE) 2018/644, de 18 de abril, sobre los servicios de paquetería transfronterizos. Ya el Preámbulo de este Reglamento destaca que "*Los prestadores de servicios de paquetería que utilizan modelos empresariales alternativos, por ejemplo, basados en la economía colaborativa o en plataformas de comercio electrónico, deben estar sujetos al presente Reglamento si se ocupan de al menos una de las fases de la cadena de distribución postal*" (considerando 17). De ahí que no sorprendiera en absoluto que la Resolución, de 24 de septiembre de 2020, de la Sala de Supervisión Regulatoria de la CNMC (STP/DTSP/006/20) declarara que las filiales de Amazon en España -en aquel momento Amazon Spain Fullfillment S.L. y Amazon Road Transport Spain S.L.- tenían la condición de operadores postales; con lo cual deberían estar obligadas a presentar la declaración responsable pertinente y consiguiente inscripción en el Registro de Empresas Prestadoras de Servicios Postales, al considerar que las actividades desplegadas por tales mercantiles en el sector de la paquetería y la mensajería constituían servicios postales de acuerdo con la normativa europea y la española de trasposición.

Así, la entrega de la mercancía por parte de las grandes plataformas de comercio electrónico se realiza en el marco de un servicio postal, por lo que la ocupación del dominio público se realiza por un operador postal que justamente era el sujeto pasivo de la tasa a título de contribuyente. En relación con Amazon, la Resolución citada de la CNMC señaló expresamente que "*la forma en que los artículos quedan depositados y custodiados por Amazon hasta su recogida final en nada se distingue del modo en que lo hacen otros operadores postales*".

En este orden de consideraciones, se debe destacar la diferencia sustancial que existe entre el comerciante minorista y el operador postal. Porque el primero es propietario de todas las mercancías que integran su giro o tráfico y en ningún caso presta servicios postales o logísticos para otros vendedores; de la misma manera que tampoco ejerce ningún control directo sobre el transportista respecto del encaminamiento, el número de paquetes a distribuir o la ruta a seguir para la entrega de las mercancías. Amazon, de la misma manera que cualquier otro operador postal, ostenta una capacidad plena de control y dirección de su servicio de paquetería, que cubre todas las fases del ciclo postal: admisión o recogida, clasificación, transporte, distribución y entrega; mientras que lo que hace el comerciante minorista es, sencillamente, externalizar el servicio de entrega a uno o varios operadores de paquetería. Téngase en cuenta que el servicio postal se encuadra dentro de un contrato atípico y complejo que, de conformidad con la Ley 43/2010, incluye todas las operaciones de logística y transporte. Por eso, el contrato de transporte se suscribe por vendedores minoristas teniendo como destinatario habitual el titular de una actividad económica, mientras que el contrato atípico en el que se enmarcan los servicios postales suele ser utilizado por los vendedores mayoristas, teniendo como destinatarios los particulares.

A la vista del marco normativo expuesto genera perplejidad la Sentencia, de 14 de julio de 2023, de la Audiencia Nacional (Rec. núm. 1223/2020) por la que se anula la mencionada Resolución, de 24 de septiembre de 2020, de la CNMC y, en consecuencia, se declara que Amazon Road Transport Spain S.L. no es operador postal, sobre la base de que esta sociedad realiza "*actividades de naturaleza logística y preparatorias*" (almacena, gestiona y empaqueta) y no de naturaleza postal, ya que no es transportista al contratar con terceros los servicios de transporte. No obstante, la propia entidad mercantil alega que está autorizada para ejercer como operador de transporte al intermediar en la contratación de transportes de mercancías por carretera, estando sujeta a los artículos 119 y ss. de la Ley 16/1987, de 30 de julio, de Ordenación de los Transportes Terrestres, resultando a su juicio gravosa y desproporcionada la exigencia de que se incluya a la recurrente en otra categoría distinta de actividades reguladas, cual es la de operador postal. Para la Audiencia Nacional la filial de Amazon no actúa sobre el envío postal en sí mismo considerado, esto es, presentado en la forma definitiva en que debe ser recogido, transportado y entregado.

En mi opinión, la doctrina contenida en esta Sentencia choca de plano con el Reglamento 2018/644/UE de servicios postales, porque en el mismo se declara de manera taxativa e indubitada que los modelos de negocio basados en el comercio electrónico y la economía colaborativa no quedan excluidos de la posibilidad de ser considerados operadores postales, diciendo además que dichos operadores estarán sujetos al Reglamento si se ocupan al menos de una de las fases de la cadena de distribución postal. En este sentido, la Sentencia, de 31 de mayo de 2018, del Tribunal de Justicia de la Unión Europea (TJUE), As. C-259/16 y C-260/16 declaró que "*una empresa deberá calificarse como proveedor de servicios postales, en el sentido del artículo 2, apartado 1 bis de la Directiva 97/67, cuando su actividad consista en la prestación de al menos uno de los servicios enumerados en el artículo 2, punto 1, de esta Directiva y el servicio o los servicios prestados conciernan a un envío postal y siempre y cuando su actividad no se limite al mero servicio de transporte*".

No casualmente la LSPU define "Operador postal" como "*la persona natural o jurídica que, con arreglo a esta ley, presta uno o varios servicios postales*" (artículo 3.1) y califica como "Servicios postales" "*cualesquiera servicios consistentes en la recogida, la admisión, la clasificación, el transporte, la distribución y la entrega de envíos postales*" (artículo 3.8). Se entiende por "envío postal" "*todo objeto destinado a ser expedido a la dirección indicada por el remitente sobre el objeto mismo o sobre su envoltorio, una vez presentado en la forma definitiva en la cual debe ser recogido, transportado y entregado*" (artículo 3.2). Porque lo decisivo para que una empresa que realiza venta online tenga la condición de operador postal no es que realice en nombre propio el transporte y entrega de la mercancía, sino que retenga la capacidad de decisión y control sobre la gestión y entrega de los paquetes, así como sobre la dirección y organización de los elementos que integran la red.

A la espera de lo que resuelva finalmente el Tribunal Supremo al haber admitido a trámite -mediante Auto de 8 de mayo de 2024, Rec. núm. 2119/2024- el recurso de casación interpuesto por la Abogacía del Estado contra la Sentencia de la Audiencia Nacional precisamente con invocación expresa de una posible vulneración del citado artículo 3 LSPU, lo cierto es que este fallo redujo sensiblemente el ámbito subjetivo de aplicación de la tasa dada la cuota de mercado del operador concernido.

3.2. Vinculación del hecho imponible a la distribución de bienes adquiridos a través de comercio electrónico sin vinculación expresa a zonas de estacionamiento regulado.

El artículo 2.1 de la Ordenanza 3.20 circunscribía el hecho imponible a las ventas y consiguientes entregas domiciliarias que se hubieran realizado por comercio electrónico.

Esto significa, como certeramente señala MORIES JIMÉNEZ[223], que sólo se gravarán las entregas derivadas de bienes adquiridos a través de empresas que operan a través de comercio electrónico, dejando fuera las entregas domiciliarias de productos adquiridos a otros establecimientos comerciales minoristas, aunque se distribuyan con una lógica similar a las que sí resultan gravadas, es decir, a las realizadas por operadores postales. Esta autora reconoce que el comerciante minorista no es asimilable a las plataformas de comercio electrónico, aun cuando el primero recurra a los servicios de un operador postal para realizar las entregas en domicilios. El comerciante minorista es, para empezar, propietario de las mercancías que vende con independencia de que parte de las mismas se oferten online. Además, dicho comerciante no presta servicios postales o logísticos a terceros vendedores y, por supuesto, tampoco controla ni tiene capacidad para influir en la organización o en la ruta del transportista que materialmente entrega los bienes a sus clientes. Las diferencias con el operador postal son claras. En este sentido, cuando hablamos de comerciante minorista no sólo nos referimos a los pequeños establecimientos, sino que también incluimos a las grandes superficies -como El Corte Inglés, Decathlon o Ikea, por poner sólo algunos ejemplos- que complementan cada vez en mayor medida sus ventas presenciales con el comercio electrónico.

En cualquier caso, la configuración dada al hecho imponible por la Ordenanza, que sólo grava la ocupación del dominio

---

223 Cfr., MORIES JIMÉNEZ, M.T., (2023), p. 48.

por parte del operador postal para realizar entregas de bienes adquiridos online -sin que, además, se hayan reservado espacios específicos para el estacionamiento cuando se trate de entregas de última milla-, genera un problema importante de practicabilidad administrativa, por cuanto será difícil concretar cuándo los envíos proceden de compras online y se realizan a destinos finales. Más allá de la relevancia que puede tener ese distinto tratamiento fiscal, en opinión de MORIES JIMÉNEZ[224], la tasa se debería haber extendido "*a cualquier envío postal que se haga llegar al destino final con la logística de los operadores postales, sea cual sea el origen de la mercancía, siempre que el operador postal cumpla los requisitos cualitativos y cuantitativos para estar sujeto a esta tasa La intensidad en el uso del dominio público está en la realización de entregas masivas de envíos postales y no en que estas procedan o no exclusivamente de compras adquiridas en las grandes compañías de venta minorista online que lógicamente serán las que den origen al mayor número de dichos envíos*".

Porque, como indica esta autora, los grandes establecimientos comerciales, si bien mantienen su línea de negocio presencial, la complementan cada vez en mayor medida con las ventas online realizando también entregas domiciliarias de "última milla" recurriendo en ocasiones a los servicios de los operadores postales; y esto sucede a la vez que se realizan entregas de mercancías adquiridas en los mismos establecimientos, es decir, sin recurrir a medios telemáticos. De esta manera, nos encontramos con el problema de cómo se va a distinguir el origen de estos envíos cuando es el mismo operador postal el que entrega pedidos adquiridos online y a través del comercio tradicional[225].

Esta diferencia de trato generará seguramente, como ya hemos apuntado, problemas de gestión e incrementará los costes de cumplimiento de los contribuyentes que deben desglosar los envíos efectuados por razón de su origen. Pero es que, además,

---

[224] Cfr., MORIES JIMÉNEZ, M.T., (2023), p. 58 y p. 69.

[225] Cfr., MORIES JIMÉNEZ, M.T., (2023), pp. 59-60.

el principio de igualdad podría verse afectado en la medida en que la entrega domiciliaria de envíos postales implica un aprovechamiento especial del dominio público de la misma naturaleza, con entera independencia de que los bienes hayan sido adquiridos en un establecimiento físico u online, y sin entrar ahora en la consideración del incremento del peso relativo de las transacciones electrónicas al que asistimos en las últimas décadas. Ese tratamiento diferente carece de justificación, a juicio de la STSJ de Cataluña, de 19 de julio de 2024, y es una de las razones que han motivado la anulación de la Ordenanza.

La diferencia de tratamiento, sin embargo, se podría quizás justificar en razones extrafiscales relacionadas con el fomento del comercio tradicional y una determinada concepción del tejido urbano y la organización del territorio, como apunta el Voto Particular emitido por la Magistrada Isabel Hernández Pascual a la citada Sentencia. En definitiva, la desigualdad de trato se podría haber amparado en este motivo, aun cuando el aprovechamiento especial del dominio público que realiza el operador postal no difiere por la sola razón de que la mercancía que se entrega en el domicilio haya sido adquirida online o en un establecimiento comercial de manera presencial, sea una gran superficie o un pequeño comercio[226].

En otro orden de consideraciones, es cierto que los operadores postales tenían que pagar la nueva tasa junto con la correspondiente a la utilización de las zonas de estacionamiento regulado que afecta a la generalidad de los contribuyentes, incluidos los transportistas "puros", es decir, aquellos que carecen de la condición de operador postal. Por este motivo, algunas entidades y asociaciones de los sectores económicos afectados, como UNO (Organización Empresarial de Logística y Transporte) denunciaron en fase de información pública durante la tramitación de

---

226 Como bien apunta MORIES JIMÉNEZ, M.T., (2023), p. 60 y p. 69. Ya con anterioridad, en Libro Blanco (2022), p. 512.

la Ordenanza una supuesta doble imposición entre la tasa 3.12 (estacionamiento regulado de vehículos) y la nueva tasa 3.20 (entregas de "última milla" de mercancías adquiridas online). El argumento no era otro que ambos tributos gravaban el estacionamiento como modalidad de ocupación del dominio público.

El Ayuntamiento, en la contestación a las alegaciones, invocó la distinta configuración del hecho imponible ya que la nueva tasa va más allá del gravamen del estacionamiento dentro de las zonas y áreas determinadas mediante Decreto de la Alcaldía, al abarcar también la distribución masiva de envíos postales y la necesaria circulación por las calles de la ciudad. La nueva tasa se proyectaba, a juicio del Ayuntamiento, sobre una actividad económica diferenciada (elemento objetivo del hecho imponible) realizada por unas determinadas personas (elemento subjetivo del hecho imponible) y sin vinculación alguna con unas zonas específicas de estacionamiento (áreas reguladas)[227]. En consecuencia, la aplicación simultánea de ambas figuras no produciría la doble imposición denunciada. Como hemos visto, el TSJ de Cataluña no comparte esta tesis.

No obstante, en nuestra opinión, no cabe ningún reproche desde la perspectiva del principio constitucional de igualdad (artículos 14 y 31.1 CE) al hecho de que la nueva tasa dejara fuera de su ámbito de aplicación subjetiva a los transportistas. Porque sabiendo que "*lo que prohíbe el principio de igualdad es la creación de situaciones desiguales artificiosas o injustificadas, que no se apoyen en criterios objetivos o razonables, según juicios de valor generalmente aceptados*" (STC 60/2015 FJ 4, entre muchas otras), está plenamente justificado el tratamiento fiscal diferente que confiere la tasa a los operadores del sector postal y a los del transporte.

---

227 Vid., Informe del Ayuntamiento de Barcelona en respuesta de las alegaciones en el trámite de información pública, accesible en https://ajuntament.barcelona.cat/transparencia/sites/default/files/19_2022-05-dpef_informe_resposta_allegacions.pdf.

En efecto, nos encontramos ante dos tipos de empresas diferentes y eso hace que las situaciones no sean comparables, por lo que es posible un tratamiento fiscal también distinto. Pues el transporte de mercancías, según advertíamos más arriba, es empleado sobre todo por vendedores mayoristas, siendo su destinatario principal el titular de una actividad económica y, lo que a nuestros efectos resulta decisivo, no realiza apenas entregas que puedan ser calificadas de "última milla". Más bien al contrario, los transportistas tienen habilitadas zonas de carga y descarga en las proximidades de los establecimientos comerciales destinatarios de sus envíos. El hecho de que en Barcelona las zonas de distribución urbana de mercancías -las llamadas zonas DUM- sean gratuitas no desmonta la conclusión anterior acerca de la distinta naturaleza de ambos tipos de operadores (postales y transportistas). Lo relevante es que el transporte que se integra dentro de la logística postal se utiliza fundamentalmente por los operadores de comercio electrónico -y no tan intensamente por determinados comerciantes minoristas-, su destinatario es el consumidor final y son entregas de "última milla".

Por otro lado, el hecho imponible -definido en los términos ya señalados- se entendía realizado, como el precisaba el artículo 2.1 de la Ordenanza 3.20, con independencia de la clase de vehículo del que sirva el operador postal para realizar la entrega de "última milla". No se previó ningún beneficio fiscal, permitiendo por ejemplo una deducción en la cuota, por la utilización de vehículos cero emisiones -ni tampoco para las bicicletas, patinetes u otros vehículos de movilidad personal-, lo cual restaba eficacia medioambiental a la tasa.

Con todo, inmediatamente veremos que el artículo 3 contemplaba sendos supuestos de no sujeción para las entregas realizadas en un punto de recogida o a pie, así como las efectuadas desde las CDUM que hagan la distribución posterior mediante medios sostenibles, que el artículo 10 circunscribía a la hecha a pie o mediante vehículos ligeros tales como bicicletas, *cargobikes*, patinetes o similares.

3.3. Elemento temporal del hecho imponible.

El artículo 8 de la Ordenanza disponía que el período impositivo coincide con el año natural (apartado 1). No obstante, el período impositivo podía ser inferior al año natural en aquellos casos en que el inicio de las actividades realizadoras del hecho imponible tuviera lugar en una fecha posterior al 1 de enero o se produjera la pérdida de la condición de operador postal en una fecha anterior al 31 de diciembre (apartado 2). En cualquier caso, el devengo se producía el 31 de diciembre de cada año o el día en que se produjera la pérdida de aquella condición (apartado 3). Nos encontrábamos ante un tributo periódico que, como tal, se devengaba anualmente.

3.4. Sujetos pasivos.

Coherentemente con la configuración del elemento subjetivo del hecho imponible, el artículo 5.1 de la Ordenanza anulada disponía que "*Son obligados tributarios, a título de contribuyentes, los operadores postales que realicen la carga y descarga en la vía pública, mediante el uso de cualquier clase de vehículo, con la finalidad de distribuir directamente los bienes adquiridos a través de comercio electrónico a destinos finales indicados por los consumidores dentro del municipio de Barcelona*". Aunque no sería realmente necesaria la aclaración, el apartado de ese mismo artículo 5 señalaba que no se entendían como destinos finales las entregas realizadas en los CDUM y en puntos de recogida, reiterando lo previsto en el artículo 3.c) de la misma Ordenanza.

Eran operadores postales aquellos que se encontrasen registrados como tales en el Registro General de Empresas Prestadoras de Servicios Postales regulado en el artículo 39 LSPU o que no estándolo estarían obligados a registrarse por reunir las condiciones legales (artículo 5.3).

Parecía muy oportuno que el artículo 5.4 de la Ordenanza precisara, para despejar las dudas que pudieran surgir en la aplicación del tributo, que la sujeción a la tasa se producía con independencia de que el operador postal externalizara (subcontratándolo con otras empresas o con personal en régimen de trabajador autónomo) el servicio de transporte o lo prestara directamente, porque la condición legal de operador no depende en absoluto de esta decisión empresarial. Y en el caso de que intervinieran en la cadena de distribución dos o más operadores de servicios postales, se consideraba contribuyente a aquel que realizara la última entrega (artículo 5.5); lo cual parecía bastante lógico si el hecho imponible se define por las entregas domiciliarias ("última milla"). Por supuesto, la empresa subcontratada no se convertía en sujeto pasivo de la tasa, ni a título de contribuyente ni tampoco de sustituto.

3.5. Supuestos de no sujeción.

El artículo 3 establecía determinados supuestos que calificaba de "no sujeción".

En particular, quedaban fuera del ámbito de aplicación del gravamen las entregas que no fueran realizadas por operadores postales, sino en el marco de un servicio de transporte de mercancías [artículo 3, a)]. La razón de ser de este supuesto de no sujeción era muy clara. Los transportistas quedaban tajantemente fuera del ámbito subjetivo de aplicación de la tasa en la medida en que las entregas de última milla son mayoritariamente efectuadas por los operadores postales. Acabamos de ver las claras diferencias existentes entre los operadores postales y los transportistas. Si son situaciones diferentes cabe un tratamiento fiscal diferente, por lo que no sólo carece de fundamento cualquier invocación respecto a una supuesta infracción del principio constitucional de igualdad -en contra de lo que ha declarado la STSJ de Cataluña de 19 de julio de 2024-, sino que tampoco se podrá alegar la existencia de una ayuda de Estado prohibida por el artículo 107.1 del Tratado de Funcionamiento de la Unión Europea (TFUE) con base en una pretendida discriminación selectiva favorable a los transportistas y en perjuicio de los operadores postales[228].

También se declaraban no sujetas a la tasa las entregas de mercancías que fueran a ser comercializadas en fase minorista (B2B) razón por la cual no se calificaban con razón de "última milla" [artículo 3.b)]. Dichas entregas son las que realizan justamente los transportistas que por las razones que ya nos son conocidas no resultaban gravados por la nueva tasa.

En última instancia, estos dos apartados del artículo 3 de la Ordenanza eran desde el punto de vista técnico auténticos supuestos de no sujeción, ya que no se enmarcaban dentro de los servicios de paquetería que constituyen el giro o tráfico característico de los "operadores postales"; concepto jurídico que definía el elemento subjetivo del hecho imponible de esta tasa.

Los siguientes supuestos de no sujeción se referían a las entregas efectuadas desde los CDUM, en las que la distribución posterior se haga a través de lo que aquel precepto denomina "*modos sostenibles*" -concepto que precisa el artículo 10.3 de la Ordenanza señalando que el mismo incluye las entregas realizadas a pie o en vehículos ligeros tales como bicicletas, patinetes, *cargobikes* o similares-, así como las entregas que tuvieran lugar en un punto de recogida [artículos 3.c) y d), respectivamente]. Tanto por lo que hace a los CDUM como en el supuesto de los puntos de recogida se entendía seguramente que no existe un aprovechamiento especial del dominio público, al igual que sucede con las entregas realizadas sin utilizar "*ningún vehículo*" que se declaraban también no sujetas.

3.6. Exención.

El artículo 4 de la Ordenanza 3.20 regulaba las exenciones. Se contemplaban únicamente dos supuestos de exención.

---

228 En sentido afirmativo, MORIES JIMÉNEZ, M.T., (2023), cit., p. 68.

El primero de ellos, contenido en el apartado primero del citado artículo 4, se refería al "*aprovechamiento especial del dominio público mediante la carga y descarga realizada por operadores postales con ingresos brutos procedentes de la facturación anual inferiores a 1.000.000 de euros, obtenidos por entregas a los destinos finales indicados por los consumidores, en la ciudad de Barcelona*".

Para poder disfrutar de esta exención sería necesario presentar la documentación acreditativa prevista en el artículo 9.4, en concreto: una declaración de los ingresos brutos anuales facturados en la ciudad de Barcelona por la distribución de bienes adquiridos a través de comercio electrónico.

Pues bien, se consideraba que por debajo de ese umbral de facturación -un millón de euros- no se realizaba un uso extraordinario o intensivo del dominio público con una entidad suficiente como para justificar la tributación, al considerar que la rentabilidad económica derivada del aprovechamiento del dominio público no era suficientemente relevante[229]. Este parámetro cuantitativo permitiría, al mismo tiempo, tener en cuenta criterios genéricos de capacidad económica en el cálculo de la tasa en el sentido indicado por el artículo 24.4 LRHL. De acuerdo con la Memoria o Informe técnico-económico que acompaña necesariamente a la aprobación de la Ordenanza en el ejercicio 2020 26 operadores postales reunían esta condición.

Esta primera exención ha servido a la STSJ Cataluña, de 19 de julio de 2024, para afirmar el carácter impositivo y no de tasa del controvertido tributo, estableciendo un paralelismo con la exención prevista en el Impuesto de Actividades Económicas a favor de los sujetos pasivos del Impuesto sobre Sociedades que tengan un importe neto de la cifra de negocios inferior a

---

[229] En este sentido, GARCÍA FRÍAS, M.A., (2022). De otro parecer es NAVARRO GARCÍA, A., (2024), p. 7, que apunta una posible discriminación entre los operadores postales.

un millón de euros. En mi opinión, el argumento es endeble en la medida en que esta exención sólo pretendía dejar fuera del ámbito de aplicación de la tasa a aquellos operadores que realizaran un uso menos intenso del dominio público local, partiendo de la hipótesis de que cuanto mayor fuera la facturación también sería mayor el número de entregas de "última milla" y, por ende, la ocupación de las vías públicas.

El segundo supuesto de exención, contemplado en el artículo 4.2 de la Ordenanza, era de carácter subjetivo. Así, a la vista de lo dispuesto en el artículo 22.2 LSPU, "*el prestador designado por el Estado para la prestación del servicio postal universal quedará exento de la tasa en relación exclusivamente con su actividad vinculada al servicio postal universal*". Como es sabido, el prestador designado es la Sociedad Estatal Correos y Telégrafos.

No se acababa de entender la razón de ser de esta exención. Considero, más bien al contrario, que toda entrega de paquetería que requiera el uso de dominio público dentro del municipio de Barcelona debería quedar sujeto a gravamen, tanto si se trata de servicio postal universal como liberalizado.

Comencemos diciendo que el artículo 20 LSPU define el servicio público universal como "*el conjunto de servicios postales de calidad determinada en la ley y sus reglamentos de desarrollo, prestados en régimen ordinario y permanente en todo el territorio nacional y a precio asequible para todos los usuarios*". En concreto, el artículo 21 LSPU incluye en el ámbito del servicio postal universal el envío de paquetería, con o sin valor comercial, de hasta veinte kilogramos de peso.

El fundamento por el que afirmamos que no debería haber quedado exento de la tasa el prestador del servicio público universal es doble: por un lado, la interpretación jurisprudencial del artículo 22.2 LSPU y, por otro, la forma de compensación de las cargas que conlleva dicho servicio esencial.

Es cierto que una posible exclusión de gravamen de los operadores que prestan el servicio postal universal podría derivar de la exención establecida en el art. art. 22 2 LSPU en cuya virtud *"El operador designado por el Estado para la prestación del servicio postal universal quedará exento de los tributos que graven su actividad vinculada al servicio postal universal, excepto el impuesto sobre Sociedades"*. Además, en el caso del Impuesto sobre el Valor Añadido (IVA) se exceptúan de gravamen las prestaciones de servicios y las entregas de bienes accesorias a ellas realizadas en el seno del servicio postal universal, tanto si las realiza el operador designado como operadores que se comprometen a prestar todo o parte del mismo (artículo 21. Uno. 1° de la Ley 37/1992, de 28 de diciembre, reguladora del IVA).

Ahora bien, la STS, de 7 de octubre de 2013 (Rec. núm. 588/2013), fija *como doctrina legal que: «El artículo 22.2, párrafo segundo, de la Ley 43/2010, de 30 de diciembre, del servicio postal universal, de los derechos de los usuarios y del mercado postal (BOE del 31), debe ser interpretado en el sentido de que la exención tributaria que establece a favor del operador designado por el Estado para la prestación del servicio postal universal no alcanza al impuesto sobre bienes inmuebles que recae sobre aquellos desde los que provee tal servicio y las demás prestaciones postales que realiza en régimen de competencia con otros operadores del sector» (...). "No se trata, por tanto, de una exención subjetiva que beneficie a Correos y Telégrafos en todo caso y circunstancia, sino de otra objetiva que atiende a la naturaleza de la actividad desarrollada y a su vinculación con el servicio postal universal"*.

Es decir, dentro de la exención del artículo 22.2 LSPU sólo caben aquellas figuras tributarias que recaigan sobre la actividad en sí misma considerada. Además, no es alegable que una posible exención constituye una especie de compensación por los deberes específicos en aras a garantizar el acceso a todos los usuarios y a un precio asequible (artículo 20 LSPU), así como la obligación de efectuar dicho servicio a través de la red postal (artículos 45 a 47 LSPU), pues la LSPU ha creado, para la financiación del servicio postal universal y para compensar la carga financiera "injusta" que comporta su llevanza, un fondo de financiación. Esta doctrina ha llevado a la STSJ de Madrid, de 29 de abril de

2016 (Rec. núm. 821/2015), a negar la exención de Correos sobre las tasas del ayuntamiento de Madrid por utilización privativa o aprovechamiento especial del dominio público local con paso de vehículos y por utilización privativa o aprovechamiento especial de dominio público local con reserva de espacio de aparcamiento exclusivo de vehículos (tasa de vados).

En esta última Sentencia se dice que "*la Sociedad Estatal Correos y Telégrafos S.A puede efectuar servicios que no forman parte del servicio universal sin que dicha entidad haya debidamente acreditado que en la utilización del dominio público solo se presten exclusivamente los relativos al servicio universal*". En definitiva, "*no procede la exención que se pretende consistente en pretender como actividad vinculada al servicio postal universal la de aparcar en dominio público municipal con un paso de vehículos incluso para sucursales en la que también se prestan servicios no reservados, pues de lo contrario se incurriría en una interpretación extensiva o analógica de la norma tributaria*". Del mismo modo que en el supuesto de hecho de esta Sentencia el aparcamiento por parte de Correos o de otros operadores postales autorizados se realiza de forma indistinta -e imposible de delimitar- tanto para prestar el servicio postal universal como el liberalizado.

Además, es importante tener en cuenta que la LSPU establece como garantía la ocupación del dominio público para los operadores postales, pero sólo cuando desarrollan un servicio postal universal y limitado a la instalación de buzones destinados a depositar los envíos postales (artículo 33).

La Ordenanza 3.20, al declarar exento al operador designado como prestador del servicio postal universal, asumía el riesgo de una posible vulneración de la normativa comunitaria sobre prohibición de ayudas de Estado, debido a la distorsión de la competencia que puede provocar este tratamiento fiscal favorable.

En cualquier caso, en relación con esta exención este no ha sido el argumento empleado por la STSJ Cataluña para la declarar nula la Ordenanza. El TSJ, en este caso con razón, señala que la exención contemplada en el artículo 22.2 LSPU no tiene carácter subjetivo, sino que se vincula a la actividad con entera independencia de quien sea el que preste en cada momento el servicio postal universal; y al declarar exenta la actividad en sí misma considerada el tributo se aproxima sin querer a la categoría de impuesto.

En otro orden de consideraciones, hay que resaltar que en la Ordenanza no se preveían exenciones ni beneficios fiscales por la utilización de vehículos cero emisiones. Se constata con ello que la Ordenanza primó la protección del pequeño comerciante más que la del medioambiente, ya que sólo se contemplaron como supuestos de no sujeción las entregas realizadas a puntos de recogida o desde los CDUM mediante "medios sostenibles" dónde únicamente tenían cabida, además de las entregas a pie, las que se hicieran con vehículos ligeros, entendiendo por tales bicicletas, *cargobikes*, patinetes o similares.

Para terminar este epígrafe, se ha se apuntado con razón[230] que quizás podría haberse incluido algún supuesto más de exención conectado con los destinatarios de los envíos con la finalidad de contemplar las circunstancias particulares de las personas dependientes o con movilidad reducida que recurren a las plataformas de venta online y consiguiente entrega domiciliaria debido precisamente a la imposibilidad o dificultad grave de desplazamiento en las ciudades. Mediante la pertinente protección de datos personales la exención quedaría justificada mediante la presentación de los certificados de discapacidad reconocidos para las personas receptoras de los envíos.

3.7. Cuantificación.

Según indicamos al principio de este trabajo no se ha optado por reservar en exclusiva determinados espacios en la vía pública para el estacionamiento regulado de los operadores postales al

---

230 Cfr., MORIES JIMÉNEZ, M.T., "Análisis de la nueva tasa…", cit., p. 70.

objeto de que puedan efectuar las entregas domiciliarias ("última milla") de las mercancías. Esta decisión, que quizás haya venido un tanto forzada por la escasez de espacios en la ciudad de Barcelona, ha influido en las reglas de cuantificación.

En concreto, el artículo 6.1 de la Ordenanza establecía que "*La base imponible estará constituida por los ingresos brutos facturados en la ciudad de Barcelona que provengan de las entregas realizadas a destinatarios finales indicados por los consumidores en el período impositivo correspondiente por parte de los sujetos pasivos de la tasa*". Parece un criterio razonable y objetivo entender que una mayor facturación presupone un también mayor aprovechamiento del dominio público, pues el mayor volumen de facturación y/o el dato de que el operador postal realiza habitualmente la "última milla" que es la que directamente incide en el aprovechamiento del dominio público local, implica un mayor número de entregas domiciliarias, mayor aprovechamiento del dominio público, una mayor también afectación del medio ambiente y, en consecuencia, justificaría una tributación más elevada. Además, el nivel de facturación conecta con el principio constitucional de capacidad económica, sabiendo que el artículo 24.4 TRLH establece que "*para la determinación de la cuantía de las tasas podrán tenerse en cuenta criterios genéricos de capacidad económica de los sujetos obligados a satisfacerlas*".

El apartado 2 de ese mismo artículo utilizaba el concepto de base liquidable que resultaría de restar de la base imponible los ingresos obtenidos de la facturación a establecimientos comerciales (operaciones B2B) y del resto de supuestos de no sujeción antes analizados. Recuérdese, por otra parte, que a los operadores postales sólo se les gravaba por las ventas online.

De ahí que la determinación de la base liquidable resultara enormemente compleja, "*ya que obliga a las empresas sujetas a diferenciar los ingresos brutos de facturación procedentes de ventas realizadas online de ventas realizadas por otros canales, lo que en un entorno de comercio multicanal plantea evidentes dudas sobre su practicabilidad. Otro tanto puede decirse respecto de los ingresos generados exclusivamente en la ciudad de Barcelona y de la eliminación de los ingresos de la distribución realizada em puntos de recogida o a comercios son presencia física en la ciudad*"[231].

La cuota tributaria, de conformidad con lo previsto en el artículo 7 de la Ordenanza, resultaba de aplicar a la base liquidable el tipo del 1,25%. A ello se añade un límite sobre el importe global de recaudación de la tasa, a saber: "*Si el importe total satisfecho por todos los obligados tributarios supera el valor que tenga en el mercado la utilidad derivada de la utilización o aprovechamiento de acuerdo con lo que se haya previsto en el informe técnico-económico se ha de proceder a la devolución del exceso de manera proporcional a la cuota que haya satisfecho cada obligado tributario respecto del total*". En el Preámbulo de la Ordenanza se indicaba que para el cálculo de aquel valor de mercado el Informe técnico-económico se había basado en un criterio valorativo prudente, de forma que se tomará como referencia un porcentaje de utilización del 5% de la superficie dedicada al estacionamiento únicamente público en las zonas DUM (es decir, áreas de estacionamiento para carga y descarga).

Esa remisión que efectuaba el transcrito artículo 7 al Informe técnico-económico para regular un aspecto esencial de la cuantificación supone para la STSJ Cataluña, de 19 de julio de 2024, una infracción del principio de legalidad que motiva la anulación de la Ordenanza. En este sentido, la Sentencia invoca la STS, de 21 de octubre de 2020, Rec. núm. 737/2018, que exige que las reglas fundamentales de cuantificación no se remitan a un documento interno como es el Informe técnico-económico, sino que se contengan en la Ordenanza para que se cumpla estrictamente el requisito de publicidad.

En otro orden de consideraciones, la exigencia legal de partir del "valor de mercado" genera unos problemas bien conocidos, habida cuenta que la LRHL no introduce parámetros que ayuden a las Corporaciones Locales a concretar este concepto

---

231 Cfr., ESTEVE PARDO, M.L., (2023), cit., p. 4.

jurídico indeterminado y que el dominio público se encuentra por su propia naturaleza fuera del mercado. No es necesario insistir en la importancia que tiene la elaboración de aquel Informe, en cuanto garantía de que la tasa cumple las exigencias del principio de equivalencia y para que la Ordenanza supere el control de legalidad que ejerce la jurisdicción contenciosa. Pues el Informe técnico-económico no es un mero requisito formal, sino que tiene un contenido material del que depende nada menos que la validez del tributo.

Hay que preguntarse, en todo caso, por la fijación de ese tipo precisamente en el 1,25%. Un porcentaje al que se llegó, de acuerdo con el Informe técnico-económico, arrancando del citado valor de mercado de referencia del estacionamiento público, que se cifró en 2.590.725 euros, y del importe de la facturación de los operadores postales que superan 1.000.000 de euros en Barcelona; facturación que asciende a 203.477.600 euros. El tipo impositivo que habría de aplicarse a los 26 operadores postales para cubrir ese valor de referencia, siempre de acuerdo con el Informe técnico-económico[232], sería del 1,27% que tras el redondeo se quedaría en el 1,25%.

La introducción dentro de la fórmula de cuantificación de esa referencia al valor de mercado del aprovechamiento del estacionamiento público regulado debería evitar un eventual reproche de aplicación indebida del método previsto en el artículo 24.1.c) LRHL que se reserva en exclusiva a las empresas prestadoras de servicios de suministro de interés general que prestan servicios de suministro en red, básicamente en los sectores de la energía y las telecomunicaciones[233]. Por ello, no consideramos que la apli-

---

232 Accesible en la página web del Ayuntamiento de Barcelona https://ajuntament.barcelona.cat/transparencia/sites/default/files/05_informe_tecnic-economic.pdf, en especial pp.12-13.

233 Como ha recordado la STSJ Castilla y León (sede Valladolid), de 11 de junio de 2010 (Rec. núm. 2276/2008).

cación de una alícuota fija del 1,25% aproxime peligrosamente el método de cuantificación de la nueva tasa al del 1,5%[234].

Dicho lo cual, me hubiera parecido más coherente una fórmula de cuantificación inspirada en la "tasa general de operadores" regulada en la Ley 11/2022, de 28 de junio, General de Telecomunicaciones. Se tomaría como punto de partida, de manera similar a lo que hace la Ordenanza vigente, el valor de mercado del estacionamiento regulado, para lo cual el Informe técnico-económico debe elegir y aplicar correctamente los criterios y parámetros que conduzcan a tal valor. Ahora bien, la cuota de cada operador no resultaría de un porcentaje fijo sobre la facturación, sino que vendría dada de la aplicación sobre dicho valor de mercado del porcentaje que representen sus ingresos brutos de explotación obtenidos en el municipio sobre el conjunto de dichos ingresos obtenidos por la totalidad de los operadores postales. El principio de capacidad económica se integraría en el régimen de cuantificación, junto con el necesario respeto del principio de equivalencia que debe reflejarse en el reparto de la utilidad a cada operador postal en función del uso realizado, entendiendo que una mayor facturación presupone, como hemos dicho, un también mayor aprovechamiento especial del dominio público[235].

3.8. Gestión.

La tasa se gestionaba en régimen de autoliquidación (artículo 9.1 de la Ordenanza).

En cualquier caso, los obligados tributarios estaban obligados a presentar telemáticamente una autoliquidación entre el 1 y el 31 de julio del período impositivo posterior al gravado, utilizando el

234 De distinta opinión es GARCÍA FRÍAS, M.A., (2022), cit.

235 Así nos hemos pronunciado en GONZÁLEZ-CUÉLLAR SERRANO, M.L./ORTIZ CALLE, E., (2021), pp. 424-425.

modelo que aprobara el Ayuntamiento. En dicha autoliquidación figuraba la base imponible, la base liquidable, el nombre de los destinos finales facturados en la ciudad de Barcelona y la cuota resultante (artículo 9.2). Los contribuyentes exentos debían presentar en el mismo plazo una declaración de los ingresos brutos anuales facturados en la ciudad de Barcelona por la distribución de bienes adquiridos mediante comercio electrónico (artículo 9.4).

El artículo 9.3 de la Ordenanza establecía un deber de información específico que habrá de cumplirse por los contribuyentes en el mismo plazo previsto para presentar la autoliquidación. La información se concretaba en un listado de las entregas realizadas en los puntos de recogida incluidos en el Registro Municipal creado al efecto, así como en los CDUM. Seguramente para no vulnerar la legislación de protección de datos y garantizar el secreto de las comunicaciones, el honor y la intimidad personal y familiar (artículo 18 CE), la información suministrada no incluía en ningún caso datos relacionados con las personas destinatarias, más allá de los estrictamente necesarios para la aplicación de la tasa.

El dato de que la realización del hecho imponible de la tasa por el operador postal se circunscribiera a las ventas realizadas por internet dificultaba la gestión. Pues los operadores postales se verían obligados a reclamar información por parte de la empresa que hace un envío para saber si proviene de una venta electrónica. Exactamente el mismo problema de practicabilidad probablemente se habría de dar en relación con las ventas en la modalidad B2B y con las entregas realizadas a puntos de recogida o a través de medios sostenibles desde los CDUM[236]. Los costes de cumplimiento que tenían que soportar los contribuyentes eran sin duda muy elevados[237].

Finalmente, el artículo 11 de la Ordenanza se remitía a la Ley 58/2003, de 17 de diciembre, General Tributaria y a la Ordenanza Fiscal General de Barcelona en materia de infracciones y sanciones.

3.9. Afectación de los ingresos.

El artículo 1.2 de la Ordenanza disponía que "*Los ingresos obtenidos por la aplicación de la tasa regulada en esta Ordenanza se han de destinar, preferentemente, a financiar actuaciones orientadas a reforzar el comercio de proximidad y los servicios minoristas en la ciudad de Barcelona, con la finalidad de que redunden en beneficio de un uso más sostenible del espacio público*".

La configuración de la tasa como tributo afectado habría de potenciar su carácter extrafiscal al fomentar una determinada forma de entender el tejido urbano y la ordenación del espacio público que aspira a una presencia relevante de los pequeños comercios en las calles. No obstante, hay que señalar que el adverbio "*preferentemente*" utilizado por el precepto transcrito restaba fuerza al mandato de afectación.

---

236 Vid., MORIES JIMÉNEZ, M.T., (2023), p. 84 y ss., donde se dice que no solamente los operadores se verán obligados a adaptar sus sistemas informáticos y contables para extraer toda esa información, sino que, por otra parte, "*el importe de los ingresos brutos procedente de la facturación no es un dato evidente y directo, ni resulta fácil su obtención, ya que ello se deriva de la propia estructura de las tarifas de los operadores que son muy variadas (tarifas mensuales, fijas básicas, tarifas por hora, tarifas por tipo de vehículo…), como del hecho de que con carácter general, las entregas se realicen en función de rutas que no discurren habitualmente por el mismo municipio, por lo que los criterios que cada operador utilice para determinar ese importe variarán de unos a otros dificultando aún más la labor de control*".

237 Así, GARCÍA FRÍAS, M.A., (2022).

Sea como fuere, el Tribunal Constitucional admite con toda naturalidad y sin hacer cuestión de ello que las leyes tributarias prevean la afectación de los ingresos a determinadas finalidades siempre que tengan amparo o al menos no contradigan los principios, valores y derechos constitucionales (STC 94/2017, FJ 8, entre muchas otras).

4. CONCLUSIONES.

A la espera del próximo pronunciamiento que seguramente emitirá el Tribunal Supremo acerca de la tasa recientemente anulada, son muchas y de distinta naturaleza las razones que justifican el establecimiento de una tasa que grave el aprovechamiento especial del dominio público que realizan las grandes plataformas de comercio electrónico que reúnen la condición de operadores postales.

Sólo por este motivo, hay que aplaudir la iniciativa audaz del Ayuntamiento de Barcelona al establecer una tasa que haga afluir a las arcas públicas una parte de la utilidad que reporta a las empresas de comercio online la utilización intensiva del dominio público que realizan. Este tributo podría, además, contribuir eficazmente a la corrección de determinadas externalidades ambientales y urbanísticas asociadas a dicha actividad económica. Será seguramente necesario, no obstante, depurar técnicamente algunos elementos del tributo, en relación con los supuestos de no sujeción y exención o con las reglas de cuantificación, al objeto de facilitar la gestión a la Administración tributaria local, reducir los costes de cumplimiento de las empresas y en especial superar algunos de los reproches de legalidad que se contienen en la STSJ Cataluña, de 19 de julio de 2024, y sobre los que finalmente tendrá que resolver con carácter definitivo el Alto Tribunal.

5. BIBLIOGRAFÍA

AA.VV., *Libro Blanco sobre la Reforma Tributaria*, Instituto de Estudios Fiscales, Madrid, 2022.

ESTEVE PARDO, M.L., "Barcelona establece la tasa Amazon: tasa por aprovechamiento especial del dominio público derivado de la distribución de bienes adquiridos por comercio electrónico", *Documento-Grupo de Expertos*, 3 de abril de 2023, AEDAF.

GARCÍA FRÍAS, M.A., "La llamada tasa Amazon. Status questionis", en *Taxlandia*, 2022, accesible en https://www.politicafiscal.es/equipo/maria-angeles-garcia-frias/angeles.

GONZÁLEZ-CUÉLLAR SERRANO, M.L./ORTIZ CALLE, E., "El gravamen del daño medioambiental producido por el comercio electrónico en las ciudades", en AA.VV.., *La transición energética en el cumplimiento de los objetivos de desarrollo sostenible y la justicia fiscal*, Tirant lo Blanch, Valencia, 2021, p. 387 y ss.

MORIES JIMÉNEZ, M.T., "Análisis de la nueva tasa por aprovechamiento especial del dominio público derivado de la distribución a destinos finales indicados por los consumidores de bienes adquiridos por comercio electrónico: la llamada "Tasa Amazon", en *Tributos Locales*, núm. 163, 2023.

NAVARRO GARCÍA, A., "Detrás del modelo business-to-consumer (B2C): consideraciones jurídicas de la tasa de reparto del e-commerce", en *Revista de Internet: Derecho y Política*, núm. 40, 2024.

RUIZ GARIJO, M., "Cuestiones de urgencia para una reforma de las tasas locales a partir de la jurisprudencia y los autos del Tribunal Supremo", en CHICO DE LA CÁMARA, P (Dir.)., *Aspectos de interés para una futura reforma de las Haciendas Locales*, Tirant lo Blanch, Valencia, 2019.

8. *Propuestas de mejora en el Impuesto sobre Vehículos de Tracción Mecánica*

MIGUEL ALONSO GIL
Prof. Asociado Derecho Financiero y Tributario UC3M
Presidente del TEAM de Móstoles

SUMARIO. 1. INTRODUCCIÓN. 2. LA REGULACIÓN VIGENTE DEL IMPUESTO SOBRE VEHÍCULOS DE TRACCIÓN MECÁNICA. 3. LA AMBIENTALIZACIÓN DEL IMPUESTO SOBRE VEHÍCULOS DE TRACCIÓN MECÁNICA. 4. LA DESLOCALIZACIÓN DEL IMPUESTO SOBRE VEHÍCULOS DE TRACCIÓN MECÁNICA. 5. REFERENCIAS BIBLIOGRÁFICAS

1. INTRODUCCIÓN

La calidad del aire, la protección de la atmósfera y la preservación de la salud forman parte de las principales preocupaciones de la Unión Europea a través de las Directivas de calidad del aire y de reducción y control de las emisiones. En este contexto, los Reglamentos (UE) 2019/631 y (UE) 2018/956 establecen la obligación de los Estados Miembros de comunicar a la Comisión Europea los datos técnicos de los vehículos que conforman el parque de vehículos matriculados cada año en sus respectivos países. Con estos datos la Unión Europea realiza anualmente el seguimiento de emisiones de CO2 de los vehículos matriculados en cada país (turismos, vehículos comerciales ligeros y vehículos pesados).

El parque nacional de vehículos en España estaba conformado en el año 2022 por más de 35.000.000, del que sobresale el número de vehículos "turismo" (un 70,71% del total)[238].

El detalle por tipos era el siguiente:

PARQUE NACIONAL DE VEHÍCULOS

PARQUE DE VEHÍCULOS POR TIPOS

Años	Camiones y furgonetas	Autobuses	Turismos	Motocicletas	Tractores Industriales	Remolques y Semirremolques	Otros Vehículos*	Total
2018	4.980.911	64.905	24.074.151	3.459.722	225.942	474.737	449.614	33.729.982
2019	5.015.973	65.470	24.558.126	3.607.226	232.680	487.823	467.493	34.434.791
2020	5.030.927	63.387	24.716.898	3.735.920	235.511	498.492	484.068	34.765.203
2021	5.050.416	64.447	24.940.969	3.866.220	238.456	512.500	505.800	35.178.808
2022	5.075.068	65.377	25.222.554	4.006.804	245.075	526.546	527.019	35.668.443

Fuente: Dirección General de Tráfico

Si tomamos como referencia las series estadísticas de la Dirección General de Tráfico de los últimos cinco años en función del tipo de carburante, el número de vehículos de gasoil es el más numeroso, seguido de los vehículos de gasolina, que han crecido en los últimos años y se aproximan a los primeros, ambos muy alejados del parque de vehículos de otros carburantes, que incluye los vehículos eléctricos, de hidrógeno, GLP (gases licuados de petróleo), GLN (gas natural licuado) o GLC (gas natural comprimido), que si bien experimentan un aumento significativo si comparamos el año 2018 (117.433 vehículos) con el año 2022 (339.980), solo representan el 0,9% del total[239].

---

238 Cfr. Anuario Estadístico General de 2022 de la Dirección General de Tráfico, en https://www.dgt.es/.

239 Cfr. Anuario Estadístico General de 2022 de la Dirección General de Tráfico, en https://www.dgt.es/

PARQUE DE VEHÍCULOS DE GASOLINA

Años	Camiones y furgonetas	Autobuses	Turismos	Motocicletas	Tractores Industriales	Otros Vehículos	TOTAL
2018	488.975	239	10.507.650	3.442.848	0	123.558	14.563.270
2019	488.872	229	10.939.069	3.582.771	0	123.802	15.134.743
2020	488.441	223	11.126.944	3.703.620	0	124.800	15.444.028
2021	488.927	217	11.413.242	3.828.927	0	126.912	15.858.225
2022	492.880	219	11.750.799	3.959.187	0	129.125	16.332.210

PARQUE DE VEHÍCULOS DE GASOIL

Años	Camiones y furgonetas	Autobuses	Turismos	Motocicletas	Tractores Industriales	Otros Vehículos	TOTAL
2018	4.478.050	61.684	13.501.540	3.994	225.942	303.332	18.574.542
2019	4.504.394	61.697	13.510.143	4.758	232.680	319.916	18.633.588
2020	4.514.742	59.262	13.451.079	5.269	235.511	334.578	18.600.441
2021	4.525.981	59.734	13.346.381	5.809	238.456	353.417	18.529.778
2022	4.541.506	60.128	13.245.872	6.004	245.075	371.122	18.469.707

PARQUE DE VEHÍCULOS DE OTROS CARBURANTES

Años	Camiones y furgonetas	Autobuses	Turismos	Motocicletas	Tractores Industriales	Otros Vehículos	TOTAL
2018	13.886	2.982	64.961	12.880	0	22.724	117.433
2019	22.707	3.544	108.914	19.697	0	23.775	178.637
2020	27.744	3.902	138.875	27.031	0	24.690	222.242
2021	35.508	4.496	181.346	31.484	0	25.471	278.305
2022	40.682	5.030	225.883	41.613	0	26.772	339.980

Fuente: Dirección General de Tráfico

Por otra parte, conforme a los datos del Servicio de Estadística de la Dirección General de Tráfico, la antigüedad media de los vehículos es de 13 años, con más de 20 años el 21,7%.

En resumen, es un parque automovilístico envejecido, dieselizado, y los vehículos de otros carburantes representan un porcentaje muy reducido sobre el total.

A lo anterior se añade que las cifras más recientes de nuevas matriculaciones de la Asociación Española de Fabricantes de Automóviles y Camiones (Anfac) muestran que las ventas de vehículos electrificados (eléctricos e híbridos enchufables, comprendiendo turismos, cuadriciclos, vehículos comerciales e industriales y autobuses) se han ralentizado, al reducirse un 9,1% en el mes de marzo de 2024, con 10.633 unidades, registrando un ritmo mensual lejos del necesario para cumplir los objetivos de reducción de emisiones. En el total del año, las ventas de vehículos electrificados representa el 10% del mercado, la misma cifra que hace un año, con apenas 29.263 unidades[240].

Según una encuesta reciente sobre los hábitos de movilidad y consumo de energía, la mitad de los conductores no se plantea comprar un vehículo eléctrico en los próximos años. Las principales causas para descartar su compra son su elevado precio (61% de los encuestados), la escasez de puntos de recarga (46%), el tiempo de carga (35%), el precio de la electricidad (32%) y la idea de que este tipo de coches no son el futuro (27%)[241].

Del resultado de la encuesta se deduce que uno de los aspectos más críticos para el despliegue de la movilidad eléctrica, junto con el coste de los vehículos eléctricos, que no los hace competitivos frente a los vehículos de combustión interna[242], es el necesario desarrollo de las infraestructuras de recarga, que eviten la denominada "ansiedad de autonomía", que está en el origen que un número importante de compradores se detraiga de adquirir y utilizar los vehículos eléctricos.

La realidad descrita contrasta con los objetivos de descarbonización de la economía y el desarrollo de la movilidad eléctrica fijados en la normtiva comunitaria y nacional. Así, el art. 14 de la de la Ley 7/2021, de 20 de mayo, de cambio climático y transición energética, establece en su apartado primero la obligación de las Administraciones, en el marco de sus respectivas competencias, de adoptar medidas para alcanzar en el año 2050 un parque de turis-

240 Cfr.https://anfac.com/actualidad/las-ventas-de-vehiculos-electrificados-se-ralentizan-y-se-reducen-un-9-en-marzo/, página visitada el 5 de mayo de 2024.

241 Cfr. https://revista.dgt.es/es/motor/noticias/2023/06JUNIO/0614-Compra-vehiculos-electricos.shtml, pagina visitada el 02/05/2024.

242 Vid. El precio medio de un coche eléctrico europeo es de 56.000 €, un 27% más que el coste de un vehículo de combustión lo que le convierte en un producto para élites. País. Negocios 31 de mayo de 2024, en www.pais.es .

mos y vehículos comerciales ligeros sin emisiones directas de CO_2 de conformidad con lo establecido en la normativa comunitaria, y el Plan Nacional Integrado de Energía y Clima fija para el año 2030 un objetivo de penetración de 5 millones de vehículos eléctricos[243].

Para contribuir al despliegue de los puntos de recarga de vehículos eléctricos, el Real Decreto-ley 29/2021, de 21 de diciembre, por el que se adoptan medidas urgentes en el ámbito energético para el fomento de la movilidad eléctrica, el autoconsumo y el despliegue de energías renovables ha previsto en el ámbito tributario local, que las ordenanzas fiscales puedan regular en el Impuesto sobre Bienes Inmuebles una bonificación de hasta el 50 por ciento de la cuota íntegra a favor de los bienes inmuebles en los que se hayan instalado puntos de recarga para vehículos eléctricos, condicionada a que las instalaciones dispongan de la correspondiente homologación por la Administración competente. Asimismo, prevé que las ordenanzas locales bonifiquen el Impuesto sobre Actividades Económicas hasta el 50 por ciento de la cuota correspondiente para los sujetos pasivos que tributen por cuota municipal, y que hayan instalado puntos de recarga para vehículos eléctricos en los locales afectos a la actividad económica y, por último, en el ICIO recoge una bonificación de hasta el 90 por ciento a favor de las construcciones, instalaciones u obras necesarias para la instalación de puntos de recarga para vehículos eléctricos.

En esta línea, el reciente Real Decreto-ley 4/2024, de 26 de junio, con el objeto de continuar impulsando la electrificación de la movilidad, ha reforzado en el ámbito del Impuesto sobre Sociedades el incentivo fiscal destinado a promover las inversiones

---

243 Vid. La Resolución de 25 de marzo de 2021, conjunta de la Dirección General de Política Energética y Minas y de la Oficina Española de Cambio Climático, por la que se publica el Acuerdo del Consejo de Ministros de 16 de marzo de 2021, por el que se adopta la versión final del Plan Nacional Integrado de Energía y Clima 2021-2030 (BOE Nº 77, de 31 de marzo).

en nuevos vehículos FCV, FCHV, BEV, REEV o PHEV o en nuevas instalaciones de recarga, tanto de uso privado como las accesibles al público, de vehículos eléctricos, sustituyendo la vigente amortización acelerada, que consiste en aplicar el duplo del coeficiente de amortización lineal máximo según tablas, por una amortización libre, siempre que se trate de inversiones nuevas que entren en funcionamiento en los períodos impositivos iniciados en 2024 y 2025. También posibilita esta libertad de amortización a los contribuyentes del Impuesto sobre la Renta de las Personas Físicas que determinen el rendimiento neto de su actividad económica con arreglo al método de estimación objetiva.

2. LA REGULACIÓN VIGENTE DEL IMPUESTO SOBRE VEHÍCULOS DE TRACCIÓN MECÁNICA

La publicación de la Dirección General de Coordinación Financiera con las Entidades Locales "*Haciendas locales en cifras. Año 2021*" (2023) revela como el IVTM representa el 4,01% del volumen total de ingresos de los municipios, y el 10% de los ingresos impositivos (2.399 millones de €). Desde una perspectiva recaudatoria es el tercer recurso impositivo más importante, tras el Impuesto sobre Bienes Inmuebles y el Impuesto sobre el Incremento de Valor de los Terrenos de Naturaleza Urbana.

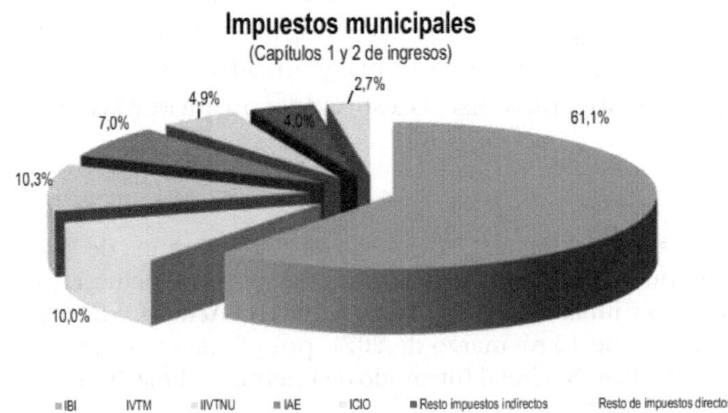

La Ley 39/1988, de 28 de diciembre, reguladora de las Haciendas locales suprimió el Impuesto Municipal sobre Circulación de Vehículos[244] y aprobó, con efectos 1 de enero de 1990, el Impuesto sobre Vehículos de Tracción Mecánica (en adelante, IVTM). Es un impuesto local obligatorio que se regula en los arts. 92 a 99 del Real Decreto-Legislativo 2/2004, de 5 de marzo, por el que se aprueba el Texto Refundido de la Ley reguladora de las Haciendas locales (en adelante, TRLRHL) y las correspondientes ordenanzas fiscales aprobadas por los ayuntamientos.

El IVTM grava la titularidad de los vehículos en cuanto índice que manifiesta una determinada capacidad económica[245]. Son sujetos pasivos sus titulares, y la cuota se fija en función del tipo de vehículo y su potencia fiscal (caballos fiscales, carga útil o centímetros cúbicos) que los ayuntamientos pueden incrementar aplicando un coeficiente, que no puede ser superior a dos. Es un tributo periódico que se devenga cada año natural . Su aplicación y revisión es atribuida al ayuntamiento del domicilio que conste en el permiso de circulación. Así, el criterio delimitador para la

---

244 El Impuesto Municipal sobre Circulación de Vehículos fue creado por la Ley 48/1966, de 23 de julio, sobre modificación parcial del Régimen Local, y su regulación pasó a formar parte del texto refundido de las disposiciones legales vigentes en materia de Régimen Local, aprobado por el Real Decreto Legislativo 781/1986, de 18 de abril. Se configuró como un impuesto municipal, que gravaba la circulación y el aprovechamiento que con ellos se efectuaba de las vías públicas por los vehículos de tracción mecánica, estando obligados al pago del impuesto los titulares de dichos vehículos.

245 Vid. GARCÍA MARTÍNEZ, A. y VEGA BORREGO, F.A. (2010), p.378, ponen de manifiesto como a diferencia del Impuesto sobre Circulación de Vehículos que se aproximaba a una tasa y cuyo fundamento se encontraba en el aprovechamiento que los titulares de los vehículos de tracción mecánica efectuaban del espacio público, el Impuesto sobre Vehículos de Tracción Mecánica se configura como un impuesto que grava la propiedad de los vehículos en cuanto constituye un índice de capacidad económica.

gestión del impuesto queda objetivado por el domicilio que conste en este documento administrativo. En consecuencia, las Entidades locales se encuentran en una situación de dependencia con respecto a la Jefatura Provincial de Tráfico correspondiente, dada la relevancia que el legislador ha concedido *"al domicilio del permiso de circulación"*, que resulta determinante para fijar tanto el sujeto activo como el sujeto pasivo de la relación jurídico- tributaria.

Desde la perspectiva de su cuantificación, el impuesto distingue entre turismos, gravados en función de su potencia fiscal; autobuses, gravados por el número de sus plazas disponibles; camiones, gravados por su carga útil; tractores, por su potencia fiscal; remolques y semirremolques, por su carga útil y ciclomotores y motocicletas, por su cilindrada.

Como es sabido, los tributos además de un fin recaudatorio pueden perseguir fines extrafiscales[246] Así, la tributación puede coadyuvar a la protección de los principios rectores de la política social y económica incluidos en el Capítulo III del Título I de la CE y, en lo que aquí interesa, a proteger el derecho a disfrutar de un medio ambiente adecuado (art. 45 de la CE).

La extrafiscalidad en la tributación, en particular en el IVTM, puede manifestarse a través de incentivos fiscales, bonificando las tecnologías menos contaminantes, o bien de medidas de gravamen, penalizando a las tecnologías más contaminantes. Los primeros minoran la carga tributaria a través de beneficios fiscales. Los segundos incrementan la carga tributaria a través de recargos extrafiscales.

Actualmente, el carácter extrafiscal del IVTM como instrumento medioambiental se manifiesta a través de las bonificaciones potestativas previstas en el art. 95.6 letras a) y b) del TRLHRL, que

---

[246] Vid. El art. 2.1 de la LGT que dispone que: *"(...) Los tributos, además de ser medios para obtener los recursos necesarios para el sostenimiento de los gastos públicos, podrán servir como instrumentos de la política económica general y atender a la realización de los principios y fines contenidos en la Constitución"*.

pueden establecer los ayuntamientos sobre la cuota del impuesto en función del carburante utilizado o de las características del motor del vehículo, conforme con el siguiente detalle:

- Una bonificación de hasta el 75 por ciento en función de la clase de carburante que consuma el vehículo, en razón a la incidencia de la combustión de dicho carburante en el medio ambiente.
- Una bonificación de hasta el 75 por ciento en función de las características de los motores de los vehículos y su incidencia en el medio ambiente.

La norma legal remite a las ordenanzas fiscales la regulación de los restantes aspectos sustantivos y formales de estas bonificaciones.

La regulación de estas bonificaciones tiene su origen en la modificación de la Ley reguladora de las Haciendas locales operada por la Ley 50/1998, de 30 de diciembre, de Medidas Fiscales, Administrativas y del Orden Social, que añadió un apartado 6 al art. 96 de la LRHL, que originariamente preveía que estas bonificaciones podían alcanzar un 50 por 100 de la cuota, porcentaje que fue incrementado al 75 por 100 por la Ley 51/2002, de 27 de diciembre.

La escasa regulación legal deja un amplio margen a las Entidades locales, que pueden establecerlas o no, cuantificar el porcentaje de bonificación hasta el 75 por ciento, y extender el ámbito objetivo de vehículos a los que se aplican, dado los términos genéricos de su configuración legal: *"en razón a la incidencia de la combustión de dicho carburante en el medio ambiente"* y *"en función de las características de los motores de los vehículos y su incidencia en el medio ambiente"*.

En los últimos años, estas dos bonificaciones han sido utilizadas por numerosos ayuntamientos para favorecer el uso de vehículos menos contaminantes. Así, por ejemplo, el art. 7 de la Ordenanza Fiscal del Impuesto sobre Vehículos de Tracción Mecánica del Ayuntamiento de Barcelona dispone que:

> *"2.Los vehículos de todo tipo (excepto remolques), clasificados como Cero emisiones según el registro de vehículos de la Dirección General de Tráfico gozarán de una bonificación del 75% de la cuota del impuesto. En caso de que se produzca el devengo del impuesto y no se disponga de la clasificación de vehículos con Zero emisiones por parte de la Dirección General de Tráfico, gozarán de la bonificación los vehículos que sean eléctricos 3. Los vehículos de todo tipos (excepto remolques), clasificados como ECO que utilicen combustible gasolina, con emisiones hasta 120 gr/km de CO2, según el registro de vehículos de la Dirección General de Tráfico gozarán de una bonificación del 50% de la cuota del impuesto. En caso de que se produzca el devengo del impuesto y no se disponga de la clasificación de vehículos con emisiones ECO por parte de la Dirección General de Tráfico, gozarán de la bonificación los vehículos que reúnan cualquiera de las siguientes condiciones: a. Que se trate de vehículos que utilicen como combustible biogás, gas natural comprimido, gas licuado, metano, metanol o hidrógeno. b. Que se trate de vehículos híbridos que utilicen combustible gasolina, con emisiones de hasta 120 gr/km de CO2.*
>
> *4. Los vehículos de todo tipo (excepto remolques), clasificados como C, con emisiones hasta 120gr/km de CO2, según el registro de vehículos de la Dirección General de Tráfico, o que utilicen combustible gasolina o bioetanol, con emisiones finas a 120 gr/km de CO2 y que tuvieran aplicada una bonificación durante los 5 primeros años desde la primera matriculación definitiva del vehículo, gozarán de dicha bonificación hasta finalizar dicho plazo".*

Ahora bien, algunos ayuntamientos también las han utilizado para beneficiar a la práctica totalidad de los vehículos que figuran dados de alta, y como señala certeramente la doctrina estos ayuntamientos pueden estar haciendo un uso abusivo de su autonomía tributaria, al no responder su regulación a través de las ordenanzas fiscales a la finalidad extrafiscal de protección del medio ambiente, y por lo tanto no servir al fin perseguido legalmente, que es incentivar fiscalmente a los vehículos menos contaminantes[247].

---

247 Vid. GARCÍA MARTÍNEZ, A. (2021), p. 93.

Como ha puesto de manifiesto el Ministerio de Hacienda y Función Pública, el impacto de estas bonificaciones en la recaudación total del impuesto es prácticamente irrelevante, llegando apenas al 1 por ciento[248], por lo que puede concluirse que la finalidad extrafiscal ambiental está en la práctica ausente en el Impuesto sobre Vehículos de Tracción Mecánica.

Ejercicio	Exención por discapacidad (93.1.e)	Bonif. Tipo carburante (95.6.a)	Bonif. Tipo motor (95.6.b)	Bonif. Históricos y > 25 años (95.6.c)	Total Beneficios Fiscales IVTM	Ratio (93.1.e) sobre DRN IVTM	Ratio (95.6.a) sobre DRN IVTM	Ratio (95.6.b) sobre DRN IVTM	Ratio (95.6.c) sobre DRN IVTM	Ratio Total BBFF IVTM sobre DRN IVTM
	No constan datos de beneficios fiscales en ejercicios anteriores a 2017									
2017	58.761.456	2.146.253	4.355.112	31.377.430	96.640.252	2,49%	0,09%	0,18%	1,33%	4,09%
2018	63.015.952	3.112.508	6.564.269	33.785.889	106.478.619	2,65%	0,13%	0,28%	1,42%	4,48%
2019	62.967.263	12.452.308	6.005.600	32.912.013	114.337.185	2,65%	0,52%	0,25%	1,38%	4,81%
2020	63.484.051	14.662.046	9.173.440	35.713.400	123.032.939	2,84%	0,66%	0,41%	1,60%	5,51%

Fuente: Secretaría General de Financiación Autonómica y Local.

A lo que se añade que el citado artículo 95.6 del TRLRHL prevé en su letra c) una bonificación contraria en su finalidad a las anteriores *"de hasta el 100 por cien para los vehículos históricos o aquellos que tengan una antigüedad mínima de veinticinco años, contados a partir de la fecha de su fabricación o, si ésta no se conociera, tomando como tal la de su primera matriculación o, en su defecto, la fecha en que el correspondiente tipo o variante se dejó de fabricar"*.

También aquí el precepto legal remite a las ordenanzas fiscales la regulación de los restantes aspectos sustantivos y formales con dos únicos límites: el porcentaje máximo del 100 por 100 de la cuota y la consideración de vehículo histórico o con una antigüedad mínima de 25 años. Así, una ordenanza fiscal no podrá establecer dicha bonificación para los vehículos con menos de

248 Vid. *Estudio sobre el Impuesto especial sobre determinados medios de transportes y sobre el Impuesto sobre los Vehículos de Tracción Mecánica* (Marzo de 2022). Ministerio de Hacienda y Función Pública.

25 años de antigüedad, pero sí exigir una antigüedad superior a 25 años para su aplicación[249].

Esta bonificación tiene paradójicamente un impacto sobre la recaudación total del impuesto del 1,60 por ciento, es decir, mayor a la suma de las bonificaciones medioambientales, y una finalidad diametralmente opuesta a estas últimas en la medida que favorece a los vehículos más antiguos, que son los que más contaminan. Por ello, la tendencia de la mayoría de los ayuntamientos es aplicarla únicamente a los vehículos que tienen la condición de vehículos históricos, y no establecerla o suprimirla para cualquier vehículo que tenga una antigüedad mínima de 25 años.

En nuestra opinión, esta bonificación debería eliminarse o, al menos, limitarse a los vehículos históricos en una futura reforma legal, al resultar una medida contraria a la protección del medio ambiente y a la lucha contra el cambio climático[250].

En consecuencia, el IVTM tiene actualmente un cierto componente medioambiental en su regulación, dado que permite a los ayuntamientos reducir la cuota del impuesto por la menor incidencia del vehículo en el medio ambiente. Ahora bien del conjunto de su regulación cabe concluir que es un tributo local que persigue un fin principalmente recaudatorio y los beneficios extrafiscales expuestos tienen una muy reducida relevancia práctica[251].

---

249 Vid. CV 2321-10, de 27 de octubre, de la Subdirección General de Tributos Locales.

250 Vid. Por todos, HERRERA MOLINA, P.M. y CHICO DE LA CÁMARA, P. (2008), p.14, consideran que un tributo pretendidamente ambiental resulta difícilmente conciliable con la aplicación de una bonificación del 100% para los vehículos históricos o aquellos que tienen una antigüedad mínima de 25 años, que ha de presumirse producen junto a la contaminación acústica una cantidad importante de emisiones de dióxido de carbono a la atmósfera, por lo que proponen su supresión.

251 Vid. STC 87/2019, de 20 de junio, FJ 19.

En el ámbito foral, Álava, Guipúzcoa y Vizcaya tienen una regulación similar a la prevista en el TRLRHL con el añadido que la bonificación puede llegar hasta el 95 por ciento en el caso de vehículos de motor eléctrico[252]. En Navarra, Ley Foral 3/2019, de 24 enero, modificó la Ley Foral de Haciendas Locales para introducir en el art. 162.4 dos bonificaciones potestativas: a) Una bonificación de hasta el 50 por 100 para los vehículos ECO y b) Una bonificación de hasta el 100 por 100 para los vehículos 0 emisiones. En consecuencia en Navarra los ayuntamientos están habilitados para establecer bonificaciones fiscales para los vehículos 0 emisiones y vehículos ECO respectivamente[253].

3. LA AMBIENTALIZACIÓN DEL IMPUESTO SOBRE VEHÍCULOS DE TRACCIÓN MECÁNICA

De lo expuesto en el apartado anterior la consecuencia es clara: es necesaria una nueva regulación que convierta el IVTM en un instrumento eficaz para actuar contra el cambio climático, es decir, que lo transforme en un tributo genuinamente extrafiscal en el que sus elementos esenciales estén concebidos para conseguir el objetivo ambiental.

Esta necesidad ha sido puesta de manifiesto por la práctica totalidad de la doctrina, que propone una reforma profunda del impuesto, a fin de que su regulación atienda verdaderamente

---

[252] Vid. El art. 6.1 Decreto Foral Normativo 6/2021, del Consejo de Gobierno Foral de 29 de septiembre, aprobó el texto refundido de la Norma Foral del IVTM de Álava; el 4.5 de la Norma Foral 14/1989, de 5 de julio, del IVTM de Guipúzcoa y el art. 4.6 Norma Foral 7/1989, de 30 de junio, del IVTM de Vizcaya.

[253] Vid. BARBERENA BELZUNCE, I. (2023), pp. 79-106, que analiza estas bonificaciones en el ámbito foral.

a fines ambientales, estableciendo su medida a través de tarifas en función de su incidencia en el medio ambiente[254].

Esta situación contrasta con la muy criticable inactividad legislativa para adaptar la tributación local a las nuevas realidades sociales y económicas a las que debe aplicarse, constituyendo esta cuestión una más a añadir en la larga lista de reformas pendientes en la tributación local.

Así, el diagnóstico en la fase prelegislativa presenta como denominador común la necesaria "ambientalización" del IVTM con distintas propuestas para su consecución:

- **La Financiación Local en España: Radiografía del presente y propuestas de futuro (2008) FEMP**

La FEMP propuso sustituir el impuesto en su configuración actual según la potencia fiscal del vehículo por el valor de las tablas del ITP y AJD, incorporando elementos ambientales.

---

254 Vid. Por ejemplo, HERRERA MOLINA, P.M. y CHICO DE LA CÁMARA, P. (2008), pp. 11-29, que defienden una reforma profunda del impuesto y aplicar una medida ambiental similar a la incorporada en el Impuesto sobre determinados medios de transporte a través de la Ley 34/2007, de 15 de noviembre, de calidad del aire y protección de la atmósfera, al objeto de establecer tarifas diferenciadas para los vehículos de tracción mecánica, por considerar que existe una correlación directa entre el grado de contaminación ambiental del vehículo y el índice de consumo, clase de carburante y potencia fiscal del motor. GOMAR SÁNCHEZ, J.I. (2021), pp. 116-131, que observa como la actual configuración del IVTNU no tiene en cuenta la capacidad económica que se manifiesta con la titularidad del vehículo y es irrelevante desde el punto de vista medioambiental, por lo que considera imprescindible su reforma en ambos sentidos. CHICO DE LA CÁMARA, P. (2023), que plantea la revisión de los parámetros actuales para determinar la cuota tributaria conforme a criterios ambientales.

En este documento destacaba la propuesta del Ayuntamiento de Madrid, que planteaba partir de la cuota actualizada en el IPC desde la última revisión del impuesto e introducir dos nuevos elementos: a) el elemento "valor del vehículo" a través de la remisión al valor de tablas del ITP y otorgar a los ayuntamientos la facultad de establecer un índice de valor entre 0,7 y 2 en función de tramos de valor de los vehículos a fin de tener en cuenta la capacidad económica de los sujetos pasivos, b) el elemento medioambiental en el hecho imponible del impuesto. A los vehículos que contaminen por encima de lo que establezca la ordenanza fiscal se le aplicaría un coeficiente penalizador, que podría llegar a duplicar la cuota, y a los que menos contaminen un coeficiente que pudiera llegar al 0,5. Asimismo, como la antigüedad del vehículo tiene una incidencia muy importante en las emisiones de CO2, se posibilitaba que los ayuntamientos pudieran incrementar el coeficiente medioambiental en función de los años de antigüedad del vehículo[255].

- **Plan Nacional de Calidad del Aire y Protección de la Atmósfera (abril de 2013)**

La resolución de 30 de abril de 2013 de la Dirección General de Calidad y Evaluación Ambiental y Medio Natural publicó el Acuerdo del Consejo de Ministros de 12 de abril de 2013, por el que se aprobó el Plan Nacional de Calidad del Aire y Protección de la Atmósfera 2013-2016[256]. En este Plan se propuso la revisión del IVTM, con el fin de introducir criterios ambientales a partir del año 2014. En particular, se propuso la introducción de elementos ambientales en el cálculo de la cuota tributaria, al objeto de que

---

255 Vid. La Financiación Local en España: Radiografía del presente y propuestas de futuro" (Cord.) SUÁREZ PANDIELLO, J. (2008), pp. 416-419. FEMP, en www.femp.es .

256 Vid. BOE Nº 123, de 23 de mayo.

el gravamen tuviera en cuenta el grado de contaminación de los vehículos en términos de emisiones de CO2, NOx y partículas[257].

- **Informe de la Comisión de Expertos para la reforma del sistema tributario español (febrero 2014) – Propuesta 92**

Para esta Comisión de Expertos, el IVTM tendría que transformarse en un Impuesto Ambiental sobre el Uso de Medios de Transporte, que haría desaparecer el IDMT cuya estructura se regularía por el Estado y sería igual para todos los Municipios y Comunidades Autónomas, dada su finalidad de preservación del medio ambiente. El importe de su cuota dependería de "la emisión teórica de dióxido de carbono". Su gravamen podría minorarse cuando el vehículo fuera objeto de modificaciones que redujeran las emisiones y eximirse para los vehículos de uso exclusivo de personas con discapacidades. Las EELL gestionarían el impuesto y transferirían la parte de su recaudación que se estableciese con carácter general a la correspondiente CCAA. El esquema impositivo propuesto sigue el de la fallida Propuesta de Directiva sobre Fiscalidad de los Vehículos de Transporte de Pasajeros[258].

---

257 Vid. El Plan Nacional de Calidad del Aire en www.magrama.gob.es .

258 Cfr. En el año 2005, la Comisión Europea presentó una Propuesta de DIRECTIVA DEL CONSEJO sobre los impuestos aplicables a los automóviles de turismo {SEC (2005) 809}. Las disposiciones vigentes en el ámbito de la propuesta eran las Directiva 83/182/CEE del Consejo, de 28 de marzo de 1983 y Directiva 83/183/CEE del Consejo, de 28 de marzo de 1983. La propuesta introducía, en esencia: 1.- La eliminación del impuesto de matriculación. La propuesta preveía la gradual eliminación del impuesto de matriculación durante un período transitorio de entre cinco y diez años, a fin de evitar una excesiva carga impositiva a aquellos usuarios que hubieran adquirido un automóvil. 2.- La reestructuración de la base imponible del impuesto de matriculación y del impuesto anual de circulación, a fin de vincularla íntegra o parcialmente a las emisiones de CO2. Esta propuesta de Directiva finalmente no fue aprobada.

- **Informe Comisión de expertos para la reforma del modelo de financiación autonómica (julio 2017)**

En línea con el Informe de la Comisión de expertos para la reforma del sistema tributario (2014), la Comisión de expertos para la reforma de la financiación autonómica argumenta que una vía de avance podría ser la integración del Impuesto Especial sobre Determinados Medios de Transporte con el Impuesto sobre Vehículos de Tracción Mecánica dejando la gestión del nuevo tributo en manos de los Ayuntamientos. La fijación de dos tipos, uno autonómico y otro municipal, permitiría la compartición de la figura impositiva entre Comunidades Autónomas y Ayuntamientos, y concluye que sería deseable que los cambios que se adopten en estos impuestos se hagan dentro de un marco integral para la fiscalidad ambiental.

- **Informe Comisión de expertos para la reforma del modelo de financiación local (julio 2017)**

Esta Comisión propone que la tarifa del IVTM se configure mediante dos elementos: un componente patrimonial (cuota fija) basado en el principio de capacidad económica, y un componente extrafiscal (cuota variable) en función de la eficiencia ambiental del vehículo, graduando el tipo en función del nivel de contaminación que produce. La Comisión aconseja suprimir la bonificación del 100 por 100 para los vehículos históricos o aquellos que tienen una antigüedad mínima de 25 años, al producir, junto a contaminación acústica, un nivel importante de emisiones de monóxido de carbono (CO) y óxidos de nitrógeno (NOx) a la atmósfera.

- **El libro blanco sobre la reforma tributaria (2022) – Propuesta 7**

Este Comité propuso que el actual IVTM debería "ambientalizarse" sustituyendo el gravamen en función de la potencia fiscal por indicadores representativos del daño ambiental. Este Comité propone incorporar una cuota tributaria adicional creciente con el nivel de las emisiones de CO2 de los vehículos, con cinco tramos de emisiones y los vehículos matriculados antes de 2007 de los que se dispone de datos sobre sus emisiones. El Comité plantea dos escenarios en función de la intensidad del aumento de la cuota, y para mitigar los impactos regresivos de esta medida propone utilizar subsidios para la renovación de la flota. De esta forma, el nuevo IVTM penalizaría a las tecnologías más contaminantes.

Incremento de cuota del IVTM según emisiones

Emisiones de CO_2 (gCO_2/km)	Número de turismos	Recaudación inicial (millones euros)	Aumento Cuota (euros)		Incremento recaudatorio (millones euros y % sobre inicial)	
			P8A	P8B	P8A	P8B
≤ 55	98.329	8,16	0,0	0,0	0,00	0,0
≤ 55	98.329	8,16	0,0	0,0	0,00	0,0
>55-≤ 127	2.481.215	206,00	0,0	10,0	0,00	24,82
>127-≤ 152	5.566.065	462,11	10,0	20,0	55,66	111,32
>152-≤ 175	2.724.510	226,20	15,0	30,0	40,87	81,74
>175	3.398.287	282,14	20,0	50,0	67,97	169,92
Matriculados antes de 2007	11.147.833	925,53	10,0	20,0	111,47	222,96
Total	25.416.239	2.110,14	--	--	275,97 (13,08%)	610,76 (28,94%)

Por último, este Comité no comparte las propuestas de la Comisión de expertos para la reforma del sistema tributario de 2014 y de la Comisión de expertos para la reforma del modelo de financiación autonómica de 2017 para la eliminación o integración del Impuesto Especial sobre Determinados Medios de Transporte con otras figuras tributarias, y también considera conveniente explorar la futura introducción de un tributo sobre el uso de los vehículos que pueda sustituir a la mayor parte de los gravámenes actuales sobre el transporte rodado.

Hasta la fecha, el legislador estatal no ha trasladado ninguna de estas propuestas al derecho positivo. Ha sido el legislador autonómico el que ha ejercido su autonomía fiscal en esta dirección. Por ejemplo, la Ley del Parlamento de Cataluña 16/2017, de 1 de agosto, del cambio climático, regula en sus arts. 40 a 50 el impuesto sobre las emisiones de dióxido de carbono de los vehículos de tracción mecánica[259].

Este impuesto grava las emisiones de dióxido de carbono que producen los vehículos de tracción mecánica y que inciden en el incremento de las emisiones de gases de efecto invernadero. Su hecho imponible está configurado por las emisiones de dióxido de carbono de los vehículos aptos para circular por las vías públicas. Su ámbito objetivo está conformado por los turismos hasta un máximo de ocho plazas, los vehículos destinados al transporte de mercancías con una masa máxima admisible no superior o igual a 3,5 toneladas y las motocicletas. Son sujetos pasivos las personas físicas o jurídicas titulares de los vehículos. Es un impuesto periódico que se devenga cada año natural y la cuota tributaria se fija en función del tipo de vehículo y de sus emisiones oficiales de dióxido de carbono. Por último, es un tributo de carácter finalista, dado que y su recaudación sirve para nutrir a partes iguales el fondo climático y el fondo de patrimonio natural.

El Tribunal Constitucional ha declarado su constitucionalidad argumentando que no grava el mismo hecho imponible, en el sentido del art. 6.2 LOFCA, que el impuesto especial sobre determinados medios de transporte, que es un impuesto especial sobre el consumo que grava en fase única la matriculación de determinados medios de transporte, y que tampoco se solapa, en el sentido del art. 6.3 LOFCA, con el IVTM[260].

Convenimos con alguna opinión doctrinal que sería preferible el establecimiento de un impuesto regulado de modo uniforme por el legislador estatal que sustituyera el actual impuesto sobre

---

259 Este impuesto fue creado y regulado por la Ley 5/2017, de 28 de marzo de medidas fiscales, administrativas, financieras y del sector público y de creación y regulación. Regulación derogada por la Ley 16/2017, de 1 de agosto.

260 Vid. La STC 87/2019, de 20 de junio de 2019, ECLI:ES:TC:2019:87.

la circulación y, en su caso, al de matriculación, lo que exigiría en aplicación del art. 6.2 de la LOFCA que el Estado instrumentará las medidas de compensación o coordinación adecuadas con el impuesto sobre las emisiones de dióxido de carbono de los vehículos de tracción mecánica catalán[261].

En el derecho comparado, el 5 de julio de 2005 la Comisión Europea presentó la Propuesta de Directiva del Consejo sobre los impuestos aplicables a los automóviles de turismo con un doble objetivo: mejorar el funcionamiento del Mercado interior y reducir las emisiones de CO2. Esta propuesta de Directiva finalmente no fue aprobada, por lo que en el seno de la Unión Europea conviven diferentes normativas en relación con los tributos que gravan los vehículos.

El impuesto de circulación existe en la mayoría de los países, como excepción Eslovenia, Francia Noruega y Polonia gravan la matriculación de los vehículos pero no su circulación. Por el contrario, otros países, como Alemania, Bulgaria, Eslovaquia, Letonia, Luxemburgo, Rumanía, Suecia y Suiza solo aplican un impuesto de circulación y no el de matriculación[262].

Una regulación que ha sido valorada positivamente por la Comisión Europea, que podría servir de base para la reforma del IVTM, es la de Alemania, que como acabamos de señalar no aplica imposición a la matriculación de los vehículos, y solo ciertas tasas de inscripción de escasa cuantía. En el impuesto de circulación se utilizan tres fórmulas de cálculo en función de la fecha de matriculación del turismo:

a) Vehículos matriculados a partir del 1 de enero de 2021: el cálculo se determina en función de dos componentes:

---

261 Vid. HERRERA MOLINA, P. y TANDAZO RODRÍGUEZ, A. (2020), p.114.

262 Cfr. *Estudio sobre el Impuesto especial sobre determinados medios de transportes y sobre el Impuesto sobre los Vehículos de Tracción Mecánica* (Marzo de 2022). Ministerio de Hacienda y Función Pública, pp.62-95.

las emisiones de CO2 y la cilindrada. El componente de emisiones de CO2 aumenta progresivamente. Existe un margen básico libre de impuestos: 95g/km CO2, y por encima la tarifa aumenta en función de la emisión del coche (WLTP)[263]. El componente de capacidad está conformado por una base imponible adicional que depende de la cilindrada por cada 100 cc y si el motor es de gasolina o diésel (con cuantía mayor en los vehículos diésel).

b) Vehículos matriculados desde el 1 de julio de 2009 hasta el 31 de diciembre de 2020: el cálculo también se cuantifica en función de dos componentes. En el componente de emisiones de CO2, el margen base libre de impuestos varía en función de la antigüedad del vehículo (120g/km CO2 desde julio de 2009; o 110g/km CO2 desde 2012 y 95g/km C02 desde 2014). Por encima de este margen existe una tarifa lineal de 2 euros por g CO2/km. El componente de capacidad también está conformado por una base imponible adicional dependiendo de la cilindrada por cada 100 cc y si el motor es de gasolina o diésel (con cuantía mayor en los vehículos diésel).

c) Turismos matriculados antes del 1 de julio de 2009: el cálculo se realiza en función de la cilindrada del motor y las normas de emisión estándares (normas EURO) en la que se clasifique al vehículo distinguiendo por tipo de combustible.

En el caso de vehículos pesados, autobuses, etc., el factor principal de cálculo es el peso medido en Kg.

---

263 Vid. WLTP son las siglas de Worldwide Harmonized Light Vehicles Test Procedure. WLTP está normalizado mediante la normativa (CE) 2009/443 a efectos de verificar que un modelo de un fabricante no emite más CO_2 en promedio que el objetivo establecido por la Unión Europea que actualmente es de 95 g de CO_2 por kilómetro para 2021.

A lo anterior se añade que Alemania ha establecido una exención temporal de 10 años para los vehículos eléctricos y de hidrógeno (matriculados desde 1 de enero de 2016 hasta el 31 de diciembre de 2025)[264].

La reforma que proponemos del IVTM conforme al modelo alemán no es novedosa. La Comisión para el Estudio y Propuesta de Medidas para la Reforma de la Financiación de las Haciendas Locales, que elaboró en el año 2002 el informe que anticipó la reforma de la Ley reguladora de las Haciendas Locales operada por la Ley 51/2002, de 27 de diciembre, ya puso de manifiesto que para que el incentivo ambiental fuese eficaz era necesario elevar significativamente la cuota del tributo para los vehículos más contaminantes, con una cuota que debería determinarse esencialmente en función de las características ambientales del vehículo, constituyendo el ordenamiento alemán un buen ejemplo en este sentido[265]. La doctrina también ha considerado el Impuesto alemán sobre Vehículos de Motor (*kraftfahrzeugsteuer)* como uno de los modelos a seguir en la medida que su normativa se adapta a la normativa comunitaria, al tomar como base de su regulación gran parte de su contenido[266].

---

264 Cfr. *Estudio sobre el Impuesto especial sobre determinados medios de transportes y sobre el Impuesto sobre los Vehículos de Tracción Mecánica* (Marzo de 2022). Ministerio de Hacienda y Función Pública, pp. 62-63.

265 Vid. El Informe de la Comisión para el Estudio de Medidas para la Reforma de la Financiación de las Haciendas Locales (julio 2002), p. 133, en www.femp.es .

266 Vid. HERRERA MOLINA P.M. (2002), pp.12-13, que pone de manifiesto como el impuesto sobre vehículos de motor en Alemania se ha mostrado como un instrumento eficaz para establecer incentivos ecológicos. También, SÁNCHEZ BLÁZQUEZ, V.M. (2007), p. 229.

4. LA DESLOCALIZACIÓN DEL IMPUESTO SOBRE VEHÍCULOS DE TRACCIÓN MECÁNICA

Otra cuestión polémica que suscita la regulación actual del IVTM es la derivada de la decisión de algunas entidades de matricular sus flotas de vehículos en municipios ajenos a su actividad empresarial, pero que resultan menos gravosos desde un punto de vista recaudatorio. Como hemos expuesto en el apartado anterior, la amplia configuración de las bonificaciones ambientales potestativas no ha conseguido los efectos deseados, a lo que se añade que ha provocado que algunos ayuntamientos introduzcan en sus tarifas "rebajas fiscales", con objeto de atraer a sus municipios vehículos que sin embargo no circulan en su ámbito territorial[267].

El examen de esta cuestión requiere partir del art. 97 del TRLRHL, que en relación con la gestión tributaria de este impuesto dispone que: "La gestión, liquidación, inspección y recaudación, así como la revisión de los actos dictados en vía de gestión tributaria corresponde al ayuntamiento del domicilio que

---

267 Cfr. El Informe sobre "*La Financiación Local en España: Radiografía del presente y propuestas de futuro*" (Cord.) SUÁREZ PANDIELLO, J. (2008), p. 295, que califica la deslocalización como uno de los principales problemas del impuesto, que en ocasiones viene provocado por actuaciones de pequeños municipios que establecen cuotas reducidas en el IVTM con el fin de atraer empresas con un número de vehículos importantes, incorporando elementos de competencia fiscal perniciosa que afectan a los municipios donde efectivamente se desarrolla la actividad empresarial. SERRANO ANTÓN, F. (2004), p. 22, pone de manifiesto que el impuesto varía entre unos municipios y otros hasta un 263 por 100, lo que provoca una huida de vehículos, principalmente, de empresas con importantes flotas de vehículos a municipios con cuotas más reducidas. HERRERA MOLINA, P.M. y CHICO DE LA CÁMARA, P. (2008), pp. 23-24 consideran que las grandes diferencias de tarifas entre ayuntamientos si bien pueden resultar coherentes en base al principio de autonomía local, casa mal con un sistema tributario armónico cuyo pilar fundamental gravita en la justicia material tributaria.

conste en el permiso de circulación del vehículo". Así, el criterio delimitador para la gestión del impuesto queda objetivado por el domicilio que conste en este documento administrativo. En consecuencia, como hemos expuesto, "(el) domicilio del permiso de circulación", resulta determinante para fijar tanto el sujeto activo como el sujeto pasivo de la relación jurídico-tributaria.

El art. 28.1 del RD 2822/1998, de 23 de diciembre, por el que se aprueba el Reglamento General de Vehículos (RGV) en relación al domicilio que debe figurar en los permisos de circulación se refiere al "domicilio legal" del titular del vehículo.

La Dirección General de Tráfico en su Instrucción 01/V-40, de 7 de febrero de 2001, emitió el siguiente criterio a fin de interpretar el referido precepto:

> *" la Dirección General de Tráfico interpreta de manera flexible y amplía la definición que da el artículo 41 del Código Civil sobre domicilio legal de las personas jurídicas, según el cual éste será el del lugar fijado por su Ley de creación o de sus estatutos y, en su defecto, el del lugar en que se halle establecida su representación legal o donde se ejerzan las principales funciones de su instituto, en el sentido de que debe entenderse como domicilio legal de las personas jurídicas tanto el social de la entidad como el del lugar de cualquiera de sus delegaciones, sucursales o agencias, aunque no figuren en escritura pública, siendo suficiente para la acreditación de domicilio a efectos de matriculación de un vehículo la presentación de cualquier documento probatorio de su existencia, como puede ser la licencia fiscal".* Posteriormente, la Dirección General de Tráfico emitió la Instrucción 11V-4 de 20 de diciembre de 2011 aclarando que *"ante la supresión de la impresión del domicilio en el permiso de circulación, la referencia a éste habrá de entenderse hecha al dato de origen de la impresión, esto es al domicilio fiscal del vehículo que consta en el Registro de Vehículos".*

La combinación de esta normativa y la interpretación flexible por la Dirección General de Tráfico y de una utilización inapropiada de las bonificaciones ambientales por algunos ayuntamientos ha originado que algunas empresas tengan censados sus vehículos en domicilio ficticios, que no se corresponden con el lugar de circulación habitual, "*produciéndose la paradoja que en determinados municipios existan más habitantes mecánicos que humanos*"[268].

Por ello, la doctrina ha propuesto interpretar la normativa vigente de forma distinta a la realizada por la Dirección General de Tráfico, defendiendo que para realizar el cambio del domicilio que conste en el permiso de circulación, que determina el Ayuntamiento sujeto activo del IVTM, dicho organismo deba exigir la acreditación de la modificación estatutaria donde conste el cambio de domicilio social, y los ayuntamientos deberían poder instar a la DGT a dicha revisión y, en su caso, a la rectificación[269].

Para resolver esta problemática los ayuntamientos han utilizado distintas vías:

El Ayuntamiento de Madrid requirió a la Dirección General de Tráfico la derogación de las citadas instrucciones, por hacer una interpretación flexible del concepto de domicilio del titular de un vehículo, así como la revocación de los títulos expedidos en los últimos cinco años en los que se hubiese hecho constar un domicilio no situado en Madrid capital pese a estar ubicado en este término municipal el domicilio legal del vehículo, y el cese del citado criterio interpretativo en la expedición de los futuro permisos de circulación. La Dirección General de Tráfico dictó resolución acordando no haber lugar al cumplimiento del requerimiento efectuado. Esta resolución fue recurrida por el Ayuntamiento de Madrid, que fue desestimado por el Tribunal Superior de Justicia de Madrid por motivos formales, razonando que el citado órgano jurisdiccional no estaba legitimado para hacer declaraciones de

---

268 Vid. La sentencia del TSJ de Cataluña de 17 de junio de 2021, ECLI:ES:TSJCAT:2021:3902.

269 Vid. BALLARÍN ESPUÑA, M. y MACHO PÉREZ, A.B. (2012), pp. 147-166.

futuro, y que no se habían identificado los concretos actos administrativos que pudieran adolecer de nulidad de pleno derecho[270].

El Ayuntamiento de Barcelona ha optado para resolver esta cuestión, en nuestra opinión con buen criterio, por el despliegue de sus potestades de comprobación e investigación. Sobre esta cuestión el Tribunal Superior de Justicia de Cataluña ha concluido que es claro que corresponde a Dirección General de Tráfico comprobar si los domicilios de los vehículos censados son reales o ficticios, y si se corresponden o no con el lugar de circulación habitual de los mencionados vehículos, pero nada impide que la Administración local de Barcelona efectúe y desarrolle facultades inspectoras colaborativas a los efectos de prevenir y erradicar estos ilícitos administrativos[271].

Como es sabido, con carácter general, los arts. 13 (Calificación), 15 (Conflicto en la aplicación de la norma) y 16 (Simulación) establecen cláusulas antiabuso que tienen por finalidad conseguir la correcta aplicación de las normas tributarias, y es doctrina jurisprudencial reiterada que estas instituciones no han sido puestas a disposición de la Administración Pública de manera libre o discrecional, sino solo en la medida en que se cumplan los requisitos establecidos en cada una de ellas, es decir, no son intercambiables.

Desde la perspectiva de la deslocalización del IVTM que estamos analizando, el Consell Tributari del Ayto. de Barcelona ha confirmado la existencia de simulación en un supuesto en el que la Inspección Tributaria Municipal había probado una situación que no concordaba con la realidad, que consistía en que se simulaba que unos vehículos que están adscritos a una

---

270 Vid. La STSJ de Madrid de 19 de julio de 2007, ECLI:ES:TSJM:2007:10501. El Ayuntamiento de Madrid presentó recurso de casación contra la citada sentencia que fue inadmitido por el Tribunal Supremo en la STS de 18 de julio de 2011, ECLI:ES:TS:2011:5153.

271 Vid. La sentencia del TSJ de Cataluña de 17 de junio de 2021, ECLI:ES:TSJCAT:2021:3902.

actividad que se prestaba en el ámbito del término municipal de Barcelona, estaban físicamente domiciliados en otro término municipal, que supuestamente acogía, en locales de ínfima superficie, cientos de vehículos y, con apoyo en el art. 16 de la LGT, ha afirmado que la inspección municipal del Ayuntamiento de Barcelona tenía competencia tanto para regularizar la situación tributaria del contribuyente en el IVTM respecto de los vehículos que figuraban a su nombre en el Registro de Tráfico, como para tramitar los correspondientes procedimientos sancionadores[272].

En consecuencia, atendiendo a las circunstancias de cada supuesto, una de las vías para combatir esta práctica elusiva es la declaración de simulación prevista en el art. 16 LGT[273], cauce que ha sido avalado por los órganos jurisdiccionales[274].

---

272 Cfr. Informe propuesta del Consell Tributari 224/21 de 26 de marzo de 2021.

273 Cfr. RUIZ ALMENDRAL, V. y ZORNOZA PÉREZ, J. (2005), p.65, que con carácter general precisan que la simulación no solo abarca la relativa al negocio jurídico, esto es, la simulación negocial en sentido estricto, sino también la que se refiere a otros actos jurídicos y entre las actuaciones ficticias *(Scheinhandlungen)* citan la simulación del punto de conexión determinante de la obligación de pago en una determinada localidad del Impuesto sobre Vehículos de Tracción Mecánica. OLAÑETA FERNÁNDEZ-GRANDE, R. (2023), pp.129-146, que concluye que la tributación en determinados municipios de muy escasa población, donde el IVTM tiene la tarifa mínima constituye un supuesto claro de elusión tributaria.

274 Vid. La sentencia 8/2022 del Juzgado de lo Contencioso-Administrativo de Barcelona nº 10 de 11 de enero de 2022, ECLI:ES:JCA:2022:93, que razona *"El recurrente ciertamente es libre de establecer una sucursal o centro de actividad en su caso la compra venta de vehículos en el municipio que tanga por conveniente. Sin embargo lo que no cabe, es crear una sucursal o centro ficticio en los que domiciliar una actividad económica que no se produce materialmente allí, y que se obtiene, en inicio, con la simple declaración del propio interesado, en aras a obtener ventajas fiscales, como mediante la domiciliación de vehículos bajo una fiscalidad más benevolente, pero sin ejercer en realidad actividad alguna en el lugar. Pues ello no es libertad de establecimiento, sino fraude de Ley. La*

En todo caso, como hemos expuesto en el apartado de la ambientalización del impuesto, la deslocalización también requiere la acción del legislador para establecer una norma específica antifraude, que asigne la recaudación al municipio donde realmente se esté desarrollando la actividad, o que haga tributar por una cuota supramunicipal a las personas jurídicas que tengan un número determinado de vehículos[275].

---

realización de un acto jurídico simulado para conseguir un efecto no querido ni amparado por la norma, cuestión regulada en la materia en el Art 16 de la Ley 58/2003, de 17 de diciembre, General Tributaria". La STSJ de Cataluña de 24 de mayo de 2023, ECLI:ES:TSJCAT:2023:4454, que inadmitió el recurso de reposición presentado contra la sentencia 237/2022 del Juzgado de lo Contencioso-Administrativo Nº 9 de 19 de octubre de 2022, que desestimó el recurso presentado por el obligado tributario contra las liquidaciones aprobadas por el Ayuntamiento de Barcelona y sanciones por cada uno de los ejercicios de 2015 a 2018, para los 4.595 vehículos domiciliados en Aguilar de Segarra (Barcelona), respecto de los que la Administración Tributaria Municipal apreció simulación en el domicilio de ese municipio. También, la STSJ de Cataluña de 22 de diciembre de 2023, ECLI:ES:TSJCAT:2023:10811, que declaró la inadmisibilidad del recurso de apelación interpuesto contra la sentencia 268/2022 del Juzgado de lo Contencioso-Administrativo Nº 9 de Barcelona de 23 de noviembre de 2022, que desestimó el recurso interpuesto por la obligada tributaria contra liquidaciones aprobadas por el Ayuntamiento de Barcelona por el IVTM, ejercicios de 2015 a 2018, por los 2.229 vehículos domiciliados en Aguilar de Segarra (Barcelona), respecto de los que la Administración Tributaria Municipal apreció simulación en el domicilio de ese municipio, y las sanciones tributarias derivadas.

275 Cfr. RUBIO GUERRERO, J.J. (2008), p.76 y ZORNOZA PÉREZ y MARTÍN FERNÁNDEZ, J. (2008), pp. 88-89. También el Informe de la Comisión de expertos para la reforma del modelo de financiación local (2017), pp. 41-42, ha puesto de manifiesto que sería conveniente modificar el actual artículo 97 TRLRHL señalando que la competencia del tributo corresponda al ayuntamiento del domicilio fiscal del contribuyente en los términos contemplados en el artículo 48 LGT, y para aquellas empresas dedicadas al transporte de mercancías y personas, a

5. REFERENCIAS BIBLIOGRÁFICAS

- BALLARÍN ESPUÑA, M. y MACHO PÉREZ, A.B.: "La "deslocalización" masiva de vehículos: Limites a la elección y al cambio de domicilio en la gestión del Impuesto sobre Vehículos de Tracción Mecánica", en Serrano Antón, F. (dir.), *Problemática de los procedimientos tributarios en las Haciendas Locales,* Aranzadi, 2012.
- BARBERENA BELZUNCE, I.: "Las bonificaciones medioambientales en la ley foral de haciendas locales de navarra y en las normas forales de los territorios históricos de Álava, Guipúzcoa y Vizcaya", en *Tributos Locales,* núm. 165, 2023.
- CHICO DE LA CÁMARA, P.: "Propuestas para una reforma integral del sistema tributario local", en *Documentos de Trabajo,* núm. 5, IEF, 2023.
- GARCÍA MARTÍNEZ, A.: "El abuso de las bonificaciones ambientales en el IVTM con la finalidad de atraer flotas de vehículos ", en AAVV (coord. Belén García Carretero): "La reforma ambiental de las Haciendas Locales" *Documentos de Trabajo,* núm. 7, IEF, 2021.
- GARCÍA MARTÍNEZ, A. y VEGA BORREGO, F.A.: "El Impuesto sobre Vehículos de Tracción Mecánica, en AAVV (coord.. Diego Marín-Barnuevo Fabo): *"Los tributos locales",* Civitas, 2010.
- GOMAR SÁNCHEZ, J.I.: "Algunas claves para rediseñar el IVTM en clave medio ambiental, de capacidad económica y de suficiencia financiera local", en *Tributos Locales,* núm. 152, 2021.
- HERRERA MOLINA, P.M.: " Notas sobre el Impuesto sobre Vehículos en Alemania", en *Documentación Anexa al Informe de la Comisión sobre la Reforma de la Financiación de las Haciendas locales,* en www.femp.es, 2002.
- HERRERA MOLINA, P.M. y CHICO DE LA CÁMARA, P.: "El Impuesto sobre Vehículos de Tracción Mecánica: análisis sistemático y posibles líneas de reforma", en *Tributos Locales,* núm. 82, 2008.
- HERRERA MOLINA, P. y TANDAZO RODRÍGUEZ, A.: "Constitucionalidad y comentario crítico del impuesto catalán sobre emisiones de dióxido de carbono de los vehículos de tracción mecánica. Análisis de la STC 87/2019, de 20 de junio, rec. núm. 5334/2017", en *Revista de Contabilidad y Tributación,* núm. 442, CEF, 2020.

---

partir de un determinado umbral de flota de vehículos, la cuota podría ser nacional con un tipo único con reparto en función de la población..

- OLAÑETA FERNÁNDEZ-GRANDE, R.: "La lucha contra el fraude en el Impuesto sobre Vehículos", en *Tributos Locales,* núm. 161, 2023.
- RUBIO GUERRERO, J.J.: "La financiación tributaria de los entes locales en España. Problemas y perspectivas de reforma", en "Competencias, financiación y gestión de los Entes Locales", *Papeles de Economía Española* núm. 115, Fundación de las Cajas de Ahorro, 2008.
- RUIZ ALMENDRAL, V. y ZORNOZA PÉREZ, J.: "Interpretación, calificación, integración y medidas antielusión en la Ley 58/2003, de 17 de diciembre, General Tributaria", en "La reforma de la Ley General Tributaria", *Estudios de Derecho Judicial* núm. 57. CGPJ, 2005.
- SÁNCHEZ BLÁZQUEZ, V.M.: "Energía, medio ambiente e Impuesto sobre Vehículos de Tracción Mecánica: el impuesto alemán como uno de los modelos a seguir", en (coord.. R. Falcón y Tella): "Estudios sobre Fiscalidad de la energía y desarrollo sostenible". *Instituto de Estudios Fiscales,* 2007.
- SERRANO ANTÓN, F.: "La influencia de la jurisprudencia en la reforma del IVTM por la Ley 51/2002", en *Tributos Locales*, núm. 36, 2004.
- ZORNOZA PÉREZ, J. y MARTÍN FERNÁNDEZ, J.: "Las Haciendas locales: esas grandes olvidadas", en "Competencias, financiación y gestión de los Entes Locales", en *Papeles de Economía Española* núm. 115, Fundación de las Cajas de Ahorro, 2008.
- VVAA:
  - Informe de la Comisión para el Estudio de Medidas para la Reforma de la Financiación de las Haciendas Locales, en www.femp.es, 2002.
  - Informe sobre "La Financiación Local en España: Radiografía del presente y propuestas de futuro" (coord. Javier Suárez Pandiello), *FEMP,* 2008.
  - Plan Nacional de Calidad del Aire y Protección de la Atmósfera, 2013.
  - Informe de la Comisión de Expertos para la reforma del sistema tributario español, 2014.
  - Informe Comisión de expertos para la reforma del modelo de financiación autonómica, 2017.
  - Informe Comisión de expertos para la reforma del modelo de financiación local 2017.
  - El libro blanco sobre la reforma tributaria, 2022.
  - Estudio sobre el Impuesto especial sobre determinados medios de transportes y sobre el Impuesto sobre los Vehículos de Tracción Mecánica. Ministerio de Hacienda y Función Pública, en https://www.hacienda.gob.es/es-ES/Paginas/PRTR-HaciendayFP.aspx, 2022.

9. *El ODS 11 y las ciudades patrimonio histórico. ¿Cómo se financia el cambio de paradigma?*

JULIA MARÍA DÍAZ CALVARRO
Universidad Carlos III de Madrid

1. INTRODUCCIÓN

La ciudad es para los que viven en ella, deben ser entornos accesibles y sostenibles para sus vecinos, tal y como persigue el Objetivo de Desarrollo Sostenible nº 11. Sin embargo, la realidad es que la ciudad puede ser un espacio hostil. Aunque normalmente esta percepción negativa se circunscribe a colectivos concretos, no se puede obviar que son importantes cuantitativamente y en aumento como las personas de la tercera y cuarta edad, las personas con discapacidad, a los que se añaden personas enfermas, niños de corta edad, etc. El envejecimiento de la población y la ampliación de la esperanza de vida hacen cada vez más necesarios entornos accesibles y sostenibles, premisa válida para toda la ciudadanía, así como garantía del ejercicio de sus derechos, tal y como se analizará en este trabajo.

Las razones de entornos "poco amigables" son diversas: el desarrollo de una ciudad extensa, la dependencia al automóvil, la decadencia de los centros urbanos, la falta de accesibilidad de servicios primarios, la sobrecarga de algunos de ellos como la recogida de residuos y sistemas de agua, las infraestructuras inadecuadas, etc., conforman la definición de una ciudad que no es para los que viven en ella. Más allá de esta concepción urbana, hay que entender que la ciudad es el espacio donde los individuos adquieres la condición de personas titulares de derechos políticos, sociales y culturales. En consecuencia, los obstáculos, sean del tipo que sean, devienen en una vulneración de esos derechos, siendo su eliminación una obligación de las Administraciones Públicas en virtud del artículo 9.2 Constitución Española (TOL173.304.)

Desde esta perspectiva, se demanda un cambio de paradigma urbanístico que no es nuevo pero que ha encontrado un impulso en los Objetivos de Desarrollo Sostenible 2030, aprobado por la Asamblea General de Naciones Unidas. La Agenda 2030 es una oportunidad para un cambio de modelo a todos los niveles, económico, social y ambiental de forma equilibrada e integrada. La razón es su universalidad no diferenciando entre países ricos y pobres y abordando los desafíos de manera global y responsabilidad de todos los Estados[276].

Los conceptos de sostenibilidad y accesibilidad, que son el eje de este nuevo modelo urbano, van entrelazados pero tienen su singular ámbito de actuación. La sostenibilidad se puede definir como la satisfacción de las necesidades de la generación presente sin comprometer la capacidad de las generaciones futuras de cubrir sus propias necesidades y exige considerar prioritariamente la cohesión e integración social, evitando las exclusiones

---

276 BUCHARDÓ PARRA, A., PALOMARES HERRERA, M.: "Desarrollo, transparencia y Constitución: revisión de políticas legislativas y sostenibles desde la Agenda 2030" en GORDILLO BOGOTÁ, H., SERNA TUYA, J.M., JEREZ RIVERO, W. y TORRES FERNÁNDEZ, C. (coords.), *Derecho, legislación y políticas públicas en el marco de los ODS.* Dykinson, Madrid, 2022, p. 160.

y la creación de grupos marginales dentro de la población[277]. Si se aplica al ámbito urbanístico es una estrategia integradora, ambiental, económica y social que "lucha contra la desigualdad, el cambio climático y el agotamiento de los recursos"[278], debiendo armonizarse con el crecimiento económico. Se puede definir una ciudad sostenible como aquella que busca "el equilibrio entre el desarrollo de las zonas urbanas y la protección del medio ambiente, con miras a la equidad en los ingresos, el empleo, la vivienda, los servicios básicos, la infraestructura social y el transporte"[279].

La accesibilidad es una característica de las edificaciones, el transporte y los equipamientos que permite la entrada, sin obstáculos, a cualquier persona con independencia de su condición física, psíquica o sensorial y obliga a los poderes públicos a actuar para avalar el desplazamiento y la entrada sin dificultades de la población en general[280]. Es un principio básico para que las personas con dificultades de movilidad como discapacitados, mayores de la tercera y cuarta edad o enfermos puedan vivir de forma independiente y plena, postulándose de la población en general; es, por tanto, un elemento fundamental para conseguir la igualdad y evitar la discriminación.

En el plano urbanístico, es uno de los aspectos que más determinan que una ciudad sea "amigable", requisito que deben cumplir los espacios para ser utilizados por las personas de la

---

277 GARCÍA RUBIO, F.: "Planeamiento, movilidad y sostenibilidad urbana", en *Práctica urbanística* nº 131, 2014, p. 2.

278 NOGUEIRA LÓPEZ, A.: "*Desarrollo* urbano sostenible: ¿actuar locamente sin cambio global?" en *Cuadernos de Derecho Local* nº 46, 2018, pp. 32 y 33.

279 CARRATO GÓMEZ, A. y ROIG SEGOVIA, E.: "De la ciudad sostenible a la ciudad hub: obsolescencia y renovación de indicadores urbanos" en *Ciudad y territorio* nº 213, 2022, p. 566.

280 CAÑETE SÁNCHEZ J.A.: "Delimitación de competencias en materia de movilidad urbana sostenible"en *El consultor de los Ayuntamientos* nº 18, 2016, p. 2057.

manera más autónoma posible[281]. La planificación urbanística debe permitir que el espacio público sea ocupado por personas de distinta condición, favoreciendo la convivencia, las relaciones entre ellas y minimizando las situaciones de conflicto[282]. Y es que, circunscribir la accesibilidad universal a una cuestión urbanística, tal es la eliminación de barreras arquitectónicas, es no darle su verdadero valor, deviniendo en imprescindible la construcción de la accesibilidad desde el enfoque de los Derechos Humanos que, aunque tiene su origen en el derecho de la discapacidad, es extensible a toda la población como garantía de igualdad y no discriminación de todos los ciudadanos.

Implica especiales dificultades en las ciudades patrimonio con centros monumentales que plantean retos para la movilidad porque, además de las cuestiones técnicas, se tienen que poner en valor dos bienes jurídicos: el derecho de las personas a una movilidad sin obstáculos que la perturben y la protección del patrimonio histórico cultural que exige que las intervenciones no deterioren o modifiquen los espacios con especial protección por su valor histórico, cultural e histórico. Esta colisión de bienes jurídicos puede implicar un límite a la accesibilidad como resultado de un juicio de razonabilidad.

En este trabajo se va a analizar el ODS 11 y su implementación en nuestro país para que las ciudades sean accesibles y sostenibles, entendiendo la accesibilidad en sentido amplio, como parte esencial de los derechos de la ciudadanía para que puedan ser

---

281 ASÍS ROIG, R. (Dir.): *Adaptación de la normativa en materia de accesibilidad al sistema de Derechos Humanos*, Universidad Carlos III de Madrid, 2024, p. 8. https://www.rpdiscapacidad.gob.es/estudios-publicaciones/adaptacion_normativa.htm (Recuperado el 17 de junio de 2024)

282 GONZÁLEZ IGLESIAS, M.A.: "La accesibilidad, la cohesión e integración social" en QUINTANA LOPEZ, T., (Dir.), CASARES MARCOS, A.B. (Coord.), Urbanismo sostenible, rehabilitación, regeneración y renovación urbanas, Tirant lo Blanch, 2016, p. 337. (TOL5.758.465).

desarrollados en igualdad. Posteriormente se pondrá el foco en la accesibilidad, la movilidad y sostenibilidad en el caso concreto de las ciudades patrimonio con sus características singulares y, sobre todo como se está financiando este cambio de paradigma, con propuestas no solo desde el ámbito presupuestario, sino también desde el ámbito tributario. Se justifica este análisis porque para el cumplimiento de los ODS, son fundamentales las políticas fiscales porque "determinan el entorno económico en el que se producen la inversión, el empleo y la innovación, al tiempo que ofrecen al gobierno ingresos para financiar el gasto público"[283]. Esta idea general se tiene que concretar sobre el terreno, con la política fiscal que rige en cada país y la estructura del sistema tributario.

2. LA ACCESIBILIDAD UNIVERSAL Y SU CONFIGURACIÓN DESDE EL DERECHO DE LA DISCAPACIDAD.

La accesibilidad en su concepción más extensa es universal, se predica de todos, pero no es menos cierto que afecta de manera distinta a determinados grupos poblacionales que sufren algún tipo de limitación; por ello, no es extraño que la introducción y el impulso de la accesibilidad dentro del sistema de Derechos Humanos proceda del derecho de la discapacidad.

La Convención sobre los derechos de las personas con discapacidad de 2006 estableció un concepto nuevo de discapacidad, asumido por el derecho español[284], donde no se ponía el foco en las singularidades de las personas con discapacidad sino en las barreras y deficiencias que impiden que las personas tengan

283 GUERVÓS MAÍLLO, M.A.: *Fiscalidad de las smart cities*, Aranzadi, 2022, p. 85.

284 Real Decreto Legislativo 1/2013, de 29 de noviembre, por el que se aprueba el Texto Refundido de la Ley General de Derecho de las personas con discapacidad y su inclusión social (TOL4.020.264).

una participación plena y efectiva en la sociedad. Define la accesibilidad universal como la condición que deben cumplir los entornos, productos y servicios, así como los objetos, instrumentos, herramientas y dispositivos para ser comprensibles, utilizables y practicables por todas las personas en condiciones de seguridad y comodidad y de la forma más autónoma y natural posible[285]. Implica que "las personas puedan tomar opciones y ejercer el control sobre sus vidas y adaptar las decisiones que los afecten"[286].

En el medio urbano "requiere que la ciudad y sus servicios se organicen de modo que permitan a cualquier persona desenvolverse en dicho entorno de la manera más independiente, segura y natural posible"[287].La exigencia de accesibilidad, por tanto, debe adaptarse a la diversidad humana y debe ser permeable a sus circunstancias. Si no se tiene en consideración la diversidad, no existe accesibilidad. Es una condición de igualdad.

Es un enfoque nuevo porque la Convención, además de darle naturaleza jurídica de obligación a la accesibilidad, también supuso su construcción desde un enfoque de los Derechos Humanos, que entiende que la satisfacción de la misma es una condición esencial para el disfrute de los derechos. La discusión está en si es un derecho singular o una parte del contenido esencial de otros derechos[288]. Esta segunda opción parece más acertada, primero, porque el disfrute de los derechos requiere la posibilidad de acceso y su ausencia implica discriminación, contraria al artículo 14

---

285 Artículo 2.k Real Decreto Legislativo 1/2013, de 29 de noviembre, por el que se aprueba el Texto Refundido de la Ley General de Derecho de las personas con discapacidad y su inclusión social (TOL4.020.264).

286 Comité de los Derechos de las personas con discapacidad. Observatorio general nº 5, 2017, párrafo 16.

287 ONCE: *Accesibilidad y capacidades cognitivas. Movilidad en el entorno urbano,* 2009, p. 6.

288 ASÍS ROIG, R. (Dir.): *Adaptación de la normativa en materia de accesibilidad,* ob. cit., p. 34.

Constitución Española[289] (TOL173.304.); desde esta perspectiva, la existencia de barreras (de todo tipo) impide el disfrute de los derechos y, segundo, porque actualmente, ni en el derecho internacional ni en el nacional hay una consagración expresa del derecho a la accesibilidad pero si como elemento esencial de otros derechos, fundamental para su ejercicio y disfrute.

Desde esta concepción, "la accesibilidad física procura simplificar y garantizar la forma de acceder a un lugar y transitar en sus espacios"[290], en consecuencia, las barreras arquitectónicas impiden el libre acceso y tránsito en los lugares públicos, implicando de facto, una situación de discriminación y vulnerabilidad.

Esto no implica que la accesibilidad no tenga límites, que aparecen ante la existencia de otros bienes y derechos que también deben ser garantizados cuando los ajustes o el diseño universal que implica la accesibilidad, vulneran o lesionan su ejercicio legítimo, exigiendo la realización de un juicio de razonabilidad.

Este conflicto entre derechos se puede dar en las ciudades patrimonio; por una parte, el derecho de todos a no tener obstáculos que impidan el ejercicio de nuestros derechos y por otro, el derecho a la protección del patrimonio cultural y a disfrutar de él.

3. EL OBJETIVO DE DESARROLLO SOSTENIBLE 11 Y LA APUESTA POR EL URBANISMO ACCESIBLE

La sobre urbanización de las ciudades es un fenómeno que no tiene una razón única pero que se deriva, en gran parte, del éxodo de la población del campo a las ciudades – más de la mitad de la

289 Entre otras, la Sentencia Tribunal Constitucional 269/1994, de 3 de octubre (TOL338.835).

290 ASÍS ROIG, R. (Dir.): *Adaptación de la normativa en materia de accesibilidad*, ob. cit., p. 88.

población mundial vive en entornos urbanos–y la necesidad de dar respuestas rápidas y sin una planificación urbana reposada a las demandas de ese incremento poblacional. El resultado es la llamada ciudad extensa y la aparición barrios pobres en la periferia con servicios e infraestructuras escasos, inadecuados y sobrecargados[291].

Este fue el punto de partida del Objetivo de Desarrollo Sostenible número 11 cuya finalidad es "lograr que las ciudades sean más inclusivas, seguras, resilientes y sostenibles", desarrollándose alrededor de este objetivo, metas que afectan a distintos ámbitos: el acceso a una vivienda y a servicios básicos adecuados, la movilidad sostenible centrada en sistemas de transporte seguros, asequibles, accesibles y sostenibles y la urbanización inclusiva y sostenible. Aunque están fuertemente relacionados y tienen que ir de la mano, este trabajo se va a centrar en la urbanización inclusiva y sostenible y en la accesibilidad como premisa indispensable tal y como se refleja en el Objetivo de Desarrollo Sostenible nº 11[292]:

- Aumentar la urbanización inclusiva y sostenible
- Redoblar los esfuerzos para proteger y salvaguardar el patrimonio cultural y natural del mundo
- Proporcionar acceso universal a zonas verdes y espacios públicos, seguros, inclusivos y accesibles, en particular para mujeres y los niños, las personas de edad y las personas con discapacidad

Se pretende conseguir la accesibilidad de todos a la vivienda, al transporte, a los servicios públicos esenciales, a la cultura y al propio entorno urbano, poniendo especial énfasis en aquellos colectivos que presentan más dificultades.

---

291 https://www.un.org/sustainabledevelopment/es/cities/ (Recuperado el 11 de octubre de 2023).

292 https://www.un.org/sustainabledevelopment/es/cities/ (Recuperado el 11 de octubre de 2023).

En el ámbito europeo, de forma paralela a los ODS y debido a la preocupación que se va abriendo paso en los países europeos sobre los problemas de movilidad y la dificultad de implementar un nuevo modelo de ciudad, han surgido diversas iniciativas o instrumentos, a pesar de que el urbanismo no es competencia europea, por lo que no hay base para una acción legal urbanística de ámbito europeo, aunque el concepto de desarrollo sostenible se incluye, a partir del Tratado de Lisboa, como un objetivo de la Unión Europea. Actualmente, los esfuerzos europeos en este sentido se canalizan a través de la llamada Agenda Urbana de la Unión Europea.

La Agenda Urbana de la Unión Europea[293]se articula como una "contribución informal" para el diseño de una futura legislación o la revisión de las existentes[294], parte de su contenido es económico, como se explicará en el apartado de financiación y pretende mejorar los conocimientos sobre política urbana fomentando el intercambio de buenas prácticas. Su importancia estriba en que "representa un nuevo método de trabajo multinivel para la política urbana mediante la promoción del trabajo conjunto entre los Estados Miembros, las ciudades, la Comisión Europea y otras partes interesadas"[295].

Entre los temas prioritarios no se encuentra la accesibilidad como tal, aunque implícitamente se incluye en otras líneas de actuación: movilidad accesible, transición digital, economía circular, adaptación de las ciudades al cambio climático, uso sostenible del suelo y soluciones basadas en la naturaleza de las ciudades. Durante la presidencia española del último semestre

---

293 https://commission.europa.eu/eu-regional-and-urban-development/topics/cities-and-urban-development/urban-agenda-eu_es (Recuperado el 10 de junio de 2024).

294 NOGUEIRA LÓPEZ, A.: "Desarrollo urbano sostenible, ob. cit., p. 37.

295 https://spanish-presidency.consilium.europa.eu/es/noticias/agenda-urbana-ue-desarrollo-potencial-ciudades-reunion-informal-gijon/ (Recuperado el 17 de junio de 2024).

de 2023 se han añadido más ejes de actuación, destacando, en lo que importa a este trabajo, patrimonio cultural o turismo sostenible. La estrategia de movilidad urbana incide en la mejora de la calidad de vida en las ciudades "favoreciendo soluciones de movilidad activa, como los desplazamientos a pie y en bicicleta y garantizando una buena accesibilidad para los residentes y los que se desplazan a la ciudad para trabajar"[296].

Aun así, se echa en falta un concepto que aglutine la accesibilidad urbana: eliminación de barreras arquitectónicas, desarrollo y rehabilitación de los centros urbanos, control de procesos de turistificación y gentrificación, etc.

La única crítica es que se basa en proyectos y fondos de financiación temporales que pueden tener mucha o poca repercusión, dependiendo de su inserción en una estrategia urbanística a largo plazo, con una continuidad más allá de la concreta intervención. Se desarrollará esta cuestión en el epígrafe dedicado a la financiación.

En clave nacional, una de las propuestas que intenta desarrollar todas estas ideas es la Agenda Urbana Española, documento estratégico sin carácter normativo, que pretende introducir una metodología que tiene como objetivo "inspirar la adopción de las decisiones públicas de conformidad con el principio de desarrollo territorial urbano y sostenible"[297], apostando por el conocimiento directo de la realidad de cada pueblo y una gobernanza basada en la participación de la ciudadanía y con el reconocimiento del papel de los municipios como actores con capacidad de acción y decisión.

---

296 https://commission.europa.eu/eu-regional-and-urban-development/topics/cities-and-urban-development/priority-themes-eu-cities/urban-mobility-and-accessibility_es (Última consulta: 18 de enero de 2024).

297 HERNÁNDEZ PARTAL, S.: "Los planes de Acción Local de la Agenda Urbana Española: su papel en el urbanismo del siglo XXI" en *Ciudad y territorio* nº 217, 2023, p. 831.

Se pretende el desarrollo de actuaciones que eviten la dispersión urbana y revitalicen la ciudad existente, fomenten la cohesión y busquen la equidad[298], incluyendo la accesibilidad urbana de los espacios públicos, la regeneración urbana, la mejora del medio ambiente urbano, la reducción del riesgo de pobreza y exclusión social o la búsqueda de la igualdad de oportunidades desde una perspectiva de género, edad y discapacidad. El principal beneficio de la Agenda Urbana, según la FEMP, es la capacidad de ordenar la toma de decisiones con una visión estratégica de manera que todas ellas sean coherentes, sistemáticas, integradas y basadas en la coordinación y cooperación de todas las áreas de los Ayuntamientos, con el resto de las administraciones y agentes involucrados. Es una herramienta que contribuye al cumplimiento, desde el ámbito local, de los objetivos de desarrollo sostenible que tienen relación con las ciudades y el urbanismo y, en especial el Objetivo de Desarrollo Sostenible 11.

Todos estos documentos y estrategias inciden en la recuperación de la ciudad para todos los que viven en ella, conformando lo que en palabras de Lefebvre[299] es el "derecho a la ciudad". Sin embargo, en muchos casos su carácter no normativo, su dispersión y su falta de concreción hacen que no se traduzca sobre el terreno en cambios apreciables.

Siguiendo con esta idea y valorando la efectividad de los Objetivos de Desarrollo Sostenible, la ONU ha subrayado que el impulso de todas estas acciones puede estar comprometido si las entidades locales no tienen suficientes competencias, falta de acceso a la financiación, falta de cooperación e integración gubernamental entre los diversos niveles[300], que, en este caso, supone la coordinación y cooperación entre las Administracio-

---

298 FEMP: *Guía divulgativa Agenda Urbana Española,* 2020, p. 7.

299 LEFEBVRE, H.: *El derecho a la ciudad,* Editorial Península, 1969.

300 KANURI, C., REVI, A., ESPEY J. y KUHLE, H.: "Como implementar las ODS en las ciudades. Un manual introductorio para quienes trabajan en el ámbito del desarrollo urbano sostenible", ONU, 2020, p. 2.

nes estatales, autonómicas y locales. Con respecto a los Entes Locales las Naciones Unidas muestran su preocupación sobre la proporción entre las competencias políticas y fiscales de este nivel de gobierno con sus responsabilidades.

Desde este punto de vista, el riesgo es que los Objetivos de Desarrollo Sostenible se queden en un documento de buenas intenciones por su carácter voluntario, sin que implique un cambio real debido a las muchas dificultades que tiene, sobre el terreno, un cambio de paradigma. Sin embargo, los que apuestan por este instrumento, destacan que el número 11 presenta dos singularidades: por un lado, que se centra en las ciudades como espacio con capacidad para abrir caminos para el desarrollo sostenible, y por otro lado, que es un objetivo universal no limitado, como otros programas o iniciativas de la ONU y otras organizaciones internacionales.

4. EL DERECHO URBANÍSTICO, LA ACCESIBILIDAD Y SU COHABITACIÓN CON EL ODS 11

En nuestro país, las políticas urbanísticas que actúan en pro de la sostenibilidad y la accesibilidad tienen como característica fundamental la transversalidad de materias y, en consecuencia, competencias de titularidad estatal, autonómica y local tanto exclusivas como compartidas, que exige la difícil coordinación y cooperación entre las Administraciones territoriales y el desarrollo de mecanismos que coadyuven al ejercicio de los poderes de las Administraciones Públicas. Las políticas urbanas son algo más que urbanismo y trascienden el estricto régimen competencial que, no obstante, sigue teniendo un papel fundamental para delimitar qué actuaciones deben ser asumidas por cada Administración territorial. En este sentido, las Comunidades Autónomas tienen, además de la potestad competencial exclusiva sobre urbanismo, la competencia sobre materias con incidencia en la accesibilidad en sentido amplio.

La materia urbanismo es, competencialmente hablando, bastante compleja porque aunque la competencia de urbanismo es exclusiva de las Comunidades Autónomas[301], no excluye que el Estado tenga un margen de actuación a través del artículo 149.1.1° Constitución Española (TOL173.304.) que establece la competencia del Estado sobre la regulación de las condiciones básicas que garanticen la igualdad de todos los españoles en el ejercicio de los derechos y en el cumplimiento de los deberes constitucionales, el mínimo común denominador expresado en principios o reglas generales recogidas en la vigente ley estatal, el Real Decreto Legislativo 7/2015, de 30 de octubre, por el que se aprueba el Texto Refundido de la Ley del Suelo y Rehabilitación Urbana (TOL5.534.477). En la Sentencia 61/1997, de 20 de marzo (TOL9.294), el Tribunal Constitucional ha reconocido que el Estado tiene la competencia exclusiva para incidir sobre los derechos y deberes constitucionales desde el prisma de la garantía de la igualdad de sus posiciones jurídicas[302].

La vigente ley del suelo desarrolla un modelo urbanístico instaurado por la anterior Ley 8/2013, de 26 de junio, de rehabilitación, regeneración y renovación urbanas (TOL3.785.131), que supuso una evolución en el derecho urbanístico porque cambia la perspectiva no limitándose a una tutela administrativa sobre la actividad urbanística sino a una acción territorial coordinada que incluye la participación de todos los actores afectados y del conjunto de la sociedad civil[303]. Esta norma tiene un ámbito de actuación respecto de la accesibilidad y se justifica en la necesidad de establecer criterios estatales homogéneos de

---

301 Artículo 148.1.3° Constitución Española (TOL173.304.).

302 Fundamento jurídico 7 a).

303 EZQUIAGA-DOMÍNGUEZ, J.M.: “La ciudad que queremos, los planes que necesitamos: ampliando los horizontes políticos del planeamiento urbano” en *Ciudad y territorio n°* 217, 2023, p. 613.

carácter mínimo que permitan su realización[304], es un modelo que actúa sobre la ciudad existente y no reclama la colonización de nuevos espacios. No es un planteamiento innovador ya que en 1983 el profesor García de Enterría hablaba que el tema central del urbanismo era "reconstruir, recuperar los viejos centros urbanos, rehabilitarlos y reequiparlos"[305]

Esta norma apuesta por la rehabilitación, la regeneración y la renovación urbana, y por las actuaciones sobre la ciudad ya construida, estableciendo como uno de los principios fundamentales "la garantía del acceso universal de los ciudadanos a las infraestructuras, dotaciones, equipamientos y servicios"[306]. El problema fundamental es que el entorno urbano existente puede estar anticuado, deteriorado, obsoleto por lo que necesita de intervenciones profundas que implican el largo plazo y un desembolso económico importante asumido prioritariamente por los Ayuntamientos.

Los efectos prácticos de esta nueva perspectiva de la política urbanística son todavía escasos, destacando dos normas, primero, la Orden TMA/851/2021, de 23 de julio, por la que se desarrolla un documento técnico de condiciones básicas de accesibilidad y no discriminación para el acceso y la utilización de espacios públicos urbanizados (TOL9.842.652), cuyo objetivo es que todas las personas puedan acceder a los espacios públicos urbanizados de manera normalizada, segura y eficiente y de la forma más autónoma posible y segundo, el Real Decreto 193/2023, de 21 de marzo, por el que se regula las condiciones básicas de accesibilidad y no discriminación de las personas con discapacidad

---

304 ASÍS ROIG, R. (Dir.): *Adaptación de la normativa en materia de accesibilidad* ob. cit., p. 234.

305 TOLIVAR ALAS, L.: "Urbanismo compacto y movilidad" en *Revista Jurídica de Castilla y León nº* 39, 2022, p. 9.

306 Artículo 3.3.e Real Decreto Legislativo 7/2015, de 30 de octubre, por el que se aprueba el Texto Refundido de la Ley del suelo (TOL5.534.477).

para el acceso y utilización de bienes y servicios a disposición del público (TOL9.454.160). Se trata de una importante norma en materia de accesibilidad que establece en su artículo 29 la posibilidad de que las Administraciones Públicas fijen las ayudas que pueden consistir en subvenciones, incentivos o cualquier otra modalidad de apoyo pero con una importante limitación en su Disposición Adicional 1°, que no implique un aumento de los gastos públicos, textualmente establece que "las actuaciones que se deriven de la aprobación de este Real Decreto se realizarán con las disponibilidades existentes en cada ejercicio sin que haya de precisarse recursos adicionales para su realización".

En lo que interesa a este trabajo, la norma urbanística impone a los municipios la inclusión en sus planes urbanísticos de unos estándares mínimos de calidad de vida que incluye, entre otros aspectos, suelo suficientemente dotado de infraestructuras y servicios, usos que sean funcionales y cumplan su función social y que los desplazamientos de los ciudadanos en coste y tiempo sean razonables.

El plan de urbanismo, aprobado por los Entes Locales, es un instrumento sobre el que pivota las políticas urbanísticas y tiene el desafío de convertirse en una herramienta para promover el debate público y social y la mejora de las prestaciones de calidad de vida y salud para los ciudadanos sin perder su condición de instrumento para proyectar la ciudad[307] porque actualmente está configurado como un instrumento rígido que no da respuesta a las exigencias actuales del urbanismo sostenible, demandándose su conversión en un instrumento útil, flexible y abierto a la innovación.

Las competencias propias de los Entes Locales con respecto a la gestión y aprobación de los instrumentos urbanísticos como es el plan urbanístico, son fundamentales porque es el punto de partida para un desarrollo urbano sostenible y accesible y el

---

307 EZQUIAGA-DOMÍNGUEZ, J.M.: "La ciudad que queremos, los planes que necesitamos", ob. cit., p. 599.

desarrollo de estrategias integradoras que necesita de la colaboración, coordinación y cooperación del resto de Administraciones Públicas. No hay que olvidar que gran parte de las actuaciones de accesibilidad se deben acometer por los municipios. La accesibilidad y el urbanismo sostenible apuesta por intervenciones en la ciudad existente y está recogida en abstracto en las normas urbanística pero su ejecución tiene que plantearse en un espacio físico y real con unos problemas singulares a través de instrumentos urbanísticos como el plan urbanístico y otros de carácter sectorial como el plan de accesibilidad

Una ciudad compacta y sostenible exige una planificación que reduzca las bolsas de viviendas abandonadas y vacías de los centros urbanos, con multiplicidad de usos, evitando la expulsión de la vecindad tradicional por la degradación del entorno o por su conversión en un mero "entretenimiento turístico" que desplace comercios de proximidad, fomentando un uso turístico responsable. Y se tiene que fundamentar en una "movilidad en coste y tiempo razonable"[308], la aproximación de servicios, dotaciones y equipamientos a la comunidad residente[309], de modo que permitan a cualquier persona desenvolverse en dicho entorno de la manera más independiente, segura y natural posible[310], atendiendo a todas las necesidades personales.

Este modelo impone la accesibilidad como principio rector urbanístico y se contrapone al que ha predominado en las últimas décadas, la ciudad extensa y la dispersión de actividades, servicios y zonas residenciales de baja densidad que impone el uso del automóvil frente a los desplazamientos a pie, limitando la vida o condicionándola al transporte público, lo que es especialmente difícil para las personas con movilidad reducida u otras limitaciones

---

308 NOGUEIRA LÓPEZ, A.: "Desarrollo urbano sostenible, ob. cit., p. 56.

309 LÓPEZ RAMÓN, F.: "El urbanismo sostenible en la legislación española" en *Revista de Derecho Urbanístico y Medio Ambiente* nº 311, 2017, p. 81.

310 ONCE: Accesibilidad y capacidades cognitivas, ob. cit., p. 6.

derivadas de la edad y otras circunstancias. La ciudad compacta exige la mejora de las zonas peatonales para hacerlas más seguras y accesibles, la eliminación de barreras arquitectónicas e inclusión en un radio de distancia adecuada los servicios adecuados para que los desplazamientos no supongan esfuerzos[311], así como la recuperación de espacios para los peatones.

La Agenda Urbana Española, como documento de política urbana, plantea la elaboración de los denominados Planes de Acción Local, que no son planes de urbanismo sino un complemento de los instrumentos de planeamiento para cubrir sus carencias ante los retos que plantea el nuevo urbanismo, la nueva perspectiva de sostenibilidad y accesibilidad y su implementación es en la ciudad concreta. Hasta ahora, ha habido un programa piloto con la participación de más de cien Entes Locales incluidos municipios, cabildos, diputaciones, consells y agrupaciones de municipios, financiado por el Plan de Recuperación, Transformación y Resiliencia. A pesar de la heterogeneidad de las propuestas derivada de las distintas realidades y necesidades sociales, destacan los proyectos destinados a la mejora de la accesibilidad, la rehabilitación de edificios públicos para su destino a un uso comunitario y/o cultural, o la renovación de los espacios públicos como lugar de encuentro y cohesión social[312]. La protección del patrimonio y su puesta en valor, junto con el paisaje, se califican como elementos de gran relevancia.

Uno de los aspectos que más se repiten en la práctica totalidad de los planes es la necesidad de actualizar los instrumentos de planeamiento para adecuarlos a las nuevas políticas urbanísticas y a la

---

311 DÍAZ CALVARRO, J.M.: "La accesibilidad universal en las ciudades patrimonio: un análisis general" en ALVAREZ ARROYO, F. (Dir.) y CEBRIÁ GARCÍA, M. (Coord.), *Haciendas locales y patrimonio histórico y cultural,* Dykinson, 2015, p. 41.

312 HERNÁNDEZ PARTAL, S.: "Los planes de Acción Local de la Agenda Urbana Española", ob. cit., p. 837.

implementación de los proyectos que recogen los Planes de Acción centrados en la "necesidad de adoptar propuestas que ayuden a simplificar, flexibilizar y ajustar a la realidad de las necesidades existentes la normativa en materia de urbanismo, principalmente en relación con los instrumentos de planeamiento"[313]. A nivel de gobernanza, se pone en valor las competencias y las responsabilidades de la Administración Local y la indispensable necesidad de una estructura de gobernanza multinivel con la colaboración y cooperación de las distintas Administraciones Públicas.

Todas estos cambios de modelo urbanístico y el desarrollo de políticas en clave urbanística tienen una premisa común: las intervenciones deben ser entendidas como un proceso por lo que la gestión y el despliegue temporal de las actuaciones adquiere una vital importancia[314] que tiene su correspondencia en el ámbito de la financiación.

Sin menoscabar la oportunidad de la creación de los Planes de Acción Locales que presenta aspectos muy positivos, es necesario hacer una reflexión sobre la creación de nuevos instrumentos que se tienen que coordinar con los ya existentes, frente al planteamiento de su actualización y adecuación.

---

313 HERNÁNDEZ PARTAL, S.: "Los planes de Acción Local de la Agenda Urbana Española", ob. cit., p. 853.

314 MINISTERIO DE TRANSPORTES, MOVILIDAD Y AGENDA URBANA: *Informe sobre los planes y programas asociados a las Estrategias de Desarrollo Urbano Sostenible y su vinculación con la vulnerabilidad urbana en España en el marco de los nuevos retos urbanos*, 2021.
——https://www.mitma.gob.es/arquitectura-vivienda-y-suelo/urbanismo-y-politica-de-suelo/observatorio-de-la-vulnerabilidad-urbana/informes-edusi (Recuperado el 16 de octubre de 2023).

5. LA SOSTENIBILIDAD Y LA ACCESIBILIDAD EN LAS CIUDADES PATRIMONIO HISTORICO

El patrimonio cultural "es la manifestación de la diversidad cultural heredada de generaciones anteriores, constituyendo una fuente común de memoria que ofrece una dimensión emocional, de enraizamiento e identidad colectiva y que incide de forma directa en el desarrollo de las personas y de su historia"[315].

El artículo 5 Convención de la UNESCO sobre protección del patrimonio mundial, cultural y natural de 23 de noviembre de 1972 (TOL145.618), subraya la necesidad de que los Estados firmantes articulen medidas jurídicas, administrativas y financieras para identificar, proteger, conservar, revalorizar y rehabilitar ese patrimonio. El patrimonio histórico y cultural está protegido por instrumentos internacionales dada la creciente sensibilidad mundial[316] y también constitucionalmente[317], desarrollado por la Ley 16/1985, de 25 de junio de Patrimonio Histórico Español (TOL227.904) y por otras normas autonómicas sobre la misma materia por la competencia otorgada por los artículos 148, apartados 15 y 16 Constitución Española (TOL173.304). La existencia de una ley estatal y distintas leyes de patrimonio autonómicas trae como consecuencia algunas disfunciones en el establecimiento de distintas categorías de bienes protegidos y conflictos derivados de los derechos a proteger.

Las políticas urbanísticas en el ámbito de las ciudades patrimonio y la preocupación por la recuperación de los centros históricos exige la promoción de "la idea de regeneración urbana al conjunto de la ciudad de una manera respetuosa y sensible

---

315 Declaración de Davos 2018.

316 Carta de Ámsterdam de 1975 o el Coloquio de Quito de 1977.

317 Artículo 46 Constitución Española (TOL173.304).

con la memoria e identidad colectiva de sus habitantes"[318], pero los lugares y espacios con interés patrimonial y/o cultural supone para la población y para las Administraciones Públicas del entorno unos ingresos derivados del turismo y de diversas actividades culturales y de entretenimiento.

El turismo es una actividad fundamental para la economía española, genera actividad y crea empleo. Frente al omnipresente turismo de sol y playa, se ha incrementado el turismo cultural y los visitantes de las ciudades patrimonio histórico españolas, que presenta una complicada dualidad: por una parte, la defensa de los paisajes y espacios que comportan valores patrimoniales, elemento de diferenciación, de estabilidad emocional, de valores colectivos y, por otra, los recursos que genera la actividad turística, por otra parte, preocupan los cada vez más numerosos ejemplos de gentrificación y turistificación y el desplazamiento de los vecinos (en su mayoría de la tercera y la cuarta edad) por turistas, y servicios exclusivamente dirigidos a ellos. La razón es que en algunas ciudades el turismo se ha convertido en palabras de Rivero Moreno[319], en "una especie de monocultivo que ha engullido el resto de actividades de la ciudad", dificultando que sea un espacio sostenible y habitable.

Cuando la accesibilidad se predica de una zona patrimonio histórico presenta algunas singularidades, primero, las limitaciones que impone la normativa para asegurar la protección de los bienes culturales e histórico; segundo, Las características especiales en los centros históricos de las ciudades debido a su ubicación como germen de la propia ciudad, son lugares de tránsito y de tráfico, presentando unas características muy especiales: trazado tortuoso y estrecho, materiales poco aptos para el

---

318 EZQUIAGA-DOMÍNGUEZ, J.M.: "La ciudad que queremos, los planes que necesitamos", ob. cit., p. 621.

319 RIVERO MORENO, L.D.: "La ciudad compartida: el patrimonio cultural como herramienta para la recreación del relato urbano" en *Ciudad y territorio* nº 213, 2022, p. 580.

tráfico mecanizado y pocos accesos que han determinado, junto a la protección del propio entorno, que se limite la circulación a los residentes; tercero, son espacios que se caracterizan porque no suelen tener servicios básicos ni comercios, lo que origina desplazamientos; cuarto, suelen estar influidos por procesos de turistificación, con baja densidad poblacional de residentes mayores o muy mayores y quinto, barreras arquitectónicas cuya eliminación o modificación choca con la protección del patrimonio histórico. Se suele optar por la peatonalización de los centros históricos, pero suelen ser difíciles de transitar incluso a pie por las propias características de los residentes, pocos y en la mayoría de los casos de avanzada edad, así como los materiales que conforman las aceras y zonas transitables.

La gestión de la movilidad y la accesibilidad en las zonas monumentales debe enmarcarse en el doble objetivo "de preservar y a la vez mantener vivos los centros históricos"[320]. Desde el punto de vista urbanístico, las acciones generales en este ámbito son, primero, el análisis del espacio público de la ciudad, destacando las barreras arquitectónicas y los obstáculos respecto a la accesibilidad con la información de itinerarios alternativos, segundo, restricciones al uso del transporte privado y mejora del transporte público sostenible y potenciación, por tanto, de los desplazamientos a pie (pero sin barreras ni dificultades)[321]. Se debe estudiar para cada caso, la adición de elementos técnicos que posibiliten su acceso sin barreras sin que suponga un deterioro de su valor artístico. Las intervenciones con respecto a la accesibilidad no pueden menoscabar el valor histórico y pueden realizarse de forma que no se diferencie la intervención del entorno patrimonial o que se separe del estilo patrimonial, a través del uso de materiales o la adición de elementos como rampas.

---

320 GUTIÉRREZ PUEBLA, J.: "Transporte, movilidad y turismo en los centros históricos" en *Eria* nº 47, 1998, p. 242.

321 GUTIÉRREZ PUEBLA, J.: "Transporte, movilidad y turismo", ob. cit., p. 245.

El límite de la accesibilidad puede derivarse precisamente de intervenciones que pueden menoscabar elementos de patrimonio histórico o la ausencia de un estado de la técnica que equilibre y respete el desarrollo de la accesibilidad y la protección del patrimonio cultural e histórico.

El mayor reto de las ciudades patrimonio y, en concreto de sus barrios históricos, en consecuencia, es buscar el equilibrio entre la conservación del patrimonio cultural y la gestión de un turismo sostenible, generadores de la actividad económica, convirtiéndose en centros neurálgicos, económicos y sociales de la ciudad adaptándose a los cambios y convirtiéndose, en definitiva, en algo más que la "momificación de un resto pasado"[322]. Sin olvidar la necesidad de recuperar población en estos espacios que generen y demanden servicios esenciales.

6. LA (IRREGULAR) FINANCIACIÓN DEL OBJETIVO DE CIUDADES Y COMUNIDADES SOSTENIBLES. MENCIÓN ESPECIAL A LAS CIUDADES PATRIMONIO

En este apartado se va a analizar algunos instrumentos financieros con los que cuentan las Administraciones Públicas para poder desarrollar sus políticas urbanísticas, fundamentalmente aquellas que persiguen una ciudad sostenible y accesible, así como aquellas medidas fiscales que coadyuvan a estos objetivos. En el caso concreto de las ciudades patrimonio histórico, pueden ser medidas para que las Administraciones Públicas gestionen y ejecuten intervenciones para una ciudad más sostenible o accesibles que reconociendo su singularidad o medidas fiscales para los propietarios de bienes objetos de protección como compensación por el mantenimiento y las obligaciones que se derivan de esta propiedad, así como los costes que generan.

---

322 RIVERO MORENO, L.D.: "La ciudad compartida", ob. cit., p. 584.

A nivel general, el punto de partida (negativo) es que la financiación de las políticas urbanísticas presenta dos problemas: primero, su irregularidad porque se basa muchas veces en proyectos que pueden incardinarse o no en una estrategia a largo plazo y, segundo, la financiación no debe ser previa a una planificación estratégica sino su resultado, para asegurar la eficacia y eficiencia del uso del dinero público y el impacto real de su inversión[323].

Estos dos problemas pueden ser un obstáculo si se quiere desarrollar esta nueva concepción urbanística. Las subvenciones o ayudas internacionales o de la Unión Europea, por citar los que más importancia han adquirido, los fondos "next generation" son, por su propia definición, temporales y normalmente ayudan al desarrollo de determinados proyectos a corto e incluso medio plazo. Esta irregularidad en los fondos puede comprometer una visión global de la ciudad tanto desde el punto de vista urbanístico, como social o financiero. La crítica no se refiere tanto a la escasez de recursos, que también, como al cronograma de los procesos urbanísticos que son largos, complejos y pasan por distintas fases.

Dentro de estas ayudas o subvenciones, son más estables en el tiempo las recibidas del Fondo Europeo de Desarrollo Regional. En el periodo 2014-2020, la Agenda Urbana de la Unión Europea introdujo una línea específica de financiación dentro de los fondos FEDER, destinando al menos un 5% para "financiar medidas integradas para el desarrollo urbano sostenible"[324]. Estas medidas presentan dos limitaciones, son previas a un diseño de ciudad y no tienen detrás medidas normativas y políticas coherentes con el objetivo perseguido, la sostenibilidad y la accesibilidad.

Destaca, por su singularidad e interés, la iniciativa comunitaria LEADER, que promueve la creación de los llamados Grupos de

---

323 HERNÁNDEZ PARTAL, S.: "Los planes de Acción Local de la Agenda Urbana Española", ob. cit., p. 854.

324 NOGUEIRA LÓPEZ, A.: "Desarrollo urbano sostenible, ob. cit., p. 38.

Acción Local y la cooperación con Administraciones Públicas, agentes socioeconómicos y entidades territoriales. Aunque se centran en el ámbito rural, desempeñan un importante papel en el diseño y ejecución del desarrollo local y en la dinamización del tejido social[325] y ha servido para rescatar patrimonio cultural y natural. Es una importante inyección económica para las regiones menos favorecidas, contribuyendo a su desarrollo. Se plantea a través de la financiación de operaciones de pequeña envergadura con la idea de mantenerlas en el tiempo y reducir la dependencia respecto a las subvenciones públicas[326]. Esta idea de limitación en el tiempo y, sobre todo la intencionalidad de autofinanciación puede suponer un cambio de modelo interesante en este tipo de fondos o ayudas de la Unión Europea.

La Agenda Urbana de la Unión Europea aglutina la acción en la materia urbanística a través de distintas líneas de actuación mediante el trabajo multinivel con actores públicos y privados. En el tema de la financiación tiene como objetivo mejorar la misma mediante la diversificación de las fuentes de financiación, facilitando el acceso de los gobiernos municipales a los fondos europeos, incluyendo aquellos que pertenecen a la política de cohesión. Es decir, no genera financiación adicional, sino que facilita el acceso de los gobiernos municipales a estos fondos[327], cuestión nuclear teniendo en cuenta el peso específico de los Entes Locales en la construcción de ciudades sostenibles y accesibles[328].

---

325 GARCÍA RODRÍGUEZ, J.L., FEBIES RAMÍREZ y ZAPATA HERNÁNDEZ, V.M.: "La iniciativa comunitaria Leader en España" en *Boletín de la AGE* nº 39, 2005, p. 363.

326 GARCÍA RODRÍGUEZ, J.L., FEBIES RAMÍREZ y ZAPATA HERNÁNDEZ, V.M.: "La iniciativa comunitaria Leader", ob. cit., p. 397.

327 https://spanish-presidency.consilium.europa.eu/es/noticias/agenda-urbana-ue-desarrollo-potencial-ciudades-reunion-informal-gijon/ (Recuperado el 30 de mayo de 2024).

328 Un ejemplo es el programa denominado "Acciones urbanas innovadoras" que incluye proyectos en distintas ciudades acomodadas a sus

Aunque no se puede negar una cierta planificación y gestión y la definición de objetivos que persiguen el desarrollo sostenible de las ciudades como, sigue siendo financiación basada en proyectos que tienen que coexistir o mejor, integrarse con la planificación urbana de las ciudades, pero a la que le falta regularidad, estabilidad y una visión a largo plazo para crear sobre la ciudad ya construida, una ciudad accesible y sostenible. Desde la FEMP[329], se reconoce que no existen vías de financiación para los planes de acción de la Agenda Urbana, pero, sin duda, su elaboración y puesta en marcha facilitará el acceso a ayudas vinculadas al desarrollo urbano y rural sostenible e integrado.

Con independencia de esta financiación vía subvenciones o fondos europeos o de otro ámbito, las Administraciones Públicas y en especial, los Entes Locales tienen que satisfacer todo tipo de necesidades y servicios esenciales de la población a través de dos fuentes de financiación que son, fundamentalmente, la recaudación de los tributos y las transferencias de otros niveles de gobierno, que en la mayoría de los casos no son suficientes porque se intenta equilibrar las necesidades de la población y las concretas de cada uno de los barrios. La estrategia debe pasar no solo por la eficiencia en el reparto de los recursos sino también la búsqueda de nuevas fuentes de financiación para la ejecución de las políticas urbanas y las intervenciones en las ciudades que se caracterizan por necesitar un amplio arco temporal y una regularidad.

---

necesidades y tipología: CAMINA, proyecto de Almería, pretende acercar la cultura a un rango más amplio de la población a través de programas culturales participativos, conectando barrios y grupos sociales, con una dotación de 4.364.691,76 € por un periodo de tiempo de tres años. Asimismo, se ofrecen plataformas de asesoramiento e inversiones como URBIS, JASPERS o FI-COMPASS que ayuda a las autoridades en la gestión de los Fondos estructurales y de inversión europeos (Fondos EIE).

329 FEMP: *Guía divulgativa Agenda Urbana Española,* ob. cit. p. 20.

De todo lo anteriormente explicado se deriva la necesidad de nuevas fuentes de información. En este sentido, desde la ONU se pone especial atención en las dificultades de financiación de los Entes Locales, proponiendo la colaboración público–privada "para desarrollar mecanismos financieros innovadores y modelos de prestación de servicios que equilibren las dimensiones social y económica"[330]. Curiosamente, en la mayoría de países de Europa, así como Estados Unidos, la financiación de las políticas urbanas es eminentemente pública, siendo la privada de carácter testimonial, por lo que es una tarea pendiente a nivel global.

Si el foco se fija en las ciudades patrimonio, con sus especiales características, el problema se agrava porque, aunque sus Ayuntamientos se benefician de la actividad económica derivada de su riqueza cultural o histórica, fundamentalmente el turismo, en contraposición, tienen una mayor necesidad de recursos económicos y materiales derivados de la conservación y gestión de dicho patrimonio, incluyendo los parámetros de accesibilidad y sostenibilidad.

Los artículos 51 y 56 Recomendación sobre la protección en el ámbito nacional del patrimonio cultural y natural UNESCO prevén expresamente la implantación de medidas tributarias específicas por los Estados para la conservación de esos patrimonios, denominándose como "regímenes fiscales privilegiados"[331] con dos vías de actuación: en primer lugar, favoreciendo fiscalmente a los propietarios que protejan, conserven y rehabiliten sus inmuebles y, en segundo lugar, reduciendo la carga fiscal

---

330 KANURI, C., REVI, A., ESPEY J. y KUHLE, H.: "Como implementar las ODS en las ciudades, ob. cit., p. 2.

331 MORIES JIMÉNEZ, M.T.: "Beneficios fiscales al patrimonio histórico español" en *International Journal of Scientific Management and Tourism* nº 1, 2017, p. 194.

de las personas físicas o jurídicas que donen cantidades con la finalidad de proteger el patrimonio histórico y cultural[332].

En España existen ayudas a los propietarios tanto directas e indirectas que podrían ser la respuesta a la propuesta de la UNESCO apuntada anteriormente y también medidas tributarias de estímulo a los propietarios pero no sufragan el coste económico soportado por el propietario de un bien calificado de interés cultural para su conservación y rehabilitación, sin olvidar las limitaciones y restricciones en razón de la protección de los bienes históricos. Algunas de ellas vienen recogidas en la Ley 16/1985, de 25 de junio, de Patrimonio Histórico Español (TOL227.904) destaca en su Preámbulo la importancia de las medidas de estímulo y protección, recogiéndose en el articulado algunas medidas tributarias y fiscales[333] y en los principales impuestos del Sistema Tributario Español, regulándose algunos beneficios fiscales dirigidos a los propietarios de bienes susceptibles de protección cultural y patrimonial con la finalidad, entre otras, de compensar los gastos adicionales que suponen su mantenimiento .

La crítica es que no hay una visión global de como impulsar a través de medidas de distinto calado, políticas de conservación y accesibilidad de las Ciudades Patrimonio. Esa visión global debería comprender la protección de los bienes culturales, el planeamiento urbanístico y el equilibrio entre protección y accesibilidad, entendida como premisa para el desarrollo de los derechos de los ciudadanos. No obstante, se hará una pequeña mención a los beneficios fiscales y su repercusión en la recaudación de las distintas Administraciones Públicas:

---

332 MORIES JIMÉNEZ, M.T.: "Beneficios fiscales al patrimonio histórico español", ob. cit., p. 194.

333 Artículo 67 a 74 Ley 16/1985, de 25 de junio, del Patrimonio Histórico Español (TOL227.904).

El Impuesto sobre bienes inmuebles, de ámbito local, es la principal fuente de financiación de los municipios. En el Real Decreto Legislativo 2/2004, de 5 de marzo, por el que se aprueba Texto Refundido de la Ley Reguladora de las Haciendas Locales(TOL346.505)[334], se establece una exención, previa solicitud, a bienes integrantes del Patrimonio cultural español siempre que no estén afectos a actividades económicas. Tiene un fin claramente extrafiscal, la garantía de conservación y enriquecimiento del patrimonio histórico, cultural y artístico de España. Criticado por la doctrina por su redacción confusa[335] y también por su impacto en la recaudación de los Ayuntamientos, ya que en municipios con un alto número de inmuebles acogidos a esta exención, supone una disminución de recursos importantes que pueden comprometer la suficiencia financiera local, aunque para algunos autores[336], se puede compensar con la actividad económica que genera el turismo.

El Impuesto de Instalaciones, Construcciones y Obras, de carácter local, es polémico desde su creación porque, para sus detractores, grava la riqueza inmobiliaria antes de que alcance su plena eficacia[337]. Regula una bonificación potestativa[338] que pueden establecer los Ayuntamientos de hasta el 95% de la

---

334 Art.62.2 Real Decreto Legislativo 2/2004, de 5 de marzo, por el que se aprueba Texto Refundido de la Ley Reguladora de las Haciendas Locales (TOL346.505).

335 MORIES JIMÉNEZ, M.T.: "Beneficios fiscales al patrimonio histórico español", ob. cit., p. 209.

336 RAMOS PRIETO, J.: "El IBI y el patrimonio histórico y cultural" en ALVAREZ ARROYO, F. (Dir.) y CEBRIÁ GARCÍA, M. (Coord.), *Haciendas locales y patrimonio histórico y cultural,* Dykinson, 2015, p. 355.

337 ÁLVAREZ ARROYO, F.: "ICIO y patrimonio histórico y cultural" en ALVAREZ ARROYO, F. (Dir.) y CEBRIÁ GARCÍA, M. (Coord.), *Haciendas locales y patrimonio histórico y cultura,* Dykinson, 2015, p. 456.

338 Art.103 Real Decreto Legislativo 2/2004, de 5 de marzo, por el que se aprueba el texto refundido de la Ley Reguladora de las Haciendas

cuota a favor de construcciones, instalaciones y obras que sean declaradas de especial interés o utilidad municipal por concurrir circunstancias sociales, culturales, históricas o de fomento del empleo que justifiquen tal declaración.

La Ley 35/2006, de 28 de noviembre, del Impuesto sobre la Renta de las Personas Físicas (TOL1.009.222) regula, en su artículo 68.5, una deducción en la cuota líquida del 15% de las inversiones o gastos realizados en

- La adquisición de bienes del Patrimonio Histórico Español realizado fuera del territorio español para su introducción dentro del mismo.
- La conservación, reparación, restauración, difusión y exposición de los bienes que estén declarados de interés cultural conforme a la normativa de patrimonio histórico del Estado.
- La rehabilitación de edificios, el mantenimiento y reparación de sus tejados y fachados, así como la mejora de infraestructuras de su propiedad situados en el entorno que sean objeto de protección.

En el propio precepto se limita que la base de la deducción no puede exceder del 10% de la base liquidable del contribuyente "con la finalidad de evitar el vaciamiento de la cuota mediante deducciones"[339].

Locales (TOL346.505): 2. Las ordenanzas fiscales podrán regular las siguientes bonificaciones sobre la cuota del impuesto:
a) Una bonificación de hasta el 95 por ciento a favor de las construcciones, instalaciones u obras que sean declaradas de especial interés o utilidad municipal por concurrir circunstancias sociales, culturales, histórico artísticas o de fomento del empleo que justifiquen tal declaración. Corresponderá dicha declaración al Pleno de la Corporación y se acordará, previa solicitud del sujeto pasivo, por voto favorable de la mayoría simple de sus miembros.

339 MORIES JIMÉNEZ, M.T.: "Beneficios fiscales al patrimonio histórico español", ob. cit., p. 201.

El apartado 3 del mismo artículo regula las deducciones por donativos y se remite a las previstas en la Ley 49/2002, de 23 de diciembre, de Régimen Fiscal de las entidades sin fines lucrativos y de los incentivos fiscales al mecenazgo(TOL224.129). En concreto, el artículo 17 establece la posibilidad de establecer deducciones por la donación de bienes de patrimonio histórico a entidades sin ánimo de lucro.

En el Impuesto de sucesiones y donaciones, en su norma estatal[340] establece en su artículo 20.7 una reducción en la base imponible de hasta el 95% de su valor, para aquellas donaciones a favor del cónyuge, descendientes o adoptados, de los bienes comprendidos en los apartados uno, dos y tres del apartado cuatro de la ley del impuesto sobre el patrimonio en cuanto integrantes del Patrimonio Histórico Estatal o patrimonio histórico de las Comunidades Autónomas. El objetivo es que los bienes no salgan de la familia y no estén sujetos a especulación, pero no resuelve el problema de la falta de recursos para su conservación además de las limitaciones que conllevan en el derecho de propiedad.

En el Impuesto sobre el patrimonio están exentos, según el artículo 4 Ley 19/1991, de 6 de junio, del Impuesto sobre el Patrimonio (TOL224.740), los bienes inscritos en el Registro General de bienes integrantes del Patrimonio Histórico Español, así como aquellos que se integren en el patrimonio histórico de las Comunidades Autónomas.

7. ALGUNAS PROPUESTAS

El estudio de la financiación y las medidas fiscales aplicables a la consecución de un nuevo modelo de urbanismo sostenible y accesible, arroja una serie de características: está dispersa en varias

---

340 Ley 29/1987, de 18 de diciembre, del Impuesto sobre Sucesiones y Donaciones (TOL224.744).

normas, es irregular y no siempre se conecta con una estrategia urbanística a largo plazo. Esa es la razón por la que el último epígrafe se va a dedicar a la exposición de algunas reflexiones y propuestas.

Parte de la doctrina opina que para que las medidas tributarias coadyuven a la creación de comunidades sostenibles, especialmente en el caso singular de las ciudades patrimonio, el primer paso debería ser que el legislador unificase en un solo texto el catálogo de beneficios fiscales aplicables a los bienes protegidos[341] pero. más que unificar, lo verdaderamente importante es añadir orden y coherencia: que se pretende conseguir, cómo, asumir la transversalidad de la cuestión objeto de estudio y promover la participación tanto de las Administraciones Públicas como del sector privado y de los ciudadanos, actores principales de los entornos donde viven.

Con el objetivo de buscar nuevas fuentes de financiación y motivar la participación privada en la protección del patrimonio y el sostenimiento de los costes de las ciudades patrimonio histórico, así como las intervenciones de centros históricos más accesibles y sostenibles, se puede aludir, por una parte, al crowdfunding o financiación colectiva que tiene una clara manifestación tributaria al producirse transferencias de dinero de unos sujetos a otros que ponen de manifiesto una capacidad económica susceptible de gravamen por distintos tributos del sistema fiscal español[342] y, por otra parte, la mejora de la regulación de la figura del mecenas, del mecenazgo y del micromecenazgo a través del incremento de beneficios fiscales y otras medidas

---

341 MORIES JIMÉNEZ, M.T.: "Beneficios fiscales al patrimonio histórico español", ob. cit., p. 197.

342 LUCAS DURAN, M.: "El crowdfunding como vía de protección del patrimonio histórico: aspectos tributarios" en ALVAREZ ARROYO, F. (Dir.) y CEBRIÁ GARCÍA, M. (Coord.) *Haciendas locales y patrimonio histórico y cultural*, Dykinson, 2015, p. 200.

que potencien esta actividad[343], sin olvidar el establecimiento de nuevos tributos como los que gravan las estancias hoteleras con la idea de que los "ciudadanos que visitan y se maravillan de la monumentalidad del patrimonio también soporten las cargas que suponen su conservación y su mantenimiento" [344], implicándose en su respeto y cuidado.

En la financiación de un nuevo urbanismo que cumpla el Objetivo de Desarrollo Sostenible 11 tiene una importancia especial el papel de los Entes Locales a través de las ordenanzas fiscales para regular beneficios fiscales que no solo protejan determinados derechos sino también la promoción de inversiones privadas a través de incentivos fiscales.

Los Ayuntamientos de las Ciudades declaradas Patrimonio Histórico Universal llevan años exigiendo un régimen tributario especial debido a la complejidad y al incremento de financiación que se deriva de la protección de su riqueza patrimonial, histórica y cultural junto con la accesibilidad de sus espacios y en equilibrio con la revitalización de los centros económicos. La razón es que dejan de recaudar por los beneficios fiscales establecidos para los bienes de patrimonio histórico en el IBI o en el ICIO, que se agudiza con los gastos derivados del mantenimiento y rehabilitación de los centros históricos y que no son compensados vía Presupuestos Generales del Estado o mediante transferencias o ayudas regulares por parte de la Administración estatal o autonómica. Es interesante y revelador el apartado 4 del artículo 69 Ley 16/1985, de 25 de junio de Patrimonio Histórico Español

---

343 HERNÁNDEZ LAVADO, A.: "Financiación y protección del patrimonio histórico" en ALVAREZ ARROYO, F. (Dir.) y CEBRIÁ GARCÍA, M. (Coord.) en ALVAREZ ARROYO, F. (Dir.) y CEBRIÁ GARCÍA, M. (Coord.), *Haciendas locales y patrimonio histórico y cultural*, Dykinson, 2015, p. 248.

344 MORIES JIMÉNEZ, M.T.: "Beneficios fiscales al patrimonio histórico español", ob. cit., p. 217.

(TOL227.904) que literalmente dice "en ningún caso, procederá la compensación con cargo a los Presupuestos Generales del Estado en favor de los Ayuntamientos interesados", una especie de compensación por las cargas adicionales que soportan y que no tiene un retorno vía impuestos porque los beneficios que se generan para particulares y empresas se gravan en impuestos principalmente estatales agravando la permanente insuficiencia financiera[345] de muchos Entes Locales; a lo que se añade el poco margen de maniobra que tienen en materia tributaria respecto a sus recursos propios por el principio de reserva ley que implica que la regulación de las Haciendas Locales se desarrolle a través de una ley estatal. Presupuestariamente, las ciudades patrimonio de la humanidad tienen limitaciones porque asumir los gastos que se derivan de la protección de ese patrimonio singular, va en demérito de otras partidas presupuestarias[346]. Sin olvidar que los Entes Locales como el resto de las Administraciones Públicas, está limitado por el principio de estabilidad presupuestaria, de tal forma que la asunción de las competencias propias establecidas en la Ley 7/1985, de 2 de abril, Reguladora de las Bases del Régimen Local (TOL257.364), no puede poner en riesgo la sostenibilidad financiera del conjunto de la Hacienda municipal[347].

---

345 MORIES JIMÉNEZ, M.T.: "Beneficios fiscales al patrimonio histórico español", ob. cit., p. 208.

346 SIERRA VIÚ, J.: "Problemática presupuestaria en la financiación de las corporaciones locales. Referencia a los Ayuntamientos Patrimonio de la Humanidad" en ALVAREZ ARROYO, F. (Dir.) y CEBRIÁ GARCÍA, M. (Coord.), *Haciendas locales y patrimonio histórico y cultural,* Dykinson, 2015, p. 145.

347 SIERRA VIÚ, J.: "Problemática presupuestaria en la financiación de las corporaciones locales", ob. cit., p. 143.

Uno de los primeros autores que planteó esta posibilidad fue el profesor Checa[348]; posteriormente, el profesor Lago[349] en la misma línea, propuso dentro de este régimen especial, dar un mayor protagonismo a las tasas y contribuciones especiales. La pregunta es si se da el presupuesto de hecho que da origen a una tasa, y la respuesta es positiva porque son tributos retributivos del coste del servicio o actividad que beneficia o se dirige a contribuyentes concretos. Se pueden mencionar como ejemplos susceptibles de aplicación, la tasa de rodaje de películas, la tasa por el acceso y/o uso de servicios de museos, monumentos, archivos y bibliotecas. Deben ser de una cuantía moderada para no desmotivar la realización de la actividad que grava la tasa pero, a la vez, debe poner en valor la importancia patrimonial del lugar e incluir exenciones siempre que se cumplan determinadas circunstancias o la acreditación de una baja capacidad económica. En esta línea, otros autores[350], proponen el establecimiento a través de ordenanzas fiscales, de tasas de contaminación visual, tanto desde un punto de vista ambiental, como de protección de un paisaje con un valor patrimonial único. Otros planteamientos se concretan en la ya mencionada compensación a través de la participación en los tributos del Estado o la inclusión de una partida presupuestaria propia, anual y regular en los Presupuestos Generales del Estado

---

348 CHECA GONZÁLEZ, C.: "La protección de las Ciudades Patrimonio de la Humanidad españolas. Propuesta de creación de un Estatuto fiscal especial de las mismas" en *Impuestos* nº I, 1993.

349 LAGO MONTERO, J.M.: "Tasas y contribuciones especiales y patrimonio histórico y cultural" en ALVAREZ ARROYO, F. (Dir.) y CEBRIÁ GARCÍA, M. (Coord.), *Haciendas locales y patrimonio histórico y cultural,* Dykinson, 2015, pp. 491 y ss.

350 LUCAS DURAN, M.: "Nuevas figuras tributarias en el ámbito municipal ante la crisis financiera actual y su coordinación con la hacienda autonómica y estatal" en *La Hacienda Local: cuestiones actuales* en AAVV (coord. Isaac Merino Jara), Instituto de Estudios Fiscales, 2013, p. 12.

Hay que matizar que cuando se habla de un Estatuto especial o de un régimen privilegiado debe acomodarse a los conceptos de beneficio o ayuda fiscal que deben estar justificadas y motivadas porque el establecimiento de un privilegio fiscal va en contra de la Constitución y de los principios de generalidad y de justicia tributaria del artículo 31 Constitución Española (TOL173.304). Así lo ha declarado el Tribunal Constitucional en numerosas resoluciones como la Sentencia 96/2002 de 25 de abril (TOL258.630)[351] o la Sentencia 115/2009 de 18 de mayo (TOL1.523.197).

Otra perspectiva, por la que aboga el profesor Hernández Lavado[352], es que, bajo la premisa de que el patrimonio es una fuente de riqueza, se debe adoptar una perspectiva económica, respetando la idea de conservación y preservación del patrimonio, así como la identidad de la población que conforma ese entorno, sobre todo aquella que desarrolla su vida en los centros históricos. Las ciudades patrimonio histórico no pueden estar congeladas en el tiempo, tienen que revitalizar sus centros con vecinos que pueblen sus calles y que demanden servicios y, a la vez, fomentar actividades e inversiones que ayuden a la financiación de una ciudad sostenible y accesible, ya sea vía impuestos o a través de la colaboración privada. Entre estas actividades está el turismo pero no cualquier acción turística sino aquella que lleve como bandera la sostenibilidad y la calidad.

---

351 Fundamento Jurídico 7: "Por este motivo, la exención o la bonificación –privilegio de su titular– como quiebra del principio de generalidad que rige la materia tributaria (art. 31.1 CE), en cuanto que neutraliza la obligación tributaria derivada de la realización de un hecho generador de capacidad económica, sólo será constitucionalmente válida cuando responda a fines de interés general que la justifiquen (por ejemplo, por motivos de política económica o social, para atender al mínimo de subsistencia, por razones de técnica tributaria, etc.), quedando, en caso contrario, proscrita (...)".

352 HERNÁNDEZ LAVADO, A.: "Financiación y protección del patrimonio histórico", ob. cit., p. 249.

En palabras de Guervós[353], impulsar "el turismo urbano sostenible que gestiona los flujos de visitantes y la capacidad de carga de los espacios históricos, evitando el efecto de masificación, que sea respetuoso con el patrimonio cultural y que garantice el equilibrio entre el turismo y el bienestar de las comunidades receptoras".

8. REFERENCIAS BIBLIOGRÁFICAS

ÁLVAREZ ARROYO, F.: "ICIO y patrimonio histórico y cultural" en ALVAREZ ARROYO, F. (Dir.) y CEBRIÁ GARCÍA, M. (Coord.), *Haciendas locales y patrimonio histórico y cultura,* Dykinson, 2015.

ASÍS ROIG, R. (Dir.): *Adaptación de la normativa en materia de accesibilidad al sistema de Derechos Humanos,* Universidad Carlos III de Madrid, 2024.

https://www.rpdiscapacidad.gob.es/estudios-publicaciones/adaptacion_normativa.htm (Recuperado el 17 de junio de 2024)

BUCHARDÓ PARRA, A., PALOMARES HERRERA, M.: "Desarrollo, transparencia y Constitución: revisión de políticas legislativas y sostenibles desde la Agenda 2030" en GORDILLO BOGOTÁ, H., SERNA TUYA, J.M., JEREZ RIVERO, W. y TORRES FERNÁNDEZ, C. (coords.), *Derecho, legislación y políticas públicas en el marco de los ODS.* Dykinson, Madrid, 2022.

CAÑETE SÁNCHEZ J.A.: "Delimitación de competencias en materia de movilidad urbana sostenible"en *El consultor de los Ayuntamientos* nº 18, 2016.

CARRATO GÓMEZ, A. y ROIG SEGOVIA, E.: "De la ciudad sostenible a la ciudad hub: obsolescencia y renovación de indicadores urbanos" en *Ciudad y territorio* nº 213, 2022.

CHECA GONZÁLEZ, C.: "La protección de las Ciudades Patrimonio de la Humanidad españolas. Propuesta de creación de un Estatuto fiscal especial de las mismas" en *Impuestos* nº I.

DÍAZ CALVARRO, J.M.: "La accesibilidad universal en las ciudades patrimonio: un análisis general" en ALVAREZ ARROYO, F. (Dir.) y CEBRIÁ GARCÍA, M. (Coord.), *Haciendas locales y patrimonio histórico y cultural,* Dykinson, 2015.

---

353 GUERVÓS MAÍLLO, M.A.: *Fiscalidad de las smart cities,* ob. cit., p. 237.

EZQUIAGA-DOMÍNGUEZ, J.M.: "La ciudad que queremos, los planes que necesitamos: ampliando los horizontes políticos del planeamiento urbano" en *Ciudad y territorio nº* 217, 2023.

FEMP: *Guía divulgativa Agenda Urbana Española,* 2020.

GARCÍA RODRÍGUEZ, J.L., FEBIES RAMÍREZ y ZAPATA HERNÁNDEZ, V.M.: "La iniciativa comunitaria Leader en España" en *Boletín de la AGE* nº 39, 2005.

GARCÍA RUBIO, F.: "Planeamiento, movilidad y sostenibilidad urbana", en *Práctica urbanística* nº 131, 2014.

GONZÁLEZ IGLESIAS, M.A.: "La accesibilidad, la cohesión e integración social" en QUINTANA LOPEZ, T., (Dir.), CASARES MARCOS, A.B. (Coord.), Urbanismo sostenible, rehabilitación, regeneración y renovación urbanas, Tirant lo Blanch, 2016. (TOL5.758.465).

GUERVÓS MAÍLLO, M.A.: *Fiscalidad de las smart cities,* Aranzadi, 2022.

GUTIÉRREZ PUEBLA, J.: "Transporte, movilidad y turismo en los centros históricos" en *Eria* nº 47, 1998.

HERNÁNDEZ LAVADO, A.: "Financiación y protección del patrimonio histórico" en ALVAREZ ARROYO, F. (Dir.) y CEBRIÁ GARCÍA, M. (Coord.) en ALVAREZ ARROYO, F. (Dir.) y CEBRIÁ GARCÍA, M. (Coord.), *Haciendas locales y patrimonio histórico y cultural,* Dykinson, 2015.

HERNÁNDEZ PARTAL, S.: "Los planes de Acción Local de la Agenda Urbana Española: su papel en el urbanismo del siglo XXI" en *Ciudad y territorio* nº 217, 2023.

KANURI, C., REVI, A., ESPEY J. y KUHLE, H.: "Como implementar las ODS en las ciudades. Un manual introductorio para quienes trabajan en el ámbito del desarrollo urbano sostenible", ONU, 2020.

LAGO MONTERO, J.M.: "Tasas y contribuciones especiales y patrimonio histórico y cultural" en ALVAREZ ARROYO, F. (Dir.) y CEBRIÁ GARCÍA, M. (Coord.), *Haciendas locales y patrimonio histórico y cultural,* Dykinson, 2015.

LEFEBVRE, H.: *El derecho a la ciudad,* Editorial Península, 1969.

LÓPEZ RAMÓN, F.: "El urbanismo sostenible en la legislación española" en *Revista de Derecho Urbanístico y Medio Ambiente* nº 311, 2017.

LUCAS DURAN, M.: "El crowdfunding como vía de protección del patrimonio histórico: aspectos tributarios" en ALVAREZ ARROYO, F. (Dir.) y CEBRIÁ GARCÍA, M. (Coord.) *Haciendas locales y patrimonio histórico y cultural,* Dykinson, 2015.

LUCAS DURAN, M.: "Nuevas figuras tributarias en el ámbito municipal ante la crisis financiera actual y su coordinación con la hacienda autonómica y estatal" en *La Hacienda Local: cuestiones actuales* en AAVV (coord. Isaac Merino Jara), Instituto de Estudios Fiscales, 2013.

MINISTERIO DE TRANSPORTES, MOVILIDAD Y AGENDA URBANA: *Informe sobre los planes y programas asociados a las Estrategias de Desarrollo Urbano Sostenible y su vinculación con la vulnerabilidad urbana en España en el marco de los nuevos retos urbanos,* 2021.

https://www.mitma.gob.es/arquitectura-vivienda-y-suelo/urbanismo-y-politica-de-suelo/observatorio-de-la-vulnerabilidad-urbana/informes-edusi (Recuperado el 16 de octubre de 2023).

MORIES JIMÉNEZ, M.T.: "Beneficios fiscales al patrimonio histórico español" en *International Journal of Scientific Management and Tourism* nº 1, 2017.

NOGUEIRA LÓPEZ, A.: "*Desarrollo* urbano sostenible: ¿actuar locamente sin cambio global?" en *Cuadernos de Derecho Local* nº 46, 2018.

ONCE: *Accesibilidad y capacidades cognitivas. Movilidad en el entorno urbano,* 2009.

RAMOS PRIETO, J.: "El IBI y el patrimonio histórico y cultural" en ALVAREZ ARROYO, F. (Dir.) y CEBRIÁ GARCÍA, M. (Coord.), *Haciendas locales y patrimonio histórico y cultural,* Dykinson, 2015.

RIVERO MORENO, L.D.: "La ciudad compartida: el patrimonio cultural como herramienta para la recreación del relato urbano" en *Ciudad y territorio* nº 213, 2022.

SIERRA VIÚ, J.: "Problemática presupuestaria en la financiación de las corporaciones locales. Referencia a los Ayuntamientos Patrimonio de la Humanidad" en ALVAREZ ARROYO, F. (Dir.) y CEBRIÁ GARCÍA, M. (Coord.), *Haciendas locales y patrimonio histórico y cultural,* Dykinson, 2015.

TOLIVAR ALAS, L.: "Urbanismo compacto y movilidad" en *Revista Jurídica de Castilla y León nº* 39, 2022.

10. Tributación del transporte sostenible y federalismo fiscal en la república argentina

JUAN MANUEL ÁLVAREZ ECHAGÜE
MANUEL TORRALLARDONA
Universidad de Buenos Aires

1. INTRODUCCIÓN

El cambio climático ha sido uno de los grandes desafíos a nivel mundial en los últimos tiempos. Durante muchos años el ser humano ha extraído y utilizado recursos sin contemplar sus impactos en el aire, el suelo y la tierra. La conciencia ambiental ha puesto énfasis en las responsabilidades gubernamentales, personales y sociales sobre la preservación del ambiente como una herramienta que posibilita alcanzar un mayor grado de calidad de vida de la que puedan gozar tanto las generaciones presentes como las futuras.[354]

El crecimiento en el sector del transporte facilita la apertura de mercados, desarrolla el comercio y articula las regiones, pero en contraposición se generan impactos no deseados como la congestión vial, la contaminación sonora, emisiones de gases efecto invernadero, que tienen importantes impactos en la salud de la población.

---

[354] López Alfonsín, Marcelo (2019). Derecho Ambiental. Pág. 92. Editorial Astrea. Segunda Edición.

El transporte es uno de los principales generadores de las emisiones gases de efecto invernadero a nivel mundial y del cambio climático. Conforme a cifras oficiales, en la República Argentina el 13,9% de las emisiones totales provienen del sector del transporte. De este porcentaje, el 90,1% es producido por el "autotransporte".[355]

Según la información de la Asociación de Fabricantes de Automotores (*ADEFA*) en la Argentina en el año 2023 había 13.947.262 vehículos, de los cuales 10.552.442 son automóviles. De acuerdo a datos del estado nacional, el 99,67% del parque automotor argentino utiliza combustibles fósiles para su propulsión.[356] Profundizando aún más, conforme a las cifras de patentamiento obtenidas entre el periodo comprendido por el año 2018 y 2023, los vehículos eléctricos/híbridos alcanzan la ínfima suma de 27.761 en todo nuestro territorio.[357]

La política fiscal es crucial para garantizar derechos, como los de salud y ambiente. Sin recursos, estos derechos no pueden ser asegurados. Los presupuestos revelan las verdaderas prioridades de los Estados, y los sistemas tributarios reflejan la contribución de diversos actores para financiar estas prioridades. En tiempos de crisis climática, se requieren esfuerzos adicionales para asegurar que los Estados estén bien financiados y cooperen entre sí. Esto

---

355 Utilizamos la presente palabra para referirnos a automóviles, livianos, transporte de carga, transporte de pasajeros, etc.

356 Impacto ambiental del transporte. Plan Nacional de Transporte Sostenible. Disponible en: https://www.argentina.gob.ar/transporte/transporte-sostenible/impacto-ambiental-del-transporte. Fecha de consulta: 28 de julio de 2024.

357 De acuerdo al informe de SIOMAA, que trabaja conjuntamente con la Asociación de Concesionarios de Automotores de la República Argentina (ACARA), la cifra total de patentamientos de vehículos eléctricos en 2023 se patentaron en Argentina 9.601 vehículos híbridos y eléctricos. Informe sobre la movilidad eléctrica en Argentina. Automóviles. Año 2023. N° 4 Diciembre 2023. Siomaa SA.

permite la implementación de políticas efectivas, transparentes y redistributivas que protejan los derechos de todas las personas.[358]

En particular, los tributos son herramientas para incentivar, estimular, alentar, promocionar o desincentivar, limitar, frenar, sancionar, determinadas conductas o actividades que tienen efectos negativos, como la contaminación ambiental, mediante la creación de impuestos o exenciones.[359] Por tanto, es fundamental que los Estados aseguren una política fiscal ambientalmente sostenible. A su vez, no podemos desconocer que los "tributos verdes" existen, no sólo por motivos relacionados con el desarrollo sustentable y la protección del medio ambiente, sino también por la necesidad de los Estados de contar con nuevos mecanismos de recaudación[360] debido a las necesidades presupuestarias, ya que se ha producido un agotamiento de las especies tributarias tradicionales.[361]

De acuerdo a lo mencionado, en el presente nos abocaremos a realizar un breve repaso de la normativa actual relacionada con el

---

358 Principios de Derechos Humanos en la Política Fiscal. Disponible en: https://www.derechosypoliticafiscal.org/images/ASSETS/Principios_de_Derechos_Humanos_en_la_Politica_Fiscal-ES-VF-1.pdf). Fecha de consulta: 28 de julio de 2024.

359 Diaz, Vicente Oscar (2004). "El carácter extrafiscal de la tributación Medioambiental". *Tratado de Tributación: Política y Economía Tributaria.* Pág. 598. Volumen 2.

360 Para Alejandro Altamirano, "Con carácter general los ecotributos son considerados como los instrumentos económicos específicos que apuntan a encarar una conducta compatible con el medio ambiente, sin que simplemente sean una analogía con los impuestos como instrumentos generados de recaudación. Es decir, son vías aptas para modelar conductas sociales". Altamirano, Alejandro (2001). "El derecho constitucional a un ambiente sano, derechos humanos y su vinculación con el derecho tributario". Revista jurídica de Buenos Aires. Número "Derechos humanos y tributación". Pág. 329.

361 Álvarez Echagüe, Juan Manuel (2002). "Las tasas ecológicas. Un análisis desde la perspectiva de los municipios bonaerenses". En E. G. Bulit Goñi, *Derecho Tributario Provincial y Municipal.* Pág. 422. Buenos Aires: Ad-hoc.

medio ambiente. Luego de ello, realizaremos un análisis conciso del federalismo fiscal para identificar cuál de los niveles estatales ejercerá las facultades para crear "eco-tributos" y determinar cuáles son los impuestos que impactan en el transporte sostenible en la República Argentina, enfocándonos especialmente en el "*Impuesto Automotor*" y el "*Impuesto a los Combustibles*", con el objetivo de concluir si su propósito ha sido principalmente extrafiscal o no.

Debemos destacar que, en Argentina los gravámenes verdes son casi inexistentes si los analizamos con sentido estricto, más allá de que se los catalogue de ese modo, pero en cuanto hurgamos en la sustancia, veremos que de verdes o medioambientales esos tributos solo poseen el nomen iuris, y que simplemente encubren pretensiones recaudatorias. Si encontramos, ejemplos interesantes en nuestro país en materia de incentivos, como es el caso de la ley de energías renovables ley N° 27.191 (2015), sin perjuicio de algunos problemas de aplicación de la norma.[362] En ese contexto deben considerarse las palabras que escribimos seguidamente.

2. MARCO LEGAL AMBIENTAL.

2.1. Constitución nacional argentina y leyes nacionales.

Antes de la reforma de 1994, la Constitución Nacional Argentina (CN) no incluía disposiciones constitucionales específicas

---

[362] Álvarez Echagüe, Juan Manuel (2021). "Política energética y desarrollo sostenible en Argentina". *Transición energética en el cumplimiento de los objetivos de desarrollo sostenible y la justicia fiscal.* Pág. 36 y ss. Tirant Lo Blanch. Madrid, España.

sobre el derecho ambiental, considerándolo así uno de los derechos no enumerados del articulo 33[363] de dicha Constitución[364].

En 1993, luego del "*Pacto de Olivos*"[365], mediante ley 24.309 se declaró la necesidad de reforma constitucional. Allí se dividieron los puntos a modificar en dos grupos: por un lado, el denominado "núcleo de coincidencias básicas" (art. 2) y, por el otro, los temas habilitados por el congreso nacional para el debate de la convención constituyente (art. 3), cuyo inciso K mencionaba la "preservación del medio ambiente".

En el informe de la Comisión de Nuevos Derechos y Garantías de la reforma constitucional, Argentina dio un puntapié inicial en relación con la protección y cuidado del ambiente. Allí se sostuvo que: "La sociedad no puede desentenderse del ecosistema que fundamenta su existencia, porque ello significaría una suerte de abandono, cercano al suicidio. Esta Convención Constituyente que se presenta al pueblo, que no es un ente diferente a la sociedad argentina, ejerce esa representación bajo el imperativo institucional y de conciencia de no abandonar a los vaivenes de la política que imprime el desenvolvimiento a los poderes constituidos, decidiendo en forma explícita que el derecho a un ambiente sano en los términos desarrollados por la norma está tutelado por la acción de amparo y que están le-

---

363 Constitución Nacional Argentina. Artículo 33.- Las declaraciones, derechos y garantías que enumera la Constitución no serán entendidos como negación de otros derechos y garantías no enumerados; pero que nacen del principio de la soberanía del pueblo y de la forma republicana de gobierno. Disponible en: https://servicios.infoleg.gob.ar/infolegInternet/anexos/0-4999/804/norma.htm.

364 López Alfonsín, Marcelo. *Óp. cit.* Pág. 102.

365 Nombre que se le da al acuerdo para reformar la Constitución Nacional Argentina. Celebrado por el presidente Raúl Ricardo Alfonsín (1983-1989) y el presidente Carlos Saúl Menem (1989-1999), representantes de las dos fuerzas políticas mayoritarias de ese entonces, la Unión Cívica Radical y del Partido Justicialista, respectivamente.

gitimados para ejercerla tanto al particular damnificado como las personas jurídica especialmente reconocidas por ley a tal efecto y, también, el defensor del pueblo". [366]

Finalmente, la redacción del artículo 41 de la Constitución, acogió tal importante avance en la legislación de la República Argentina: *"Todos los habitantes gozan del derecho a un ambiente sano, equilibrado, apto para el desarrollo humano y para que las actividades productivas satisfagan las necesidades presentes sin comprometer las de las generaciones futuras; y tienen el deber de preservarlo.*

Las autoridades proveerán a la protección de este derecho, a la utilización racional de los recursos naturales, a la preservación del patrimonio natural y cultural y de la diversidad biológica, y a la información y educación ambientales.

Corresponde a la Nación dictar las normas que contengan los presupuestos mínimos de protección, y a las provincias, las necesarias para complementarlas, sin que aquéllas alteren las jurisdicciones locales.

Se prohíbe el ingreso al territorio nacional de residuos actual o potencialmente peligrosos, y de los radiactivos.[367]

En coincidencia con lo estipulado por la CN, Altamirano sostiene que el derecho a gozar de un ambiente sano es un derecho natural, inherente a la naturaleza del hombre, y que existe en cabeza de los individuos más allá de que medie un expreso reconocimiento por parte del derecho positivo[368]: "El derecho a gozar de un ambiente sano configura la existencia de un derecho humano digno de tutela y no de un derecho del

---

366 Informe del Despacho de Mayoría. Dictamen de Comisión N° 1. Comisión de Nuevos Derechos y Garantías. Convención Nacional Constituyente del Año 1994. Santa Fe, 30 de junio de 1994. Disponible en: https://www.senado.gob.ar/parlamentario/convenciones/verExpConv/4/TC.

367 Constitución Nacional Argentina. Articulo 41. Disponible en: https://servicios.infoleg.gob.ar/infolegInternet/anexos/0-4999/804/norma.htm.

368 Álvarez Echagüe, Juan Manuel. *Óp. cit.* Pag 418.

ambiente; derecho alude al sistema racional de relaciones, en términos de Hervada, es decir, supone un conjunto de vínculos estructurados por sujetos libres y responsables por lo que resulta infundado referirse a "derecho al ambiente".[369]

En este sentido, la Constitución Nacional Argentina establece un criterio claro de desarrollo sostenible, al establecer que la utilización del medio ambiente no debe comprometer la posibilidad de uso por parte de generaciones futuras, para lo cual se establece el deber de preservarlo[370]. Asimismo, se recepta el principio de "quien contamina paga", estableciéndose como prioridad la obligación de recomponer. En este sentido, el Catedrático de la UNED, Pedro Herrera Molina, sostiene que: "El principio "quien contamina paga" permite imputar los costes de la contaminación a cualquiera de los sujetos que intervienen en la cadena contaminante a modo que los mecanismos de mercado impongan una reducción de la demanda. Desde el punto de vista de una correcta política legislativa tales costos deben hacerse recaer sobre el sujeto que pueda responder en mayor medida al incentivo económico. El principio "quien contamina paga" no exige ni se opone a la repercusión legal de los tributos ecológicos".[371]

Además, la normativa constitucional de Argentina establece un criterio amplio de medio ambiente, que incluye varios elementos: geológicos, biológicos, climáticos, químicos y sociales. Todos ellos circundan a los seres humanos con quienes interactúan. La definición incluye dentro de la misma al patrimonio histórico y a los objetos culturales, tal como surge del párrafo segundo de la norma que hemos transcripto anteriormente. [372]

---

369 Altamirano, Alejandro. *Óp. Cit.* Pág. 317.

370 Álvarez Echagüe, Juan Manuel. *Óp. Cit.* Pág. 419.

371 Herrera Molina, Pedro (2000). Derecho Tributario Ambiental. Ministerio de Medio Ambiente. Pág. 52. Marcial Pons.

372 Álvarez Echagüe, Juan Manuel. *Óp. Cit.* Pág. 420.

A su vez, se observa en el tercer párrafo del artículo 41 de la Constitución Nacional la organización federal del estado argentino. En concordancia con ello, mediante la Ley General del Ambiente N° 25.675 se establecen los presupuestos mínimos para el logro de una gestión sostenible y adecuada del ambiente, y se determina que la política ambiental nacional deberá cumplir, entre otros, con los objetivos de mantener el equilibrio y dinámica de los sistemas ecológicos y prevenir los efectos nocivos o peligrosos que las actividades antrópicas generan sobre el ambiente para posibilitar la sostenibilidad ecológica, económica y social del desarrollo.

Asimismo, mediante la ley N° 27.520 se establecieron los presupuestos mínimos de protección ambiental para garantizar acciones, instrumentos y estrategias adecuadas de Adaptación y Mitigación al Cambio Climático en todo el territorio argentino conforme lo establecido artículo 41 de la Constitución Nacional.

Dentro del federalismo ambiental argentino, se distribuyen facultades legislativas, lo que permite que las provincias incorporen normas "complementarias" a los estándares mínimos establecidos por el Congreso de la Nación para todo el territorio nacional.[373] En este sentido, en lo que respecta a las provincias, en su mayoría han adoptado normas protectoras del ambiente —incluso antes a la reforma de la Constitución nacional—, aunque con diferente alcance. En la actualidad solo tres constituciones provinciales no contemplan disposiciones ambientales expresas en sus textos (Mendoza, Misiones y Santa Fe).[374]

---

373 López Alfonsín, Marcelo. *Óp. Cit.* Pág. 162.

374 *Ibidem.*

2.2. Tratados internacionales[375]

Como es sabido, la comunidad internacional comenzó a abordar el tema del medio ambiente a partir de la Declaración de Estocolmo de 1972, cuyo convenio fue aprobado por Argentina mediante la Ley N° 26.011 en diciembre de 2004. La Convención Marco de las Naciones Unidas sobre el Cambio Climático, surgida en la "Cumbre de la Tierra" en 1992 en Río de Janeiro, fue adoptada en Nueva York el 9 de mayo de 1992 y aprobada por Argentina mediante la Ley N° 24.295 el 7 de diciembre de 1993, entrando en vigencia el 21 de marzo de 1994.

A través de la Ley N° 25.438, Argentina ratificó el Protocolo de Kyoto de la Convención Marco de las Naciones Unidas sobre el Cambio Climático. Además, mediante la Ley N° 27.270 (2016) se aprobó el Acuerdo de París, celebrado el 12 de diciembre de 2015.

En cuanto al Mercado Común del Sur (*MERCOSUR*), se firmó el Acuerdo Marco sobre Medio Ambiente el 22 de junio de 2001 en Asunción, y fue aprobado por Argentina mediante la Ley N° 25.841, sancionada el 26 de noviembre de 2003.

Finalmente, el "Acuerdo de Escazú" es el primer acuerdo regional ambiental de América Latina y el Caribe. Fue celebrado en Escazú, Costa Rica, el 4 de marzo de 2018, y Argentina lo aprobó en 2020 mediante la Ley N° 27.566.

Es decir, todos esos tratados y acuerdos forman parte de la legislación argentina, teniendo plena vigencia, y siendo oponibles a los tres niveles de gobierno.

---

[375] La República Argentina ha adoptado múltiples tratados/convenios internacionales. En el presente punto nos limitamos a mencionar aquellos ha adoptado la Argentina y que resultan de aplicabilidad al Transporte sostenible.

3. FEDERALISMO FISCAL E IMPOSICIÓN AL TRANSPORTE SOSTENIBLE

El Régimen Tributario Argentino es un "laberinto"[376] de difícil comprensión, que sin duda merece revisarse, pero que es propio del sistema federal de gobierno con concurrencia de fuentes como establece la Constitución Nacional, por la cual las provincias cuentan con potestades originarias, las cuales pueden delegar de manera expresa a la Nación.[377] Dicho de otro modo, las potestades de las provincias son originarias e implícitas mientras que las de la Nación son delegadas y expresas. Esta superposición de potestades conlleva, necesariamente, a que se produzca doble imposición, lo que fue solucionado mediante el Régimen de Coparticipación Federal de Impuestos, tema sobre el que volveremos.

La CN de 1853 – 1860[378] estableció un sistema de distribución de recursos basado en la "separación de fuentes" mediante el cual cada nivel de gobierno se reserva fuentes de recursos que

---

[376] Palabra utilizada por Gorostiaga en la sesión del 28 de abril de 1853 para referirse de la "Cláusula de los Códigos" de art. 75 inc. 12 de la Constitución Nacional. Revilla, Pablo. "La Cláusula de los Códigos y la autonomía del Derecho Tributario Municipal". Pág. 3.

[377] Artículo 5°.- Cada provincia dictará para sí una Constitución bajo el sistema representativo republicano, de acuerdo con los principios, declaraciones y garantías de la Constitución Nacional; y que asegure su administración de justicia, su régimen municipal, y la educación primaria. Bajo de estas condiciones el Gobierno federal, garante a cada provincia el goce y ejercicio de sus instituciones. Artículo 121.- Las provincias conservan todo el poder no delegado por esta Constitución al Gobierno federal, y el que expresamente se hayan reservado por pactos especiales al tiempo de su incorporación. Artículo 126.- Las provincias no ejercen el poder delegado a la Nación. Disponible en: https://servicios.infoleg.gob.ar/infolegInternet/anexos/0-4999/804/norma.htm.

[378] La Constitución Nacional Argentina fue creada en 1853 y reformada parcialmente seis veces: 1860; 1866; 1898; 1949; 1957 y 1994.

pueden ser explotadas[379] (conforme artículos 4 [380] y 64 inc. 1 y 2[381] —actual artículo 75 inc. 1 y 2—). En este sentido, el estado nacional podía cobrar de forma exclusiva: a) Derechos de importación y exportación; b) Venta y locación de tierras de propiedad nacional) c) Renta de correos. A su vez, las provincias en forma concurrente con la Nación pueden establecer: a) Empréstitos y operaciones de crédito b) Demás contribuciones. Por otro lado, el art. 64, inc. 2 de la Constitución Argentina de 1853 establecía que correspondía al Congreso Nacional imponer contribuciones "directas" por tiempo determinado, pero no mencionaba las contribuciones "indirectas". Al omitir la mención de las "Contribuciones indirectas", se encontraban en manos de las provincias en función de que no había habido una transferencia de potestades a la nación.

---

379 Bulit Goñi, E. G. (2003). "Sistemas de Coordinación de Potestades Tributarias a Distintos Niveles de Gobierno". En H. G. García Belsunce, *Tratado de Tributación* (Vol. 2). Pág. 30. Buenos Aires, Argentina: Astrea.

380 Constitución Nacional Argentina. Artículo 4º.- El Gobierno federal provee a los gastos de la Nación con los fondos del Tesoro nacional formado del producto de derechos de importación y exportación, del de la venta o locación de tierras de propiedad nacional, de la renta de Correos, de las demás contribuciones que equitativa y proporcionalmente a la población imponga el Congreso General, y de los empréstitos y operaciones de crédito que decrete el mismo Congreso para urgencias de la Nación, o para empresas de utilidad nacional. Disponible en: https://servicios.infoleg.gob.ar/infolegInternet/anexos/0-4999/804/norma.htm.

381 Constitución Nacional Argentina. Artículo 64. 1° Legislar sobre las Aduanas exteriores, y establecer los derechos de importación y exportación que han de satisfacerse en ella. 2° Imponer contribuciones directas por tiempo determinado y proporcionalmente iguales en todo el territorio de la Confederación, siempre que la defensa, seguridad común y bien general del Estado lo exijan. Disponible en: https://www.infoleg.gob.ar/?page_id=3873.

En la última década del siglo XIX, Argentina enfrentó una grave crisis económica y política como resultado de la "Crisis de Baring". En términos tributarios, esto llevó al gobierno nacional a implementar impuestos "indirectos", los cuales constitucionalmente estaban bajo la potestad de las provincias. A través de la Ley N° 2.774, promulgada el 26 de enero de 1891, sobre "Impuestos internos a la fabricación de alcoholes, cerveza y fósforos", y la Ley N° 3.764 del 16 de enero de 1899, que regulaba la "recaudación, inspección y fiscalización de los impuestos internos", la Nación excedió las facultades que le otorgaba la CN. Esto marcó el fin del sistema de distribución de recursos basado en la "separación de fuentes".

En el precedente "Simón Mataldi"[382] la Corte Suprema de Justicia de la Nación (CSJN) consagró la facultad de la Nación para establecer "Impuestos Indirectos". En este sentido el alto tribunal destacó: "El poder impositivo del gobierno central a este respecto, así como la potestad concurrente de los estados para establecer los mismos gravámenes sobre la misma materia imponible, se ha derivado de la inteligencia atribuida a la cláusula del art. 4° de la Constitución que dice: «de las demás contribuciones que equitativa y proporcionalmente a la población imponga el Congreso general», interpretándose por consideraciones de orden jurídico y fundamentos de carácter económico, que si bien dicha cláusula no encierra una delegación de poder expreso, a favor de la Nación, contiene la facultad implícita de crear y percibir los referidos impuestos federales al consumo. (Fallos, tomo 121, página 264)...".[383]

En la Reforma Constitucional de 1994 se receptó lo establecido por la CSJN y se añadió en el art. 75 inc. 2 la facultad del Estado Nacional de "Imponer contribuciones indirectas como facultad concurrente con las provincias".

---

382 Sociedad Anónima Mataldi Simón Limitada v. Provincia de Buenos Aires. CSJN. 1927. (Fallos 149:260).

383 Sociedad Anónima Mataldi Simón Limitada v. Provincia de Buenos Aires. CSJN. 1927. (Fallos 149:260).

Como dijimos, la consecuencia de todo ello era previsible: se generaban situaciones de doble imposición, y para evitarlas, se dicta en 1935 el primer antecedente de la Ley de Coparticipación Federal de Impuestos N° 23.548 —vigente en la actualidad—, la Ley N° 12.139 de Unificación de Impuestos internos, la cual tenía como objetivo principal: a) Castigar la doble imposición mediante la prohibición de analogía (artículo 19 inc. A, 20 y 21 de la Ley 12.139) y, b) los tributos que van a quedar fuera del cotejo de analogía encauzarlos uniformemente para que respeten ciertas características básicas que por el hecho de estar fuera del cotejo de analogía no se desvirtúen.

La Ley de Coparticipación Federal de Impuestos es importantísima en función de que distribuye potestades y determina el sistema de recaudación y distribución del producido entre la Nación y las provincias. Es una disposición legal particular, debido a que adopta el sistema de "Ley Convenio". Esta peculiar forma de legislar ha sido aceptada por la doctrina y por la jurisprudencia. Cuenta con dos características esenciales: a) constituyen leyes en sentido estricto, tanto desde el punto de vista formal como sustancial, ya que se trata de una ley la emanada del Congreso, y son leyes las que dictan las legislaturas provinciales para adherirse y, b) el convenio, el acuerdo, el contrato, se integra cuando a la voluntad unilateral del nivel nacional, contenida en la ley de su Congreso, se le acopla la voluntad concurrente de los niveles provinciales mediante las adhesiones contenidas en sus leyes.[384]

La aceptación que realizan las provincias, conforme lo expresa la propia ley, debe ser sin limitaciones ni reservas[385]. A su vez se comprometen por sí y por sus municipios a no crear tributos

---

[384] Bulit Goñi, Enrique G. (1990): "Acerca de las obligaciones de las partes en la ley de coparticipación federal". *La Información.* Tomo LXII. Pág. 416.

[385] Art 9 inc. a) de la Ley de Coparticipación Federal de impuestos N° 23.548. Disponible en: https://servicios.infoleg.gob.ar/infolegInternet/anexos/20000-24999/21108/texact.htm.

análogos a los nacionales coparticipados[386], pero se encuentran excluidos de dicha analogía los impuestos verdes, que pueden ser regulados y cobrados por la Nación, las provincias y los municipios.

El Régimen de Coparticipación conllevó la coordinación de dos impuestos que guardan relación con la tributación del transporte sostenible, y sobre los cuales seguidamente nos explayaremos: el *"Impuesto automotor"* [387] —tributo local— y el *"Impuesto a los combustibles"* —tributo nacional—. [388]

Por último, cabe mencionar que el constituyente, en la reforma de 1994, no solo constitucionalizó el régimen de coparticipación —pese a la opinión contraria de muchos especialistas— sino que, además, ordenó que debía dictarse un nuevo Régimen de Coparticipación antes de finalizar el año 1996 —Cláusula Transitoria Sexta— lo que hasta el momento no se ha cumplido, pese a algunos intentos que fracasaron a poco de empezar,[389] lo que permite sostener, sin lugar a dudas, la inconstitucionalidad del régimen vigente que pretende ser el que coordina y armoniza el federalismo fiscal argentino.[390]

---

386 Art 9 inc. b) de la Ley de Coparticipación Federal de impuestos N° 23.548. Disponible en: https://servicios.infoleg.gob.ar/infolegInternet/anexos/20000-24999/21108/texact.htm.

387 Art 9 inc. b) de la Ley de Coparticipación Federal de impuestos N° 23.548. Disponible en: https://servicios.infoleg.gob.ar/infolegInternet/anexos/20000-24999/21108/texact.htm.

388 Se encuentra mencionado de forma implícita en el art. 2 inc. b) de la Ley de Coparticipación Federal de impuestos N° 23.548, en función de que tiene un régimen especial de distribución de recursos.

389 Álvarez Echagüe, Juan Manuel (2024). "Crisis del federalismo fiscal en Argentina: coparticipación, extorsión y consensos". Diario Perfil. 4 de marzo de 2024. Disponible en: https://www.perfil.com/noticias/opinion/crisis-del-federalismo-fiscal-en-argentina-coparticipacion-extorsion-y-consensos.phtml.

390 Álvarez Echagüe, Juan Manuel; Colobo, Hernán; Llana, Jorge (2015). "Constitución Nacional y doble imposición. Estado de situación a

3.1. A) Impuesto automotor.

Dentro del entramado legislativo de la República Argentina, el "Impuesto Automotor" ha sido uno de los pocos que ha tenido "conciencia ambiental"[391].

La Ley de Coparticipación Federal de Impuestos N° 23.548 ha excluido a este impuesto de la prohibición de analogía, lo que en términos simples —quizá no tan formales— significa que las provincias pueden establecer el presente impuesto aún cuando la Nación haya establecido uno idéntico, si tomamos en cuenta su base o hecho imponible.[392]

---

partir de la reforma de 1994". *Derecho Constitucional Financiero y Tributario Local.* En homenaje al profesor emérito doctor José O. Casás y al doctor Enrique Bulit Goñi". Editorial Ad-Hoc.

391 Informe "Beneficios Impositivos de Automotores Híbridos/Eléctricos" en Argentina. Asociación de Concesionarios de Automotores de la República Argentina respecto (ACARA). 1 de Julio de 2022. Disponible en: https://www.acara.org.ar/download/socios/Ins06322.pdf.

392 Dino Jarach, en el Anteproyecto de la Ley de Unificación y Distribución de Impuestos en el art. 10, inc. b), segundo párrafo estableció: "Sin perjuicio de la valoración de las circunstancias particulares de cada caso, se entenderá que los impuestos locales son análogos a los nacionales unificados cuando se verifique alguna de las siguientes hipótesis: definiciones sustancialmente coincidentes de los hechos imponibles o definiciones más amplias que comprendan los hechos imponibles de los impuestos nacionales o más restringidas que estén comprendidas en éstos, aunque se adopten diferentes bases de medición; a pesar de una diferente definición de los hechos imponibles, adopción de bases de medición sustancialmente iguales. No será relevante para desechar la analogía la circunstancia de que no coincidan los contribuyentes o responsables de los impuestos, siempre que exista coincidencia sustancial, total o parcial, de hechos imponibles o bases de medición" (el destacado es propio). Ello fue replicado de forma textual por la Sra. Procuradora Fiscal y los ministros de la Corte Suprema de Justicia de la Nación en el precedente Pan American Energy c. Pcia. De Chubut. Fallos 335:996.

Es un tributo directo, de recaudación local, lo que significa que las 23 (veintitrés) provincias argentinas y la Ciudad Autónoma de Buenos Aires tienen competencia tributaria sobre el gravamen. Es recaudado por 15 (quince) provincias, mientras que en las restantes el gravamen ha sido delegado a los municipios. Además, es importante tener en cuenta que en algunos casos las provincias delegan la gestión del tributo a las comunas para los automotores de modelo más antiguos[393], como es el caso de la Provincia de Buenos Aires en relación a los vehículos de más de 10 (diez) años de antigüedad.[394]

El presente impuesto se encuentra dentro del grupo de los denominados "empadronados", debido a que los fiscos provinciales cuentan con el modelo, año, forma de propulsión y demás características según las cuales emite la boleta de deuda para que sea abonado por los contribuyentes.[395]

A diferencia de lo que ocurre con los impuestos de mayor recaudación —como el Impuesto al Valor Agregado, Impuestos a las Ganancias, Impuesto a los Ingresos Brutos— no es un tributo "auto declarativo". Dicho de otro modo, no se necesita de la presentación de una declaración jurada, sino que las provincias lo liquidan tomando en cuenta los parámetros indicados en el párrafo anterior.

---

393 Durrieu, Cristian (2011). "Impuesto automotor". En Naveira de Casanova, Gustavo J. *Régimen Tributario Argentino*. Pág. 592. Abeledo Perrot.

394 Ley 15.479. Provincia de Buenos Aires. Articulo 44. En el año 2024 la transferencia a Municipios del impuesto a los Automotores, en los términos previstos en el Capítulo III de la Ley N.° 13.010, alcanzará a los vehículos correspondientes a los modelos-año 1990 a 2013 inclusive. Disponible en: https://normas.gba.gob.ar/documentos/VmykbNtl.html. Fecha de consulta: 28 de julio de 2024.

395 Vidal Quera, Gastón F (2020). "El impuesto automotor en la provincia de Buenos Aires: Nuevo criterio de ARBA sobre el alcance a la exención para personas con discapacidad". Editorial: Microjuris.

El hecho imponible consiste en la radicación de un automotor, entendiéndose por ello el lugar donde está registrado y/o el lugar de guarda habitual. El sujeto pasivo, por su parte, es el titular del dominio debido a que es quien puede ser identificado a través de los registros, sin perjuicio de que habiendo sido obligado al pago a pesar de haberse desvinculado del automotor, pudiera tener acciones de reintegro con los poseedores que no hayan realizado las transferencias. Esto se vio modificado como consecuencia de la reforma en el ámbito registral, que admitió como causal de exclusión de responsabilidad civil o penal, tal cual se encuentra en el titulo V, art 27 del decreto ley N 6582/1958 y según la cual el propietario que hizo la "tradición" del automotor queda liberado de la responsabilidad y asimismo, inhibido de hacer el uso de aquel bajo ningún concepto.[396]

Al ser un impuesto provincial —y en algunos casos municipal— observamos que la legislación es diferente en cada una de las jurisdicciones, lo que lleva a que no todas hayan tenido en cuenta al transporte sostenible[397].

A los fines de un análisis claro de las diferentes normativas se analizarán las exenciones teniendo en cuenta: a) Exención subjetiva u objetiva; b) Exención total o parcial y, c) Exención permanente o transitoria. De lo mencionado, observamos que las jurisdicciones con conciencia ambiental utilizan una exención objetiva que tiene como propósito la promoción del transporte sostenible.

Ahora bien, respecto al tipo de exención, algunas jurisdicciones han optado por una *"exención total"*, mientras que otras han elegido técnica legislativa una *"exención parcial"*. La *"exención total"* ha sido la más elegida por las jurisdicciones, tal es así que la Ciudad de Buenos Aires en el artículo 428 de su Código Fiscal ha optado

---

396 Durrieu, Cristian (2011). *Óp. Cit.* Pág. 593.

397 P. ej. Provincia de Buenos Aires no ha tenido en cuenta el transporte sostenible en sus normativas fiscales.

como técnica legislativa: "*Quedan exentos del pago de patentes:* [...] 7. *Los vehículos livianos y pesados autopropulsados por motores en sistemas híbridos-eléctricos en serie-paralelo o serie-paralelo y todo eléctrico. Para que se proceda a la exención, dichas características deben ser originales de fabricación. La Agencia de Protección Ambiental, juntamente con la Administración Gubernamental de Ingresos Públicos establecerá cuales son los requisitos para considerar a estos vehículos alcanzados por la exención.*"[398]

En el mismo sentido la provincia de Entre Ríos ha adoptado una técnica legislativa mucho más precisa al estipular en el art. 284 de su Código Fiscal que: "*Están exentos del pago del impuesto: [...] ñ) Los vehículos livianos y pesados autopropulsados por motores en sistemas híbridos eléctricos en serie- paralelo o serie-paralelo y todo eléctrico. Están comprendidos: a) Los vehículos de propulsión con motores eléctricos exclusivamente (VE); b) Los vehículos con propulsión eléctrica y alternativamente o en forma conjunta por motor de combustión interna, los Vehículos Híbridos (VEH); c) Los vehículos tipo F.C.E.V. (Fuel cell electric vehicle) a propulsión eléctrica alimentados por hidrógeno o cualquier otro tipo de combustible, preferentemente biocombustibles como el biodiesel y bioetanol. d) Los vehículos propulsados por otro tipo de tecnologías alternativas, según sean definidos por la Autoridad de Aplicación. [...]* "[399]

---

398 Artículo 428. Código Fiscal Ciudad de Buenos Aires. Disponible en: chrome-extension://efaidnbmnnnibpcajpcglclefindmkaj/https://www.agip.gob.ar/filemanager/source/Decretos/2023/DEC—70-23-ANX-1.pdf.

399 Artículo 284. Código Fiscal de Entre Ríos. Disponible en: chrome-extension://efaidnbmnnnibpcajpcglclefindmkaj/https://www.ater.gov.ar/ater2/archivos/ATER-C%C3%B3digo%20Fiscal-digital-2022.pdf.

La *"exención parcial"* ha sido implementada por las provincias de Córdoba[400], Mendoza[401] y San Luis[402]. Las dos primeras, a través de sus normativas correspondientes, han establecido que los vehículos híbridos, ya sea aquellos con motor eléctrico asistido por un motor de combustión interna, o vehículos completamente eléctricos, pagarán el cincuenta por ciento (50%) del impuesto. Por otro lado, en la Ley Impositiva de 2012, San Luis otorgó una exención del cincuenta por ciento (50%)[403], la cual se redujo al veinticinco por ciento (25%) en el año 2019. [404] [405]

Otra de las técnicas legislativas, más allá de la tracción del vehículo, ha sido la antigüedad con la que cuentan los vehículos. Por un lado, ciertas provincias han dispuesto que lo vehículos se encuentran exentos por tiempo indeterminado —como es el caso

---

400 Articulo 64. Ley impositiva de la Provincia de Córdoba N° 10.929. Disponible en: chrome-extension://efaidnbmnnnibpcajpcglclefindmkaj/https://legislaturacba.gob.ar/wp-content/uploads/2023/11/15-11-2023-ley-10929-LEY-IMPOSITIVA-A%C3%91O-2024-1.pdf .

401 Articulo 8. Código Fiscal de la Provincia de Mendoza 2024. Ley N° 9.496. Disponible en: https://atm.mendoza.gov.ar/wp-content/uploads/2023/12/Ley-Impositiva-2024.pdf

402 Articulo 40. Ley Impositiva para el Ejercicio Fiscal 2024 de la Provincia de San Luis. Disponible en: https://dpip.sanluis.gov.ar/resoluciones/2024/LeyImpositiva2024.pdf

403 La Provincia de San Luis ha sido la primera en establecer un beneficio fiscal en el impuesto automotor a los vehículos sostenibles.

404 En la Ley impositiva del año 2024 se mantuvo el beneficio fiscal en un 25%. Cfr. Ley VIII-0254-2023. Ley Impositiva para el Ejercicio Fiscal 2024.

405 Salassa Boix, Rodolfo (2020). *Tributación ambiental y energías renovables en Argentina.* Pág. 445. Facultad de Derecho y Ciencias Sociales. Universidad Nacional de Córdoba. Editorial Advocatus. 1a ed.

de Córdoba[406] y Ciudad de Buenos Aires[407]— y otras han establecido un plazo de la inscripción registral, como es el caso de la Provincia de Entre Ríos, por el cual la exención tendrá una vigencia de cinco (5) años desde la fecha de inscripción registral del vehículo.[408]

3.2. Impuestos de la Ley 23.966.

a) Impuesto sobre los combustibles

Es un impuesto nacional de larga data, creado en el año 1991. Se encuentra excluido de la prohibición de analogía establecida por la Ley de Coparticipación Federal de Impuestos N° 23.548, en los términos del art. 2 inc. c).

La legislación nacional establece un impuesto monofásico, que incide en una sola de las etapas de su circulación, sobre la transferencia, a título oneroso o gratuito, de origen nacional o importado de: a) nafta sin plomo, hasta 92 RON[409]; b) nafta sin plomo, de más de 92 RON; c) nafta con plomo, hasta 92 RON; d) nafta con

---

406 Articulo 64. Ley impositiva de la Provincia de Córdoba N° 10.929. Disponible en: chrome-extension://efaidnbmnnnibpcajpcglclefindmkaj/https://legislaturacba.gob.ar/wp-content/uploads/2023/11/15-11-2023-ley-10929-LEY-IMPOSITIVA-A%C3%91O-2024-1.pdf .

407 Artículo 428. Código Fiscal Ciudad de Buenos Aires. Disponible en: chrome-extension://efaidnbmnnnibpcajpcglclefindmkaj/https://www.agip.gob.ar/filemanager/source/Decretos/2023/DEC—70-23-ANX-1.pdf .

408 Artículo 284. Código Fiscal de Entre Ríos. Disponible en: chrome-extension://efaidnbmnnnibpcajpcglclefindmkaj/https://www.ater.gov.ar/ater2/archivos/ATER-C%C3%B3digo%20Fiscal-digital-2022.pdf.

409 "RON" viene del inglés: *Research Octane Number* y se refiere al número de octano de investigación, que representa el parámetro de medición de la energía del combustible.

plomo, de más de 92 *RON*; e) nafta virgen; f) gasolina natural; g) solvente; h) aguarrás; i) gasoil; j) diésel oíl y k) kerosene.[410]

Los sujetos pasivos son: a) los importadores; b) las empresas que refinen, produzcan, elaboren, fabriquen y/u obtengan combustibles líquidos y/u otros derivados de hidrocarburos en todas sus formas, directamente o a través de terceros[411].

El hecho imponible se perfecciona: a) con la entrega del bien, emisión de la factura o acto equivalente; b) en el caso de los productos consumidos por los propios contribuyentes con el retiro de los combustibles para el consumo, en el caso de los productos consumidos por los propios contribuyentes; c) cuando se trate de los responsables a que se refiere el último párrafo del artículo 3° de este Capítulo, en el momento de la verificación de la tenencia de los productos[412].

Con relación al biodiesel y bioetanol combustible el impuesto estará totalmente satisfecho con el pago del gravamen sobre el componente nafta, gas oíl y diésel oíl u otro componente gravado. Conforme a ello, los biocombustibles en su estado puro no están sujetos a imposición.[413]

A su vez, se encuentran exentos del impuesto a las transferencias de productos gravados cuando: a) Tengan como destino

---

410 Artículo 4. Capítulo I de la Ley de Impuesto a los Combustibles N° 23.966. Disponible en: http://servicios.infoleg.gob.ar/infolegInternet/anexos/0-4999/365/texact.htm.

411 Artículo 3. Capítulo I de la Ley de Impuesto a los Combustibles N° 23.966. Disponible en: http://servicios.infoleg.gob.ar/infolegInternet/anexos/0-4999/365/texact.htm.

412 Artículo 2. Capítulo I de la Ley de Impuesto a los Combustibles N° 23.966. Disponible en: http://servicios.infoleg.gob.ar/infolegInternet/anexos/0-4999/365/texact.htm.

413 Artículo 4. Capítulo I de la Ley de Impuesto a los Combustibles N° 23.966. Disponible en: http://servicios.infoleg.gob.ar/infolegInternet/anexos/0-4999/365/texact.htm.

la exportación, b) estén destinadas a rancho de embarcaciones afectadas a tráfico o transporte internacional, a aeronaves de vuelo internacionales o para rancho de embarcaciones de pesca, c) solventes, aguarrás, nafta virgen y gasolina natural o de pirólisis u otros cortes de hidrocarburos o productos derivados, que tengan como destino el uso como materia prima en los procesos químicos y petroquímicos que determine taxativamente el Poder Ejecutivo Nacional y, d) nafta sin plomo que se destine al consumo en la siguiente área de influencia de la República Argentina: provincias del Neuquén, La Pampa, Río Negro, Chubut, Santa Cruz, Tierra del Fuego, Antártida e Islas del Atlántico Sur, el Partido de Patagones de la Provincia de Buenos Aires y el Departamento de Malargüe de la Provincia de Mendoza.[414]

En este sentido, la doctrina ha establecido que: "Tratándose el impuesto sobre los combustibles de un impuesto al consumo [...] no cabe duda que el contribuyente de hecho es el consumidor final [...] por cuestiones de administración tributaria, el legislador previó que revistan el carácter de responsables tributarios aquellos que reúnen las condiciones del art. 3° del cap. I del título III de la Ley N° 23.966".[415]

Se trata de un tributo de fácil recaudación que estipula un monto fijo respecto de cada litro de cada combustible, es por ello que estamos ante un impuesto *ad Valorem.*[416] El monto fijo se ha ido incrementando fuertemente en los últimos meses, ya que a fines de enero su valor era de $28 (pesos argentinos vein-

---

414 Artículo 7. Capítulo I de la Ley de Impuesto a los Combustibles N° 23.966. Disponible en: http://servicios.infoleg.gob.ar/infolegInternet/anexos/0-4999/365/texact.htm

415 Ahumada, Horacio. (1999). "Combustibles líquidos–Cuestiones de política regulatoria, impositiva y de competencia". La Ley. Págs. 1143-1159.

416 Artículo 1. Capítulo I de la Ley de Impuesto a los Combustibles N° 23.966. Disponible en: http://servicios.infoleg.gob.ar/infolegInternet/anexos/0-4999/365/texact.htm

tiocho) por litro —calculados al tipo de cambio oficial[417] serían 0,027 euros— y a partir del mes de agosto la suma alcanzaría los $306 (pesos argentinos trescientos seis) —calculados al tipo de cambio oficial serían 0,29 euros—.[418]

Es claro que este tributo tiene un carácter meramente recaudatorio. Al revisar el diario de sesiones correspondiente a su sanción en fecha 1 de agosto de 1991, así como su modificación mediante la Ley N° 27.430, observamos que el legislador no hizo referencia a la cuestión ambiental.

En función de lo expuesto, creemos que en una futura reforma podría añadirse una función extrafiscal al tributo, con el objetivo de reducir las emisiones de gases de efecto invernadero y promover el transporte sostenible destinando la totalidad o parte de su recaudación a un fondo de afectación específica. En este sentido, coincidimos con Rodolfo Salassa Boix, quien además indica que no se pretende eliminar la afectación económica destinada al Fondo Nacional de la Vivienda (en adelante "FONAVI") —al cual se afecta el tributo en la actualidad—, sino un cambio en la distribución de la recaudación del impuesto para atender emergencias ecológicas, financiar inversiones, beneficios fiscales y/o subsidios relacionados con el transporte sostenible[419]. En función de lo mencionado se podría reducir

---

417 Tipo de cambio: 1.040 (Pesos argentinos mil cuarenta). Cotización billetes "venta". Banco Nación. Disponible en: https://www.bna.com.ar/Personas. Fecha de consulta: 28 de julio de 2024.

418 Resolución general 4.257 y sus modificatorias montos actualizados de impuestos previstos en los artículos 4°, 7° y 11 de la ley de impuestos sobre los combustibles líquidos y al dióxido de carbono. Fuente: AFIP. Disponible en: https://biblioteca.afip.gob.ar/cuadroslegislativos/getAdjunto.aspx?i=33585. Fecha de consulta: 28 de julio de 2023.

419 Salassa Boix, Rodolfo (2015). *La protección ambiental a través del Derecho fiscal.* Facultad de Derecho y Ciencias Sociales. Pág. 156. Universidad Nacional de Córdoba. Editorial Advocatus. 1a ed.

el porcentaje destinado al FONAVI o eliminar/reducir la parte que le corresponde a la Nación y/o a las provincias.[420]

En definitiva, aun en gravámenes como este, nacidos con un puro objetivo recaudatorio, pueden introducirse cambios que recepten la protección del ambiente.

b) Impuesto sobre el dióxido de carbono

Dentro de la Ley 27.430 se han introducido modificaciones en el Capítulo II del Título III de la Ley 23.966 de Impuesto a los Combustibles. Allí se eliminó el impuesto al Gas Natural y se lo suplantó con el presente tributo, que también recae sobre los combustibles fósiles.

En el *nomen iuris* del Poder Ejecutivo en el Mensaje Nro.126/2017 se menciona que se trata de un "Impuesto ambiental (CO2) a los combustibles". A su vez, se indica que se ha tenido como objetivo corregir la falla de mercado por la que no se asumen los costos de las emisiones de Gases de Efecto invernadero, con los compromisos asumidos en la Cumbre de París y con el rol de liderazgo mundial que debemos ejercer dada nuestra participación en el G20.[421]

De acuerdo a la redacción del legislador, el hecho imponible se perfecciona: a) con la entrega del producto, emisión de la factura o acto equivalente, el que fuere anterior, b) con el retiro del producto para su consumo, en el caso de los combustibles referidos, consumidos por el sujeto responsable del pago, c) En el momento de la verificación de la tenencia del o los productos,

---

420 Salassa Boix, Rodolfo (2015). *Óp. cit.* Pág. 155.

421 Cfr. Mensaje del Poder Ejecutivo 126/2017. Disponible en: chrome-extension://efaidnbmnnnibpcajpcglclefindmkaj/https://alertas.directoriolegislativo.org/wp-content/uploads/2017/11/Resumen-Reforma-Tributaria.pdf

cuando se trate de los responsables a que se refiere el último párrafo del artículo precedente y, d) con la determinación de diferencias de inventarios de los productos gravados, en tanto no se encuentre justificada la causa distinta a los supuestos de imposición que las haya producido.[422]

Los sujetos pasivos del impuesto son: a) Quienes realicen la importación definitiva; b) Quienes sean sujetos en los términos del inciso b) del artículo 3° del Capítulo I de este Título III[423] y, c) quienes sean productores y/o elaboradores de carbón mineral.[424]

El tributo incide en una sola etapa de su circulación.[425] Si bien el gravamen establece un monto fijo por litro en pesos

---

[422] Articulo 13. Capítulo II del Título III de la Ley de Impuesto a los Combustibles N° 23.966. Disponible en: http://servicios.infoleg.gob.ar/infolegInternet/anexos/0-4999/365/texact.htm.

[423] Las empresas que refinen, produzcan, elaboren, fabriquen y/u obtengan combustibles líquidos y/u otros derivados de hidrocarburos en todas sus formas, directamente o a través de terceros. Los transportistas, depositarios, poseedores o tenedores de productos gravados que no cuenten con la documentación que acredite que tales productos han tributado el impuesto de este Capítulo o están comprendidos en las exenciones del artículo 7°, serán responsables por el impuesto sobre tales productos sin perjuicio de las sanciones que legalmente les correspondan y de la responsabilidad de los demás sujetos intervinientes en la transgresión.

[424] Articulo 12. Capítulo II del Título III de la Ley de Impuesto a los Combustibles N° 23.966. Disponible en: http://servicios.infoleg.gob.ar/infolegInternet/anexos/0-4999/365/texact.htm.

[425] Articulo 10. Capítulo II del Título III de la Ley de Impuesto a los Combustibles N° 23.966. Disponible en: http://servicios.infoleg.gob.ar/infolegInternet/anexos/0-4999/365/texact.htm.

argentinos[426], de los conceptos que se detallan a continuación, se trata de un tributo *ad valorem.*[427]

La incidencia del impuesto respecto del valor total del combustible es casi nula. No obstante ello, al igual que en el caso del apartado precedente, el monto fijo se ha incrementado fuertemente en los últimos meses. Actualmente su valor ronda entre los 8,87 (pesos argentinos ocho con ochenta y siete céntimos) por litro —calculados al tipo de cambio oficial serían 0,0085 euros[428] — y $20 (pesos argentinos veinte)— calculados al tipo de cambio oficial 0,019 euros —, dependiendo del concepto.[429]

Los conceptos que se encuentran gravados encontramos son similares a los establecidos en el anterior punto, ocurriendo la doble imposición sobre algunos conceptos[430]: a) Nafta sin plomo, hasta 92 RON b) Nafta sin plomo, de más de 92 RON c) Nafta virgen d) Gasolina natural o de pirolisis e) Solvente f)

---

426 El Decreto 554/2024 estableció los nuevos montos aplicables a la Ley de Impuesto a los Combustibles N° 23.966. Disponible en: https://www.argentina.gob.ar/normativa/nacional/decreto-554-2024-400957/texto.

427 Articulo 10. Capítulo II del Título III de la Ley de Impuesto a los Combustibles N° 23.966. Disponible en: http://servicios.infoleg.gob.ar/infolegInternet/anexos/0-4999/365/texact.htm.

428 Tipo de cambio: 1.040 (Pesos argentinos mil cuarenta) Cotización billetes "venta". Banco Nación. Link: https://www.bna.com.ar/Personas. Fecha de consulta: 28 de julio de 2024.

429 Resolución general 4.257 y sus modificatorias montos actualizados de impuestos previstos en los artículos 4°, 7° y 11 de la ley de impuestos sobre los combustibles líquidos y al dióxido de carbono. Fuente: AFIP. Disponible en: https://biblioteca.afip.gob.ar/cuadroslegislativos/getAdjunto.aspx?i=33585.

430 Conforme a reiterados fallos de la Corte Suprema de Justicia de la Nación, la doble imposición no es inconstitucional en la República Argentina, sino que es un efecto no deseado. Cfr. "Bodegas y Viñedos San Carlos S.A. c/ Prov. de San Juan". CSJN. 1939; "Boffi, Leopoldo L. c/Provincia de Buenos Aires" .CSJN. 1948; Varsavsky, León c/Prov. de Buenos Aires". CSJN .1951.

Aguarrás g) Gasoil h) Diésel oíl i) Kerosene j) Fueloil k) Coque de petróleo l) Carbón mineral. De acuerdo a ello, recae sobre diez tipos de combustibles líquidos y dos combustibles sólidos —coque de petróleo y carbón mineral—, siendo la emisión de CO2 emanada de su combustión el elemento común a todos ellos que justifica su imposición por motivos ecológicos.[431]

Los biocombustibles en estado puro no están sujetos a la tributación del impuesto al Dióxido de Carbono. Cuando se trate de biodiesel y bioetanol, al igual que en el impuesto mencionado en el punto anterior, el tributo estará totalmente satisfecho con el pago del gravamen sobre el componente nafta, gas oíl y diésel oíl u otro componente gravado.[432]

Dentro de las exenciones se encuentran las que: a) tengan como destino la exportación; b) estén destinadas a rancho de embarcaciones afectadas a tráfico o transporte internacional, a aeronaves de vuelo internacionales o para rancho de embarcaciones de pesca; c) tengan como destino el uso como materia prima en ciertos procesos químicos y petroquímicos; d) tratándose de fuel oíl, se destinen como combustible para el transporte.[433]

Ahora bien, luego de expresar los aspectos sustanciales del tributo en cuestión, desde nuestra perspectiva —coincidente con la doctrina predominante[434]— se observa que la intención del legislador no ha sido establecer una imposición al transporte de

---

431 Salassa Boix, Rodolfo (2020). *Tributación ambiental y energías renovables en Argentina.* Pág. 41. Facultad de Derecho y Ciencias Sociales. Universidad Nacional de Córdoba. Editorial Advocatus. 1a ed.

432 Articulo 13. Capítulo II del Título III de la Ley de Impuesto a los Combustibles N° 23.966. Disponible en: http://servicios.infoleg.gob.ar/infolegInternet/anexos/0-4999/365/texact.htm.

433 Articulo a continuación del articulo 13. Capítulo II del Título III de la Ley de Impuesto a los Combustibles N° 23.966. Disponible en: http://servicios.infoleg.gob.ar/infolegInternet/anexos/0-4999/365/texact.htm.

434 Salassa Boix, Rodolfo (2020). *Óp. Cit.* Pág. 45.

vehículos a combustión o a la emisión gases de efecto invernadero, ya que no ha sido lo suficientemente claro en la definición del hecho imponible. Dicho de otro modo, si bien el presente tributo incide en el transporte y en las emisiones de Gases de Efecto Invernadero, no puede ser considerado como un impuesto a fin de promover el cuidado y la preservación del medio ambiente y su sostenibilidad.

4. CONCLUSIÓN

Como no podía ser de otro modo, la Argentina —al definirse como un país federal— cuenta con fuertes rasgos de federalismo que se advierten en materia ambiental y tributaria. De la combinación de ambos, surge la potestad por parte de la Nación, las provincias y los municipios de implementar normas tributarias a fin de proteger el medioambiente, más allá de las facultades de poder de policía que se combinan y complementan con las primeras.

Como ya señalamos al comenzar, pocos ejemplos concretos de tributación ambiental tenemos en la República Argentina, existiendo un déficit que se extiende al transporte sostenible, tanto a nivel nacional, provincial como municipal. En relación a ello, no hay normativa nacional de carácter tributario que otorgue exenciones o beneficios fiscales o imponga tributos a fin de promover la reducción de la emisión de gases de efectos invernadero, la contaminación y los efectos del cambio climático en general producidos por el transporte. El impuesto a los combustibles de la Ley N° 23.699 lleva consigo una finalidad plenamente recaudatoria. La incorporación del Capítulo II del Título III de la mencionada ley, si bien fue planteado como un "Impuesto ambiental (CO2) a los combustibles", ha tenido un propósito netamente fiscal, a fin de reemplazar el impuesto al gas natural, y sin tener la intención de desalentar la utilización de transportes con altas emisiones de dióxido de carbono.

Si bien es cierto que algunas provincias y municipios han establecido en el impuesto automotor exenciones totales o parciales, limitadas o ilimitadas en el tiempo, a los automóviles propulsados por motores en sistemas híbridos-eléctricos o totalmente eléctricos, ello no es suficiente.

Al igual que lo ha establecido la OCDE[435], entendemos que las políticas públicas para promover el transporte sostenible deben estar dirigidas a tres aspectos: a) políticas fiscales, b) políticas regulatorias c) medidas de inversión y planeación del territorio.[436]

Únicamente haremos referencia al primero de los aspectos, más precisamente a los tributos extrafiscales que la componen. En tal sentido, debemos mencionar que no hay discusión acerca de la viabilidad o inviabilidad de tributos con finalidad extrafiscal en la República Argentina en función de que la Corte Suprema de Justicia de la Nación desde antaño ha aceptado su implementación.[437]

Se ha diferenciado entre fines extrafiscales y efectos extrafiscales. Lo primero ocurre cuando un tributo está dirigido en forma primordial y específica a un fin distinto al recaudatorio. Por otro lado, si produce efectos extrafiscales es porque su finalidad principal es recaudar o bien porque tan sólo alguno de

---

435 La OCDE ha establecido que: "Una transición exitosa hacia la emisión cero de gases de efecto invernadero (GEI) requiere paquetes de políticas de mitigación eficaces, que incluyan medidas de fijación de precios del carbono: un instrumento político rentable que no solo reduce las emisiones sino que también genera ingresos para apoyar la transición" (la traducción es propia). OECD (2023), "Effective Carbon Rates in 2021", in Effective Carbon Rates 2023: Pricing Greenhouse Gas Emissions through Taxes and Emissions Trading, OECD Publishing, Paris.

436 Elizondo, Alejandra y Hernández Amezcua, Thalía. *Óp. Cit.* Pág. 583.

437 Díaz Vélez, Eugenio c/ Provincia de Buenos Aires. CSJN. 1928 (Fallos: 151:359); Larralde, Lorenzo, y otros. CSJN. 02/03/1959 (Fallos: 243:98); Marwick, S.A. c/ Provincia de Misiones. Agencia Marítima San Blas S.R.L. c/ Provincia del Chubut. CSJN. 1985 (Fallos: 307:360); López López, Luis y otro c/ Santiago del Estero, Provincia de s/ eximición de inversiones. CSJN. 1991 (Fallo: 314:1293), entre otros.

los elementos que lo integran tiene trascendencia extrafiscal, no es un tributo puramente extrafiscal.[438]

Independientemente del arduo debate que podríamos tener sobre dichos fines o efectos extrafiscales en otro momento, pero que al menos nos permitimos poner en crisis en este trabajo, lo cierto es que la CSJN ha dicho sobre el tema que: "El poder impositivo tiende, ante todo, a proveer de recursos al tesoro público, pero constituye, además, un valioso instrumento de regulación económica. Tal es la "función de fomento y asistencia social" del impuesto, que a veces linda con el poder de policía y sirve a la política económica del Estado en la medida en que responde a las exigencias del bien general, cuya satisfacción ha sido prevista en la Ley Fundamental como uno de los objetivos del poder impositivo".[439]

Por tal cuestión, entendemos que deben implementarse tributos o establecer exenciones a los vigentes —como por ejemplo en el Impuesto al Valor Agregado—, como mecanismos para alentar la compra y utilización de transporte sostenible y desalentar la utilización de aquellos que no lo son, a fin de limitar y reducir la contaminación del medio ambiente. De lo contrario no existirían razón para que se dejaran de realizar las actividades contaminantes, pues no habría internalización de los costes de las externalidades que se producen con motivo de la contaminación ambiental[440].

Susana Bokobo expresa sobre el tema lo siguiente: "Un medio para impedir esta transferencia de responsabilidad es la imposición de tributos a los sujetos que perjudican al medio ambiente – siguiendo la máxima "quien contamina paga"–. De esta manera se

---

438 Diaz, Vicente Oscar. *Óp. Cit.* Pág. 599.

439 Larralde, Lorenzo, y otros. CSJN. 02/03/1959 (Fallos: 243:98).

440 Álvarez Echagüe, Juan Manuel. *Óp. Cit.* Pág. 423.

consigue una justa distribución de los gastos ocasionados y se incentiva económicamente la no realización de daños ambientales"[441].

Coincidimos con el Falcón y Tella quién ha expresado: "[...] respecto de las conductas contaminantes que no merezcan ser sancionadas la Constitución sólo ordena la utilización racional de los recursos y la conservación del medio ambiente, dejando un amplio margen de discrecionalidad a los poderes públicos para elegir los mecanismos más adecuados para ello, que pueden ser de índole tributaria, o bien consistir en subvenciones u otros incentivos no tributarios [...]".[442]

Particularmente, nuestro Máximo Tribunal de justicia ha sostenido que no existe obstáculo para aplicar gravámenes más elevados a los bienes que no concuerden con los fines de desarrollo y promoción económicos, reconocidos expresamente en la Constitución como atributos de los poderes federales y provinciales.[443]

En las XXI Jornadas del ILADT, celebradas en Génova (Italia) se receptó la posibilidad los tributos tengan fines fiscales y extrafiscales. En su recomendación fijó un aspecto trascendental que entendemos que es importante para la implementación de una política fiscal eficaz: "e) de coordinación entre los diversos niveles de gobierno". Dicho de otro modo, nación, provincia y municipios deben ponerse de acuerdo a los fines de otorgar beneficios fiscales al transporte sostenible con el objetivo de promoverlo.

Conforme a ello, es necesario adoptar una estrategia y planificación que debe trascender el ámbito fiscal, pero se debe evitar que

---

441 Bokobo Moche, Susana (2000): "Gravámenes e incentivos fiscales ambientales". Pág. 28. Civitas, Madrid.

442 Falcón y Tella (1996)."Las medidas tributarias medioambientales y la jurisprudencia constitucional". En Esteve Pardo J. (coord.): *Derecho del medio ambiente y la administración local.* Pág. 677. Editorial Civitas. Madrid.

443 López López, Luis y otro c/ Santiago del Estero, Provincia de s/ eximición de inversiones. CSJN. 1991 (Fallos 314:1293).

el legislador lo tome como excusa para incrementar la recaudación fiscal. Sostenemos, al igual que lo hace Casado Ollero, que la fiscalidad y extra fiscalidad son fenómenos inseparables, las dos caras de una misma realidad, pero en este caso se debe tender a que la fiscalidad no tome un mayor protagonismo que la extra fiscalidad.[444]

La transición a medios de transportes con una baja o nula emisión de Gases de Efecto Invernadero es difícil y costosa, para lograrlo se necesitan de políticas públicas tendientes a un desarrollo sostenible. En nuestro caso, ninguno de los niveles de gobierno ha tenido conciencia ambiental y los planes adoptados no han sido efectivos. Es por ello que consideramos que deben incrementarse los beneficios fiscales y ampliarse los existentes a todas las provincias. A su vez, deben realizarse múltiples obras de infraestructura debido a que el país no está preparado para una masiva compra de vehículos con motores exclusivamente eléctricos (VE); Vehículos Híbridos (VEH); Vehículos a propulsión eléctrica alimentados por hidrógeno o cualquier otro tipo de combustible (F.C.E.V), entre otros.

En este orden de ideas, consideramos —en el mismo sentido que la OCDE[445]— que debe incrementarse fuertemente la tributación del transporte urbano no sostenible, a fin de reducir el uso de combustibles fósiles que contaminan el medioambiente, producen congestión, contaminación del aire local y sonora. Por lo tanto, la recaudación de los impuestos verdes —o parte de ella— debería servir de financiamiento para la gestión e inversión ambiental.[446]

---

[444] Casado Ollero, Gabriel (1991). "Los fines no fiscales de los tributos, art. 4 de la ley general tributaria". *Comentarios a la ley general tributaria y líneas para su reforma.* Pág. 103 y sigs. Instituto de Estudios Fiscales. Madrid.

[445] OECD (2021). "Taxing Energy Use for Sustainable Development Opportunities for energy tax and subsidy reform in selected developing and emerging economies". Pág. 19. Disponible en: https://web-archive.oecd.org/2021-01-25/577622-taxing-energy-use-for-sustainable-development.pdf.

[446] Párrafo 3. Directriz 3 " Utilizar de forma eficaz los impuestos y otros instrumentos fiscales verdes". Principio Nro. 4 " Los Estados deben

Alejandro Altamirano[447], Pedro Herrera Molina[448] y Luis Alonso González [449] —a diferencia de Torrealba Navas[450] y Pérez Royo[451] — indican que el principio de capacidad contributiva es el fundamento de todo impuesto pero se desdibuja en los tributos ecológicos si se lo compara con la generalidad de los impuestos debido a que el contribuyente debe pagar por el mero hecho de haber contaminado, sin tener en cuenta su capacidad económica. Ello así, pues para ellos los tributos ambientales tienen una finalidad eminentemente extrafiscal.[452]

Creemos, tal vez con diferentes matices ambos autores de este trabajo, que los gravámenes verdes guardan relación con el principio de capacidad contributiva,[453] sin que ello implique, necesariamente, sostener que la finalidad se aleja del objetivo

---

asegurar que su política fiscal sea ambientalmente sostenible". Principios de Derechos Humanos en la Política Fiscal. Pág. 28. Disponible en. https://www.derechosypoliticafiscal.org/images/ASSETS/Principios de Derechos Humanos en la Politica Fiscal-ES-VF-1.pdf).

447 Altamirano Alejandro, *Óp. Cit.* Pág. 330.

448 Herrera Molina, Pedro (2000). *Derecho Tributario Ambiental.* Ministerio de Medio Ambiente. Pág. 60. Madrid. Marcial Pons.

449 González Alonso, Luis Manuel (2004). "Los impuestos especiales como tributos medioambientales". *El Medio ambiente y las corporaciones locales.* Pág. 24.

450 Torrealba Navas, A. (2001). *Principios de Aplicación de los Tributos.* Pág. 151. San José, Costa Rica: Editorial Investigaciones Jurídicas S.A.

451 Pérez Royo, F. (2000). *Derecho Financiero y Tributario.* Parte General (10ma. edición). Pág. 153. Editorial Civitas. Pág. 153.

452 Altamirano Alejandro, *Óp. Cit.* Pág. 330.

453 Afirma Pérez Royo que "el presupuesto del tributo... debe incorporar siempre un índice de capacidad económica, una aptitud para contribuir, aunque el tributo sirva, además, a otras finalidades". Además, sostiene que "los fines extra-fiscales del tributo... deben ser compatibles con la finalidad contributiva y responder a una exigencia o criterio razonable y amparado por el sistema de valores propios de la constitución (política de desarrollo económico, sanitaria, de vivienda,

central —la sostenibilidad ambiental— y se transforma en una herramienta excluyentemente recaudatoria, pues en algunos impuestos verdes ambas cuestiones podrían conjugarse equilibradamente o bien, que existan ciertos gravámenes que desincentiven para impedir que se afecte el ambiente y otros, que provean de recursos a los estados para recomponer.[454]

En definitiva, Argentina tiene un largo camino por recorrer en materia de tributación verde, incluyendo la sostenibilidad del transporte en las ciudades. La academia se debe el abordaje profundo de este tema y ponerlo como eje del debate público, pues como ha quedado demostrado, a nuestros legisladores y gobernantes, solo les interesa recaudar.

---

de protección del medio ambiente, etc.)". Pérez Royo, Fernando (2009). *Derecho Financiero y Tributario.* Parte General. Pág. 59.

454 Desde nuestra perspectiva ningún tributo, aun cuando busque proteger el medio ambiente, puede establecer un hecho imponible ajeno a todo tipo de manifestación económica del sujeto pasivo. No solo debemos centrarnos en la capacidad contributiva, porque ello podría llevar a desnaturalizar la finalidad de extrafiscal. A modo ejemplificativo, en el hipotético caso en el que se tengan dos vehículos — los cuales llamaremos a) y b) —, si a) es un modelo más antiguo y sus emisiones son iguales a los de b) que es más nuevo, este último deberá contribuir más que el anterior. Ahora bien, en caso de que a) sea un modelo más antiguo y tenga mayores emisiones que b), no habría cuestionamiento para contribuya más que b), de lo contrario se desnaturalizaría o directamente no habría extrafiscalidad. Cfr. Salassa Boix, Rodolfo Rubén (2014). "Los tributos ambientales y el principio de capacidad contributiva". *Diritto e Pratica Tributaria Internazionale.* Pág. 803.